AN INTRODUCTORY GRAMMAR OF OLD ENGLISH

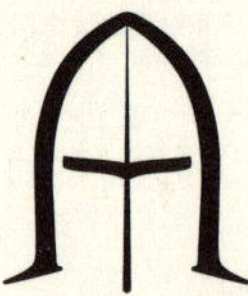

MEDIEVAL AND RENAISSANCE
TEXTS AND STUDIES

VOLUME 463

MRTS TEXTS FOR TEACHING

VOLUME 8

An Introductory Grammar of Old English

with an Anthology of Readings

by

R. D. Fulk

Tempe, Arizona
2014

Published by ACMRS (Arizona Center for Medieval and Renaissance Studies), Tempe, Arizona.

Library of Congress Cataloging-in-Publication Data

Fulk, R. D. (Robert Dennis)
An introductory grammar of Old English with an anthology of readings / Robert D. Fulk.
pages cm. -- (Medieval & renais text studies ; 463)
Summary: "A guide to enable students to acquire sufficient command of Old English in one semester to allow them to read any text in the language, in either prose or verse"-- Provided by publisher.
Includes bibliographical references and index.
ISBN 978-0-86698-514-7 (paperback)
1. English language--Old English, ca. 450-1100--Grammar. I. Title.
PE131.F85 2014
429'.5--dc23

2014022534

∞
This book is made to last.
It is smyth-sewn and printed on acid-free paper to library specifications.
Printed in the United States of America

Table of Contents

CONTENTS

CONTENTS

II. Anthology

Preface

This book was initially drafted in 1998. The grammar has been employed and refined in the many intervening years in the almost yearly classes in elementary Old English that I have been fortunate to offer. My greatest burdern of debt is to the many students, mostly graduates, though also some undergraduates, who have studied it intensively and offered keen insights into how it might be improved. I am particularly grateful to Colin Grant, who compiled an enormous amount of material to be added to the Glossary.

Users of the book will doubtless recognize its heavy reliance upon the example of its forebears in the history of Old English pedagogy. I was myself taught elementary Old English from Marckwardt and Rosier's *Old English Language and Literature*, which plainly owes a heavy debt to Moore, Knott, and Hulbert's *Elements of Old English*, and from Bright's *Old English Grammar and Reader*, as revised by Cassidy and Ringler, a book which in its earlier editions must in turn have inspired much in Moore and Knott's book. The structure of this book, offering elements of grammar distributed among measured chapters capped by graduated readings, a structure particularly suited to use by graduate and advanced undergraduate students, is common to all of these books, and its disappearance from the considerable array of Old English grammars currently available is the chief rationale for contributing yet another work to that pile.

The book was accepted for publication some ten years ago, but other obligations prevented its completion, since the labor demanded by the need to compile an anthology of texts to accompany the grammar and glossarize it was considerable. I wish to express my warmest gratitude to Robert E. Bjork, not only for supporting this project from the start, but for prodding me in gentle and kindly fashion after many years of neglect to fulfill the obligation incurred. Thanks are also due to the anonymous referees for the press, who suggested the most beneficial changes, and specifically to Donka Minkova, who after many years (correctly) thought the assessment so remote in time that she might safely admit to having been one of those referees, and who thereupon offered further needed encouragement about completing the project. My thanks also go to Roy Rukkila and Todd Halvorsen at ACMRS for their patience and their kind assistance with the production of this volume.

R.D.F.
Bloomington, Indiana
December, 2013

Abbreviations

a *or* acc.	accusative
act.	active
adj.	adjective
adv.	adverb(ial)
anom.	anomalous (verb)
c.	consonant-stem
compar.	comparative
conj.	conjunction
consue.	consuetudinal
d. *or* dat.	dative
decl.	declined
EWS	Early West Saxon
f. *or* fem.	feminine
Fr.	French
fut.	future
g. *or* gen.	genitive
Germ.	German
Gk.	Greek
Gmc.	Germanic
Go.	Gothic
i.	*i*-stem, instrumental
IE	Indo-European
imp.	imperative
impers.	impersonal
ind.	indicative
indecl.	indeclinable
indef.	indefinite
inf.	infinitive
infl.	inflected
instr.	instrumental
interj.	interjection
interr.	interrogative
intrans.	intransitive
ja.	*ja*-stem
Kent.	Kentish
Lat.	Latin
LWS	Late West Saxon

m. *or* masc.	masculine
ME	Middle English
Merc.	Mercian
MnE	Modern English
MnIcel.	Modern Icelandic
mod.	modern
n. *or* neut.	neuter
n. *or* nom.	nominative
Northumbr.	Northumbrian
num.	numeral
NWGmc.	Northwest Germanic
OE	Old English
OFris.	Old Frisian
OHG	Old High German
OIcel.	Old Icelandic
orig.	originally
OS	Old Saxon
part.	participle
pass.	passive
pers.	person
PGmc.	Proto-Germanic
PIE	Proto-Indo-European
p. *or* pl.	plural
pp.	past or passive participle
prep.	preposition
pres.	present
pret.	preterite
PrOE	Prehistoric Old English
pron.	pronoun, pronominal
ref.	reference
reflex.	reflexive
rel.	relative
s. *or* sg.	singular
sb.	substantive
sim.	similarly
sj.	subjunctive
Skt.	Sanskrit

s.o.	someone	usu.	usually
sthg.	something	w.	with
superl.	superlative	W	West
trans.	transitive	wk.	weak
u.	*u*-stem	WGmc.	West Germanic
uninfl.	uninflected	WS	West Saxon

In the Grammar, illustrative quotations are cited using the abbreviated text titles employed by the *Dictionary of Old English*. For a list, see Cameron, Amos, & Healey 2007.

Works Cited

Bliss, A.J. 1967. *The Metre of 'Beowulf'*. Rev. ed. Oxford: Blackwell.

Bolland, Johannes, et al., edd. 1863–9. *Acta sanctorum quotquot toto orbe coluntur*. 3rd ed. 67 vols. Paris: Palme.

Brunner, Karl. 1965. *Altenglische Grammatik nach der angelsächsischen Grammatik von Eduard Sievers*. 3rd ed. Tübingen: Niemeyer.

Calder, D.G. & M.J.B. Allen. 1976. *Sources and Analogues of Old English Poetry: The Major Latin Sources in Translation*. Cambridge: Brewer.

Campbell, A. 1977. *Old English Grammar*. Rpt. with corrections. Oxford: Clarendon.

Cameron, Angus, Ashley Crandell Amos, & Antonette diPaolo Healey, edd. 2007. *Dictionary of Old English: A to G Online*. Access by subscription online at <http://tapor.library.utoronto.ca/doe/>.

Crawford, S.J., ed. 1922. *The Old English Version of the Heptateuch*. EETS 160. Rpt. with additions by N.R. Ker. London: Oxford Univ. Press, 1969.

Dumézil, Georges. 1958. *L'idéologie tripartie des Indo-Européennes*. Brussels: Latomus.

Fulk, R.D. 1992. *A History of Old English Meter*. Philadelphia: Univ. of Pennsylvania Press.

Fulk, R.D., Robert E. Bjork, & John D. Niles, edd. 2009. *Klaeber's 'Beowulf' and 'The Fight at Finnsburg'*. 4th ed. Corrected reprint. Toronto: Univ. of Toronto Press.

Goolden, Peter. 1958. *The Old English 'Apollonius of Tyre'*. London: Oxford Univ. Press.

Hogg, Richard M. 1992. *A Grammar of Old English, Volume 1: Phonology*. Oxford: Blackwell.

Hogg, Richard M., & R.D. Fulk. 2011. *A Grammar of Old English, Volume 2: Morphology*. Chichester: Wiley-Blackwell.

Jordan, Richard. 1906. *Eigentümlichkeiten des anglischen Wortschatzes: Eine Wortgeographische Untersuchung mit etymologischen Anmerkungen*. Anglistische Forschungen 17. Heidelberg: Winter.

Ker, N.R. 1957. *Catalogue of Manuscripts Containing Anglo-Saxon*. Oxford: Clarendon.

Krapp, George Philip, & Elliott Van Kirk Dobbie, edd. 1931–53. *The Anglo-Saxon Poetic Records*. 6 vols. New York: Columbia Univ. Press. Contents of the individual volumes: 1. *The Junius Manuscript* (Krapp, 1931); 2. *The Vercelli Book* (Krapp, 1932); 3. *The Exeter Book* (Krapp & Dobbie, 1936); 4. *Beowulf and Judith* (Dobbie, 1953); 5. *The Paris Psalter and the Meters of Boethius* (Krapp, 1932); 6. *The Anglo-Saxon Minor Poems* (Dobbie, 1942).

Lindeman, Fredrik Otto. 1987. *Introduction to the 'Laryngeal Theory'.* Oslo: Norwegian Univ. Press.

Menner, Robert J. 1949. "The Man in the Moon and Hedging." *Journal of English and Germanic Philology* 48.1–14.

Migne, J.-P., edd. 1844–1905. *Patrologiae cursus completus: series latina.* 221 vols. Paris: Geuthner.

Mitchell, Bruce. 1985. *Old English Syntax.* 2 vols. Oxford: Clarendon.

Parkes, M.B. 1972. "The Manuscript of the Leiden Riddle." *Anglo-Saxon England* 1.207–17 and Plate 1.

Pope, John C., ed. 1967–9. *Homilies of Ælfric: A Supplementary Collection.* 2 vols. EETS 259. London: Oxford Univ. Press.

——. 2001. *Eight Old English Poems.* 3rd ed. rev. by R.D. Fulk. New York: Norton.

Smith, A.H., ed. 1978. *Three Northumbrian Poems: 'Cædmon's Hymn', 'Bede's Death Song' and 'The Leiden Riddle'.* Rev. ed. Exeter: Univ. of Exeter Press.

Szemerényi, Oswald J. L. 1996. *Introduction to Indo-European Linguistics.* Oxford: Clarendon.

Terasawa, Jun. 2011. *Old English Metre: An Introduction.* Toronto: Univ. of Toronto Press.

Trahern, Joseph B. 1975. "Caesarius, Chrodegang, and the Old English *Vainglory.*" In *Gesellschaft, Kultur, Literatur: Rezeption und Originalität im Wachsen einer europäischen Literatur und Geistigkeit*, ed. Karl Bosl, 167–78. Stuttgart: Hiersemann.

Wenisch, Franz. 1979. *Spezifisch anglisches Wortgut in den nordhumbrischen Interlinearglossierungen des Lukasevangeliums.* Anglistische Forschungen 132. Heidelberg: Winter.

I. GRAMMAR

INTRODUCTION

1. Old English (abbr. OE) is the name given to the language spoken by the Germanic inhabitants of Britain from their arrival in the fifth century to a period not long after the Norman victory at Hastings in 1066, by which time the language had changed sufficiently to merit a separate name, **Middle English** (abbr. ME). The term **Anglo-Saxon** that was formerly applied to the Old English language is now applied instead to the culture and to speakers of the language. At the time they invaded Britain, the Anglo-Saxons had a runic alphabet that was not suitable for the recording of texts of any length, and so there was no substantial writing in English before the arrival of Roman missionaries at the end of the sixth century. They brought with them knowledge of books, a knowledge that remained nearly the exclusive province of ecclesiastics for most of the Old English period. Because most writing in the earliest period was in Latin, few literate productions in the Old English language survive from this portion of the period. Early texts, such as the laws of King Æthelberht of Kent (d. 617), are preserved only in much later copies, and there are fewer than ten surviving manuscripts containing substantial material in Old English from before the tenth century. The contents of the surviving manuscripts are quite varied, given the uniformly ecclesiastical settings in which they were compiled and the uses to which they were put. They include translations of Scripture, homilies, the works of the Church fathers, hagiographies, rules for monks and canons, penitentials, liturgical texts, medical and medicinal texts, scientific texts, chronicles, puzzles and superstitions, letters, glosses/glossaries, charters, and about 30,000 lines of verse on various topics. Though the body of work is considerable, with precious few exceptions, Old English prose texts are wholly or substantially translations from Latin, so that the study of Old English prose syntax is hampered by the rarity of texts certifiably free of the influence of Latin syntax.

2. In the early period, England was not a single nation but a collection of kingdoms further subdivided into ethnic areas. For linguistic purposes it is useful to speak of four kingdoms, **Wessex** and **Kent** in the South, **Mercia** in the Midlands, and in the North, **Northumbria**, literally the area north of the Humber, including the Scottish Lowlands. In the seventh century, Northumbria dominated among the kingdoms under a succession of powerful and fractious kings; in the eighth, Mercia came to the fore under the long reign of **Offa** (reigned 757–96), who brought the Southern kingdoms under Mercian control. In the early ninth century, Wessex regained its autonomy under the leadership of **Ecgberht** (reigned 802–39); but the decisive event in the shift of power to the South was the arrival of the Vikings at the end of the eighth century. At first they came as bands of marauders, but eventually they formed vast armies bent on conquest and settlement. They overran Northumbria and Mercia and nearly conquered

Wessex, but they were eventually forced to agree to a treaty with Ecgberht's grandson **Alfred the Great** (reigned 871–899) that confined them to Northumbria and the **Danelaw**, roughly the eastern half of the Midlands.

3. More or less by default, then, the rest of England became united under a single king, and Alfred's successors could claim the title *rex Anglorum* 'king of the English'. They extended his military victories, gaining control of all the former English kingdoms, and for roughly three quarters of a century the English enjoyed relative security. The Vikings had destroyed the monasteries in the North and East, but during this period of comparative stability, monastic life was revitalized under the **Benedictine Reform**. This movement was instigated primarily by **Dunstan**, archbishop of Canterbury (959–988), **Æthelwold**, bishop of Winchester (963–984), and **Oswald**, bishop of Worcester (959–992), on the model of reforms taking place at Cluny, Fleury, and other monastic houses on the Continent. One result was a reflorescence of manuscript production that is responsible for the vast majority of what is preserved in Old English, since all but a small number of Old English manuscripts date to the late tenth and eleventh centuries. Hard times returned, however, with the renewal of Viking attacks in the reign of Æthelred "the Unready" (a popular misconstruction of OE *unrǣd(d)* 'ill-advised'), with the result that England was ultimately assimilated into a Danish empire ruled by **Cnut** (or Canute, Old Norse *Knútr*), who occupied the English throne 1016–1035. The return of the nation to English control under **Edward the Confessor** (reigned 1042–1066) was short-lived, for after his death the rulers of Norway and Normandy invaded, and the success of the latter brought to an end both the Viking and the Anglo-Saxon periods.

4. Alfred took an interest in literacy extraordinary for a monarch of his time, and in accordance with his wishes, a variety of Latin texts were translated into English, some purportedly by Alfred himself. Thus, we are fortunate to have a substantial body of texts in the language of the Alfredian period. Beginning with Alfred's reign, the influence of Wessex on the rest of England was naturally great both politically and culturally, and by the later period the **West Saxon** dialect was the national literate standard, written (though not spoken) in all parts of the island under English control. The Old English records are thus generally preserved in West Saxon, and by comparison there are scant remains of **Kentish** and of the **Anglian** dialects (a term that encompasses **Northumbrian** and **Mercian**). West Saxon hegemony gives rise to the peculiarity that Old English as we generally know it—that is, in its West Saxon form—is not the direct ancestor of modern standard varieties of English, which instead derive primarily from the English of London, a dialect more closely allied to Mercian. Thus, for example, MnE *cold* descends not from WS *ċeald* but from Midland *cald*. Dialects other than West Saxon are examined in Appendix B.

5. Two varieties of West Saxon must be distinguished: **Early West Saxon** (EWS) is the dialect of the Alfredian period (the late ninth and early tenth centuries), and it is replaced by **Late West Saxon** (LWS, attested from the middle of the tenth century on) as the result of a program of linguistic standardization at the time of the Benedictine Reform. The relationship between the two dialects is not simply chronological: due to Mercian control of the South in the eighth century, Early West Saxon shows several characteristic Mercian orthographic features that probably do not reflect actual West Saxon speech, and these naturally disappear with the Reform. But the later dialect seems also to have been based on a different regional or social variety of West Saxon, since the treatment of front vowels and diphthongs in the two dialects presupposes different paths of development (see Campbell 1977: §301, Hogg 1992: §§163–75; hence the capitalization of "Early"). Spellings in the Glossary and in the early readings in this book are normalized to Early West Saxon standards, but spelling variants and Late West Saxon forms are explained in a series of chapters and gradually introduced into the readings. The spelling in the texts of the anthology that follows the grammar is not normalized at all.

6. Old English is a **Germanic** language, most closely related to **Old Frisian** (OFris.), a language attested starting only in the late thirteenth century. Frisian today is confined to small areas of the Netherlands and northwestern Germany, but the Frisians dominated the North Sea coast in the Anglo-Saxon period. At a slight further remove are **Old Saxon** (OSax., attested from the ninth century, usually considered to be an **Ingvaeonic** or **North Sea Germanic** language, though that term is occasionally reserved for English and Frisian) and **Old Low Franconian**, reflected today in dialects of **Low German** and **Dutch**, respectively. Those with a knowledge of Old English can read these languages with relative ease, though there are significant differences in vocabulary. **Old High German** (OHG, from about 750) is distinguished from these other languages by, among other features, the **High German Consonant Shift**, which is responsible for a variety of regular phonological differences between German and English, such as the correspondence of *z* to *t* in *Zapf, Zeitungen, Zunge* = *tap, tidings, tongue.* These languages are referred to collectively as the **West Germanic** languages, distinguished from the more distantly related **North Germanic**, that is, the Germanic Scandinavian languages—for the medieval period most extensively recorded in **Old Icelandic** (OIcel.) manuscripts, starting about 1200—and the even further removed **East Germanic**, represented almost exclusively by **Gothic**, the language of the Visigoths. Gothic is particularly important for the comparative study of the Germanic languages, since it was recorded as early as the fourth century in a form more conservative than that of the other early Germanic languages. The Germanic languages represent one branch of a much larger family of **Indo-European** languages spoken since prehistoric times from the Indian subcontinent and western China to the shores of the Atlantic Ocean. Nearly all the native languages of present-day Europe are Indo-European (Finnish, Estonian, Hungarian, Saami, and Basque are the chief exceptions), as are many of the languages of Bangladesh, India, Pakistan, Afghanistan, Iran, and Iraq.

7. Some familiarity with the prehistory of Old English, especially its phonology, facilitates considerably an understanding of the structure of the language. Without an understanding, for example, of front mutation (§69) and back mutation (§113), it may be difficult to recognize verb forms and variant spellings of all parts of speech. The Germanic languages are said to be derived from a common protolanguage, called **(Proto-)Germanic** (abbr. [P]Gmc.), which can be reconstructed from a comparison of all the Germanic languages and an understanding of the linguistic changes that separate it in time from its descendants. Reconstructed forms are marked with an asterisk (*) to indicate that they are hypothetical. Thus, for example, OE *hliehhan* 'laugh', OFris. *hlakkia*, OSax. *hlahhian*, OHG *hlahhan*, OIcel. *hlæja*, and Gothic *hlahjan* are thought to be derived from PGmc. **hlahjan* (that is, *hliehhan* is the **reflex** of **hlahjan*, which in turn is the **etymon** of *hliehhan*) by a series of regular sound changes that applied with a high degree of regularity in every word they were capable of affecting. Similarly, OE *stān* 'stone', OFris. and OSax. *stēn*, OHG *stein*, OIcel. *steinn*, and Gothic *stains* should all be derived from PGmc. **stainaz*. Several protolanguages are also reconstructed for the intermediate stages between Proto-Germanic and Old English, the most important of which for the study of Old English is **West Germanic** (abbr. WGmc.), the ancestor of all Germanic languages but Gothic and the Germanic languages of Scandinavia. The family tree at the end of this chapter represents one common scholarly conception of the relations of the Germanic languages to one another. This diagram is certainly too schematic, in part because it does not take into account the way that change sometimes traverses language boundaries, affecting more than one language at once; but as an approximation of the truth it remains a useful way to conceptualize the prehistory of English.

8. The Indo-European languages are similarly to be derived from a hypothetical **Proto-Indo-European** (abbr. PIE), a language or group of languages spoken more than five thousand years ago, probably on the steppe north of the Black and Caspian Seas. It has traditionally been reconstructed with particular reliance on the evidence of Sanskrit, for the conservatism of its consonant system, and of Greek and Latin for their vocalism. The Germanic languages are distinguished from the other Indo-European languages by a variety of linguistic changes, the most familiar of which is named **Grimm's law** after its discoverer Jacob Grimm (1785–1863), perhaps more familiar as the well-known collector, with his brother Wilhelm, of fairy tales. As Grimm noticed, the consonant system of the Germanic languages has undergone a massive shift, so that, for example, where other languages have *p*, Germanic languages have *f* (to Eng. *father* cf. Lat. *pater*, Gk. *πατήρ*, Skt. *pitár-*), and where others have *d*, Germanic has *t* (to Eng. *two* cf. Lat. *duo*, Gk. *δύο*, Skt. *dváu*). Grimm's law is explained in greater detail in Appendix A.

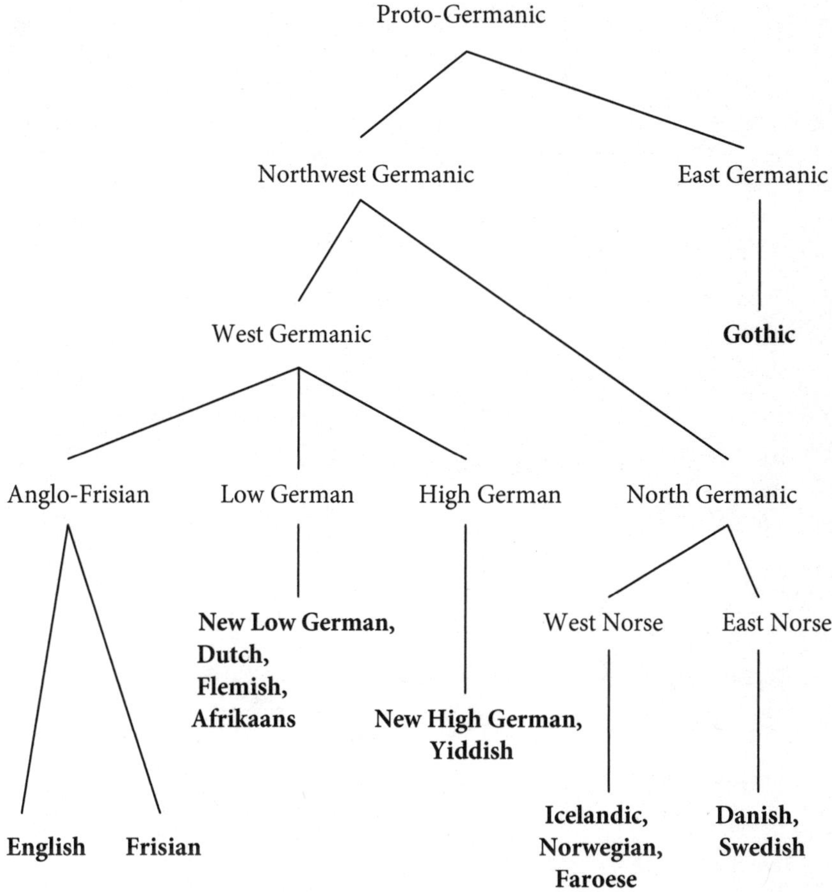

Figure. One version of a genealogical model (*Stammbaum*) of the relations of the Germanic languages (except for Gothic, all end points [**bolded**] are living languages).

Chapter I

Phonology and Orthography

A. Phonological Terms and Symbols

9. Because the spelling systems of languages are often arbitrary, linguists have adopted a standard set of symbols called the **International Phonetic Alphabet** (or **IPA**) to represent the sounds encountered in the world's languages. Symbols relevant to the study of Old English (conventionally enclosed in square brackets to indicate that they have phonetic reference), with approximate equivalents, are the following:

Consonants:

[p] as in *span*	[b] as in *ban*
	[m] as in *might*
[f] as in *fan*	[v] as in *van*
[θ] as in *think*	[ð] as in *that*
[t] as in *store*	[d] as in *door*
	[n] as in *night*
[s] as in *dose*	[z] as in *rose*
	[l] as in *late*
[ʃ] as in *shoe*	
[ʧ] as in *choke*	[ʤ] as in *joke*
	[r] as in *run*
	[j] as in *yolk*
[k] as in *score*	[g] as in *gore*
[x] as in Scots *loch* or Germ. *Nacht*	[ɣ] is the voiced equivalent of [x]
	[ŋ] as in *ring*
	[w] as in *wet*
[h] as in *hot*	

Vowels:

[i] as in *beet*	[y] as in Fr. *tube*	[u] as in *boot*
[ɪ] as in *bit*	[ʏ] as in Germ. *Glück*	[ʊ] as in *foot*
[e] as in *bait*	[ø] as in Fr. *neveu*	[o] as in *boat*
[ɛ] as in *bet*	[œ] as in Fr. *seul*	[ɔ] as in *bought*
	[ə] as in *about*	
[æ] as in *bat*		[ɑ] as in *father*

A symbol resembling a colon (ː) indicates length, and it may be used with both vowels and consonants. In Modern English, the articulation of [k] varies: it is nearer the front of the mouth in *keep* and nearer the back in *cool*. The same may be said of [g, l] and of German [x]; and doubtless the same was true of OE [ɣ] and [ŋ]. Such variations will not be marked here, though they are assumed. When sounds vary this way, they are said to be **phonemes**, and the different articulations of a phoneme are referred to as **allophones**. Phonemes are by convention enclosed in virgules, e.g. /k/, and allophones in square brackets.

10. Consonants can be classified conveniently according to their place and manner of articulation. In the list above, the consonants pronounced nearest the front of the mouth come first, and those farthest back in the mouth come last. In describing the **places of articulation** of these consonants we may say that [p, b, m] are all **labial** consonants, being pronounced with both lips; [f, v] are **labiodental**, since they are formed with both the lips and the teeth; [θ, ð] are **dental**, formed with the tip of the tongue against the teeth; [t, d, n, s, z, l] are **alveolar**, formed with the tip or blade of the tongue against or in proximity to the alveolus (or "alveolar ridge," the bony structure immediately behind the upper teeth); [ʃ, ʧ, ʤ] are **alveopalatal**, formed with the tongue in proximity to the alveolus and the hard palate (the roof of the mouth immediately behind the alveolus); English [r] and [j] are **palatal** (the former is formed with the tip of the tongue pointing up toward the hard palate, or even farther back); [k, g, x, ɣ, ŋ] are **velar**, formed with the back of the tongue against or in proximity to the velum (or "soft palate," the roof of the mouth farther back); [w] is **labiovelar**, formed with both the lips and the velum; and [h] is **glottal**, formed in the larynx, where the Adam's apple is located.

11. Consonants are also distinguished by their **manner of articulation**. They may be divided into **voiceless** and **voiced** varieties. To understand the difference, place your hand on your Adam's apple: you will feel your vocal cords vibrate when you pronounce [v], which is voiced, but not [f], which is voiceless. In the list above, all the consonants in the left-hand column are voiceless, those on the right voiced. A distinction is also to be drawn among **stops**, **fricatives**, and **affricates**: in the articulation of the fricatives [f, v, θ, ð, s, z, ʃ, x, ɣ, h] air is only partly obstructed in its flow through the mouth, whereas in the articulation of the stops [p, b, m, t, d, n, k, g, ŋ] one completely obstructs the flow of air in the mouth before releasing it. (Note that the **nasal consonants** [m, n, ŋ] are classified as stops because the mouth is fully obstructed, even though air escapes through the nose; the non-nasal stops are **oral stops**.) Affricates are consonants that begin as stops but end as fricatives: thus, [ʧ] is essentially a combination of [t] and [ʃ], and [ʤ] is a combination of [d] and the voiced equivalent of [ʃ] (the sound in *measure*, IPA [ʒ]). The **liquids** [l, r] are more resonant than other consonants, being capable of forming syllables; and the **glides** [j, w] are the most vowel-like of consonants, differing very little from the vowels [i, u], respectively.

12. Vowels are distinguished on several bases. If you pronounce [i] immediately followed by [u] you will notice that your tongue moves back some. Accordingly, all the vowels in the left-hand column above are classified as **front vowels** and those in the right-hand column as **back vowels**. Vowels are also distinguished by height: if you pronounce [i, e, æ] in sequence you will find that your jaw drops as you do so. Thus, [i, y, u, ɪ, ʊ, ʏ] are called **high vowels**, [e, ø, o, ɛ, œ, ɔ] are called **mid vowels**, and [æ, ɑ] are **low vowels**. The vowels in the list are arranged vertically from high to low. So also you will notice that you round your lips to pronounce [u] and [o]. The **rounded vowels** are thus [y, u, ʏ, ʊ, ø, o, œ, ɔ], and the rest are **unrounded**. If you have had no experience with French or German, you may not know how to pronounce the **front round vowels** [y, ʏ, ø, œ]. For each one, form your mouth as if you were going to pronounce the vowel in the right-hand column, but instead pronounce that in the left-hand one; the result is the vowel in the central column. Thus, [y] is formed by shaping one's mouth to pronounce [u] and saying [i] instead. Since, for example, [i] and [ɪ] are both high front unrounded vowels, to differentiate this and other pairs a further distinction is required between **tense** and **lax vowels**: [i, y, u, e, ø, o] are tense and the remainder are lax. The vowel [ə] is different from the rest, as it is the only one that occurs only in fully unstressed syllables. It may be described simply as a lax central vowel.

13. Exercise. Transcribe the following sentences into normal English spelling: (a) [ði æŋglo sæksən pɪriəd læstəd mɔr ðən fɔr sɛntʃəriz]. (b) [inɔrməs tʃendʒəz tʊk ples durɪŋ ðæt taim].

14. Exercise. Transcribe the following sentences using the IPA symbols given above: (a) English spelling is anything but purely phonetic. (b) Unquestionably, though, reading IPA transcriptions requires practice.

B. Old English Characters and Sounds

15. The Old English alphabet is similar to the Modern English one, though it lacks *j* and *v*, for which *g* (or *i*) and *f* (or, rarely, *u*), respectively, are used; *k* is occasionally used for normal *c;* and *q* and *z* are found almost exclusively in Latin borrowings, the latter with the value [ts], as in German. In the manuscripts there is no *w* per se, but there is a symbol *ƿ* called *wynn* that is transliterated as *w*. The Old English alphabet contains three other letters not found in the modern alphabet: *Æ*, *æ*, called *æsc* 'ash'; *Þ*, *þ*, called *þorn* 'thorn'; and *Ð*, *ð* called 'edh' or 'eth' (an Icelandic word, not recorded in Old English).

16. The values of Old English characters are not always the same as in Modern English, as the following table of symbols and sounds illustrates. If an Old English letter is not listed, it may be assumed to have roughly the same value as in Modern English. Especially for the vowels, the following are merely **recommended pronunciations** that do not aim at detailed accuracy (see §19 below):

CONSONANTS

Graph	OE Example and Gloss	IPA	Conditions on Variables
c	*ċyriċe* 'church'	[ʧ]	before/after *i*, often *æ*, *e*, *y*
	cuman 'come'	[k]	elsewhere
cg	*eċġ* 'edge'	[ʤ]	
f	*ǣfre* 'ever'	[v]	between voiced sounds
	fīf 'five'	[f]	elsewhere
g	*gān* 'walk'	[g]	word-initially and after *n*
	ġīet 'yet'	[j]	before/after *i*, usu. also *æ*, *e*, *y*
	senġan 'singe'	[ʤ]	often after *in*, *en*
	fugol 'bird'	[ɣ]	elsewhere
h	*heofon* 'sky'	[h]	syllable-initially
	brōhte 'brought'	[x]	elsewhere
s	*rīsan* 'rise'	[z]	between voiced sounds
	hūs 'house'	[s]	elsewhere
sc	*sċip* 'ship'	[ʃ]	
	frosc 'frog'	[sk]	see §135
þ, *ð*	*ōþer*, *ōðer* 'other'	[ð]	between voiced sounds
	þā, *ðā* 'then'	[θ]	elsewhere
x	*weax* 'wax'	[xs]	later [ks]

STRESSED VOWELS

æ	*sæt* 'sat'	[æ]	
ǣ	*dǣd* 'deed'	[æː]	
a	*dagas* 'days'	[ɑ]	except before nasal consonants
	land, *lond* 'land'	[ɔ]	before nasal consonants
ā	*hāt* 'hot'	[ɑː]	
e	*settan* 'set'	[e]	
ē	*hē* 'he'	[eː]	
i	*sittan* 'sit'	[i]	
ī	*wīd* 'wide'	[iː]	
o	*God* 'God'	[o]	
ō	*gōd* 'good'	[oː]	
u	*ful(l)* 'full'	[u]	
ū	*fūl* 'ugly, vile'	[uː]	
y	*hyġe* 'thought'	[y]	
ȳ	*fȳr* 'fire'	[yː]	

DIPHTHONGS

ea	*earm* 'arm'	[æu]
ēa	*ēare* 'ear'	[æːu]
eo	*eorl* 'man'	[eu]
ēo	*fēoll* 'fell'	[eːu]
ie	*hliehhan* 'laugh'	[iu]
īe	*hīeran* 'hear'	[iːu]

17. Note that **geminated** (i.e. doubled) consonants are different from non-geminates: for example, *nn* is like the long *n* in the middle of MnE *pen-knife*. The characters *þ* and *ð* are entirely interchangeable. The value of the fricatives *þ/ð*, *f*, and *s* is determined by environment: between voiced sounds they are voiced [ð, v, z]; everywhere else (at the beginning or end of a word, or next to another voiceless consonant) they are voiceless [θ, f, s]. This explains alternations like MnE *knife* : *knives*, which derive from OE sg. *cnīf* [kniːf] and pl. *cnīfas* [kniːvɑs]. The voicing of fricatives took place only after vowels that received some degree of stress. This is why there is no voicing in, for example, *hǣlþu* 'health': this derives from **hāliþō*, with unstressed *i* before *þ*. Neither is there voicing of *þ* in words like *forþām* 'therefore' and *beþenċan* 'consider', since these have stress on the second syllable. At the beginning of the second element of a compound, too, a fricative usually remains unvoiced either by analogy or because it followed an unstressed vowel at the time that voicing took place, as in *hīersum* 'compliant' (PGmc. **hauzi-sum-*) and *mānful* 'sinful' (PGmc. **māna-ful-*). Modern English pronunciation is not always a good indicator of Old English conditions in regard to the voicing of fricatives: for example, the fricatives were certainly voiced in the names *Ælfrēd*, *Lēofrīċ*, and *Æðelrēd*.

18. The different varieties of *c* and *g* are not distinguished in Old English manuscripts or in most editions of Old English texts, though for the learner's benefit a system of overpointing is used in this book. The symbol *ċ* is used to represent a variety of *c* that had become more or less identical with [ʧ] by the end of the Old English period; plain *c* represents [k], which may have front and back varieties, as noted above. Defining the environments in which *c* and *ċ* are found is a complicated process (see §135b); suffice it to say here that *ċ* is often found in proximity to front vowels, and Modern English equivalents are usually the best guide to determining Old English pronunciation. The system of sounds represented by *g* is more complex. The sound that this represents was originally [ɣ], which is the sound still found in most environments, as in *āgan* [ɑːɣɑn]. ([ɣ], written *ʒ* in reconstructions, is pronounced at the same place as [g], but it is a fricative rather than a stop. It is the voiced equivalent of [x].) This sound changed to [g] after [ŋ], as in *lang* 'long' [lɔŋg] (note that OE *ng* always represents *ng* as in *finger*, not as in *ring*); when geminated, as in *frogga* 'frog' [frogːɑ];

and, by the late Old English period, at the beginning of a word, as in *gān* [gɑːn]. Both varieties could be palatalized in proximity to front vowels. Thus, [ɣ] was palatalized in *sæġde* 'said' [sæjdɛ], but also *ġīeman* 'mind' [jiːumɑn], since palatalization preceded the change of [ɣ] to [g] at the beginning of a word. So also [g] was palatalized and subsequently affricated in proximity to some front vowels after [n], as in *senġan* [senʤɑn], and in gemination, as in *eċġ* [eʤ] < **aggja*-. In sum, then, *g* represents [ɣ] except at the beginning of a word or in gemination or after *n*, where it stands for [g]; and *ġ* represents [j] everywhere except after *n*, where it represents [ʤ]. As for *ċġ*, it almost always represents [ʤ]; exceptions are noted below (§135c). Similarly, *sc* stands for [ʃ] (transcribed *sċ* in this book), and only exceptionally does it stand for [sk] (transcribed *sc*): see §135d for details.

19. Every Old English vowel has both a short and a long variety, and the length difference is **phonemic**—that is, short and long vowels are as different as any two consonants, distinguishing, for example, the meaning of *ful* 'full' and *fūl* 'vile'. The accents found in manuscripts are not a reliable indication of vowel length, though they are often suggestive; vowel length in this book is marked on the basis of what can be learned from poetic meter and from the subsequent history of the language. It is widely assumed that the only difference between long and short vowels in Old English was their length (see, e.g., Campbell 1977: §31 n. 2, but cf. Hogg 1992: §2.8), and that assumption is almost certainly correct. Yet generations of handbooks have recommended that the short vowels [e, i, o, u, y] be pronounced lax, as in Modern English—that is, as [ɛ, ɪ, ɔ, ʊ, ʏ], respectively. Thus, for example, for *settan* 'set' the pronounciation [sɛtːɑn], rather than [setːɑn], has long been recommended, and for *riden* 'ridden', [rɪdɛn] rather than [ridɛn]. Given the difficulties that English speakers have producing tense vowels in such words, the lax ones are an acceptable substitute. It should be recognized, though, that lax vowels did occur in Old English: *a* and *e* had lax varieties before nasal consonants, as in *man*(*n*) [mɔn] (also spelt *mon*(*n*) in Early West Saxon, the dialect employed as the standard in this grammar) and *men*(*n*) [mɛn] (also sometimes spelt *mæn*(*n*); see §§29, 111(c)). The spelling variation indicates that short vowels were normally tense when they did not stand before nasal consonants. (There is also some reason to believe that Old English vowels in general were lax before nasal consonants and otherwise tense: that is, it is probably also true that *i*, *y*, *u* represent [ɪ, ʏ, ʊ] before nasal consonants but otherwise [i, y, u]; and it may even be true that long vowels were lax before nasal consonants, although this has not been proved.) These probabilities obviously demand a complication of the vowel system, and along with the uncertainties involved, they provide sufficient reason for the handbooks to recommend pronunciations of the short vowels that more closely resemble Modern English vowels. The values of unstressed vowels are more difficult to specify. By the end of the Old English period all fully unstressed vowels were more or less interchangeable. For the

West Saxon dialect of the late ninth century (the standard used in this book) it is probably safest to assume that unstressed vowels were still distinct from one another. It may be that already by this time *e* represents [ə], and all other vowels have more or less their stressed values, but lax rather than tense. But if this is so, this [ə] was quite likely a true mid vowel, like German /ə/, as opposed to the noticeably lower English /ə/, and in that event English speakers can best approximate it by pronouncing it as unstressed [ɛ]. Thus, the unstressed vowels of Alfredian Old English are more distinct than those of Modern English, and English speakers must make an effort not to reduce them all to [ə]. Only in the spelling combinations *el, er, en* and *ul, ur* (or *ol, or*), *un, um*, when these derive from syllabic resonants, is the vowel to be regarded as relatively indistinct, since such spellings probably do not represent vowel-plus-resonant combinations but syllabic consonants.

20. There is considerable scholarly disagreement about the value of Old English diphthongs. Some grammars prescribe [æə, eə, iə] for *ea, eo, ie*, respectively. At least for the latter two diphthongs this is not plausible, since Middle English evidence demonstrates that in the South and West they retained some degree of rounding. Moreover, since [ə] is not a glide in Modern English, these values give the unfortunate impression that these digraphs represent sequences of two vowels rather than diphthongs. (The difference is like that between pronouncing MnE *eye* normally, as one syllable, and pronouncing it as two, *ah-ee*.) In this grammar the values [æu, eu, iu] will be assumed for the short diphthongs and [æːu, eːu, iːu] for the long—the latter of which series, if not their actual values in late Old English, are values they actually had at one stage in their development. Diphthongs, it should be noted, are usually found only in syllables bearing some degree of stress.

21. Sometimes the digraphs *ea* and *eo* do not actually represent diphthongs. For example, the words *sċeamian* 'shame' *ġeong* 'young', and *senġean* 'singe' represent [ʃɔmiɑn], [jɔŋg], and [sɛndʒɑn]: here the silent letter *e* does not represent an actual sound but merely indicates that the preceding consonant is palatal. Such silent vowels will be underpointed in this book, as in *sċẹamian*, *ġẹong*, and *senġẹan*.

22. Most words are accented on the first syllable. There are two exceptions: (1) the prefix *ġe-* is never stressed, and the prefixes *be-* and *for-* almost never; (2) prefixes of verbs are unstressed, so that the primary stress falls on the root syllable, as in *āþénċan* 'invent', *underwréðian* 'support', and *ætspórnan* 'stumble' (cf. *ǽtspornung* 'stumbling block'). When a verb is stressed on the prefix (and this is rare), as in *ándswarian* 'reply', it is because the verb is derived from a noun (cf. *ándswaru* 'response'). Even names taken from Latin sources are almost always stressed on the first syllable: thus, although the second syllable is stressed in the Modern English equivalents of the name *Arcestrates* (Lat. *Archistrates*) and *Samaritanisċ* 'Samaritan', and the third in *Apollonius*, in Old English they all bear initial stress. Note that the prefix *ġe-* often has no discernible meaning, and so for the purpose of alphabetization in the Glossary it is ignored. The uses of *ġe-* are examined in §94. It should be noted that in addition to the stress borne by every word (**lexical stress**) there is **clausal stress,** which, just as in Modern English, is heaviest on words that convey the most meaning (nouns, adjectives, infinitives, participles, polysyllabic adverbs) and lightest on those that serve chiefly grammatical functions (prepositions, conjunctions, pronominal forms modifying nouns). Between the two categories lies a class of words that may or may not receive clausal stress, including pronouns, most short adverbs, and finite verbs (those that are inflected for person, number, etc., i.e. verb forms other than infinitives and participles).

23. Unstressed vowels are generally shortened. A half-stress falls on some middle and final syllables, for example the last in *unġelīefedlīċ* 'incredible', which is stressed because it follows an unstressed syllable—hence the long vowel here, though the adjective suffix is short when, as usual, it is unstressed, as in *bōcliċ* 'scholarly'. So also words that have stressed and unstressed forms, especially pronouns and prepositions, may have long or short vowels, depending on context. In accordance with convention, in this book the vowels in nearly all such words are marked long, though it should be assumed that in many instances the vowels are actually short: for example, in *sē mann* 'that person' the demonstrative *sē* bears a macron, though the vowel actually was almost certainly short under most circumstances. The preposition *bī* 'about' is an exception, since it is often spelt differently, as *be*, when it is unstressed. The practice of marking these unstressed vowels long avoids the confusion that can result from marking them alternately long and short; and in any case it is difficult to determine with assurance in all contexts whether words like these were or were not stressed. By convention also, the prefixes *ā-* and *tō-* are marked as containing long vowels, though they should actually have contained short vowels in verbs, where they are unstressed.

24. Exercise. Transcribe the following Old English words using IPA symbols. You may find it useful to look at the phonetic transcription at the end of Chapter II first. Words: *stānas, bryċġ, sang, ġiefan, ċēosað, menġan, ġęoguð, ȳða.*

Chapter II

Grammatical Gender • Case Functions
Masculine *a*-Stems
Anglo-Frisian Brightening and Restoration of *a*

25. Old English nouns, adjectives, and pronouns are **declined**; that is, they have grammatical endings, or **inflections**, that vary in order to indicate different grammatical relations. Most of this variation has been lost in Modern English, but the modern language uses the plural inflection -(*e*)*s* and the possessive inflections -*'s* and -*s'* for nouns, and the pronouns also vary to indicate grammatical relations, taking the forms *I*, *me*, *my*, *mine*, and so forth.

26. The declension of nouns varies by **gender**, and as in many of the Indo-European languages there are three genders in Old English, **masculine**, **feminine**, and **neuter** (the last term meaning 'neither' in Latin). Old English is unlike Modern English in regard to gender: Modern English nouns have **natural gender**, meaning that their gender is congruent with the sex of their referents, so that, with few exceptions, persons (and sometimes animals) take the pronoun *he* or *she*, whereas inanimate objects take *it*. Old English nouns, on the other hand, have **grammatical gender**, meaning that the gender of a noun cannot be predicted from the sex of its referent: OE *wer* 'man' is masculine and *rīċe* 'kingdom' is neuter, but *wīf* 'woman' and *mæġden* 'girl' are both neuter, *wīfmann* 'female' is masculine, *wǣpnedcynn* 'the male sex' is neuter, and *duguþ* 'warriors' and *fierd* 'army, home defense' are feminine. As regards gender, the rules of **agreement**, like most Old English syntactic rules, tolerate many exceptions. The gender of a pronoun very often agrees with that of its antecedent, but very often, too, natural gender will prevail, so that, for example, a pronoun referring back to *ċild* 'child' (neut.) might be neuter, but it might also be masculine or feminine, depending on the sex of the child. In regard to gender, Old English was clearly a language in transition, already in the process of discarding the ancient system of grammatical gender, which still characterizes most present-day Indo-European languages, in favor of the Modern English system of natural gender.

27. Old English has five declensional cases:

The **nominative** is the case of the subject of the sentence. It is used additionally for a subjective complement (or "predicate nominative"), as in *Þæt wæs **gōd cyning**!* 'That was **a good king**!' (Beo 11). As Old English has no separate vocative case, the nominative is also used in direct address, as in *Hwæt sæġst þū, **ierþling**?* 'What do you say, **farmer**?' (ÆColl 22).

The **accusative** is the usual case of the direct object of the verb, as in *Sē cyning ġeaf **þone eorldōm** Tostiġe Godwines sunu eorles* 'The king gave **the earldom** to Tostig, son of Earl Godwine' (ChronE 1055). It is also used adverbially to express duration or extent, as in *Lā, hū iċ lufode ǣ þīne. **Eallne dæġ*** *smēaung mīn is* 'Oh, how I have loved your law! It is my preoccupation **all day**' (PsGlI [Lindelöf] 118.97). Another example is *Nelle iċ beorges weard oferflēon fōtes* ***trem*** 'I shall not flee from the barrow's inhabitant a foot's **pace**' (Beo 2524). The accusative case is usual or common after many prepositions, including *ġeond* 'throughout', *onforan* 'in front of', *þurh* 'through', and *wiþer* 'against'.

The **genitive** expresses possession, as in the sentence *Þæt wæs innweorud* ***Earmanrīċes*** 'That was **Eormanric's** court' (Wid 111). In Modern English we can say either "Eormanric's court" or "the court of Eormanric," but Old English has no construction comparable to the latter: in a phrase such as *sum wer of Sċotta þēode* 'a certain man of the nation of the Irish' (Bede 4, 25.350.5), the literal meaning of *of* is 'from'. Thus, the expression *ān heora* means 'one of them' and is an example of a **partitive genitive**. There is also an **objective genitive,** as in *metodes eġe* 'fear of the Lord' (because the Lord is the object of one's fear), as opposed the possessive, **subjective genitive** (e.g., Earmanric possesses his court). As in Modern English, possessives are sometimes used in an adjectival or adverbial function, as in *Sum wæs ǣhtweliġ* ***æþeles cynnes*** *rīċe ġerēfa* 'There was a certain wealthy, powerful senator **of noble family**' (Jul 18) and ***wīġes*** *heard* 'firm **in battle**' (And 839). The genitive is also used adverbially in constructions like *nihtes* 'by night', *unwilles* 'unwillingly', and *his weġes* 'on his way', and in such very common expressions as *ealles* 'completely', *nealles* 'not at all', *elles* 'else', and *þæs* 'after that, to such an extent'. The genitive case is used with a small number of prepositions, including *ūtan* 'outside of' and *wið* 'toward'.

The **dative** is the case of the indirect object, the receiver of the direct object, as in *ond sende* ***him*** *micla ġiefa* 'and sent **him** great gifts' (ChronA 885). The dative may also express possession, most commonly with parts of the body or attributes, as in *swylċe* ***mē*** *wǣre sē hryċġ forbrocen* 'as if **my** back were broken' (Ps 31.4) and *Hyġe wæs* ***him*** *hinfūs* '**His** thoughts were on getting away' (Beo 755). It is sometimes used in comparisons, as in *mǣrra* ***eallum ġesċeaftum*** 'more glorious than all creation' (CP 41.301.12). The dative is frequently used adverbially, as in *þrim dagum* 'for three days', *nīede* 'by necessity', and *lȳtle* 'somewhat'. Very many prepositions take the dative case, including *æt* 'at', *of* 'from', and *tō* 'for, to'.

The **instrumental** case is moribund in Old English, most of the case forms being indistinguishable from dative ones. After the earliest texts, discrete instrumental inflections survive only in the masculine and neuter singular of some pronouns and adjectives, and thus, in most declensional categories it is convenient to treat the dative and instrumental as one case. The instrumental expresses means, as in *Sċealt nū dǣdum rōf, æðeling ānhȳdiġ,* ***ealle mæġene*** *feorh ealgian* 'Determined prince, renowned for your deeds, you must now protect your life **with all your strength**' (Beo 2666), or accompaniment, as in *ġetrume micle* 'with a large entourage' (Beo 922). But it is most commonly encountered in the demonstrative *þȳ* or *þon*, used in comparatives, as in *Cyning wæs þȳ blīðra* 'The king was the happier' (Ele 96), in set expressions like *þȳ lǣs* 'lest', and as a conjunction, as in *þȳ hē wiste ġearwe* 'because he knew very well' (GenA 2626).

28. The following are paradigms of strong masculine nouns of the commonest class, called ***a*-stems** because in Proto-Germanic the stem ended in a characteristic *-a-* before the inflection was added: for example, nom. sg. *stān* 'stone' derives from PGmc. **staina-z*. This is the commonest class of noun in Old English. The examples are *sē stān*, *sē dæġ* 'the day', and *sē enġel* 'the angel'.

	Singular		
Nom.	**sē stān**	**dæġ**	**enġel**
Acc.	**þone stān**	**dæġ**	**enġel**
Gen.	**þæs stānes**	**dæġes**	**engles**
Dat.	**þǣm (þām) stāne**	**dæġe**	**engle**
Instr.	**þȳ (þon, þē) stāne**	**dæġe**	**engle**
	Plural		
Nom., Acc.	**þā stānas**	**dagas**	**englas**
Gen.	**þāra stāna**	**daga**	**engla**
Dat., Instr.	**þǣm (þām) stānum**	**dagum**	**englum**

Note once again that the dative and instrumental of nouns are indistinguishable, and in demonstratives they are differentiated only in the singular. Note, too, that in the paradigm of *enġel* the vowel of the second syllable is lost when a third syllable is added. The cause of this is **syncope**, as explained below in §33.

29. At some point in the prehistory of Old English, short *a* became nasalized before a nasal consonant (*m*, *n*), and the resulting sound in stressed syllables is spelt either *a* or *o* in Early West Saxon, as in *mann* beside *monn* 'person'. (In the Glossary, the spelling with *a* is used in all such words; in the readings in the first few chapters of this book, both spellings will be found.) In unstressed syllables there is no alternation: the spelling *a* is used. In all other environments (that is, wherever it had not become nasalized *ã*), *a* was fronted to *æ*, a process sometimes referred to as **Anglo-Frisian brightening** because its results are found in both English and Frisian, the language most closely related to English. Hence OE *dæġ*, *fæst* 'firm' = OHG *tag*, *fast-*, OIcel. *dagr*, *fastr*. The change of *a* to *æ* was later reversed, however (though still in prehistoric times), in a process referred to as **restoration of *a***, under two conditions:

(a) when *w* followed immediately, as in *ġesawen* 'seen' and *awel* 'hook'. This change took place because *w* is a back consonant, and the transition between front *æ* and back *w* is more difficult to articulate than that between *a* and *w*;

(b) when a back vowel (*a*, *o*, *u*) followed in the next syllable. This explains the alternation between *a* and *æ* in the paradigm of *dæġ*. Restoration of *a* did not take place, however, in **closed syllables** (i.e. when the vowel was followed by two or more consonants), hence dat. pl. *cræftum* 'skills' beside *dagum*. Note that a similar, though considerably less regular, alternation affects the West Saxon vowel *ǣ*: compare nom. sg. *mǣġ* 'kinsman' to nom. pl. *māgas*, etc.

30. Exercise. Apply the just-described rules governing the development of *a* to the following Prehistoric Old English (PrOE) forms and show how they would be written in Early West Saxon: **water*, **sang*, **paþ*, **faran*, **aftan*, **sadol*, **wamm*, **lat*, **baþ*, **baþu*, **fastum*, **campian*, **fader*.

31. Exercise. For each of the following masculine *a*-stem nouns, give the case-form requested, including the demonstrative: *sē weall* 'the wall' (gen. sg.), *sē sċield* 'the shield' (dat. sg.), *sē corn* 'the grain' (acc. sg.), *sē camp* 'the battle' (acc. pl.), *sē ford* 'the ford' (dat. pl.), *sē gnæt* 'the gnat' (gen. pl.), *sē hwæl* 'the whale' (nom. pl.), *sē hæft* 'the captive' (dat. pl.).

Reading

This account of Æthelwold's reforms (on which see §3 above) is based on the entry for the year 963 in the Peterborough Chronicle. The vocabulary may be located in the Glossary at the end of the book. Following the reading is a list of forms that you have not yet learned to analyze, in the order in which they appear in the reading selection. On the normalization of the spelling of this and subsequent readings to Early West Saxon standards, see §5.

On Ēadgāres dagum, Engla cyninges, wearð Æðelwold tō þǣm bisċophāde ġecoren on Wintan ċeastre, and hine ġehālgode Dunstān sē ærċebisċop on Cantwara byrġ on þone sunnandæġ sē wæs þæs hālgan Andrēas mæsseǣfenn. Sōna ongonn sē bisċop Æþelwold þā clericas fram þǣm bisċoprīċe ūt ādrīfan, forþām þe hie noldon nānne regol healdan, ond hē sette munucas þǣr on heora stede. Siððan cōm hē tō þǣm cyninge ond bæd hine þæt hē sċolde him ġiefan ealle þā mynsteru þe ǣr tōbrocene wǣron fram þām hǣðenum. Ond sē cyning līefde þǣm bisċope þæt, ond sōna ongonn hē þāra munuca ġetimbru ġeedstaðolian ond Godes hūs mid māðmum ġefyllan.

wearð, *became, was*, 3 sg. pret. of **weorðan**
ġecoren, *chosen*, pass. part. of **ċēosan**
hine, acc. sg. of **hē**
ġehālgode, 3 sg. pret. of **hālgian**
sē, here a relative pronoun *which*
hālgan, gen. sg. of **hālga**
Andrēas, gen. sg.
ongonn, 3 sg. pret. of **onġinnan**
hie, nom. pl. of **hē**
noldon = ne woldon, 3 pl. pret. of **ne willan**, *not wish, refuse*
nānne, acc. sg. masc. of **nān**
sette, 3 sg. pret. of **settan**
heora, gen. pl. of **hē**
cōm, 3 sg. pret. of **cuman**
bæd, 3 sg. pret. of **biddan**
sċolde, 3 sg. pret. sj. of **sċulan**
him, dat. sg. of **hē**
ealle, acc. pl. neut. of **eall**
mynsteru, acc. pl. of **mynster**

tōbrocene, pass. part. of **tōbrecan**, nom. pl. neut.
wǣron, 3. pl. pret. of **bēon**
līefde, 3 sg. pret. of **līefan**
ġetimbru, acc. pl. of **+timbre**

Here is a broad phonetic transcription of the passage. Lexical stress should be assumed to fall on the first syllable of words of more than one syllable unless it is otherwise marked here by the symbol ' indicating stress on the immediately following syllable. Vowels are assumed to be lax in syllables of lesser lexical or clausal stress, and before nasal consonants. This transcription is a conjecture; vowel qualities and quantities in particular are much disputed.

[ɔn æːudgɑːrɛs dɑɣʊm ɛŋglɑ kʏnɪŋgɛs wæurθ æðəlwɔld toː θæːm biʃɔphɑːdɛ jɛ'korən ɔn wɪntɑnʧæustrɛ ɔnd hɪnɛ jɛ'hɑːlʏɔdɛ dʊnstɑn sɛ ærʧɛbiʃɔp ɔn kɔntwɑrɑ byrj ɔn θɔnɛ sʊnːɑndæj sɛ wæs θæs hɑːlɣɑn ɔndreːas mæsːɛæːvən soːnɑ ɔn'gɔn sɛ biʃɔp æðəlwɔld θɑː klerɪkɑs frɔm θæːm biʃɔpriːʧɛ uːt ɑ'driːvɑn fɔr'θɑːm θɛ hiɛ nɔldɔn nɑːnːɛ reɣɔl hæuldɑn ɔnd heː setːɛ mʊnʊkɑs θæːr ɔn heurɑ stedɛ siθːɑn koːm heː toː θæːm kʏnɪŋgɛ ɔnd bæːd hɪnɛ θæt heː ʃɔldɛ hɪm jiuvɑn æulːɛ θɑː mɪnstərʊ θɛ æːr tɔ'brokənɛ wæːrɔn frɔm θɑːm hæːðənʊm ɔnd sɛ kʏnɪŋg læːvdɛ θæːm biʃɔpɛ θæt ɔnd soːnɑ ɔn'gɔn heː θɑːra mʊnʊkɑ jɛ'tɪmbrʊ jɛ'edstɑðɔlɪjan ɔnd godɛs huːs mɪd mɑːðmʊm jɛ'fylːɑn]

CHAPTER III

NEUTER *a*-STEMS • USES OF DEMONSTRATIVES
DUAL-CASE PREPOSITIONS • STRONG AND WEAK VERBS
FIRST AND SECOND PERSON PRONOUNS

32. Neuter *a*-stems bear a resemblance to their masculine counterparts in declension. Examples are *þæt sċip* 'the ship', *þæt fæt* 'the vessel', *þæt wīf* 'the woman', and *þæt hēafod* 'the head':

Singular

Nom., Acc.	**þæt sċip**	**fæt**	**wīf**	**hēafod**
Gen.	**þæs sċipes**	**fætes**	**wīfes**	**hēafdes**
Dat.	**þǣm (þām) sċipe**	**fæte**	**wīfe**	**hēafde**
Instr.	**þȳ (þon, þē) sċipe**	**fæte**	**wīfe**	**hēafde**

Plural

Nom., Acc.	**þā sċipu**	**fatu**	**wīf**	**hēafdu, hēafod**
Gen.	**þāra sċipa**	**fata**	**wīfa**	**hēafda**
Dat., Instr.	**þǣm (þām) sċipum**	**fatum**	**wīfum**	**hēafdum**

As with all neuters, there is no inflectional difference between the nominative and the accusative. In the nom.-acc. plural, the ending is *-u* (often *-a* in LWS) after light syllables, but this *-u* is lost after heavy ones. (A **light syllable** contains a short vowel or short diphthong followed by one consonant, as in *sċipum;* a **heavy syllable** contains a long vowel or long diphthong or is closed by two or more consonants, as in *wīfum, hēafod,* and *wordum* 'words'.) Hence there is *-u* in the plural of neuters like *hof* 'dwelling' and *ġeoc* 'yoke', but not those like *ġēar* 'year', *sweord* 'sword', and *bearn* 'child'. The type *hēafdu, hēafod* in the plural is much disrupted by analogy, but where *-u* is preserved it may be attributed to the fact that the prehistoric form was **hēafudu,* and thus it ended in a light syllable followed by a light syllable. Final *-u,* when it is not lost, sometimes appears as *-o.*

33. The process by which vowels like this *-u* were lost after heavy syllables is referred to as **apocope**. Similarly, in prehistoric Old English, some vowels were lost not just at the ends of words but also in middle syllables after heavy syllables, and this explains why a vowel appears in nom. *enġel* and *hēafod* that disappears in gen. *engles* and *hēafdes.* This process was referred to above (§28) as **syncope**. Occasionally there are to be found forms like gen. *hēafodes* rather than usual *hēafdes,* but these are due to an analogical process: the stem-form *hēafod* found in the nominative was extended analogically, replacing the stem-form *hēafd-* in the inflected cases—the same way, for example, many Americans pronounce *bottling* as three syllables, though the *OED* prescribes two: those who use three have analogically substituted the pronunciation of the uninflected stem *bottle.* Syncope in Old English does not normally take place after a light syllable; hence, masc. *eofor* 'boar' and *werod* 'troop' take the forms *eofores* and *werodes* in the genitive. However, alternations like those caused by syncope are to be found even in some disyllabic stems with light syllables, as with *fugol* 'bird', gen. *fugles.* The explanation is that the nominative form in Proto-Germanic was **fuglaz*, and when the ending **-az* was lost, the word was reduced to one syllable—the way it is still pronounced in some Scandinavian languages (cf. MnIcel. *fugl*). In West Germanic, though, the final *-l* came to be **syllabic**—that is, it was pronounced as a separate syllable, like *-le* in MnE *bottle*, spelt *-ol* or *-el* in Old English. Hence we find a disyllabic stem only in the cases in which *-l* came to be final by the loss of endings. Naturally, only stems that end in consonants capable of becoming syllabic (*l*, *r*, *n*, rarely *m*) will show this alternation. In short, stems like *enġel* and *hēafod* with heavy initial syllables will show stem alternations in the paradigm, due to syncope; alternations in similar stems with light initial syllables are harder to predict. Apocope and syncope are explained in greater detail in §137.

34. Exercise. For each of the following neuter *a*-stem nouns, give the case-form requested, including the demonstrative: *þæt sweord* 'the sword' (nom. pl.), *þæt god* 'the god' (acc. pl.), *þæt wīf* 'the woman' (instr. sg.), *þæt bæþ* 'the bath' (acc. pl.), *þæt nīeten* 'the beast' (gen. pl.); *þæt bēacen* 'the sign' (gen. sg.).

35. Note that the demonstrative pronoun *þæt* is usually best translated "the" rather than "that"; and yet "that" is sometimes more appropriate, as the word is a demonstrative pronoun, not identical to the Modern English definite article. (Neither is there an indefinite article. When *ān* and *sum* resemble articles, they are usually best rendered 'a certain'.) Just like the Modern English demonstratives *this* and *that*, these Old English demonstratives may serve as determiners, modifying nouns as in the paradigm above, or they may stand on their own as pronouns, for example in ***Sē** wæs betere þonne iċ!* '**He** was better than I!' (Beo 469). These demonstratives may also be used as relative pronouns, as in *his āncenneda sunu, þurh **þone** hē ġesċẹōp ealle ġesċeafta* 'his only-begotten son, through **whom** he created all creatures' (ÆHom 1.73) and *ūre unclǣnan ġeþōht-as and weorc, **ðā** wē sċẹolon simle ācwellan* 'our unclean thoughts and deeds, **which** we should always suppress' (ÆCHom 1, 138.28). More commonly, however, either a demonstrative is used in conjunction with the indeclinable relative particle *þe*, or *þe* is used alone. Examples are, respectively, *þurh **þone ðe** syndon ealle þing ġesċẹapene* 'through **whom** all things are created' (ÆHom 1.170) and *from his āgnum brēþer Alexandre, **þe** Læcedēmonīa rīċe þā hæfde* 'by his own brother Alexander, **who** then held the kingdom of Sparta' (Or 3.7 [Bately] 61.13). Instead of the demonstrative, a personal pronoun may be used, as in *Ēadiġ byð sē wer, **þe his** tōhopa byð tō swylcum drihtne* 'Blessed is the man **whose** hope is in such a lord' (PPs 39.4), though this type is rare. Either the relative pronoun may agree with its antecedent in case or it may assume the case of its function within the relative clause. Thus, in *healsbēaga mǣst þāra þe iċ on foldan ġefræġen hæbbe* 'the greatest of neck-ornaments that I have heard of on earth' (Beo 1195), *þāra* (gen. pl.) agrees with its antecedent *healsbēaga* in regard to case, even though its referent is the direct object in the relative clause, whereas in *rīċe randwiga, þone þe hēo on ræste ābrēat* 'a powerful shield-warrior whom she destroyed in his sleep' (Beo 1298), the antecedent *randwiga* is nominative, but *þone* is accusative, serving as the direct object in the relative clause. Note that a demonstrative may even stand for both a relative pronoun and its pronominal antecedent, as in *Nis nāht **þæt** þū sæġst* 'It is not at all **that which** you say' (ApT 6.27). This is especially the case with pronouns and adverbs beginning in *hw-*.

36. As in many Indo-European languages, several prepositions may take more than one case in objects they govern, and for the most part the case is determined on a principled basis, according to whether the object is in motion (in which event the accusative is used) or at rest (in which event the dative): compare *ðonne hie hweorfað **in þā hālgan burg*** 'when they come into **that holy city** [acc.]' (GuthA 812) and *þǣr wit wilna ā **in ðǣre beorhtan byrġ** brūcan mōton* 'where we may forever enjoy our hearts' desires **in that bright city** [dat.]' (GuthB 1190). The relevant prepositions are *beforan* 'before', *behindan* 'behind', *binnan* 'within', *bufan* 'above', *ġemang* 'among', *in* 'in, into', *innan* 'in, within', *ofer* 'over, across', *on* 'in, on, into', *under* 'under', *uppan* 'upon, on', and *wiþūtan* 'outside'. They are obelized in the Glossary. It should also be noted that Old English prepositions may follow their objects (and are thus called **postpositive**), as in expressions like *him tō* 'to him' and *goldburgum in* 'in golden towns'; and especially in verse, postpositive prepositions may be separated from their objects, as in *swā iċ þē wēne tō* 'as I expect of you' (Beo 1396). Prepositions may also lack an overt object, for which one must be supplied in translation, as with *þēah ðe hēo tō ġenēadod wǣre* 'though she was compelled to [it]' (ApT 3.19).

37. In Modern English, grammarians distinguish between **regular and irregular verbs**, the former forming the past tense and the passive participle by the addition of *-ed*, the latter by any other means. A similar but not identical distinction obtains in Old English between **weak and strong verbs**. Strong verbs add no suffix for tense (only person and number), but alternations in their root vowels (as with OE *singan, sang, sungen* = MnE *sing, sang, sung*) are used to distinguish the tenses and the passive participle. Such vowel alternations are known as **ablaut**. Weak verbs, on the other hand, take a suffix in the preterite and passive participle containing a dental consonant *d* or *t*, which may or may not be accompanied by certain changes to the stem. In the preterite, this suffix takes one of several forms, *-d-*, *-ed-*, *-t-*, or *-od-*, and to these are added endings indicating person and number. Thus, the preterite plural of *hīeran* 'hear' is *hīerdon*, in which *-d-* is the sign of the preterite and *-on* indicates that the verb agrees with a plural subject. Passive participles receive the same dental suffixes, and to these may be added some of the same endings found on adjectives. These different types of verbs will be studied in detail in the following chapters, but in the meantime it may be useful to list the preterite endings of weak verbs, added after the dental suffix to indicate person and number:

Sing.	1. **-e**	Pl.	1. **-on**
	2. **-est**		2. **-on**
	3. **-e**		3. **-on**

Note that in all verb classes and in each tense, Old English has one inflection for all forms of the plural. The difference between the second person singular and plural is one of actual number; the use of the plural for formal address, as in most European languages (cf. French *tu*, *vous*, German *du*, *Sie*, Spanish *tú*, *usted*) and in some later stages of English, is unknown in Old English.

38. The first and second person pronouns (*iċ* and *þū*, respectively) are declined in three numbers: singular, dual, and plural. These are the only words in Old English in which the ancient Indo-European category of dual number is preserved. In the accusative, the second, alternative form is found only in poetry and in some Anglian texts:

	Sg.	Du.	Pl.	Sg.	Du.	Pl.
Nom.	**iċ**	**wit**	**wē**	**þū**	**ġit**	**ġē**
Acc.	**mē, meċ**	**unc, uncet**	**ūs, ūsiċ**	**þē, þeċ**	**inċ, inċit**	**ēow, ēowiċ**
Gen.	**mīn**	**uncer**	**ūre, ūser**	**þīn**	**inċer**	**ēower**
Dat.	**mē**	**unc**	**ūs**	**þē**	**inċ**	**ēow**

Reading

Luke 18:10–14

Twēġen menn fērdon tō sumum temple þæt hie hie ġebǣden, ān sundorhālga and ōðer mānfull. Ðā stōd sē Fariseūs and hine þus ġebæd: "God, þē iċ þoncas dō, forþām þe iċ neom swylċe ōðre menn: rēaferas, unrihtwīse, unrihthǣmeras, oððe ēac swylċe þēs mānfulla. Iċ fæste tuwa on wucan; iċ selle tēoþunga ealles þæs þe iċ hæbbe." Ðā stōd sē mānfulla feorran ond nolde furðum his ēagan āhebban upp tō þām heofone, ac hē bēot his brēost and cwæþ, "God, bēo þū milde mē synfullum." Sōðlīċe iċ ēow seċġe þæt þēs fērde ġerihtwīsod tō his hūse, forþām þe ǣlċ þe hine upp āhefð bið ġeniðerod, ond sē þe hine niðerað bið upp āhafen.

menn, nom. pl. of **mann**
fērdon, pret. pl. of **fēran**

ġebǣden, *might pray*, pret. pl. sj. of **biddan**

stōd, 3 sg. pret. of **standan**
ġebæd, 3 sg. pret. of **biddan**
þoncas = **þancas**
dō, 1 sg. pres. of **dōn**
neom = **ne** + **eom**, 1 sg. pres. of **bēon**
ōðre, nom. pl. of **ōðer**
unrihtwīse, nom. pl. of **unrihtwīs**
fæste, 1 sg. pres. of **fæstan**
wucan, dat. sg. of **wicu, wucu**
selle, 1 sg. pres. of **sellan**
tēoþunga, acc. sg. of **tēoþung**
hæbbe, 1 sg. pres. of **habban**
ēagan, acc. pl. of **ēage**
bēot, 3 sg. pret. of **bēatan**
cwæþ, 3 sg. pret. of **cweðan**
bēo, imp. of **bēon**
seċġe, 1 sg. pres. of **seċġan**
fērde, 3 sg. pret. of **fēran**
ġerihtwīsod, pass. part. of **rihtwīsian**, nom. sg.
āhefð, 3 sg. pres. of **āhebban**
bið, 3 sg. fut. of **bēon**
ġeniðerod, pass. part. of **niðerian**, nom. sg.
niðerað, 3 sg. pres. of **niðerian**
āhafen, pass. part. of **āhebban**, nom. sg.

Chapter IV

ō-Stems • Third Person and Reflexive Pronouns
Verbal Rection • Subjunctive Mood

39. The ō-stems are all feminine, and this is the commonest class of feminine nouns. Examples are *sēo ġiefu* 'the gift', *sēo ofermēttu* 'pride', *sēo lār* 'learning', and *sēo frōfor* 'solace':

	Singular			
Nom.	**sēo ġiefu**	**ofermēttu**	**lār**	**frōfor**
Acc.	**þā ġiefe**	**ofermētte**	**lāre**	**frōfre**
Gen.	**þǣre ġiefe**	**ofermētte**	**lāre**	**frōfre**
Dat., Instr.	**þǣre ġiefe**	**ofermētte**	**lāre**	**frōfre**
	Plural			
Nom., Acc.	**þā ġiefa, -e**	**ofermētta, -e**	**lāra, -e**	**frōfra, -e**
Gen.	**þāra ġiefa, -ena**	**ofermētta**	**lāra**	**frōfra**
Dat., Instr.	**þǣm (þām) ġiefum**	**ofermēttum**	**lārum**	**frōfrum**

Again, *-u* (rarely *-o*) is preserved after a light stem in nom. *ġiefu* but lost after a heavy one in *lār*. This *-u* is preserved in *ofermēttu* because this derives from **oƀar-mōd-iþu*, in which *-u* follows a light syllable; *frōfor*, on the other hand, is like *fugol* (§33): *-or* derives from an originally nonsyllabic consonant, and the reconstructed form nom. **frōƀru* shows that *-u* never followed a light syllable. (The sound represented by *ƀ* is a voiced bilabial fricative [β], similar to [v] but formed only with the lips, without the aid of the teeth.) Thus, *-u* was lost, and *-r* became syllabic. The only other peculiarity of these paradigms is that the genitive plural ending may be either *-a* or *-ena*, though the latter is rare after heavy stems.

40. Exercise. For each of the following ō-stem nouns, give the case-form requested, including the demonstrative: *sēo sċolu* 'the troop' (dat. sg.); *sēo sorg* 'the sorrow' (dat. pl.); *sēo lāf* 'the remainder' (gen. sg.); *sēo ċeaster* 'the town' (acc. pl.); *sēo lufu* 'the love' (gen. pl.).

41. The demonstrative pronoun *sē* may often be translated 'the', but it is not exactly equivalent to a definite article. Often it is best rendered 'this' or 'that', and occasionally it is not to be translated at all, as with *sēo lār* 'learning' and *þone ġefēan* 'joy'. Now that we have seen all its forms, it may be useful to summarize the declension of the demonstrative pronoun *sē:*

	Masc.	Fem.	Neut.	Pl.
Nom.	**sē**	**sēo**	**þæt**	**þā**
Acc.	**þone**	**þā**	**þæt**	**þā**
Gen.	**þæs**	**þǣre**	**þæs**	**þāra, þǣra**
Dat.	**þǣm, þām**	**þǣre**	**þǣm, þām**	**þǣm, þām**
Instr.	**þon, þȳ, þē**	**þǣre**	**þon, þȳ, þē**	**þǣm, þām**

The forms of the third person pronoun 'he, she, it' are quite similar to these, showing mostly the same endings:

	Masc.	Fem.	Neut.	Pl.
Nom.	**hē**	**hēo**	**hit**	**hie, hī, hēo**
Acc.	**hine, hiene**	**hie, hī**	**hit**	**hie, hī, hēo**
Gen.	**his**	**hire, hiere**	**his**	**hira, heora**
Dat.	**him**	**hire, hiere**	**him**	**him, heom**

(The forms separated by commas represent alternate spellings only, not different genders.) These pronouns may also be used in a reflexive sense, since many verbs permit or demand a reflexive object that may or may not require translation. Examples are *Þā bewende Nērō hine tō Paulum* 'Then Nero turned (himself) to Paul' (ÆCHomI 26, 378.8) and *Þā under þǣm þā bestæl hē hine on niht on weġ* 'Then in the meantime he stole away by night' (ChronA 901.12). Other personal pronouns of course may also be used reflexively: examples are *On þisne hēahenġel wē sċulon ġelȳfan and biddan ūs on fultum* 'In this archangel we ought to believe and pray for help (for ourselves)' (LS 24 [MichaelTristr] 21) and *Līst þū and rest þē?* 'Are you lying down and resting (yourself)?' (ÆLS[Martin]1151).

42. Exercise. Substitute the correct form of the Old English third person pronoun for each boldface noun phrase, using natural gender: 1. **The abbess** gave **the priest** a blessing. 2. **King Burgred** offered **the queen's** servant **golden rings**. 3. **The Vikings** seized the land **of the English**.

43. Although the accusative is the usual case for the direct object, some verbs take the dative or genitive in what might be perceived as normally an accusative function. Examples are *unēaðe mehte ǣr ǣniġ þǣm Gallīum oðflēon* 'only with difficulty had any been able to flee the Gauls (dat.)' (Or 2.8 [Bately] 52.34), *Brūc þisses bēages* 'Enjoy this neck-ring (gen.)' (Beo 1216), and *Ðonne hȳ him . . . tō ēow ārna bǣdun* 'Whenever they requested of you (*tō* + dat.) compassion (gen.) for themselves (dat.)' (ChrC 1351). The selection of cases that a verb governs is called **verbal rection**; verbs that take objects in cases other than the accusative are marked in the Glossary.

44. In Modern English, the **subjunctive mood** is in the process of disappearing from the language. It survives in just two types of constructions, contrary-to-fact conditions (as in *I'd be careful if I were you*, with sj. *were* rather than indicative *was*) and *that*-clauses after certain volitional verbs (as in *They asked that she help*, with sj. *help* rather than ind. *helps*). Both types of clauses express nonfactual information, and this is the pattern as well in Old English, where the subjunctive is found in a much wider variety of clauses. It is capable of appearing in almost any sort of clause that does not state a fact or pose a question. An example is the following, in which the verb in the subjunctive is in boldface: *Iċ wāt þæt ġē wēnað þæt ġē nān ġecundliċ gōd nē ġesǣlþa oninnan ēow selfum* ***næbben*** 'I know that you think that you have no natural good or happiness within yourselves' (Bo 14.31.24.). Here the clause governed by *wāt* 'know', which expresses a fact, contains a verb in the indicative mood (*wēnað* 'think'), whereas the clause governed by *wēnað*, which expresses an opinion, contains a verb in the subjunctive (*næbben* 'do not have'). Note that the preterite subjunctive is timeless when it expresses unreal or unfulfilled conditions, with the result that the preterite is often used where we might expect a present, or even a future, as with *wǣren* 'be, remain' in the following example: *Forðȳ iċ wolde ðætte hie ealneġ æt ðǣre stōwe* ***wǣren*** 'Therefore I would prefer that they always remain at that place' (CP 8.4).

45. Here are some of the constructions in which the subjunctive is normally used. As with most Old English syntactic regularities, you will encounter many exceptions to these patterns.

(a) The subjunctive is used in clauses headed by *þæt* when they are not statements of fact but commands, requests, suggestions, possibilities, examples of indirect speech (including indirect questions), and such. Examples, respectively: *And hēo hine þā monade and lǣrde þæt hē woruldhād* ***ānforlēte*** *and munuchād* ***onfēnge*** 'And she then advised him and instructed that he give up his secular state and assume monastic orders' (Bede 4, 25.344.30). *Ðā sōhte hē mē and bæd mē þæt iċ him* ***wǣre*** *forespreca* 'Then he came to me and asked me that I be his advocate' (Ch 1445 [HarmD 18] 5). *Forðȳ mē ðyncð betre, ġif ēow swā ðyncð, þæt wē ēac suma bēċ . . . on þæt ġeþēode* ***wenden*** *þe wē ealle ġecnāwan* ***mæġen*** 'Therefore it seems better to me, if it seems so to you, that we also translate some books into that language that we can all understand' (CP 1.6.6). *Forþon, men, ūs is swīþe miċel nīedðearf, þæt wē glēawlīċe* ***onġieten*** *þās sċortnesse þisse worulde* 'Therefore, people, we have great need that we clearly perceive the transitoriness of this world' (HomM 14.2 [Healey] 128). *Þā sæġde hē him þæt þǣr fela þāra manna* ***wǣre*** 'Then he told him that there were many of those people there' (Or 2.3 [Bately] 41.7). *Þā ġefræġn hē hine and āscode, hwæt him* ***wǣre*** *and forhwon hē swā* ***ġebǣrde*** 'Then he questioned him and asked what was the matter with him and why he behaved so' (Bede 4 26.352.23). But compare *And iċ seċġe ēow forþȳ þæt Godes rīċe* ***bið*** *ēow ætbrogden* 'And therefore I say to you that God's kingdom will be withheld from you' (ÆHom 2.35), where the *þæt*-clause is presented not as an opinion but as a fact, and so the verb *bið* is indicative.

(b) Clauses headed by *þæt* also take the subjunctive when *þæt* expresses purpose ('in order that'): cf. *tō þon þæt hie ēow on fultume bēon* ***mōten*** 'in order that they might be of help to you' (Or 1.10 [Bately] 31.8) and *Pūnice ġesetton eft þone ealdan Hannibalan þæt hē mid sċipum wiþ Rōmāne* ***wunne*** 'The Carthaginians recalled the elder Hannibal so that he might oppose the Romans with a fleet' (OrHead 6.4.9). The indicative, on the other hand, is normal in clauses of result ('with the result that'), as in *Wurdon swā myċele wæterflōd . . . þæt forneah all þæt folc* ***forwearð*** 'So great a deluge arose that nearly the entire nation perished' (Or 1.6.24.32).

(c) The subjunctive expresses wishes and, less commonly, commands. *Gode ælmihtigum* ***sie*** *þonc þætte wē nū ǣniġne onstal habbað lārēowa* 'Thanks be to almighty God that we now have any supply of instructors' (CP 1.4.1). *Ne* ***ġeēadmēde*** *þū þē tō heora unrihtum godum* 'Do not humble yourself before their false gods' (Exod 34.14).

(d) In temporal clauses expressing hypothetical events, the subjunctive is normal. *Þā hāliġe martyræs swā myċel forsǣġen þis andwearde līf, þæt heom lēofere wæs tō swæltanne for þæs hǣlendes namen ǣr þām þe hēo hine* ***wiðsōcen*** 'The holy martyrs so greatly despised this present life that it was preferable to them to die for the savior's name before they would remounce him' (ÆLS [Vincent] 1.3.35). *Oswold þā ārǣrde āne rōde sōna Gode tō weorðmynte ǣr þon þe hē tō þām ġewinne* ***cōme*** 'Oswald then immediately raised a cross to the glory of God before he went to battle' (ÆLS [Oswald] 17). Here the event has actually taken place in the past, but from the point of view of Oswald, going to battle is an event in the hypothetical future.

(e) Other sorts of hypothetical or impossible conditions also generally take the subjunctive, though clauses headed by *ġif* 'if' do not generally contain subjunctive verbs unless the condition is particularly abstract. Examples: *Ġif iċ ǣnegum þæġne þēodenmādmas ġeāra* ***forġēafe*** *. . . þonne hē mē nā on lēofran tīd lēanum ne meahte mīne ġife ġyldan* 'If I gave any thegn lordly treasures in the past, then he could not repay me my gift with gifts in return at a better time [than now]' (GenB 409). *Him þæt tō longsumre wrace* ***cōme***, *þǣr hie ðē raðor ġesēmed ne* ***wurden*** 'That would have amounted to long-lasting trouble for them if they had not soon been reconciled' (Or 2.4 [Bately] 41.17). *Swerian ne sċeal mon, þȳ lǣs mon* ***forswerie*** 'Oaths should not be sworn, lest they be broken' (BenR 4.17). Without the subjunctive: *wē sċ̣eoldon dēaðe sweltan ġif wē his* ***onbyriġdon*** 'we should die if we tasted it' (ÆCHom I, 1 183.132).

(f) The subjunctive is also normal in clauses of concession headed by *þēah* 'though' and in subordinate clauses dependent on primary clauses in the subjunctive. Examples, respectively: *Hē lǣfde swā þēah ǣnne tō līfe, þēah þe hē* ***ābite*** *his ġebrōðra on ǣr* 'He (Saturn) nonetheless let one [of his sons] live, though he had eaten his brothers' (ÆHom 22.108); ***Ġecnāwe*** *sē þe* ***cunne*** 'Let him understand who can' (WHom 5.27).

The subjunctive endings are simple, and they are the same for present and preterite: the endings are simply *-e* in the singular and *-en* in the plural.

Reading

In this and the next few chapters, the readings will be from Gen. 18–19 in Ælfric's translation, beginning with Gen. 18:1–5. The text is based on the edition of Crawford (1922).

God þā ætīewde eft Ābrahame on þām dene Mambre, þǣr þǣr hē sæt on his ġeteldes ingonge on þǣre hǣtan þæs dæġes. Ond Ābraham beseah upp and ġeseah þǣr ðrīe weras stondende him ġehende. Mid þām ðe hē hie ġeseah, þā efste hē of þām ġetelde him tōġēanes and āstreahte hine tō eorþan, and cwæð, "Mīn Dryhten, ġif ðū mē ǣniġes þinġes tīðian wille, ne far þū fram ðīnum þēowan ǣr þon ðe iċ feċċe wæter and ēowre fēt āðwēa; and ġerestað ēow under ðissum trēowe, oð ðæt iċ leċġe ēow hlāf ætforan, þæt ġē ēow ġereordien; and ġē farað siððan, forþȳ ġē ġeċierdon tō ēowrum ðēowan." Hie cwǣdon, "Dō swā þū sprǣce."

ætīewde, 3 sg. pret. of **ætīewan**
sæt, 3 sg. pret. of **sittan**
ingonge, ond = ingange, and
hǣtan, dat. sg. of **hǣte**
beseah, 3 sg. pret. of **besēon**
ġeseah, 3 sg. pret. of **sēon**
ðrie, acc. masc. of **þrie**
stondende, act. part. of **standan**, acc. pl.
mid þām ðe, see **mid**
efste, 3 sg. pret. of **efestan**
āstreahte, 3 sg. pret. of **āstreċċan**
eorþan, dat. sg. of **eorþe**
wille, sg. pres. sj. of **willan**
far, imp. sg. of **faran**
þīnum, masc. dat. sg. of **þīn**
þēowan, dat. sg. of **þēowa**
feċċe, sg. pres. sj. of **fetian**
ēowre, acc. pl. of **ēower**
fēt, acc. pl. of **fōt**
āðwēa, sg. pres. sj. of **āðwēan**
ġerestað, imp. pl. of **restan**
þissum, dat. sg. neut. of **þēs**
ēow, acc. and dat. of **ġē**
leċġe, sg. pres. sj. of **leċġan**
ġereordien, pl. pres. sj. of **reordian**
farað, pres. pl. of **faran**
ġeċierdon, pret. pl. of **ċierran**
cwǣdon, pret. pl. of **cweðan**
dō, imp. sg. of **dōn**
sprǣce, 2 sg. pret. of **sprecan**

Chapter V

Weak Nouns • Tense and Aspect
Forms of *bēon*

46. Weak nouns are also sometimes called ***n*-stems**, since the stem of the noun originally included a suffix containing *-n-* that, with the loss of Proto-Germanic inflections, came eventually to be the ending itself. For instance, nom. pl. *guman* 'men' reflects PGmc. **ʒum-an-ez*, from which the original nom. pl. inflection **-ez* has been lost. Typical of the class are masc. *sē guma*, fem. *sēo eorðe* 'the ground', and neut. *þæt ēage*:

Singular

Nom.	**guma**	**eorðe**	**ēage**
Acc.	**guman**	**eorðan**	**ēage**
Gen.	**guman**	**eorðan**	**ēagan**
Dat., Instr.	**guman**	**eorðan**	**ēagan**

Plural

Nom., Acc.	**guman**	**eorðan**	**ēagan**
Gen.	**gumena**	**eorðena**	**ēagena**
Dat., Instr.	**gumum**	**eorðum**	**ēagum**

In the nominative singular, all masculine nouns that end in *-a* and all feminines that end in *-e* are weak. Masculine and feminine weak nouns are very frequent, but the only neuters in addition to *ēage* are *ēare* 'ear' and *wange* 'cheek', the latter of which may also be declined strong.

47. Exercise. Supply the correct case form of the demonstrative and the noun in parentheses: 1. Clouds obscured the sun (*sēo sunne*) and the moon (*sē mōna*) from the counsellors' (*sē rǣdbora*) view. 2. The demons (*sē scucca*) were cast out by the prophet (*sē wītega*, dat.). 3. The ladies (*sēo hlǣfdiġe*) found the troublemaker (*sē āglǣċa*) in the church (*sēo ċiriċe*). 4. The sailors (*sē flota*) gave the fugitives (*sē flīema*) the cloaks (*sēo hacele*).

48. Old English verbs are conjugated in just two tenses, present and preterite. For all but one verb (see below) there is no future category. Occasionally you may see the verb *willan* used to form periphrastic constructions resembling the Modern English future formed with *will;* but the fundamental meaning of *willan* is 'wish, intend'. The more usual meaning of *iċ wille faran* is thus not 'I will go' but 'I want to go' or 'I intend to go'. Usually there is no distinction between the present and the future: for example, pres. *iċ rīde* can mean either 'I ride' or 'I will ride'.

49. So also the aspectual categories of Old English are not the same as those of Modern English. There is a construction with *habban* 'have' plus past or passive participle that resembles the Modern English perfect and is usually best translated as such: thus, *iċ hæbbe ġehīered* means 'I have heard'. (Note that in such constructions, intransitive verbs—that is, verbs that do not take a direct object—more commonly use *bēon* or *weorðan* than *habban*, as in *hē is ġerisen* 'he has risen'.) However, just as frequently Old English uses the simple preterite where in Modern English we would use the present perfect, as in *þonne mōte wē þæt tō Gode earnian bet þonne wē ǣr þissum dydon* 'then we could earn it from God better than we have done before this' (WHom 20.2.13), where *dydon* 'have done' is a simple preterite. Moreover, the simple preterite may sometimes be translated not just as a present perfect but as a past perfect, as in *Hit ġelamp þā sōna swā hie ofslæġene wǣron, þæt miċel līġet cōm ofer þām mānfullan hǣðenan* 'It happened then, as soon as they had been killed, that a great flash of lightning fell on the wicked heathen' (ÆLS [Julian & Basilissa] 422). Even the future perfect may offer the most precise translation for a present-tense construction or a future form of *bēon*, as in *þonne æfter þām þe þā mānfullan bēoð ġesċęofene wēpende on that ēċe fȳr* 'then after the wicked will have been shoved weeping into the eternal fire . . .' (HomU 3 [Belf 12] 53). Where sequence of tenses is involved, the adverb *ǣr* 'before' is very often used in what in Modern English would be perfective constructions, and in such instances it is usually best to leave the adverb untranslated and to render the verb as a perfect (either present or past), as in *oft ǣr wæs maniġfeald ēhtness, nǣfre þēah þām ġelīċ þe æfter þissum ġīet bið* 'often there has been abundant persecution, though never like that which will be after this' (WHom 5.55) and *sē wæs þǣm bisċope cūð, forþon hē oft ǣr for hine cwōm ond his ælmessan fēng* 'he was known to the bishop, because he had often come before him and received his alms' (Bede 5, 2.388.15).

50. There is no precise equivalent to Modern English progressive constructions like *I am reading*, but many simple forms are best translated this way, as in *Đēos worold is on ofste, and hit nēalǣcð þām ende* 'This world is in haste, and it is approaching the end' (WHom 20.1 2) and *Þis cōm þā tō ēaran þām æðelborenan cnihte þe āwōgode Lūcīan* 'This came to the ears of the well-born young man who was wooing Lucy' (ÆLS [Lucy] 57). It is not unusual to find a form of *bēon* plus active participle in a construction that can be translated as a progressive, or which translates a form of Latin *esse* 'be' plus active participle, as with *Đǣr wǣron sume of ðām bōcerum sittende* 'Some of the scribes were sitting there' (Mk [WSCp] 2.6). Very often, though, the sense of such a construction is durative rather than progressive, as in *Ac hie simle feohtende wǣron oþ hie ealle lǣgon* 'But they continued to fight until they all lay dead' (ChronA 755). Note that the active participle is formed by removing *-an* from the infinitive (dictionary form) and replacing it with *-ende*; on the declension of such participles, see below, §55.

51. In sum, then, a simple present tense like *iċ rīde* may be translated a variety of ways, depending on context: it may be 'I ride' or 'I will ride' or 'I am riding' or 'I will be riding' or even 'I will have ridden'. Similarly, a simple preterite like *iċ rād* may mean 'I rode' or 'I was riding' or 'I have ridden' or 'I had ridden' or 'I have been riding', 'I would ride', and so forth.

52. The verb **bēon** 'be' is the only one in Old English that has a formal future tense (**bēo, bist**, etc.). These forms may serve to indicate either futurity or consuetude (i.e. habituality), as in *Winter byð ċealdost* 'winter is coldest' (MaxII 5); this latter usage is said to be **gnomic**. The paradigm of the verb is formed from three different stems:

INDICATIVE

		Present	Future	Preterite
Sg.	1.	**eom**, *am*	**bēo**, *will be*	**wæs**, *was*
	2.	**eart**	**bist, byst**	**wǣre**
	3.	**is**	**bið, byð**	**wæs**
Pl.		**sindon, sint**	**bēoð**	**wǣron**

SUBJUNCTIVE

	Present	Future	Preterite
Sg.	**sie**	**bēo**	**wǣre**
Pl.	**sien**	**bēon**	**wǣren**

Imperative: **bēo** or **wes** (sg.); **bēoð** or **wesað** (pl.)
Infinitive: **bēon, wesan**
Participles: **wesende** or **bēonde** (pres.); **ġebēon** (pass., rare)

53. Exercise. Supply the Old English equivalent of the italicized verb: 1. We *are* pleased at the number who *will be* present. 2. *Being* a child, you *were* unaware of the need *to be* cautious. 3. *Be* as quiet as if you *were* all mice.

Reading

Gen. 18:6–16

Ābraham þā efste intō þām ġetelde tō Sarran, and cwæð hire tō, "Ġecned nū hrædlīċe þrie sestras smedman and wyrċ focan." And hē arn him self tō his hrīþra falde and ġenam ān fǣtt ċealf and betǣhte his cnapan, and sē cnapa hit mid ofste ofslōh and ġearcode. Ābraham ðā nam buteran and meolc and þæt flǣsċ mid heorðbacenum hlāfum and leġde him ætforan, and stōd him under þām trēowe wið hie. Mid þām ðe hie ǣton, þā cwǣdon hie him tō: "Hwǣr is þīn wīf Sarra?" Hē ondwyrde, "On þām ġetelde hēo is." Hē cwæð him tō: "Iċ cume eft tō ðē on þisne tīman and ðīn wīf Sarra sċeal habban sunu." Sarra þā ġehīerde ðās word binnan ðām ġetelde and hlōh dīegollīċe, ðus cweðende: "Siððan iċ ealdode and mīn hlāford ġerīpod is, sċeal iċ nū ǣniġes lustes ġīeman?" Þā cwæð God tō Ābrahame: "Hwӯ hlōh Sarra ðīn wīf and cwæð, 'Sċeal iċ nū, eald wīf, cennan?' Cwest ðū, lā, is ǣniġ þinġ Gode earfoðe? Be þām ġecwedenan āndagan iċ cume tō ðē, and Sarra hæfð sunu." Ðā ætsōc Sarra: "Ne hlōh iċ nā, ac iċ wæs āfyrht." God cwæð þā, "Nis hit nā swā, ac þū hlōge." Ðā ārison þā ðrie weras, and ðā þanon ēodon, swylċe hie woldon tō ðǣre byrġ Sodoma, and Ābraham ēode forð mid and lǣdde hie.

efste, 3. sg. pret. of **efestan**
ġecned, imp. sg. of **cnedan**
wyrċ, imp. sg. of **wyrċan**
arn, 3 sg. pret. of **irnan**
ġenam, 3 sg. pret. of **niman**
betǣhte, 3 sg. pret. of **betǣċan**
ofslōh, 3 sg. pret. of **ofslēan**
ġearcode, 3 sg. pret. of **ġearcian**
leġde, 3 sg. pret. of **leċġan**
ǣton, pret. pl. of **etan**
ondwyrde, 3 sg. pret. of **andwyrdan**
He cwæð him tō: The shift from plural to singular is found also in the Vulgate.
cume, 1 sg. pres. of **cuman**
ðē, dat. sg. of **þū**
þisne, acc. sg. masc. of **þēs.** The sense of the Vulgate, though difficult, is probably 'a year from now' (*tempore isto, vita comite* 'at this time, with life a companion'; the corresponding Hebrew means 'according to the time of life').
sċeal, 3 sg. pres. of **sċulan**
ġehīerde, 3 sg. pret. of **hīeran**
hlōh, 3 sg. pret. of **hliehhan**
cweðende, act. part. of **cweðan**, nom. sg.
ealdode, 1 sg. pret. of **ealdian**
ġerīpod, pass. part. of **rīpian**, nom. sg. masc.
cwest, 2 sg. pres. of **cweðan**
ġecwedenan, pass. part. of **cweðan**, dat. sg.
ætsōc, 3 sg. pret. of **ætsacan**
āfyrht, pass. part. of **āfyrhtan**, nom. sg. fem.
nis = ne is
hlōge, 2 sg. pret. of **hliehhan**
ārison, pret. pl. of **ārīsan**
ēodon, ēode, pret. pl., sg. of **gān**
woldon, pret. pl. of **willan**
byrġ, dat. sg. of **burg**
lǣdde, 3 sg. pret. of. **lǣdan**

Chapter VI

Strong and Weak Adjectives • Infinitives

54. In the **strong declension of adjectives** there are slight differences between the endings of light- and heavy-stemmed forms, and so a paradigm will be given for each type. The examples are *blæc* 'black' and *hwīt* 'white':

LIGHT-STEMMED

Singular	Masc.	Fem.	Neut.	Endings		
Nom.	**blæc**	**blacu**	**blæc**	—	-u	—
Acc.	**blæcne**	**blace**	**blæc**	*-ne*	-e	—
Gen.	**blaces**	**blæcre**	**blaces**	-es	*-re*	-es
Dat.	**blacum**	**blæcre**	**blacum**	*-um*	*-re*	*-um*
Instr.	**blace**	**blæcre**	**blace**	-e	*-re*	-e
Plural						
Nom., Acc.	**blace**	**blace, -a**	**blacu, -e**	*-e*	*-e*, -a	-u, *-e*
Gen.	**blæcra**	**blæcra**	**blæcra**	*-ra*	*-ra*	*-ra*
Dat., Instr.	**blacum**	**blacum**	**blacum**	-um	-um	-um

Note that, as with pronouns, the masculine and neuter dative and instrumental singular have different endings, though in nouns the endings are always the same. The alternation between *æ* and *a* in the root syllable of this word is governed by the condition whether or not the root syllable is closed. (A closed syllable is one in which the vowel is followed by two consonants or by a word-final consonant: §35.)

HEAVY-STEMMED

Singular	Masc.	Fem.	Neut.	Endings		
Nom.	**hwīt**	**hwīt**	**hwīt**	—	—	—
Acc.	**hwītne**	**hwīte**	**hwīt**	*-ne*	-e	—
Gen.	**hwītes**	**hwītre**	**hwītes**	-es	*-re*	-es
Dat.	**hwītum**	**hwītre**	**hwītum**	*-um*	*-re*	*-um*
Instr.	**hwīte**	**hwītre**	**hwīte**	-e	*-re*	-e
Plural						
Nom., Acc.	**hwīte**	**hwīte, -a**	**hwīt, hwīte**	*-e*	*-e*, -a	—, *-e*
Gen.	**hwītra**	**hwītra**	**hwītra**	*-ra*	*-ra*	*-ra*
Dat., Instr.	**hwītum**	**hwītum**	**hwītum**	-um	-um	-um

The only inflections that differ between the light and heavy stems are nom. sg. fem. *-u/—* and nom.-acc. pl. neut. *-u/—*, *-e*. Note that the strong endings of adjectives resemble an amalgam of *a-* and *ō*-stem noun endings with the endings found on pronouns. In the lists of endings given above, the pronominal endings are italicized; the rest are the same ones found on the strong nouns studied so far. (Over time, *-e* supplants all other endings in the nom.-acc. plural.) Disyllabic adjectives like *miċel* 'large', *hāliġ* 'holy', and *āgen* 'own', and passive participles like *bunden* 'bound' and *dēmed* 'judged', etymologically should have syncope before most endings:

DISYLLABIC

Singular	Masc.	Fem.	Neut.
Nom.	**hāliġ**	**hāligu**	**hāliġ**
Acc.	**hāliġne**	**hālġe**	**hāliġ**
Gen.	**hālġes**	**hāliġre**	**hālġes**
Dat.	**hālgum**	**hāliġre**	**hālgum**
Instr.	**hālġe**	**hāliġre**	**hālġe**
Plural			
Nom., Acc.	**hālġe**	**hālġe, -a**	**hāligu**
Gen.	**hāliġra**	**hāliġra**	**hāliġra**
Dat., Instr.	**hālgum**	**hālgum**	**hālgum**

In West Saxon, the syncopated vowel is very often restored by analogy, giving, for example, masc. gen. sg. *hāliġes*, nom. pl. *hāliġe*, and so forth; but in nearly all poetry, no matter how the word is written, the scansion demands the etymologically correct syncopated form. The endings given above are those generally found in Early West Saxon. In the later dialect, *-u* is dropped from the nominative singular of feminine adjectives. It is likewise eliminated in the nominative and accusative plural of neuter adjectives, since the nominative and acusative plural of all genders is in *-e*.

55. Some heavy-stemmed adjectives are declined like *blæc* but have the ending *-e* in all the case forms in which *blæc* has no ending. An example is *grēne* 'green':

Singular	Masc.	Fem.	Neut.
Nom.	**grēne**	**grēnu**	**grēne**
Acc.	**grēnne**	**grēne**	**grēne**
Gen.	**grēnes**	**grēnre**	**grēnes**
Dat.	**grēnum**	**grēnre**	**grēnum**
Instr.	**grēne**	**grēnre**	**grēne**

Plural	Masc.	Fem.	Neut.
Nom., Acc.	**grēne**	**grēne, -a**	**grēnu**
Gen.	**grēnra**	**grēnra**	**grēnra**
Dat., Instr.	**grēnum**	**grēnum**	**grēnum**

These are referred to as ***ja*- and *jō*-stems**, and their derivation is explained below (§70). An important group of words belonging to this category is the active (i.e., present) participles in *-ende*.

56. All of the adjective endings given so far are **strong inflections**. However, nearly all adjectives also take **weak inflections**, which are the same regardless of whether the stem is heavy or light:

WEAK INFLECTIONS

Singular	Masc.	Fem.	Neut.
Nom.	**blaca**	**blace**	**blace**
Acc.	**blacan**	**blacan**	**blace**
Gen.	**blacan**	**blacan**	**blacan**
Dat.	**blacan**	**blacan**	**blacan**
Instr.	**blacan**	**blacan**	**blacan**
Plural			
Nom., Acc.	**blacan**	**blacan**	**blacan**
Gen.	**blæcra, blacena**	**blæcra, blacena**	**blæcra, blacena**
Dat., Instr.	**blacum**	**blacum**	**blacum**

These endings are nearly identical to the endings of weak nouns, the only difference being that the inflection in the genitive plural may be *-ra* instead of *-ena*. Weak inflections are used with adjectives that modify **definite nouns**. A noun is definite if it is modified by a determiner—that is, by a demonstrative (*sē* or *þēs*), a possessive pronoun (e.g. *mīn* 'my'), or a noun in the genitive case (e.g. *Cūðrēdes* 'Cuthred's'); numerals do not indicate definiteness. Weak endings are also used with adjectives in the comparative degree (e.g. *ieldra* 'older') and with adjectives modifying nouns in direct address (e.g. *lēofa dryhten* 'dear lord'). In addition, weak adjectives are frequently used in verse where strong ones would be used in prose. Strong endings are almost always used when none of these conditions is met. Nearly all adjectives have both strong and weak forms, though most pronominal adjectives, such as *mīn* 'my', *eall* 'all' and *ōþer* 'other', are always declined strong. Some in fact rarely or never modify definite nouns, such as *ǣniġ* 'any' and *moniġ* 'many'.

57. Exercise. Provide the correct endings for the adjectives in the following (may be null): 1. *gōd*__ *reorde* (acc. sg.); 2. *ān gōd*__ *wicu* (nom. sg.); 3. *þone* *gōd__ dæġ*; 4. *þæt gōd__ bearn*; 5. *sum__ ġeteld* (acc. pl.); 6. *sum__ reorde* (dat. sg.); 7. *þū lēof__ cyning*; 8. *ieldr__ dōmas* (comparative); 9. *þǣre eald__ strǣte*; 10. *ānre eald__ strǣte.*

58. Old English has two types of infinitives, the **uninflected** (the familar dictionary form of the verb) and the **inflected**, the latter formed by placing *tō* before the dictionary form and replacing *-an* with *-enne* or *-anne* (depending chiefly on dialect; WS has usually *-anne*), for example giving *tō rīdenne* 'to ride'. The uninflected infinitive is normal with modal auxiliaries like *mæġ* 'can' and *sċeal* 'shall', and it is particularly frequent in accusative-plus-infinitive constructions like *Hwæt cweþe wit þis bēon?* 'What shall we say this is?' (lit. 'What say we this to be?', GDPref and 3[C] 14.203.25) and *ond ġeseah hie ðār sittan* 'and saw her sitting there' (ApT 2.21). It is also used with verbs of motion that then assume the function of quasi-auxiliaries, as in *Ġewāt him on naca drēfan dēop wæter* 'The ship went stirring up the deep water' (Beo 1903). The functions of the inflected infinitive partly overlap those of the uninflected, though the type is peculiar to some constructions, being used particulary to express purpose, as in *Īsāāc þā bær wudu tō forbærnenne ðā offrunge* 'Isaac then carried wood to burn the offering' (ÆCHomII 4, 34.138), where the uninflected infinitive *forbærnan* would be abnormal. The inflected type may also serve the same function as a noun phrase, serving for example as subject in the clause *Ūs ġedafenað tō dōnne duguðe on sibbe* 'To do good in peace is proper for us' (ÆCHomII 21, 182.77). Often it is best to translate an infinitive in the passive voice, as in *hwæþer hit tō ġelȳfenne sȳ* 'whether it is to be believed' (GD[C] 146.2).

Reading

Gen. 19:1–13

Cōmon ðā on ǣfnunge twēġen englas fram Gode āsende tō þǣre byrġ Sodoma, and Loð, Ābrahames brōðor sunu, sæt on þǣre strǣte and ġeseah hie. Hē ārās þā sōna and ēode him tōġēanes, and āstreahte hine ætforan þām englum, and cwæð, "Iċ bidde ēow, lēof, þæt ġē ċierren tō mīnum hūse, and þǣr wunien nihtlanges, and þwēað ēowre fēt, þæt ġē mæġen faran tōmerġen on ēowerne weġ." Hie cwǣdon, "Nelle wē nāteshwōn, ac wē willað wunian ūt on ðǣre strǣte." Loð þā hie laðode ġeornlīċe, oð ðæt hie ġeċierdon tō his hūse. Hē ðā ġearcode him ġereorde, and hie ǣton. Sē lēodsċipe wæs swā bismerful, þæt hie woldon fūllīċe onġean ġecynd heora gālnesse ġefyllan, nā mid wimmannum, ac swā fūllīċe þæt ūs sċęamað hit openlīċe tō seċġenne, and þæt wæs heora hrēam, þæt hie openlīċe heora fȳlðe ġefremedon. Þā cwǣdon þā englas tō Loðe, sē ðe rihtlīċe leofode, "Hæfst ðū sunu oððe dohtra on ðisse byrġ, oððe āþum oððe ǣniġne sibling? Ġif ðū hæbbe, lǣd hie ealle of þisse byrġ. Wē sċulon sōðlīċe ādīlegian ealle þās stōwe, forðon þe heora hrēam wēox tō swīðe ætforan Gode, and God ūs sende, þæt wē hie fordōn."

cōmon, pret. pl. of **cuman**
āsende, pass. part. of **āsendan**, nom. pl.
brōðor, gen. sg. of **brōðor**
sæt, 3 sg. pret. of **sittan**
ārās, 3 sg. pret. of **ārīsan**
bidde, 1 sg. pres. of **biddan**
ċierren, pres. sj. pl. of **ċierran**
wunien, pres. sj. pl. of **wunian**
þwēað, imp. pl. of **þwēan**
mæġen pres. sj. pl. of **magan**
nelle = ne wille, pres. pl. of **willan**
laðode, 3 sg. pret. of **laðian**
wimmannum = wīfmannum
sċẹamað, 3 sg. pres. of **sċamian**
tō seċġenne, infl. inf. of **seċġan**
ġefremedon pret. pl. of **fremman**
leofode, 3 sg. pret. of **libban**
hæfst, 2 sg. pres. of **habban**
sunu, acc. pl.
ðisse, dat. sg. fem. of **þēs**
hæbbe, pres. sg. sj. of **habban**
lǣd, imp. sg. of **lǣdan**
sċulon, pres. pl. of **sċulan**
þās, acc. sg. fem. of **þēs**
wēox 3 sg. pret. of **weaxan**
sende, 3 sg. pret. of **sendan**
fordōn, pres. sj. pl. of **fordōn**

Chapter VII

Numerals • Demonstrative *þēs* • Breaking
Final Fricatives • Degemination • Impersonal Verbs

59. The **cardinal numbers** 1–3 are fully declined. Of these, *ān* 'one' is the most regular, being inflected like any strong adjective, except that acc. sg. masc. *ǣnne* (or shortened *enne*) may appear beside regularized *ānne*, and weak *āna* (uninflected) means 'only, alone'. 'Two' takes the following forms:

	Masc.	Fem.	Neut.
Nom., Acc.	**twēġen**	**twā**	**twā, tū**
Gen. (all genders)		**twēġ(ẹ)a, twēġ(e)ra**	
Dat. (all genders)		**twǣm, twām**	

Bēġen 'both' is declined the same way. For 'three' the paradigm is the following:

Nom., Acc.	**þrie**	**þrēo**	**þrēo**
Gen. (all genders)		**þrēora**	
Dat. (all genders)		**þrim**	

The other chief cardinal numbers are as follows:

4. **fēower**	12. **twelf**	20. **twēntiġ**	100. **hundtēontiġ**
5. **fīf**	13. **þrēotīene**	30. **þrītiġ**	110. **hundendleftiġ**
6. **siex**	14. **fēowertīene**	40. **fēowertiġ**	120. **hundtwelftiġ** or **hundtwēntiġ**
7. **ṣeofon**	15. **fīftīene**	50. **fīftiġ**	1000. **þūsend**
8. **eahta**	16. **siextīene**	60. **siextiġ**	
9. **nigon**	17. **seofontīene**	70. **hundseofontiġ**	
10. **tīen**	18. **eahtatīene**	80. **hundeahtatiġ**	
11. **en(d)le(o)fan**	19. **nigontīene**	90. **hundnigontiġ**	

The numerals 4–120 may or may not take normal strong adjective inflections, almost never weak ones. When used as nouns or when they do not appear immediately before the noun they modify, 4–19 are usually inflected, otherwise commonly uninflected: compare *nigon mīla brād* 'nine miles wide' (Or 2.4 [Bately] 43.12) and *Hwǣr synt þā nigone* 'Where are those nine?' (Lk[WSCp] 17.17). The decades 20–120 may take strong inflections before nouns. The numerals **hund** and **hundred**, both 'hundred', are neuter nouns that may be indeclinable, and **þūsend** may be used as one, as well. Hundreds generally come first in the expression of compound numerals, but units precede tens, as in *fēower hunde wintra and siex and twēntigum* 'four hundred twenty-six years' (Or

3.8 [Bately] 66.10). The reason for the prefix *hund-* on the decades 70–120 is disputed: see the references in Hogg & Fulk 2011: §4.89 n. 2.

60. The declension of the demonstrative *þēs, þēos, þis* 'this' is as follows:

Singular	Masc.	Fem.	Neut.
Nom.	**þēs**	**þēos**	**þis**
Acc.	**þisne**	**þās**	**þis**
Gen.	**þis(s)es**	**þisse, þis(se)re**	**þis(s)es**
Dat.	**þis(s)um**	**þisse, þis(se)re**	**þis(s)um**
Instr.	**þȳs**	**þisse, þis(se)re**	**þȳs**

Plural (all genders)	
Nom., Acc.	**þās**
Gen.	**þissa, þis(se)ra**
Dat., Instr.	**þis(s)um**

61. Exercise. Give the correct Old English form of the italicized word(s): 1. *ān* ġiefe (dat.); 2. *ān* cyning (acc.); 3. *twēġen* cnapena; 4. *bēġen* dagum; 5. *þrie* word; 6. *fīf* hālgan (acc.); 7. *þēs* hrīðer (acc. sg.); 8. *þēs* munta; 9. *þēs* ġereorde (dat.); 10. *þās fīf* stōwa (acc.)

62. In prehistoric times, after the fronting of Gmc. *a* to *æ*, in certain environments the short front vowels underwent a process of diphthongization called **breaking**. The changes are these:

æ > ea **e > eo** **i > io**

Breaking takes place in three environments:

1) before *h* (= [x] at the time of breaking, so also before *x* = [xs])
2) before *r* plus any consonant other than *j* (but always before geminate *r*)
3) before *l* plus consonant

The third environment, however, is limited: although the change affected *æ* before *l* plus any consonant, *e* was affected before *l* with any regularity only when the consonant following *l* was *h*, as in *eolh* 'elk'. (There is no good evidence for *i* before *lh*, and therefore *i* is not known to break before *l*.) Thus, we find breaking in pret. *healp* 'helped' < **hælp*, but not in inf. *helpan* or in *wilde* 'wild'. Long front vowels, of which only *ǣ* and *ī* occurred in the prehistoric variety of English that developed into West Saxon, were broken before /x/, as in *nēah* 'near' and *līoht* > *lēoht* 'light' For details about the breaking of both short and long vowels, Appendix A and Campbell 1977: §§139–56 or Hogg 1992: §§5.16–34 may be consulted. Examples:

Affecting *æ*:	Affecting *e*:	Affecting *i*:
***sæh > seah**	***seh > seoh**	***sihiþ > *siohiþ**
***wæxan > weaxan** (x=hs)	***fehtan > feohtan**	***cnihtas > *cniohtas**
***þærf > þearf**	***werpan > weorpan**	***wirpiþ > *wiorpiþ**
***mælt > mealt**	***skelh > sċeolh**	***āfirrjan > *āfiorrjan**

The forms in the last column are asterisked because they underwent further developments. In West Saxon, *io* became *eo*, so **cniohtas* becomes *cneohtas* 'boys' (later *cniht-*; see Appendix A, no. 33, p. 112); the further changes affecting the others are explained below (§74). What the three environments for the change have in common is that in each instance a front vowel precedes a back consonant: OE *r* presumably had much the same retroflex articulation as modern American *r* after vowels, *l* (in some environments) had the velar articulation of MnE *l* in *fool* (rather than the more fronted *l* in *leaf*), and at least in prehistoric times *h* was consistently velar, as in German *Nacht*. Breaking then amounts to the formation of a glide in order to facilitate the transition from the front vowel to the back consonant. Knowledge of breaking is particularly helpful in understanding the classification of strong verbs (Chaps. XI–XIV).

63. Exercise. Apply Anglo-Frisian brightening (§29) and breaking, in that order, to as many of the following prehistoric forms as one or the other (or both) applies to. (Example: **maht* > **mæht* > *meaht*.) **warþ*, **all*, **rerd*, **mix*, **selh*, **meltan*, **sax*, **barn*, **ġefehan*, **ald*, **milts*, **bergan*.

64. A fricative consonant (*f*, *þ/ð*, *s*, *g/h*) is voiceless at the end of a word in Old English. This makes no difference in spelling for *f*, *þ/ð*, and *s*, but it means that *g* becomes *h*. Thus, *burg* is often spelt *burh* (even in compounds like *burhware* 'city dwellers', by analogy to the simplex); but the word may also appear as *burg*, spelt with *g* by analogy to the inflected cases. Some of the commonest words affected by this change are *bēah* 'ring', *fāh* 'stained, decorated', *ġenōh* 'enough', *ġeslōh* 'struck', *sorh* 'sorrow', *stāh* 'ascended', and *wāh* 'wall'.

65. Also at word-end, or before any consonant, geminate consonants are reduced phonologically to nongeminates. Thus *man*, *gālnes*, and *ealre* are normal; but once again, spelling may be influenced by other forms in the paradigm (*mannum*, etc.), giving *mann*, *gālness*, and *eallre*. A geminate is also reduced immediately after another consonant, but in such cases analogical restoration almost never occurs: thus *send-de* > *sende* 'sent'.

66. Certain verbs are said to be **impersonal** in the sense that they have only *hit* or nothing overt as grammatical subject, and the object may often be translated as the subject. An example is the verb *þynċan* 'seem': the construction *mē þyncð* (Early Modern *methinks*) is literally 'to me [it] seems', virtually 'I think'. Verbs of this sort are numerous; a few of the commonest are *dafenian* 'befit', *līcian* 'please', *limpan* 'happen', *sċamian* 'shame', and *spōwan* 'profit'.

Reading

Gen. 19:14–22

Loð þā ēode tō his twām āðumum, þe woldon wīfian on his twām dohtrum, and cwæð him tō, "Ārīsað and farað of þissere stōwe, forþon ðe God wile ādīlegian þās burg." Þā wæs him ġeðūht swylċe hē gameniġende spræce. Þā englas ðā on ǣrnemerġen cwǣdon tō Loðe, "Ārīs and nim ðīn wīf and þīne dohtra and far ðē heonon, ðȳ lǣs þe ðū losiġe samod mid þissere forsċyldigan burhware." Hē wandode þā ġīet, ac hie ġelǣhton his hond, and his wīfes hond and his dohtra and ġelǣddon hie ūt of þǣre byrġ, forþon ðe God heom ārode. Þā englas cwǣdon him tō, "Beorh þīnum fēore: ne beseoh ðū underbæc; nē þū ne ætstond nāhwǣr on ðissum earde, ac ġebeorh ðē on þām munte, þæt ðū samod ne losiġe." Ðā cwæð Loð, "Iċ bidde þē, mīn Drihten, nū þū ðīne mildheortnesse mē cȳddest, forðon ðe iċ ne mæġ on þām munte mē ġebeorgan, þȳ lǣs ðe mē ðǣr ġefō sum fǣrliċ yfel. Nū is hēr ġehende ān ġehwǣde burh tō þǣre iċ mæġ flēon and mīnum fēore ġebeorgan." Him wæs ðā ġeondswarod þus: "Iċ underfēng ðīne bēne, ðæt iċ þā burh ne tōwende, nū ðū wilt ðider būgan. Efst ardlīċe ðider, forþon ðe iċ nān ðinġ ne dō, ǣr þon ðe þū ðider cume." And sēo burh wæs ġehāten forðȳ, Segor.

ārīsað, imp. pl. of **ārīsan**
farað, imp. pl. of **faran**
burg, acc. sg. of **burg**
ġeðūht, pass. part of **þynċan**
gameniġende, act. part. of **gamenian**
spræce, pret. sg. sj. of **sprecan**
ārīs, imp. sg. of **ārīsan**
nim, imp. sg. of **niman**
far, imp. sg. of **faran**
losiġe, pres. sg. sj. of **losian**
wandode, 3 sg. pret. of **wandian**
ġelǣhton, pret. pl. of **læċċan**
hond, acc. sg. of **hand**
ġelǣddon, pret. pl. of **lǣdan**
ārode, 3 sg. pret. of **ārian**
beorh, imp. sg. of **beorgan**
fēore, dat. sg. of **feorh**
beseoh, imp. sg. of **besēon**
ætstond, imp. sg. of **ætstandan**
cȳddest, 2 sg. pret. of **cȳðan**
mæġ 1 and 3 sg. pres. of **magan**
ġefō, pres. sg. sj. of **fōn**
ġeondswarod, pass. part. of **andswarian**
underfēng, 3 sg. pret. of **underfōn**
tōwende, sg. sj. of **tōwendan**
wilt, 2 sg. pres. of **willan**
efst, imp. sg. of **efestan**
cume pres. sg. sj. of **cuman**
ġehāten, pass. part. of **hātan**
Segor is associated with a Hebrew root meaning 'to make small' (cf. *ġehwǣde burh*)

CHAPTER VIII

WEST GERMANIC CONSONANT GEMINATION AND LOSS OF *j*
wa-, *wō*-, *ja*-, AND *jō*-STEM NOUNS
DIPHTHONGIZATION BY INITIAL PALATAL CONSONANTS

67. A feature that distinguishes West Germanic from East and (for the most part) North Germanic is **consonant gemination**. This is a sound change that took place at an early date, since it affects all the West Germanic languages. In West Germanic there are frequently double consonants where the other languages have nongeminates: for example, to Gothic *bidjan* 'ask' and OIcel. *biðja*, compare OE *biddan*, OFris. *bidda*, OSax. *biddian*, OHG *bitten*. The chief cause of gemination is a following *j*: in a form like PGmc. **liƀjan* 'live', if the syllable boundary is fixed between *ƀ* and *j*, the result is almost inevitably gemination of *ƀ*, since **liƀ.jan* and **liƀ.ƀjan* (where the point marks the syllable boundary) are more or less indistinguishable acoustically. (Note that voiced fricatives become stops in gemination: hence, **liƀƀjan* becomes OE *libban*.) Gemination is also caused in a few instances by *l* and *r* (as in OE *æppel* 'apple' and *wæccer* 'awake', from **apla*- and **wakra*-, respectively), but not nearly as frequently. Gemination is caused by *j* only when it follows a light syllable, and gemination does not affect *r*: compare, without gemination, OE *sēċan* 'seek' < **sōkjan*, *sendan* 'send' < **sandjan*, and *herian* 'praise' < **hazjan*. After causing gemination, at a much later date *j* was lost after heavy syllables: thus, it is lost in *biddan* and *sēċan*, but it is preserved (and spelt *i*) after the light syllable in *herian*.

68. Exercise. Show the effects, if any, of West Germanic gemination (but not loss of *j*) on these Proto-Germanic forms. Put a mark by any form that would not subsequently lose *j*: **framjan*, **burjan*, **hauzjan*, **hanjō*, **aʒjō*, **darjan*, **fulljan*, **skapjan*, **baldjan*, **skaþjan*, **dōmjan*, *miðjaz*, **fōrjan*, **rakjan*, **tūnjan*, **harjaz*.

69. In a small number of nouns there is an element -*w*- that appears before the inflectional ending, as with dat. sg. masc. *bearwe* 'grove', neut. *searwe* 'device', fem. *sċęadwe* 'shade'. These are declined the same way as the *a*-stems and *ō*-stems, except that in the cases in which the *a*- and *ō*-stems have no inflection, the final -*w* is vocalized to -*u*, as with nom. *bearu*, neut. nom.-acc. sg.-pl. *searu*, and fem. nom. sg. *sċęadu*. When the root syllable is heavy, this word-final -*u* is lost just the way final -*u* is lost in the nominative singular of *ō*-stems and the nom.-acc. plural of neuter *a*-stems. An example is *sēo mǣd* 'the meadow', dat. *mǣdwe*. These nouns are called ***wa*- and *wō*-stems** (masc./neut. and fem., respectively).

70. Similarly, there were stems ending in -*ja*- in Proto-Germanic. The Old English reflexes may be illustrated by the examples *sē hierde* 'the shepherd' and *þæt rīċe* 'the kingdom':

Singular

Nom.	**sē hierde**	**þæt rīċe**
Acc.	**þone hierde**	**þæt rīċe**
Gen.	**þæs hierdes**	**þæs rīċes**
Dat.	**þǣm (þām) hierde**	**þǣm (þām) rīċe**
Instr.	**þȳ (þon, þē) hierde**	**þȳ (þon, þē) rīċe**

Plural

Nom./Acc.	**þā hierdas**	**þā rīċu**
Gen.	**þāra hierda**	**þāra rīċa**
Dat./Instr.	**þǣm (þām) hierdum**	**þǣm (þām) rīċum**

These ***ja*-stem nouns** resemble *a*-stems, but they had an added *-j-* element before the stem-sign *-a-*, and this *j* was vocalized between a heavy syllable and *-a-*, giving *-ij-*: hence, *hierde* and *rīċe* (with *-e* < *-i*) derive from **hardijaz* and **rīkijan*, whereas *a*-stems *stān* and *sċip* derive from **stainaz* and **skipan*. Final *-e* on *ja-* and *jō*-stem adjectives (§55) has a similar origin. The paradigm resembles that of light-stemmed *a*-stems. Because of West Germanic gemination, there are no light-stemmed *ja*-stems except those with a stem ending in *r*, and the only important one of these is *sē here* 'the army'. In the paradigm of *here*, consonantal *j* (usually written *g* or *i*) is preserved after the light syllable everywhere except in the nominative and accusative singular: hence gen. *herġes*, dat. *herġe*, etc. In the nominative and accusative singular, *j* was vocalized to *i* (later becoming *e*), just the way *w* was vocalized to *u* in the *wa*-stems (later occasionally becoming *o*, and often *-a* in LWS). Parallel to the masculine and neuter *ja*-stems there are also feminine ***jō*-stems**, e.g. *synn* 'sin, error' and *sprǣċ* 'speech'. But these are inflected the same way as the *ō*-stems, so that the only sign of their original class affiliation is gemination and/or front mutation (§74) in the root.

71. After the early change of Gmc. *a* to *æ*, the velar sounds [k, ɣ, sk] were palatalized in proximity to front vowels: first they moved closer to the front of the mouth, and then [k] could be affricated to [ʧ], and [ɣ] and [sk] eventually developed to [j] and [ʃ], respectively. In West Saxon, at the beginning of a word these palatal sounds could exert a diphthongizing effect on some of the vowels that palatalized them in the first place, as the following examples demonstrate:

***kastrō > *ċæstru > ċeaster** *town*	***kǣkōn > *ċǣkõ > ċēace** *cheek*
***ʒata- > *ġæt > ġeat** *gate*	***ʒǣfun > *ġǣfun > ġēafon** *gave*
***skafta- > *sċæft > sċeaft** *shaft*	***skǣpa- > *sċǣp > sċēap** *sheep*
***kellōn > *ċellõ > ċielle** *lamp*	(***kē-** not attested)
***ʒefan > *ġefa > ġiefan** *give*	***ʒēt > *ġēt > ġīet** *still*
***skeran > *sċeran > sċieran** *cut*	***skētōn > *sċētõ > sċīete** *cloth*

The rule thus is that after the palatal sounds [ʧ, j, ʃ] there is diphthongization of *ǣ̆* and *ē̆* to *ēă* and *īĕ*, respectively. Note that the vowel *ī̆* is unaffected by the change. This change is referred to as **dipthongization by initial palatal consonants**, and it must have occurred after breaking, since breaking prevents it in *ċerl* > *ċeorl* 'freeman' and similar words.

72. Exercise. Show the effects of the fronting of Gmc. *a*, palatalization, breaking, and diphthongization by initial palatals (in that order) on the following prehistoric forms: **skal*, **ʒelpan*, **ʒǣr*, **kaf*, **skeld-*, **ʒeldan*, **ʒald*, **skǣron*, **ʒaf*.

Reading

Gen. 19:23–38

Loð cōm þā tō Segor þā ðā sunne upp ēode, and God sende tō þām burgum ealbirnendne reġnsċūr mid swefle ġemenġed, and ðā sċęamlēasan fordyde. God tōwearp ðā swā mid graman ðā burga, and ealne ðone eard endemes tōwende, and ealle þā burhwara forbærnde ætgædere, and eall ðæt grōwende wæs, wearð ādīlegod. Þā beseah Loðes wīf unwīslīċe underbæc, and wearð sōna āwend tō ānum sealtstāne, nā for wiġlunge, ac for ġewisre ġetācnunge. Þā behēold Ābraham on ǣrnemerġen ðiderweard, and ġeseah hū þā ysla upp flugon mid þām smīeċe. And God þā ālīesde Loð for Ābrahame.

Loð ðā ne dorste lenġ wunian on Segor, ac fērde mid his twām dohtrum āfyrht tō þām munte, and ðǣr on ānum sċræfe ealle ðrēo wunodon. Ðā cwæð sēo ieldre dohtor tō hire ġingran sweostor, "Ūre fæder is eald man, and nān ōðer wer ne belāf on ealre eorþan, ðe unc mæġe habban. Uton fordrenċęan ūrne fæder fǣrlīċe mid wīne, and uton liċġan mid him, þæt sum lāf bēo his cynnes." Hie dydon ðā swā, and fordrencton heora fæder, and ēode sēo ieldre sweostor ǣrest tō his bedde, and sē fæder nyste hū hē befēng on hie for ðǣre druncennesse, nē hū hēo dearnunga ārās. Eft hie fordrencton ðone unwaran Loð, and sēo ġingre dohtor ēode tō his bedde, and sē fæder nyste hū hē befēng on hie, nē hwonne hēo ārās, for his druncennesse.

Hie wǣron ðā ēacniġende, and sēo ieldre ācende sunu, þone hēo hēt Moab; sē is Moabitisċra fæder oð ðisne andweardan dæġ. And sēo ōðer ācende sunu, ðone hēo hēt Amon, ðæt is "Mīnes folces sunu"; hē is þāra Amonitisċra fæder oð ðisne ondweardan dæġ.

sende 3 sg. pret. of **sendan**
ġemenġed, pass. part. of **menġan**
fordyde, 3 sg. pret. of **fordōn**
tōwearp, 3 sg. pret. of **tōweorpan**
tōwende, 3 sg. pret. of **tōwendan**
forbærnde, 3 sg. pret. of **forbærnan**
grōwende, act. part. of **grōwan**
wearð, 3 sg. pret. of **weorðan**
ādīlegod, pass. part. of **ādīlegian**

āwend, pass. part. of **āwendan**
behēold, 3 sg. pret. of **behealdan**
flugon, pret. pl. of **flēogan**
dorste, 3 sg. pret. of **durran**
lenġ, comp. of **lange**
þrēo: note that adjectives and pronouns referring to groups of mixed gender are generally neuter
wunodon, pret. pl. of **wunian**
belāf, 3 sg. pret. of **belīfan**
mæġe, pret. sg. sj. of **magan**
fordrencton pret. pl. of **fordrenċan**
nyste = **ne** + **wiste**, 3 sg. pret. of **witan**
befēng, 3 sg. pret. of **befōn**
ārās, 3 sg. pret. of **ārīsan**
ēacniġende, act. part. of **ēacnian**
hēt, 3 sg. pret. of **hātan**

Chapter IX

Proto-Germanic *e* before *i* and *j*
Front Mutation • *hwā* • Verb-Second Syntax

73. In late Proto-Germanic there was no distinction between long and short diphthongs. The short diphthongs in Old English all arose from short vowels through later developments like breaking, and the long ones generally reflect actual Proto-Germanic diphthongs. In Proto-Germanic times the vowel *e*, either by itself or as the first element of a back diphthong (i.e. in *eu*) was raised to *i* when *i* or *j* followed in the next syllable. The resulting diphthong *iu* subsequently became *īo* in prehistoric Old English. Thus, what had earlier been **beðjan-* and **þeuþjan-* became already in Proto-Germanic times **biðjan-* and **þiuþjan-*: cf. Gothic *bidjan* and *þiuþjan*. This development is important to an understanding of front mutation, treated in the next paragraph.

74. A set of sound changes similar to the one described in the preceding paragraph, but arising much later and with much wider application, affected all the Germanic languages except Gothic, though at different stages in their histories. The term for this development is **front mutation** or *i/j*-umlaut. The unifying feature of this set of changes is that a vowel is fronted and/or raised when *i* or *j* originally appeared in the next syllable, or in some cases even when it appeared in the second syllable following. For example, *ū* is fronted to *ȳ* in Gmc. **tūnjan* > *tȳnan* 'enclose' (with loss of *j* as explained in §67), and Gmc. *a*, after being fronted to *æ* by Anglo-Frisian brightening, is raised to *e* in **hæri* > *here* 'army'. This set of changes may be summarized as follows:

ū̆ > **ȳ̆**, as in ***huȝiz** > **hyġe**, and ***fūriz** > **fȳr**
ō̆ > **ē̆**, as in ***dohtri** > **dehter**, and ***sōkjan** > **sēċan**
ā̆ > **ǣ̆** (with **ā** from Gmc. **ai**), as in ***sakjō** > **sæċċ**, and ***dāljan** > **dǣlan**
ā̆ > **ē̆** before nasal consonants (i.e. [ɔ(ː)] > [ɛ(ː)]; this **ā** from Gmc. **ǣ**), as in ***manniz** > **menn**, and ***kwāniz** > **cwēn**
æ > **e**, as in ***laȝjan** > ***læggjan** > **leċġan**
ē̆a > **ī̆e**, as in ***ealdizan-** > **ieldran**, and ***nēahistan-** > **nīehstan**
ī̆o > **ī̆e**, as in ***biorhtiþō** > **bierhtu**, and ***ȝetrīowijaz** > **ġetrīewe**

We might have expected **sakjō* to have developed to ***seċċ*, just as **lagjan* became *leċġan*, due to the application of Anglo-Frisian brightening before front mutation; but before front mutation could apply, *æ* in **sækjō* was replaced by *a*, due to the analogical influence of a related word with the same meaning, reflected as *sacu* 'strife'. All instances of *æ* as the front mutation of *a* are due to analogical processes like this one; Gmc. *a* otherwise gives OE *e* by front mutation of *æ*. The change of *ō̆* to *ē̆* was through the stage *œ̄̆*. The rounding of this front round vowel was lost early in West Saxon, though it is preserved in some other dialects (see Appendix B). Both *i* and *j* cause these changes because they are nearly identical sounds, the former being the vocalic equivalent of the latter. They are both high front sounds, and so it is not surprising that the effect they have is to move vowels forward and higher: such processes are **assimilatory** in the sense that the mutated vowels are assimilating the frontness and the height of the following *i* or *j*. These changes are anticipatory: presumably speakers of Prehistoric Old English began to pronounce *u*, for example, as *y* because they were already positioning their tongue and lips to pronounce the sound in the next syllable, in much the way that many speakers of Modern English will in rapid speech pronounce the *n* in *seven baskets* as an *m* in anticipation of the following labial consonant.

75. Exercise. Show the effects of West Germanic gemination, Anglo-Frisian brightening, breaking, front mutation, and loss of *j*, in that order, on the following prehistoric verb forms: **lādjan* (from Gmc. **laidjan*), **trumjan*, **lēafjan*, **framjan*, **dōmjan*, **burjan*, **baldjan*, **hirtjan*, **wānjan* (from Gmc. **wǣnjan*), **rastjan*.

76. In the list above of sounds affected by front mutation, there is no *e* or *ĕ̄o* because, as explained in §73, these sounds did not exist before *i* or *j* in prehistoric Old English, having undergone raising in this environment already in Proto-Germanic. Thus, for example, before the onset of front mutation, in prehistoric Old English we should expect to find inf. *ċēosan* beside 3 sg. **ċīosiþ* (not ***ċēosiþ*), the latter then undergoing front mutation and syncope to give OE *ċīest*. To simplify an understanding of front mutation, the developments *e* > *i* and *ĕ̄o* > *ĭ̄e* might be added to the list of changes in §74, though historically this would be inaccurate.

77. The declension of the interrogative pronoun *hwā* 'who', which occurs only in the singular, resembles that of other pronouns, and it may be summarized thus:

	Masc., Fem.	Neut.
Nom.	**hwā**	**hwæt**
Acc.	**hwone**	**hwæt**
Gen.	**hwæs**	
Dat.	**hwǣm, hwām**	
Instr.	**hwȳ**	

Instr. *hwȳ*, with or without *for* in front of it, may be used to mean 'why'; *hū* 'how' also originally belonged to this paradigm. In Late West Saxon, the form *hwǣre* was created for feminine referents in the genitive, dative, and instrumental cases by analogy to other pronouns; but in poetry it often spoils the meter, showing that late scribes have substituted *hwǣre* for the older forms above.

78. An archaic feature of the Germanic languages is **verb-second (or V2) syntax**, whereby finite verbs (i.e. verb forms other than infinitives and participles) generally occupy the position of second element in independent clauses. This does not mean that the verb is the second word but that it is the second component of the clause, coming, for example, after the subject (which may be a phrase), an adverb, a prepositional phrase, etc. In the reading in the last chapter, each of the first two sentences begins with the subject followed by a finite verb, *cōm* and *tōwearp*. The next two sentences begin with *þā*, which serves as the first element, and since the main verb ought to come second, the subject (*Loðes wīf* and *Ābraham*, respectively) is delayed until after the verb. Modern English is not as strictly a V2 language as Old English, though it preserves some of the flavor of Old English syntax in expressions like *There came a time . . .* and *Up jumped a rabbit.* Note that the V2 rule is very frequently violated—it is perhaps better characterized as a tendency than a rule—as it is in the reading from the last chapter (again) in the clause *and ealne ðone eard endemes tōwende* and in the last sentence of the first paragraph, *And God þā ālīesde Loð for Ābrahame.* But there are also principled exceptions:

(a) Just as in Modern English, yes-no questions begin with a finite verb, as in *Sċeal iċ nū, eald wīf, cennan?* The same is true of commands, as in *Ārīs and nim ðīn wīf.*

(b) In dependent clauses, the verb is delayed till after the second position, and often it comes at the end of its clause. Examples: *and ġelǣddon hie ūt of þǣre byrġ, **for þon ðe God heom ārode*** and *Nū is hēr ġehende ān ġehwǣde burh **tō þǣre iċ mæġ flēon**.*

(c) Unlike adverbs and subordinating conjunctions, the coordinating conjunctions *and/ond*, *ac*, and *oððe* have no effect on word order: consider the two clauses beginning with *and* in the sentence *Loð cōm þā tō Segor þā ðā sunne upp ēode, **and God sende tō þām burgum ealbirnendne reġnsċūr mid swefle ġemenġed, and ðā sċẹamlēasan fordyde**.*

Reading

The remaining readings will be from the Old English *Apollonius of Tyre*, which is translated from a Latin rendering of a third-century Greek romance. The story was popular throughout the Middle Ages, and yet because it is typical of Hellenic romances, with plot elements both grotesque and fanciful, it is unlike any other text found in Old English. The story seems to have appealed to Archbishop Wulfstan II of York and Worcester, the great homilist and advisor to King Cnut, since the unique copy is found in a manuscript that apparently was prepared for his use. The text is based on the edition of Peter Goolden (1958), with some minor changes and with normalization of the spelling to Early West Saxon standards, though the amount of normalization decreases gradually as Late West Saxon spelling habits are explained from chapter to chapter.

On Antiochīa þǣre ċeastre wæs sum cyning Antiochus ġehāten; æfter þæs cyninges naman wæs sēo ċeaster Antiochīa ġeċīeġed. Þisses cyninges cwēn wearð of līfe ġewiten, be ðǣre hē hæfde āne swīðe wlitiġe dohtor unġelīefedlīcre fæġernesse. Mid þȳ þe hēo becōm tō ġiftlicre ieldu, þā ġiernde hire maniġ mǣre man micle mǣrða bēodende. Ðā ġelamp hit sārlicum ġelimpe: þā ðā sē fæder þōhte hwām hē hie mihte hēalicost forġiefan, þā ġefēol his āgen mōd on hire lufe mid unrihtre ġewilnunge, tō ðām swīðe þæt hē forġeat þā fæderlican ārfæstnesse and ġewilnode his āgenre dohtor him tō ġemæċċan; and þā ġewilnunge nāht lange ne ielde, ac sume dæġe on ǣrnemerġen þā hē of slǣpe āwōc, hē ābræc intō ðām būre þǣr hēo inne læġ and hēt his hīredmen ealle him āweġ gān, swylċe hē wið his dohtor sume dīeġle sprǣċe sprecan wolde. Hwæt, hē ðā on ðǣre mānfullan sċylde ābisgode and þā onġēanwinnendan fǣmnan mid miċelre strengðe earfoðlīċe ofercōm, and þæt ġefremede mān ġewilnode tō bedīeġlianne.

Ðā ġewearð hit þæt þæs mæġdenes fōstormōdor intō ðām būre ēode ond ġeseah hie ðǣr sittan on miċelre ġedrēfednesse and hire cwæð tō: “Hwȳ eart þū, hlǣfdiġe, swā ġedrēfedes mōdes?” Þæt mæġden hire andswarode, “Lēofe fōstormōdor, nū tōdæġ forwurdon twēġen æðele naman on þissum būre.” Sēo fōstormōdor cwæð, “Hlǣfdiġe, bē hwām cwist þū þæt?” Hēo hire andwyrde and cwæð, “Ǣr ðām dæġe mīnra brȳdġifta iċ eom mid mānfulre sċylde besmiten.”

ġehāten, pass. part. of **hātan**
(ġe)wearð, 3 sg. pret. of **weorðan**
ġewiten, pass. part. of **wītan**
hæfde, 3 sg. pret. of **habban**
ġiernde, 3 sg. pret. of **ġiernan**
bēodende, act. part. of **bēodan**
ġelamp, 3 sg. pret. of **limpan**; see §66 on impersonal verbs
þōhte, 3 sg. pret. of **þenċan**
mihte, 3 sg. pret. sj. of **magan**
hēalicost, superl. of **hēalīċe**
ġefēol, 3 sg. pret. of **feallan**
forġeat, 3 sg. pret. of **forġietan**
ġewilnode, 3 sg. pret. of **wilnian**
dohtor, gen. sg. of **dohtor**
ielde, 3 sg. pret. of **ieldan**
āwōc, 3 sg. pret. of **āwacan**
ābræc, 3 sg. pret. of **ābrecan**
læġ, 3 sg. pret. of **liċġan**
hēt, 3 sg. pret. of **hātan**
ābisgode, 3 sg. pret. of **ābisgian**
onġēanwinnendan, act. part. of **onġēanwinnan**
ofercōm, 3 sg. pret. of **ofercuman**
ġefremede, pass. part. of **fremman**, wk. acc. sg. neut.
mān, acc. sg., object of **bedīeġlianne**, which is an inf.
andswarode, 3 sg. pret. of **andswarian**
forwurdon, pret. pl. of **forweorðan**
cwist, 2 sg. pres. of **cweðan**
besmiten, pass. part. of **besmītan**

Chapter X

Present Inflections of Strong Verbs
Consonant-Stem Nouns • Conjunctive Adverbs

79. The present indicative inflections of strong verbs may be exemplified by forms of *brūcan* 'use, enjoy':

Singular	Plural
1. **iċ brūce** 'I use'	**wē brūcaþ** 'we use'
2. **þū brȳcst** 'you (sg.) use'	**ġē brūcaþ** 'you (pl.) use'
3. **hē, hēo, hit brȳcþ** 'he, she, it uses'	**hie brūcaþ** 'they use'

Front mutation is always to be expected only in the 2 and 3 singular, which bore the endings **-is* and **-iþ* in Proto-Germanic, whereas no other present endings contained *i* or *j*. When the verb is followed by a plural pronoun of the first or second person, the ending may be reduced to *-e*, as in *brūce wē*, *brūce ġē*. This reduction of the ending to *-e* is also found in the preterite and in the subjunctive.

80. The irregularity in the paradigm above is that in West Saxon and Kentish (though not in Anglian or in most poetry) in the second and third persons singular, front mutation applies to the root vowel and the consonantal ending is attached directly to the stem. The resulting consonant clusters may undergo phonological simplification. First, the voiceless consonants of the endings *-st* and *-þ* usually cause the devoicing of any preceding oral stops and fricatives. (Compare, for example, the way [z] is frequently devoiced to [s] in MnE *has to* and *used to*.) Second, clusters of consonants with the same place or manner of articulation may offer some phonological difficulties, and so they may be reduced or modified, just as Americans tend to pronounce *rests* as [rɛsː] and *fifth* as [fɪθ]. The commonest changes of this sort affecting the second person are these:

-dst > **-tst**, or later **-st**: *rītst* (inf. *rīdan*), *bīetst* (*bēodan*), *finst* (*findan*), *hǣst* (*hātan*)
-þst > **-st** or **-tst**: *cwist* (*cweðan*), *wierst* (*weorðan*), *snītst* (*snīðan*)

The commonest changes of this sort affecting the third person are these:

-tþ > **-t(t)**: *bīet*(*t*) (*bēatan*), *ætwīt*(*t*) (*ætwītan*), *fieht* (*feohtan*)
-dþ > **-t(t)**: *bīet*(*t*) (*bēodan*), *rīt*(*t*) (*rīdan*), *bint* (*bindan*)
-sþ > **-st**: *rīst* (*rīsan*), *ċīest* (*ċēosan*)

Occasionally, examples of devoicing of *g* before *-st* or *-þ* are encountered, for example *sprincst* (*springan*), *stīhst* (*stīgan*), and *bierhþ* (*beorgan*). Since geminate consonants are reduced before and after other consonants (on which see §65), a form such as **rīs-st* (*rīsan*) will appear only as *rīst* and **wierþ-þ* (*weorðan*) only as *wierþ*.

81. Exercise. Determine the correct forms of the second and third persons singular of the following strong verbs: *drīfan, glīdan, frēosan, sēoðan, helpan, grindan, beran, metan, sċẹādan, blōtan.*

82. Some nouns in Proto-Indo-European had stems ending in a consonant rather than a vowel. These are of various types, but they may conveniently be referred to in a group as **consonant-stem nouns**. In Old English, the survivals of this class are few but important, including some very common words. The chief variety may be represented by *sē fōt* 'the foot', *sē mann* 'the person', *sēo burg* 'the town', and *sēo bōc* 'the book':

Singular

Nom., Acc.	**fōt**	**mann**	**burh**	**bōc**
Gen.	**fōtes**	**mannes**	**byrġ**	**bēċ**
Dat.	**fēt**	**menn**	**byrġ**	**bēċ**

Plural

Nom., Acc.	**fēt**	**menn**	**byrġ**	**bēċ**
Gen.	**fōta**	**manna**	**burga**	**bōca**
Dat.	**fōtum**	**mannum**	**burgum**	**bōcum**

Note especially the front mutation in the dative singular, and particularly the form *menn* (beside *men*, §65), which learners of the language often confuse with the plural. The only difference between the masculine and feminine paradigms, then, is in the genitive singular; but all these nouns, especially the feminine ones, are much prone to analogical influence, and forms without front mutation and/or with *ō*-stem endings are not unusual. The nouns *frēond* 'friend' and *fēond* 'enemy', formed with the agentive suffix *-end* '-er' from the verbs *frēoġan* 'love' and *fēoġan* 'hate', are declined like *fōt*, but most other nouns with this suffix (e.g. *āgend* 'owner', *hǣlend* 'savior', *wealdend* 'ruler', and *wīġend* 'warrior') are declined like neuter heavy-stemmed adjectives, except that the nom.-acc. plural may end in *-as, -e,* or nothing. **Nouns of relationship** resemble *fōt* in the singular, but they have various endings in the plural. The chief examples are *sē fæder* 'the father', *sē brōþor* 'the brother', *sēo mōdor* 'the mother', and *sēo dohtor* 'the daughter':

Singular

Nom., Acc., Gen.	**fæder**	**brōþor**	**mōdor**	**dohtor**
Dat.	**fæder**	**brēþer**	**mēder**	**dehter**

	Plural			
Nom., Acc.	**fæd(e)ras**	**brōþor**	**mōdra, -u**	**dohtor**
Gen.	**fæd(e)ra**	**brōþra**	**mōdra**	**dohtra**
Dat.	**fæderum**	**brōþrum**	**mōdrum**	**dohtrum**

Note especially the lack of inflection in the genitive singular. LWS has nom. and acc. pl. *(ġe)brōðru, -ra* and *(ġe)dohtru, -ra.* The final variety of consonant stem is the **s-stems**, which bore the suffix *-*es*- alternating with *-*os*- in Proto-Indo-European. No trace of this suffix is found in the singular in Old English, but in the plural the **s* was voiced to **z* in Proto-Germanic, and PGmc. **z* yields OE *r* (a development sometimes called **rhotacism** or rhotacization: for more on this, see §87 below). The examples are all neuter, the commonest being *ċealf* 'calf', *lamb* 'lamb', *ǣġ* 'egg', and *ċild* 'child':

	Singular			
Nom., Acc.	**ċealf**	**lamb**	**ǣġ**	**ċild**
Gen.	**ċealfes**	**lambes**	**ǣġes**	**ċildes**
Dat.	**ċealfe**	**lambe**	**ǣġe**	**ċilde**

	Plural			
Nom., Acc.	**ċealfru**	**lambru**	**ǣġru**	**ċildru**
Gen.	**ċealfra**	**lambra**	**ǣġra**	**ċildra**
Dat.	**ċealfrum**	**lambrum**	**ǣġrum**	**ċildrum**

Analogical *a*-stem endings are also found in the plural, especially of *ċild.* Weak nouns are also consonant-stems (*n*-stems). On feminine nouns in -*u* or -*o* that are indeclinable except in the genitive and dative plural (original *īn*-stems), see the note on *hǣlo* 1.22 (p. 224).

83. Certain words may be conjunctions or adverbs, depending on whether they appear in dependent or independent clauses: these include *þā* 'when, then' (used with the past tense), *þonne* 'when, then' (in future and conditional constructions), *þǣr* 'where, there', *þēah* 'although, yet', *forþām* 'because, therefore', and *siððan* 'after, afterward'. For some of these the ambiguity may be removed by doubling the word, in which case it is plainly a conjunction, as in *Hē . . . forðfērde ðā ðā hē wæs .lxxvii. wintra* 'He died when he was seventy-seven years old' (ChronE 565), and *þæt hie mehten faran unbefohtene þǣr þǣr hie wolden* 'so that they could travel unopposed where they liked' (ChronA 911). Or the ambiguity may be dispelled by the addition of a different word, as with *þēah þe* 'although', *swā þēah* 'nonetheless', and *forþām þe* 'because'. Often, though, the difference is determinable only on the basis of syntax, since adverbs appear at the start of independent clauses (which typically have V2 order) and conjunctions appear in dependent ones (which typically do not have V2 order). The adverb counts as a sentence element unto itself, and so in independent clauses, when it begins the clause, the verb usually comes immediately after it, whereas in dependent clauses the conjunction is typically separated from the verb. Examples:

(a) *Þā hī þyderweard wǣron, þā cōm him swilċ wind onġēan* . . . 'When they were on their way there, (then) there arose such a wind against them . . .' (ChronE 1009).

(b) *Þonne hit dagian wolde, þonne tōglād hit* 'When day would begin to break, (then) it would vanish' (ChronC 979).

(c) *Sōðlīċe, ðǣr ðǣr þīn goldhord is, þǣr bið þīn heorte* 'Truly, where your gold hoard is, there will your heart be' (ÆCHomII 7, 63.106).

Reading

Ðā cwæð sēo fōstormōdor, "Hwā wæs ǣfre swā dyrstiġes mōdes þæt dorste cyninges dohtor ġewemman ǣr ðām dæġe hire brȳdġifta and him ne ondrēde þæs cyninges ierre?" Ðæt mæġden cwæð, "Ārlēasnes þā sċylde on mē ġefremede." Sēo fōstormōdor cwæð, "Hwȳ ne sæġst þū hit þīnum fæder?" Ðæt mæġden cwæð, "Hwǣr is sē fæder? Sōðlīċe on mē earmre is mīnes fæder nama hrēowlīċe forworden and mē nū forðām dēað þearle ġelīcað." Sēo fōstormōdor sōðlīċe þā ðā hēo ġehīerde þæt þæt mæġden hire dēaðes ġiernde, ðā cliopode hēo hie hire tō mid līðre sprǣċe and bæd þæt hēo fram þǣre ġewilnunge hire mōd ġewende and tō hire fæder willan ġebūge, þēah ðe hēo tō ġenēadod wǣre.

On þissum þingum sōðlīċe þurhwunode sē ārlēasosta cyning Antiochus and mid ġehīwodan mōde hine selfne ætīewde his ċeasterġewarum swylċe hē ārfæst fæder wǣre his dohtor. And betwux his hīwcūðum mannum hē blissode on ðām þæt hē his āgenre dohtor wer wæs. And tō ðām þæt hē þȳ lenġ brūcan meahte his dohtor ārlēasan brȳdbeddes and him fram ādrīfan þā ðe hire ġierndon tō rihtum ġesinsċipum, hē āsette ðā rǣdels, þus cweðende: "Swā hwilċ man swā mīnne rǣdels rihte ārǣde, onfō sē mīnre dohtor tō wīfe, and sē ðe hine misrǣde, sie hē behēafdod." Hwæt is nū māre ymbe þæt tō sprecenne būtan þæt cyningas ǣġhwanan cōmon and ealdormen for ðām unġelīefedlīcan wlite þæs mæġdnes, and þone dēað hie oferhogodon and þone rǣdels understōdon tō ārǣdenne. Ac ġif heora hwilċ þonne þurh āsmēaġunge bōclicre snotornesse þone rǣdels āriht rǣdde, þonne wearð sē tō behēafdunge ġelǣd swā some swā sē ðe hine āriht ne rǣdde. And þā hēafdu ealle wurdon ġesette on ufeweardan þām ġeate.

ondrēde, 3 sg. pret. sj. of **ondrǣdan**
sæġst, 2 sg. pres. of **seċġan**
forworden, pass. part. of **forweorðan**
ġelīcað, 3 sg. pres. of **līcian**
cliopode, 3 sg. pret. of **clipian**
bæd, 3 sg. pret. of **biddan**
ġewende 3 sg. pres. sj. of **wendan**

ġebūge, 3 sg. pres. sj. of **būgan**
ġenēadod, pass. part. of **nēadian**
þurhwunode, 3 sg. pret. of **þurh-wunian**
ārlēasosta, superl. of **ārlēas**
ġehīwodan, pass. part. of **hīwian**
blissode, 3 sg. pret. of **blissian**
tō ðām þæt *for the purpose that*
meahte, 3 sg. pret. of **magan**
ġierndon, pret. pl. of **ġiernan**
āsette, 3 sg. pret. of **āsettan**
ārǣde, misrǣde, sg. pres. sj. of **ārǣdan, misrǣdan**
onfō, sg. pres. sj. of **onfōn**
behēafdod, pass. part. of **be-hēafdian**
cōmon, pret. pl. of **cuman**
oferhogodon, pret. pl. of **ofer-hogian**
understōdon, pret. pl. of **under-standan**
ġelǣd, pass. part. of **lǣdan**
wurdon, pret. pl. of **weorðan**
ġesette, pass. part. of **settan**

Chapter XI

Strong Verbs of the First and Second Classes
Conjugation of Strong Verbs • Absolute Constructions

84. With this chapter there begins a survey of the **seven classes of strong verbs**, which are distinguished by their different vowel alternations, or ablaut series (§37). The ablaut alternations are illustrated by the verbs' **principal parts.** Modern English verbs have three principal parts, the present, past, and passive participle (e.g. *sing, sang, sung*); Old English strong verbs, on the other hand, have four principal parts, since the preterite first and third persons singular often do not have the same ablaut vowel as the other preterite forms. Accordingly, the principal parts of an Old English strong verb are (1) the uninflected infinitive, (2) the third person preterite singular, (3) the preterite plural, and (4) the passive participle.

85. In the first class of strong verbs, the ablaut alternation is (1) *ī*, (2) *ā*, (3) *i*, (4) *i*. The principal parts of some verbs representative of this class are the following:

ætwītan *reproach*	**ætwāt**	**ætwiton**	**ætwiten**
bīdan *wait*	**bād**	**bidon**	**biden**
bītan *bite*	**bāt**	**biton**	**biten**
drīfan *drive*	**drāf**	**drifon**	**drifen**
glīdan *glide*	**glād**	**glidon**	**gliden**
hrīnan *touch*	**hrān**	**hrinon**	**hrinen**
snīðan *cut*	**snāð**	**snidon**	**sniden**
stīgan *ascend*	**stāh**	**stigon**	**stiġen**
wrītan *write*	**wrāt**	**writon**	**writen**

The consonant alternation in *stīgan* (pret. *stāh*) is due to the devoicing of final fricatives (§64); similarly, in *drīfan* the *f* is voiced, whereas in *drāf* it is voiceless. The consonant alternation in *snīðan* is explained below. In Modern English, the verbs of this class that have retained their ablaut alternations mostly have their past tense based on the Old English preterite singular (e.g. *drove, rode, wrote*, with *o* from OE *ā*, on which development see Appendix A), but a few have it based on the Old English preterite plural (e.g. *bit, slid*). In the glossary, the stem class of a strong verb is indicated by an arabic numeral after the headword. Thus, for example, "**ā-rīsan** 1" in the glossary indicates that this is a strong verb of the first class; hence, its principal parts are **ārīsan, ārās, ārison, ārisen.**

86. In the second class of strong verbs, the ablaut alternation is (1a) *ēo* or (1b) *ū*, (2) *ēa*, (3) *u*, (4) *o*. The difference between types (a) and (b) is that (a) has *ēo* in the infinitive, whereas (b) has *ū*. The principal parts of some verbs representative of this class are the following:

(a)	**bēodan** *offer*	**bēad**	**budon**	**boden**
	ċēosan *choose*	**ċēas**	**curon**	**coren**
	drēogan *endure*	**drēah**	**drugon**	**drogen**
	flēogan *fly*	**flēah**	**flugon**	**flogen**
	frēosan *freeze*	**frēas**	**fruron**	**froren**
	ġēotan *pour*	**ġēat**	**guton**	**goten**
	sēoþan *boil*	**sēaþ**	**sudon**	**soden**
(b)	**brūcan** *use*	**brēac**	**brucon**	**brocen**
	būgan *bend*	**bēah**	**bugon**	**bogen**
	lūcan *lock*	**lēac**	**lucon**	**locen**
	sūcan *suck*	**sēac**	**sucon**	**socen**

The consonant alternation in *drēogan*, *flēogan*, and *būgan* is again due to the devoicing of final fricatives, and the alternations in *ċēosan*, *frēosan*, and *sēoþan* are explained in the next paragraph.

87. Under certain conditions the voiceless fricatives [f, s, θ, x] were voiced to [β, z, ð, ɣ] in Proto-Germanic. The change is governed by **Verner's law**, the details of which are explained in Appendix A. One of the environments in which this change took place is the preterite plural and passive participle of many strong verbs. This explains the alternations seen above in verbs like *ċēosan* and *snīðan*, which have *r* and *d*, respectively, for *s* and *ð* in those principal parts. After Gmc. [s] became [z] it underwent rhotacism (§82) in West and North Germanic, giving *r*; [ð] from [θ] became a stop [d] in West Germanic. Since [f] and [β]/[v] are spelt the same way in Old English, the effects of Verner's law in regard to these sounds are usually not discernible. Note that although *ð* may be either a voiced or a voiceless sound in Old English, it always derives from a voiceless sound in Germanic, since Gmc. [ð] becomes [d] in Old English.

88. In the following paradigms, the verbs *stīgan*, *bēodan*, and *brūcan* are conjugated in full:

INDICATIVE

Pres. Sg.	1.	**stīġe**	**bēode**	**brūce**
	2.	**stīhst**	**bīe(t)st**	**brȳcst**
	3.	**stīhþ**	**bīet(t)**	**brȳcþ**
Pl.	1–3.	**stīgað**	**bēodað**	**brūcað**
Pret. Sg.	1.	**stāh**	**bēad**	**brēac**
	2.	**stiġe**	**bude**	**bruce**
	3.	**stāh**	**bēad**	**brēac**
Pl.	1–3.	**stigon**	**budon**	**brucon**

SUBJUNCTIVE

Pres. Sg. 1–3.	**stīġe**	**bēode**	**brūce**
Pl. 1–3.	**stīġen**	**bēoden**	**brūcen**
Pret. Sg. 1–3.	**stiġe**	**bude**	**bruce**
Pl. 1–3.	**stiġen**	**buden**	**brucen**

IMPERATIVE

Sg. 2.	**stīh**	**bēod**	**brūc**
Pl. 2.	**stīgað**	**bēodað**	**brūcað**

NON-FINITE FORMS

Uninfl. inf.	**stīgan**	**bēodan**	**brūcan**
Infl. inf.	**tō stīġenne**	**tō bēodenne**	**tō brūcenne**
Active Part.	**stīġende**	**bēodende**	**brūcende**
Pass. Part.	**stiġen**	**boden**	**brocen**

Note that the 2 sg. preterite always has the same vocalism as the plural rather than that of the 1 and 3 singular. In these and all strong classes, in the preterite subjunctive both the singular and the plural are formed with the vowel of the preterite indicative plural.

89. Exercise. Generate the form requested for each of the following verbs: *grīpan* (pres. pl. ind.); *strūdan* (pret. sj. pl.); *rēocan* (3 sg. pres. ind.); *glīdan* (2 sg. pres. ind.); *drēogan* (pass. part.); *sċrīfan* (pl. pret. ind.); *hrēosan* (3 sg. pret. ind.); *sċūfan* (2 sg. pres. ind.); *belīfan* (1 sg. pret. ind.).

90. In Modern English, an **absolute construction** is a type of reduced clause that contains an active or a passive participle but no finite verb: examples are the boldface phrases in ***Retreat being out of the question***, *the Vikings fought on* and *The troops turned back*, ***their supplies exhausted***. This was not a native syntactic construction in Old English, but it came to be used, especially in translations, in imitation of similar Latin constructions. In Latin such absolute phrases are put into the ablative case, and in Old English they are usually put into the dative. Examples are *Sē hǣlend cwæð tō his fæder*, ***upāhafenum ēagum tō heofenum*** . . . 'The Savior said to his Father, *his eyes raised up to the heavens* . . .' (ÆCHomII 22, 206.5) and *Sōðlīċe*, ***ġewordenum flōde***, *hit flēow intō þām hūse* 'Truly, *when a flood occurred*, it flowed into the house' (Lk[WSCp] 6.48).

Reading

Mid þȳ sōðlīċe Antiochus sē wælrēowa cyning on þisse wælrēownesse þurhwunode, ðā wæs Apollōnīus ġehāten sum ġeong man sē wæs swīðe weliġ and snotor and wæs ealdorman on Tīrō þǣre mǣġðe, sē ġetruwode on his snotornesse and on ðā bōclican lāre and āgan rōwan oð þæt hē becōm tō Antiochīan. Ēode þā in tō ðām cyninge and cwæð, "Wes ġesund, cyning. Hwæt, iċ becōm nū tō ðē swā swā tō gōdum fæder and ārfæstum. Iċ eom sōðlīċe of cynelicum cynne cumen and iċ bidde þīnre dohtor mē tō ġemæċċan." Ðā ðā sē cyning þæt ġehīerde þæt hē his willes ġehīeran nolde, hē swīðe ierlicum ondwlitan beseah tō ðām ġęongan ealdormen and cwæð, "Þū ġęonga mann, canst ðū þone dōm mīnre dohtor ġifta?" Apollōnīus cwæð, "Iċ can þone dōm and iċ hine æt þām ġeate ġeseah." Ðā cwæð sē cyning mid ǣbylġnesse, "Ġehīer nū þone rǣdels, *Scelere vereor, materna carne vescor.*" (Þæt is on Englisċ, 'Sċylde iċ þoliġe, mōdrenum flǣsċe iċ brūce'.) Eft he cwæð, "*Quaero patrem meum, meae matris virum, uxoris meae filiam nec invenio.*" (Þæt is on Englisċ, 'Iċ sēċe mīnne fæder, mīnre mōdor wer, mīnes wīfes dohtor, and iċ ne finde'.) Apollōnīus þā sōðlīċe, onfangenum rǣdelse, hine bewende hwōn fram ðām cyninge, and mid þȳ þe hē smēade ymbe þæt inġehyġd, hē hit ġewan mid wīsdōme, and mid Godes fultume hē þæt sōð ārǣdde. Bewende hine þā tō ðām cyninge and cwæð, "Þū gōda cyning, þū āsettest rǣdels; ġehīer ðū þā onfundennesse. Ymbe þæt þū cwǣde þæt þū sċylde þolodest, ne eart ðū lēogende on ðām: beseoh tō ðē selfum; and þæt þū cwǣde mōdrenum flǣsċe iċ brūce, ne eart ðū on ðām lēogende: beseoh tō þīnre dohtor."

mid þȳ, *while*
Tīrō, dat. sg. of **Tīrus** (Lat. dative-ablative ending)
āgan, 3 sg. pret. of **āġinnan**
wes, see §52
canst, can, 2 and 1 sg. pres. of **cunnan**
ġehīer, imp. sg. of **hīeran**
þoliġe, 1 sg. pres. of **þolian**. Lat. *scelere vereor* 'I fear from sin', which is not translated literally in the Old English, is a corruption of *scelere vehor* 'I ride on sin'.
flǣsċe, dat. (rather than gen. with **brūce**) due to the influence of ablative *carne* in the Latin source
onfangenum, pass. part. of **onfōn**
bewende, 3 sg. pret. of **bewendan**
smēade, 3 sg. pret. of **smēaġan**
ġewan, 3 sg. pret. of **winnan**
āsettest, 2 sg. pret. of **āsettan**
cwǣde, 2 sg. pret. ind. or sj. of **cweðan**
þolodest, 2 sg. pret. of **þolian**
beseoh, imp. sg. of **besēon**

CHAPTER XII

STRONG VERBS OF THE THIRD CLASS
VERB PREFIXES

91. In the third class of strong verbs, the stem ends in two consonants. Since neighboring consonants may cause a variety of vowel changes, the original, unified ablaut alternations have been partly obscured, but they derive from a single original pattern. One subtype in class three has *h* or *r* after the root vowel:

(a)	**beorgan** *protect*	**bearh**	**burgon**	**borgen**
	feohtan *fight*	**feaht**	**fuhton**	**fohten**
	weorpan *throw*	**wearp**	**wurpon**	**worpen**
	weorðan *become*	**wearð**	**wurdon**	**worden**

In these verbs, breaking has affected the present system and the preterite singular. For the third of the four verbs, then, these forms should be derived from **werpan* and **wærp* < **warp*. The alternation between *ð* and *d* in *weorðan* is due to Verner's law, as explained in §87. Breaking has also affected the type with *l* after the root vowel:

(b)	**delfan** *dig*	**dealf**	**dulfon**	**dolfen**
	helpan *help*	**healp**	**hulpon**	**holpen**
	swellan *swell*	**sweal(l)**	**swullon**	**swollen**

The difference is that there is no breaking in the present, since *e* is not regularly broken before *l* plus any consonant other than *h* (§62). On the co-occurrence of forms like *sweal* and *sweall*, see §65. Another subtype is similar but has diphthongization by initial palatal consonants in the present:

(c)	**ġieldan** *pay*	**ġeald**	**guldon**	**golden**
	ġiellan *yell*	**ġeal(l)**	**gullon**	**gollen**
	ġielpan *boast*	**ġealp**	**gulpon**	**golpen**

These three are nearly the only verbs of this type. The diphthongization in the preterite singular of this type is assumed to be due to breaking rather than diphthongization by initial palatal consonants, since breaking has chronological priority (§71). A different type of vowel change is found in the subtype with a nasal consonant after the root vowel:

(d)	**bindan** *bind*	**band**	**bundon**	**bunden**
	climban *climb*	**clamb**	**clumbon**	**clumben**
	drincan *drink*	**dranc**	**druncon**	**druncen**
	swimman *swim*	**swam(m)**	**swummon**	**swummen**

The preterite singular naturally may have *o* rather than *a* (*bond*, *clomb*, etc.) in Early West Saxon. The distinguishing feature of this subtype is that it has *i* in the present and *u* in the passive participle, and this is due to some very early sound changes. In Proto-Germanic, *e* became *i* before a nasal consonant followed by another consonant; hence PGmc. **bendan* > *bindan*, **klemban* > *climban*, etc. The *u* in the passive participle is explained below. Another subgroup comprising just two verbs has the same ablaut alternations even though the root vowel does not appear immediately before a nasal consonant:

(e)	**birnan** *burn*	**barn**	**burnon**	**burnen**
	irnan *run*	**arn**	**urnon**	**urnen**

The explanation is that these verbs have undergone **metathesis**: that is, the original infinitives were **brinnan* and **rinnan*, and in each, *r* and *i* were transposed in prehistoric Old English. This is comparable to the way that *ask*, for instance, in some dialects of English may be pronounced [æks] (cf. OE *ācsian*), or the way that Latin *periculum* 'danger' shows metathesis of *r* and *l* in Spanish *peligro*, and Latin *titulus* 'tittle' of *t* (>*d*) and *l* in Spanish *tilde*. Accordingly, the preterite singular of these verbs may be *born*, *orn*, as well. Finally, one subtype comprising four verbs has none of these vowel changes:

(f)	**breġdan** *brandish*	**bræġd**	**brugdon**	**brogden**
	streġdan *strew*	**stræġd**	**strugdon**	**strogden**
	berstan *burst*	**bærst**	**burston**	**borsten**
	þerscan *thresh*	**þærsċ**	**þurscon**	**þorsċen**

It may seem surprising that there is no breaking in forms of *berstan* and *þerscan;* the explanation is that these verbs have also undergone metathesis.

92. In sum, once these various sound changes are taken into account, it should be plain that the underlying ablaut pattern in the third class of strong verbs is like that seen in the last group, with *e* in the present, *æ* in the preterite singular, *u* in the preterite plural, and *o* in the passive participle. A knowledge of the workings of breaking and other sound changes obviously makes the third class of strong verbs seem more unified and readily comprehensible than it at first appears. This ablaut pattern can be traced back a bit further: *æ*, it will be remembered, is due to Anglo-Frisian brightening of Gmc. *a*; and *o* in the passive participle is due to the lowering of *u* under the influence of what was originally a low vowel in the following syllable in an assimilatory process comparable to front mutation: *worden*, for example, is to be derived from **wurðanaz*, whereas the preterite plural retains its *u* because there was no low vowel in the next syllable: *wurdon* comes from **wurðun*. A nasal consonant before another consonant, however, prevented this lowering of *u* to *o*, and this explains the passive participles in subgroup (d), *bunden*, *clumben*, etc. The early Germanic ablaut series for this class, then, was *e* : *a* : *u* : *u*, and this is what we should expect, given the ablaut patterns found in other Indo-European languages. For details, see Appendix A, pp. 113–15.

93. Exercise. Supply the principal parts for each of the following strong verbs of the third class. Be sure to take into account the effects of breaking, diphthongization by initial palatal consonants, and the influence of nasal consonants: *stincan*, *hweorfan*, *hlimman*, *swelgan*, *sweorcan*, *sċiellan*, *ċeorfan*, *spinnan*.

94. Prefixes modify the meaning of verbs in often subtle ways. Here is a list of some common prefixes:

ā- often denotes perfect aspect, indicating that the action of the verb has been completed, as with *ābītan* 'devour', *ādrinċan* 'be drowned', *āhēawan* 'cut off', *ārǣdan* 'interpret', *āsendan* 'send away', and *āstandan* 'stand up'. At other times it merely intensifies the action of the verb, as with *āmǣran* 'extol' and *āmeldian* 'betray'.

be-, like *ā-*, may intensify or perfect the verb, as with *begān* 'traverse, overrun' and *beċeorfan* 'cut off'; or it may turn an intransitive verb into a transitive one, as with *behyċġan* 'consider' and *berinnan* 'run upon'; or it may have the meaning 'around, over', as with *befōn* 'surround' and *beġēotan* 'pour over'.

ed- is comparable to MnE *re-*, as with *ednīwian* 'renew' and *edstaðolian* 'reestablish'.

for- in adjectives and adverbs has an intensifying function (cf. *formaniġ* 'very many', and *forswīðe* 'very much'); in verbs this intensification usually has a negative or a destructive quality to it, as with *fordēman* 'condemn', *fordōn* 'destroy', *forsprecan* 'say amiss', *forswerian* 'perjure oneself', and *forweorðan* 'perish'.

fore-, just as in Modern English, indicates precedence, as with *forecȳðan* 'prophesy' and *foreþenċan* 'premeditate'.

ġe- often has perfective meaning, which is why it is very common with pass. participles, as in German. But it may also perfect the meaning in present active forms, as with *ġefaran* 'die', *ġegān* 'overrun', and *ġerīdan* 'ride over, seize, occupy'. Very often, though, it does not seem to add any discernible meaning to verbs.

on- has two discrete meanings when used with verbs: it may be inceptive, marking the beginning of an action, as with *oncnāwan* 'recognize', *onǣlan* 'kindle', and *onlīhtan* 'illuminate'; or it may reverse the action of the verb, as with *onlūcan* 'unlock', *ongyrdan* 'unbuckle', and *ontȳnan* 'open'.

of- may serve to perfect the action of the verb, as with *ofrīdan* 'overtake by riding', and *ofslēan* 'strike off or down, kill'

oð- may mean 'away', as with *oðferian* 'take away' and *oðrōwan* 'escape by rowing'.

tō- may have the sense 'apart', as with *tōbrecan* 'break up', *tōfēran* 'go in different directions', and *tōtēon* 'pull apart'.

wiþ- generally implies some sort of opposition, as with *wiþċēosan* 'reject' and *wiþgān* 'oppose'.

Reading

Mid þȳ þe sē cyning ġehīerde þæt Apollōnīus þone rǣdels swā rihte ārǣdde, þā ondrēd hē þæt hit tō wīdcūð wǣre. Beseah ðā mid ierlicum andwlitan tō him and cwæð, "Ðū ġeonga man, þū eart feor fram rihte; þū dwelast and nis nāht þæt þū sæġst; ac þū hæfst behēafdunge ġeearnod. Nū lǣte iċ ðē tō þrittiġra daga fæc þæt þū beþenċe ðone rǣdels āriht, and ðū siððan onfōh mīnre dohtor tō wīfe, and ġif ðū þæt ne dēst, þū sċealt oncnāwan þone ġesettan dōm." Ðā wearð Apollōnīus swīðe ġedrēfed and mid his ġefērum on sċip āstāh and rēow oð þæt hē becōm tō Tīrum.

Sōðlīċe, æfter þām þe Apollōnīus āfaren wæs, Antiochus sē cyning him tō ġeċīeġde his dihtnere sē wæs Thaliarcus ġehāten: "Thaliarce, ealra mīnra dīegolnessa mīn sē ġetrīewesta þeġn, wite þū þæt Apollōnīus āriht ārǣdde mīnne rǣdels. Āstīh nū hrædlīċe on sċip and far æfter him, and þonne þū him tō becume, þonne ācwel ðū hine mid īsene oððe mid āttre, þæt þū mæġe frēodōm onfōn þonne þū onġēan cymst." Thaliarcus sōna swā hē þæt ġehīerde, hē ġenam mid him ġe feoh ġe āttor and on sċip āstāh and fōr æfter þām unsċeaððigan Apollōnīe oð ðæt hē tō his ēðle becōm. Ac Apollōnīus þēahhwæðre ǣr becōm tō his āgenan and intō his hūse ēode and his bōcċiste ontȳnde and āsmēade þone rǣdels æfter ealra ūðwitena and Chaldēa wīsdōme. Mid þȳ þe hē nāht elles ne onfunde būton þæt hē ǣr ġeþōhte, hē cwæð þā tō him selfum, "Hwæt dēst þū nū, Apollōnī? Ðæs cyninges rǣdels þū āsmēadest and þū his dohtor ne onfēnge; forðām þū eart nū fordēmed þæt þū ācweald weorðe." And hē þā ūt ēode and hēt his sċip mid hwǣte ġehlæstan and mid miclum ġewihte goldes ond seolfres and mid maniġfealdum and genyhtsumum rēafum, and swā mid fēawum þām ġetrīewestum mannum on sċip āstāh on ðǣre þriddan tīde þǣre nihte and slōh ūt on ðā sǣ.

ondrēd, 3 sg. pret. of **ondrǣdan**
dwelast, 2. sg. pres. of **dwelian**
nis = ne is
hæfst, 2 sg. pres. of **habban**
ġeearnod, pass. part. of **earnian**
beþenċe, pres. sg. sj. of **beþenċan**
onfōh, imp. sg. of **onfōn**
dēst, 2 sg. pres. of **dōn**
sċealt, 2 sg. pres. of **sċulan**
ġesettan, pass. part. of **settan**, acc. sg. masc. wk.
rēow, 3 sg. pret. of **rōwan**

āfaren, pass. part. of **āfaran**
ġeċīeġde, 3 sg. pret. of **ċīeġan**
Thaliarce, vocative sg. (Latin ending)
wite, pres. sg. sj. of **witan** used in imperative sense
far, imp. sg. of **faran**
ācwel, imp. sg. of **ācwellan**
ġenam, 3 sg. pret. of **niman**
fōr, 3 sg. pret. of **faran**
āsmēade, 3 sg. pret. of **āsmēaġan**
onfunde, 3 sg. pret. of **onfindan**
ġeþōhte, 3 sg. pret. of **þenċan**
fordēmed, pass. part. of **fordēman**
ācweald, pass. part. of **ācwellan**
hēt, 3 sg. pret. of **hātan**
slōh, 3 sg. pret. of **slēan**

Chapter XIII

Strong Verbs of the Fourth and Fifth Classes
i- and *u*-Stem Nouns • Variant Spellings with *g*

95. Verbs of the fourth strong class show nearly the same ablaut pattern as underlies the third class:

(a)	**beran** *bear*	**bær**	**bǣron**	**boren**
	brecan *break*	**bræc**	**brǣcon**	**brocen**
	helan *conceal*	**hæl**	**hǣlon**	**holen**
	stelan *steal*	**stæl**	**stǣlon**	**stolen**
	teran *tear*	**tær**	**tǣron**	**toren**

The difference is that in this class the vowel of the preterite plural is not *u* but *ǣ*. Just as in the third class, diphthongization by an initial palatal consonant obscures the underlying pattern in one verb:

(b)	**sċieran** *cut*	**sċear**	**sċēaron**	**sċoren**

Also as in the third class, a following nasal consonant provokes changes in the root vowel in two important verbs:

(c)	**niman** *take*	**nam, nōm**	**nōmon, nāmon**	**numen**
	cuman *come*	**c(w)ōm**	**c(w)ōmon**	**cumen**

These derive from **neman* and **kw*$_{e}$*man* (where $_{e}$ represents a vowel reduced and lost very early, with subsequent vocalization of *w* to *u*). In *niman*, *m* has the same effect as a consonant cluster beginning with a nasal consonant in the third class, and this explains the high vowels in the infinitive and the pass. participle. The forms *nōmon* and *c(w)ōmon* are the expected reflexes of Gmc. **nǣmun* and **kwǣmun;* the other preterite forms are the result of analogical processes (see Brunner 1965: §390 Anm. 3).

96. The fifth class has nearly the same ablaut pattern as the fourth:

(a)	**cweðan** *say*	**cwæð**	**cwǣdon**	**cweden**
	metan *measure*	**mæt**	**mǣton**	**meten**
	sprecan *speak*	**spræc**	**sprǣcon**	**sprecen**
	tredan *tread*	**træd**	**trǣdon**	**treden**
	wesan *be*	**wæs**	**wǣron**	

The difference is that while verbs of the fourth class have *o* in the passive participle, verbs of the fifth have *e*. Note that *cweðan* and *wesan* show the effects of

Verner's law (§87), and no passive participle is attested for the latter. Two verbs of this class show dipthongization by initial palatal consonants:

(b)	**ġiefan** *give*	**ġeaf**	**ġēafon**	**ġiefen**
	beġietan *acquire*	**beġeat**	**beġēaton**	**beġieten**

The stem *-ġietan* is not found unprefixed; it also appears in *onġietan* 'perceive'. The fundamental difference between classes four and five (and the cause of the ablaut difference in the pass. participle) is that verbs of class four have roots ending in **sonorant consonants** (liquids and nasals), whereas those of class five have stems ending in non-sonorants (oral stops and fricatives). The verb *brecan* (also *hlecan* 'unite'), a seeming exception, is explained in Appendix A, p. 115.

97. Exercise. Provide the forms of the 2 sg. pres. indicative, the 3 sg. pret. indicative, the pret. pl. subjunctive, and the pass. participle for the following verbs of the fourth and fifth classes: *cwelan*, *swefan*, *cuman*, *sċieran*, *drepan*, *onġietan*.

98. An important group of nouns had stems ending in *-i-* in Proto-Germanic, and so they are called ***i*-stems**. At the end of a word, *-i* behaved just as the other short high vowel, *-u*, did: it was apocopated (§33) after a heavy syllable but not after a light one; and when it was not lost it was lowered, becoming *-e*, just as *-u* may appear as *-o* (§32). The endings of the **light *i*-stems** (e.g. masc. *wine* 'friend', neut. *spere* 'spear'; no feminine light *i*-stems survive intact) are nearly identical to those given for the *ja*-stems in §70, the only difference being that in the masc. nom.-acc. plural the ending may be either *-e* (the older, much rarer one) or *-as* (the newer one, borrowed from the *a*-stems):

	Singular	Plural
Nom., Acc.	**wine**	**wine, winas**
Gen.	**wines**	**wina**
Dat.	**wine**	**winum**

Neut. *spere* has the same endings as masc. *wine*, except that the nom.-acc. plural is *speru*. Because of the loss of *-i* after heavy syllables, the declension of **heavy *i*-stems** came to resemble that of *a*- and *ō*-stems, and analogical changes obviated the few remaining differences, so that the heavy *i*-stems differ from the *a*- and *ō*-stems only in that their roots show front mutation. There are two exception to this rule:

(a) Feminine *i*-stems are sometimes endingless in the accusative singular, giving for example *dǣd* 'deed' beside *dǣde*.

(b) Some names of nations and a very small number of other nouns retain the older *i*-stem ending *-e* in the nom.-acc. plural, for example nom.-acc. *Engle*

'Englishmen', *Dene* 'Danes', and fem. *lēode* 'people'. The genitive plural is usually *-a*, but *-(e)na* also occurs.

99. Like the *i*-stems, the ***u*-stems**, which are few in number, suffer apocope and then are likely to be reformed by analogy to *a*- and *ō*-stems. Thus, any *u*-stem (and especially the heavy stems) may bear *a*- or *ō*-stem endings, but the more conservative paradigms are like those of *sē sunu* 'the son', *sē winter* 'the winter', *sēo duru* 'the door', and *sēo hand* 'the hand':

	Singular			
Nom., Acc.	**sunu**	**winter**	**duru**	**hand**
Gen., Dat.	**suna**	**wintra**	**dura**	**handa**
	Plural			
Nom., Acc.	**suna, -u**	**wintra**	**dura, -u**	**handa**
Gen.	**suna**	**wintra**	**dura**	**handa**
Dat.	**sunum**	**wintrum**	**durum**	**handum**

Note that the inflections are nearly the same for heavy and light stems (the only differences are the presence or absence of *-u* in the nom.-acc. singular and the use of the alternative inflection *-u* in the nom.-acc. plural of light stems), and that they are identical for masculine and feminine. No neuter but *medu* 'mead' survives, and it is more commonly masculine. The other commonest masculine nouns that may bear *u*-stem endings are *sidu* 'custom', *wudu* 'wood', *eard* 'country', *flōd* 'flood', *ford* 'ford', and *sumor* 'summer'; the only other feminines are *nosu* 'nose', *cweorn* 'hand-mill', and *flōr* 'floor'.

100. The spelling of Old English is remarkably uniform for a medieval language, and yet inevitably there is much more orthographic variation than is found in standard Modern English. Over the course of the remaining chapters, some spelling inconsistencies will be examined, and the spelling of the reading selections, which has to this point been partly normalized, will gradually take on the character of actual scribal practices. Three spelling variations may be noted here:

(a) The endings *-ian*, *-ie*, *-ien*, *-iende*, etc., found on certain verbs (those of the second weak class, treated below, §120) may be spelt with *ġ* after the *i*, giving *-iġan*, *-iġe*, etc.

(b) It was explained above (§18) that the letter *g* usually represents a fricative sound [ɣ], though in three environments it developed to a stop [g]: after *n* (as in *singan* 'sing'), in gemination (as in *frogga* 'frog'), and, at a later date, at the beginning of a word (as in *gān*). Although the stop value of this sound is usually represented by simple *g*, except at the beginning of a word it may be represented also by *cg* or *gc*, or even simply *c*. Thus, *cyning* may be written *cynincg* or *cyningc*, or even *cyninc*, and *frogga* may be written *frocga*. The *c* is added to *g* essentially as a diacritic to show that *g* represents a stop rather than a fricative. This may be confusing, since it has already been said that *cg* represents an affricate sound [ʤ]; to distinguish the two, in this book the affricate is written *ċġ* (or *ġċ*) and the geminate stop sometimes *cg* (or *gc*). It should be plain that for the Anglo-Saxons the important distinction was not between palatal and velar varieties, or even between stops and affricates, but between fricatives and stops (the latter of which might develop into affricates).

(c) The sound [j] is usually spelt with *ġ*, but *i* may also be used. Hence *herġes* = *heries* (or, more commonly, *heriġes*) 'of an army' and *ġeong* = *iung* 'young'.

Reading

Omitted is a passage describing how Antiochus put a price on Apollonius's head, and how Apollonius saved the city of Tarsus from starvation before he set off again on his wanderings to escape Antiochus's malice.

Mid þȳ þe hie ongunnon þā rōwan and hie forðweard wǣron on heora weġ, þā wearð ðǣre sǣ smyltnesse āwend fǣringa betwux twām tīdum and wearð miċel hrēownes āweht, swā þæt sēo sǣ cnyste þā heofonlican tungla and þæt ġewealc þāra ȳða hwoðerode mid windum. Þǣrtōēacan cōmon ēastnorðerne windas, and sē angrislica sūðwesterna wind him onġēan stōd, and þæt sċip eal tōbærst.

On ðissere eġeslican hrēownesse Apollōnīus ġefēran ealle forwurdon tō dēaðe, and Apollōnīus āna becōm mid sunde tō Pentapolim þām Ċirīniscan londe and þǣr up ēode on ðām stronde. Þā stōd hē nacod on þām strande and behēold þā sǣ and cwæð, "Ēalā þū sǣ Neptūne, manna berēafiġend and unsċeaððiġra beswīcend, þū eart wælhrēowra þonne Antiochus sē cyningc. For mīnum þingum þū ġehēolde þās wælhrēownesse þæt iċ þurh ðē ġewurde wǣdla and þearfa, and þæt sē wælhrēowesta cyningc mē þȳ ēað fordōn mihte. Hwider mæġ iċ nū faran? Hwæs mæġ iċ biddan oððe hwā ġiefð þām uncūðan līfes fultum?" Mid þȳ þe hē þās þingc wæs sprecende tō him selfum, þā fǣringa ġeseah hē sumne fisċere gān. Tō þām hē beseah and þus sārlīċe cwæð: "Ġemiltsa mē, þū ealda man, sie þæt þū sie; ġemildsa mē nacodum, forlidenum, næs nā of earmlicum byrdum ġeborenum. And ðæs ðe ðū ġearo forwite hwām ðū ġemiltsiġe, iċ eom Apollōnīus sē Tīrisca ealdorman." Ðā sōna swā sē fisċere ġeseah þæt sē iunga man æt his fōtum læġ, hē mid mildheortnesse hine up āhōf and lǣdde hine mid him tō his hūse and ðā ēstas him beforan leġde þe hē him tō bēodenne hæfde. Þā ġiet hē wolde be his mihte māran ārfæstnesse him ġecȳðan; tōslāt þā his wǣfels on twā and sealde Apollōnīġe þone healfan dǣl, þus cweðende: "Nim þæt iċ þē tō sellenne hæbbe and gā intō ðǣre ċeastre. Wēn is þæt þū ġemēte sumne þe þē ġemiltsiġe. Ġif ðū ne finde nǣnne þe þē ġemiltsian wille, wend þonne hider onġēan and ġenyhtsumiġe unc bām mīne lȳtlan ǣhta, and far ðē on fisċnoð mid mē. Þēahhwæðre iċ mynegie þē, ġif ðū, fultumiendum

Gode, becymst tō ðīnum ǣrran weorðmynte, þæt þū ne forġiete mīnne þearfendlīcan ġeġierlan." Đā cwæð Apollōnīus, "Ġif iċ þē ne ġeþenċe þonne mē bet bið, iċ wȳsċe þæt iċ eft forlidennesse ġefare and þīnne ġelīcan eft ne ġemēte."

smyltnesse is a late nom. sg.
āwend, pass. part. of **āwendan**
āweht, pass. part. of **āweċċan**
cnyste, 3 sg. pret. of **cnyssan**
hwoðerode, 3 sg. pret. of **hwoðerian**
behēold, 3 sg. pret. of **behealdan**
ġehēolde, 2 sg. pret. of **healdan**
ēað, compar. of **ēaþe**
ġemiltsa, imp. sg. of **miltsian**
næs nā, *not at all*
læġ, 3 sg. pret. of **liċġan**
āhōf, 3 sg. pret. of **āhebban**
lǣdde, 3 sg. pret. of **lǣdan**
leġde, 3 sg. pret. of **leċġan**
sealde, 3 sg. pret. of **sellan**
gā, imp. sg. of **gān**
ġemēte, sg. pres. sj. of **mētan**
wend, imp. sg. of **wendan**
ġenyhtsumiġe, sg. pres. sj. of **nyhtsumian** (sg. verb with plural subject)
bām, see §59

Chapter XIV

Strong Verbs of the Sixth and Seventh Classes
Variant Spellings with *hr-*
Contractions with *ne* • Negative Concord

101. The ablaut series of the sixth class of strong verbs differs fundamentally from that of the others studied, since the preterite singular and plural have the same vocalism, as do the present system and the pass. participle:

(a)	**dragan** *draw*	**drōh**	**drōgon**	**dragen, dræġen**
	faran *go*	**fōr**	**fōron**	**faren, færen**
	sċeacan *shake*	**sċeōc**	**sċeōcon**	**sċeacen, sċeacen**
	wadan *advance*	**wōd**	**wōdon**	**waden, wæden**

The vowel *a* in the infinitive is restored from *æ* before the back vowel (§29). Though we might expect *e*, the front mutation of *æ*, in the second and third person singular of the present system, in fact the vowel is usually *æ* (e.g. in *færst, færð* to *faran*). This is because *a* was early extended by analogy from the infinitive and present plural to the rest of the present system, and *æ* in the second and third persons singular thus represents the front mutation of *a* (see §74). Two verbs of this class have present systems with a nasal infix or suffix that disappears in the preterite, an ancient feature of the Indo-European languages:

(b)	**standan** *stand*	**stōd**	**stōdon**	**standen**
	wæcnan *awake*	**wōc**	**wōcon**	

Restoration of *a* is prevented in *wæcnan* by the closed syllable. No strong pass. participle is attested to this verb.

102. The seventh class comprises several seemingly diverse types. It has in common with the sixth class that the vocalism of the preterite is the same in the singular and plural, and the vocalism of the present system is the same as that of the passive participle:

(a)	**hātan** *promise*	**hēt**	**hēton**	**hāten**
	sċeādan *divide*	**sċēd**	**sċēdon**	**sċeāden**
(b)	**lǣtan** *let*	**lēt**	**lēton**	**lǣten**
	rǣdan *advise*	**rēd**	**rēdon**	**rǣden**
	slǣpan *sleep*	**slēp**	**slēpon**	**slǣpen**
(c)	**blāwan** *blow*	**blē(o)w**	**blē(o)won**	**blāwen**
	cnāwan *know*	**cnē(o)w**	**cnē(o)won**	**cnāwen**
	sāwan *sow*	**sē(o)w**	**sē(o)won**	**sāwen**

(d)	**bannan** *summon*	**bēon(n)**	**bēonnon**	**bannen**
	gangan *walk*	**ġēong**	**ġēongon**	**gangen**
	spannan *span*	**spēon(n)**	**spēonnon**	**spannen**
(e)	**feallan** *fall*	**fēol(l)**	**fēollon**	**feallen**
	healdan *hold*	**hēold**	**hēoldon**	**healden**
	wealdan *rule*	**wēold**	**wēoldon**	**wealden**
(f)	**bēatan** *beat*	**bēot**	**bēoton**	**bēaten**
	hēawan *hew*	**hēow**	**hēowon**	**hēawan**
(g)	**blōtan** *sacrifice*	**blēot**	**blēoton**	**blōten**
	flōwan *flow*	**flēow**	**flēowon**	**flōwen**
	grōwan *grow*	**grēow**	**grēowon**	**grōwen**

The verb *rǣdan* more usually has a weak pret. in WS, *rǣdde.* Despite their divergent present vocalism, these verbs are classified as a single group because their cognates in Gothic all show **reduplication** in the preterite, and they are the only verbs to do so. Reduplication is the addition of an extra syllable to the beginning of the word, a syllable comprising a copy of the initial consonant or consonant cluster of the root plus the vowel *e* (represented by *ai* in Gothic). Examples are Gothic *haldan* (OE *healdan*), pret. *haihald*; *skaidan* (OE *sċẹādan*), pret. *skaiskaiþ;* and *lētan* (OE *lǣtan*), pret. *lailōt.* Reduplication was a feature of formation of the perfect category in Proto-Indo-European, and so it is found in several cognate languages: compare, for example, Lat. *pango* 'fasten', perf. *pepigi*; Gk. *λύω* 'unbind', perf. *λέλυκα;* and Skt. root *budh* 'know', perf. *bubódha.* The method of forming the preterite is plainly different in Old English, as well as in the other Germanic languages besides Gothic, and yet a few verbs of this class preserve, beside the regular ones listed above, archaic forms that must be derived from reduplicated preterites:

bēatan *beat*	**beoftun** (pl.)
hātan *promise*	**hĕ̄ht**
lācan *play*	**leolc**
lǣtan *let*	**leort**
ondrǣdan *dread*	**ondreord**
rǣdan *advise*	**reord**
spātan *spit*	**speoft**

These relic reduplicated forms are found almost exclusively in the archaic language of poetry and in the Anglian dialects, which are in many respects more conservative than West Saxon. Another archaism is *hātte* 'was called' (Gothic *haitada*), to *hātan*, as the only passive form in Old English, preserving an ancient Germanic category.

103. Despite the variety of vowels encountered in the infinitive, verbs of the seventh class may be divided into two types, those with *ē* in the preterite (a–c) and those with *ēo* (d–f). Numerous theories have been devised attempting to explain the origin of these vowel alternations; just one of them will be mentioned here as a possibility, since regardless of whether or not it is correct, it is useful because it furnishes a relatively straightforward way to predict whether the preterite will contain *ē* or *ēo*. The existence of reduplicated relics like *leolc* suggests that at a fairly early date a new method was devised for generating preterite forms in this class, leaving the older reduplicated forms to die out gradually. This new method was to insert the vowel *e* into the present stem in front of the root vowel—a method inspired by verbs without an intial consonant, like Gothic *aukan*, pret. *aiauk;* thus, the new preterites to Gmc. **lǣtan* and **blōtan* were **l-e-ǣt-* and **bl-e-ōt-*. The result in Old English is that wherever this inserted *e* combines with a back vowel or a diphthong ending in a back glide, the result is *ēo*; when it combines with a front vowel or a dipthong ending in a front glide, the result is *ē*. The results for the six subtypes of verbs listed above are perfectly regular once it is understood that in subtype (a), the vowel *ā* of the root derives from Gmc. *ai* (see Appendix A), and so it counts as a front diphthong. The preterite of *cnāwan* and the like has *ēo* because of the influence of the following *w: cnēow* derives from *cnēw*, a spelling that is also encountered.

104. Exercise. Predict whether the following verbs of the sixth and seventh classes will have *ō*, *ē*, or *ēo* in the preterite: *hlēapan*, *galan*, *fealdan*, *ondrǣdan*, *grafan*, *crāwan*, *weaxan*, *hrōpan*, *hladan*, *māwan*, *spōwan*, *weallan*, *lācan*.

105. Two variant spelling patterns may be added to those mentioned in the preceding chapter:

(a) The letter groups *hr*, *hl*, and *hn* are sometimes written without *h*, even in fairly early texts. These groups appear only at the beginning of a word or of an element of a compound: examples are *(h)rædlīċe* 'quickly' and *wæl(h)rēow* 'cruel'. It is disputed whether *h* in such groups represents an actual consonant (as it must have at least in the earlier part of the Old English period) or whether it is merely a diacritic indicating that the following consonant is voiceless (see Hogg 1992: §2.72, but cf. Pope 1967–68: 129)—just as, for example, many speakers of English still pronounce *hw-* as a voiceless *w* in words like *while* and *which*. If *h* was simply a diacritic, its omission from spellings need not be assumed to indicate an actual sound change. Alliterative patterns in verse suggest that *h-* in such clusters was a consonant.

(b) When the negative particle *ne* appears before a word of high frequency that begins with a vowel and appears under low stress, it is frequently written contracted with that word. This practice also applies to some words beginning with *w* or *h*. The most important words of this type are *nāh* (*āgan* 'own', pret. *nāhte*), *nāwiht* (*āwiht* 'anything', also *nāht*), *nān* (*ān* 'one'), *nǣniġ* (*ǣniġ* 'any'), *nabban* (*habban* 'have', pret. *næfde*), *neom*, *neart*, *nis* (*eom*, *eart*, *is* 'am, are, is'), *næs* (*wæs*, pl. *nǣron*), *nyllan* (*willan* 'wish', pret. *nolde*), and *nytan* (*witan* 'know', pres. *nāt*, *nyton*, pret. *nyste*). This process is called **negative contraction**.

106. Negative concord, or multiple negation, is not required in Old English, but it is the norm. The negative particle *ne* is placed directly before the verb, and any indefinite elements in the clause may be negativized in agreement with the negated verb. An example is *Nū bidde iċ þē . . . þæt þū nānne brȳdguman nǣfre mē ne namiġe, nē of mīnum līċhaman dēadlicne wæstm ne sēċe*, lit. 'Now I ask you . . . that you never not appoint me no bridegroom, nor not expect mortal fruit from my body' (ÆLS [Lucy] 36). The stigmatization of negative concord begins in the Early Modern English period.

Reading

Æfter þisum wordum hē ēode on ðone weġ þe him ġetǣht wæs, oð ðæt hē becōm tō þǣre ċeastre ġeate and ðǣrin ēode. Mid þȳ þe hē þōhte hwone hē biddan mihte līfes fultum, þā ġeseah hē ǣnne nacodne cnapan ġẹond þā strǣte irnan, sē wæs mid ele ġesmierwod and mid sċȳtan begyrd and bær iungra manna plegan on handa tō ðām bæðstede belimpende, and cliopode miċelre stefne and cwæð, "Ġehīere ġē ċeasterwaran, ġehīere ġē elðēodiġe, frīġe and þēowe, æðele and unæðele, sē bæðstede is open." Đā ðā Apollōnīus þæt ġehīerde, hē hine unsċrȳdde þām healfan sċiċċelse ðe hē on hæfde and ēode intō ðām þwēale, and mid þȳ þe hē behēold heora ānra ġehwilcne on heora weorce, hē sōhte his ġelīcan, ac hē ne mihte hine þǣr findan on ðām flocce. Đā fǣringa cōm Arcestratēs, ealre þǣre þēode cyningc, mid miċelre menio his manna and in ēode on þæt bæð. Đā āgan sē cyningc plegan wið his ġefēran mid þōðere, and Apollōnīus hine ġemæġnde, swā swā God wolde, on ðæs cyninges plegan and irnende þone ðōðor ġelǣhte, and mid swiftre rædnesse ġesleġenne, onġēan ġesende tō ðām plegendan cyninge. Eft hē āġēan āsende; hē rædlīċe slōh swā hē hine nǣfre feallan ne lēt. Sē cyningc ðā oncnēow þæs iungan snelnesse, þæt hē wiste þæt hē næfde his ġelīcan on þām plegan. Þā cwæð hē tō his ġefēran, "Gāð ēow heonon. Þēs cniht, þæs þe mē þyncð, is mīn ġelīca." Đā ðā Apollōnīus ġehīerde þæt sē cyning hine herede, hē arn rædlīċe and ġenēalǣhte tō ðām cyninge and mid ġelǣredre handa hē swang þone top mid swā miċelre swiftnesse þæt þām cyninge wæs ġeþūht swylċe hē of ielde tō iuguðe ġewend wǣre, and æfter þām on his cynesetle hē him ġecwēmlīċe ðeġnode. And þā ðā hē ūt ēode of ðām bæðe, hē hine lǣdde be þǣre handa and him þā siððan þanon ġewende þæs weġes þe hē ǣr cōm.

ġetǣht, pass. part. of **tǣċan**
þōhte, 3 sg. pret. of **þenċan**
ġesmierwod, pass. part. of **smierwian**
begyrd, pass. part. of **begyrdan**
cliopode, 3 sg. pret. of **clipian**
ġehīere: on the inflection, see §79
frīġe, nom. pl. of **frēo**
sōhte, 3 sg. pret. of **sēċan**
ġemæġnde, 3 sg. pret. of **menġan**
ġelǣhte, 3 sg. pret. of **læċċan**

rædnesse, rædlīċe = **hrædnesse, hrædlīċe**
ġesleġenne, pass. part. of **slēan**
Eft hē . . . hē: as it frequently does in Old English, pronoun reference here changes abruptly: the first **hē** refers to Arcestrates, the second to Apollonius; similarly below
ġe-, āsende, 3 sg. pret. of **(ā)sendan**
āġēan = **onġēan**
slōh, 3 sg. pret. of **slēan**
wiste, 3 sg. pret. of **witan**
gāð, imp. pl. of **gān**
herede, 3 sg. pret. of **herian**
ġenēalǣhte, 3 sg. pret. of **nēalǣċan**
hē swang þone top misconstrues the Latin, in which Apollonius instead massages the king
ġeþūht, pass. part. of **þynċan**
ġewend, pass. part. of **wendan**
lǣdde, 3 sg. pret. of **lǣdan**
ġewende, 3 sg. pret. of **wendan**
þæs weġes, adverbial genitive (§27)

Chapter XV

Weak Verbs of the First Class
West Saxon Spellings • *æ* before Nasal Consonants

107. The conjugation of the **first class of weak verbs** may be represented by the paradigms of *fremman* 'do', *herian* 'praise' (both light-stemmed), and *dēman* 'judge' (heavy-stemmed):

INDICATIVE

Pres. Sg.	1.	**fremme**	**herie**	**dēme**
	2.	**fremst, fremest**	**herest**	**dēmst**
	3.	**fremþ, fremeþ**	**hereþ**	**dēmþ**
Pl.	1–3.	**fremmað**	**herіað**	**dēmað**
Pret. Sg.	1.	**fremede**	**herede**	**dēmde**
	2.	**fremedest**	**heredest**	**dēmdest**
	3.	**fremede**	**herede**	**dēmde**
Pl.	1–3.	**fremedon**	**heredon**	**dēmdon**

SUBJUNCTIVE

Pres. Sg.	**fremme**	**herie**	**dēme**
Pl.	**fremmen**	**herien**	**dēmen**
Pret. Sg.	**fremede**	**herede**	**dēmde**
Pl.	**fremeden**	**hereden**	**dēmden**

IMPERATIVE

Sg. 2.	**freme**	**here**	**dēm**
Pl. 2.	**fremmað**	**heriað**	**dēmað**

NON-FINITE FORMS

Uninfl. inf.	**fremman**	**herian**	**dēman**
Infl. inf.	**tō fremmenne**	**tō herienne**	**tō dēmenne**
Active Part.	**fremmende**	**heriende**	**dēmende**
Pass. Part.	**fremed**	**hered**	**dēmed**

In the *fremman* type there is no gemination of *m* in the 2–3 sg. pres. indicative forms, in the preterite, or in the passive participle; otherwise there is gemination throughout. The *herian* type is similar to the *fremman*, but wherever *fremman* has gemination, *herian* has *-ri-;* everywhere else it has simply *-r-*. The only other difference is that while *fremman* may or may not have syncope in the 2–3 sg. pres. indicative, *herian* never has it. As for the *dēman* type, it is like *fremman* except that it never has gemination, and wherever it can have syncope, it does:

thus, the connecting vowel is lost in the 2–3 sg. pres. indicative and throughout the preterite. It is also lost in the inflected forms of the pass. part. of _dēman_, but not of _fremman_ or _herian_, e.g. dat. pl. _dēmdum_ but _fremedum_, _heredum_. Since the preterite singular and plural stems are the same, it should be apparent that weak verbs require just three principal parts, the infinitive, preterite singular, and passive participle.

108. With a knowledge of the etymological background of these verbs it is easier to understand and remember their irregularities. The primary sign of this verb class in Proto-Gmc. was a *-_j_- appended to the stem before the inflections were added. The present indicative system of the three verbs above may be reconstructed as follows:

Sg.	1.	*framjō	*hazjō	*dōm(i)jō
	2.	*framjis	*hazjis	*dōm(i)jis
	3.	*framjiþ	*hazjiþ	*dōm(i)jiþ
Pl.	3.	*framjanþ	*hazjanþ	*dōm(i)janþ

On -_ij_- for -_j_- in _*dōm(i)jō_, see §70. Before the onset of West Germanic consonant gemination, -_ji_- in the 2–3 singular changed to either -_ī_- or -_i_-, and _z_ in _*hazj_- underwent rhotacism (§82). Thus, when consonant gemination set in, the 2–3 singular forms were not affected, nor was _*harj_- or _*dōmj_-, since there is no gemination of _r_ or of consonants at the end of heavy syllables (§67). As for the preterite forms, the sound _ð_ was added to _j_ before the inflectional ending was added, and when _j_ thus came to appear between two consonants it was naturally vocalized to _i_, as this paradigm of the preterite indicative in Proto-Germanic shows:

Sg.	1.	*framiðō	*haziðō	*dōmiðō
	2.	*framiðǣs	*haziðǣs	*dōmiðǣs
	3.	*framiðǣ	*haziðǣ	*dōmiðǣ
Pl.	3.	*framiðun	*haziðun	*dōmiðun

After front mutation, _i_ was syncopated after heavy syllables but not after light ones, as explained in §137b; hence, there is no connecting vowel in OE pret. _dēmde_, whereas the vowel remains (but is lowered to _e_) in _fremede_ and _herede_. The pass. participle is not subject to syncope in its uninflected form because _i_ was in the final syllable rather than a medial one at the time syncope applied, as with OE _dēmed_ < _*dōmid_; when the participle is inflected, however, just like other adjectives it may be subject to syncope, as with dat. sg. _dēmdum_ < _*dōmidum_; but compare _fremedum_ < _*framidum_, where syncope does not affect _i_ after a light syllable. The imperative singular ending in Germanic was *-_i_, which was apocopated after heavy syllables but not light ones (§§98, 137a).

109. Weak verbs of this class are generally derived from other parts of speech (nouns, adjectives, strong verbs, and even adverbs) by adding *-j-*, though if the root vowel is a front vowel, a variant with a back vowel is usually employed before front mutation applies (i.e., it assumes the PIE *o*-grade: see Appendix A, pp. 113–15). Examples are the following:

From nouns:	**cemban** *comb*	< ***kamb(i)jan** (cf. **camb** *comb*)
	dēman *judge*	< ***dōm(i)jan** (cf. **dōm** *judgment*)
	tȳnan *enclose*	< ***tūn(i)jan** (cf. **tūn** *enclosure*)
	werian *protect*	< ***warjan** (cf. **waru** *protection*)
From adjectives:	**blǣċan** *bleach*	< ***blaik(i)jan** (cf. **blāc** *pale*)
	cȳðan *make known*	< ***kūþ(i)jan** (cf. **cūð** *known*)
	fremman *perform*	< ***framjan** (cf. **fram** *active*)
	hǣlan *heal*	< ***hail(i)jan** (cf. **hāl** *sound*)
From verbs:	**ferian** *convey*	< ***farjan** (cf. **faran** *go*)
	cwellan *kill*	< ***kwaljan** (cf. **cwelan** *die*)
	leċġan *lay*	< ***lagjan** (cf. **liċġan** *lie*)
	settan *set*	< ***satjan** (cf. **sittan** *sit*)
From adverbs:	**āfierran** *drive away*	< ***aƀ-fiorr(i)jan** (cf. **feorr** *afar*)
	īeċan *increase*	< ***auk(i)jan** (cf. **ēac** *too*)
	yppan *reveal*	< ***upjan** (cf. **up** *up*)
	ȳtan *drive out*	< ***ūt(i)jan** (cf. **ūt** *out*)

From these examples it should be plain that the suffix *-j-* adds causative meaning: *blǣċan* is 'cause to be pale', *cwellan* is 'cause to die', etc.

110. Exercise. Give the 3 sg. pres. indicative, the 3 sg. pret. indicative, and the pass. participle of the following weak verbs: *hīeran, þennan, onhyrian, wreþþan, senġan, drēfan, besċierian, lǣran.*

111. Four more orthographic peculiarities may be mentioned. Three are sound changes restricted to the West Saxon dialect, and one is a mismatch of sounds and symbols. They all affect the spelling in manuscripts already from Alfredian times, though the changes are better attested in the later language:

(a) In West Saxon, between a front vowel and one of the voiced dental or alveolar consonants *þ/ð, d,* and *n,* the sound represented by *ġ* was lost, with compensatory lengthening of the preceding vowel. Examples are *brēdan* 'brandish', *frīnan* 'ask', *mǣden* 'maiden', *rēn* 'rain', and *þēnung* 'service' beside *breġdan, friġnan, mæġden, reġn,* and *þeġnung.* Within paradigms the change could be extended analogically to the position after a back vowel, e.g. *frūnon* 'asked', for *frugnon,* by analogy to *frīnan.*

(b) Also in Late West Saxon, almost any short vowel between *w* and *r* is usually spelt *u.* Thus, spellings like *dēorwurþe* 'precious', *swurd* 'sword', *wurpan* 'throw', *wurþmynd* 'dignity', and *wurþ* 'becomes' appear for earlier *dēorwierþe, sweord, weorpan, weorþmynd,* and *wierþ.*

(c) In addition, in all dialects there is variation in the spelling of the front mutation of *a* before a nasal consonant: usually it is spelt *e*, but *æ* is also common. Examples of this are *cæmpa* 'champion', *fræmeþ* 'does', *mænn* 'people', and *sændan* 'send' beside more usual *cempa, fremeþ, menn,* and *sendan.* It used to be believed that this was a dialect feature, but it is now apparent that it is not restricted to any definable area of England, though it is rare in late Northumbrian. This indeterminacy is entirely parallel to the fluctuation of the spelling of the equivalent back vowel seen in *mann/monn*, which, after all, is the same vowel in unmutated form. Largely for this reason it is assumed that these two sounds, front and back, are [ɛ] and [ɔ], and since we do not see similar confusion in the spelling before non-nasal consonants, there the graphs *e* and *o* must represent the sounds [e] and [o] (§19).

(d) In a process commonly called Late West Saxon smoothing, *ēă* > *ē̆* before *c, g, h, x* and after *ċ, sċ,* and *ġ.* This change is reflected only intermitttently in the orthography. Examples are *sleh* 'struck', *hēh* 'high', *sex* 'knife', *ēge* 'eye', *bēcon* 'sign', *ċēp* 'bargain', *sċeft* 'shaft', *ġef* 'gave', and *ġēr* 'year'. Words like *sċẹamu* 'shame' and *ġẹāra* 'formerly' are unaffected, since *ẹ* here is merely orthographic.

Reading

Ðā cwæð sē cyningc tō his mannum siððan Apollōnīus āgān wæs, "Iċ sweriġe þurh ðā ġemǣnan hǣlo þæt iċ mē nǣfre bet ne baðode þonne iċ dyde tōdæġ, nāt iċ þurh hwilċes iunges mannes þēnunge." Ðā beseah hē hine tō ānum his manna and cwæð, "Gā and ġewite hwæt sē iunga man sie þe mē tōdæġ swā wel ġehīersumode." Sē man ðā ēode æfter Apollōnīo. Mid þȳ þe hē ġeseah þæt hē wæs mid horgum sċiċċelse bewǣfed, þā wænde he onġēan tō ðām cyninge and cwæð, "Sē iunga man þe þū æfter āxsodest is forliden man." Ðā cwæð sē cyning, "Þurh hwæt wāst ðū þæt?" Sē man him andswarode and cwæð, "Þēah hē hit self forswīġe, his ġeġierla hine ġeswutelað." Ðā cwæð se cyningc, "Gā rædlīċe and seġe him þæt sē cyningc bit ðē þæt ðū cume tō his ġereorde." Ðā Apollōnīus þæt ġehīerde, hē þām ġehīersumode and ēode forð mid þām men oð þæt hē becōm tō ðæs cyninges healle. Ðā ēode sē man in beforan tō ðām cyninge and cwæð, "Sē forlidena man is cumen þe ðū æfter sændest, ac hē ne mæġ for sċame in gān būton sċrūde." Ðā hēt sē cyningc hine sōna ġesċrȳdan mid wurðfullan sċrūde and hēt hine in gān tō ðām ġereorde. Ðā ēode Apollōnīus in and ġesæt þǣr him ġetǣht wæs onġēan ðone cyningc. Ðǣr wearð ðā sēo þēnung in ġeboren, and æfter þām, cynelīċ ġebēorsċipe, and Apollōnīus nān ðinġċ ne ǣt, ðēah ðe ealle ōðre men ǣton and blīðe wǣron, ac hē behēold þæt gold and þæt seolfor and ðā dēorwurðan rēaf and þā bēodas and þā cynelican þēnunga. Ðā ðā hē þis eal mid sārnesse behēold, ðā sæt sum eald and sum æfestiġ ealdorman be þām cyninge. Mid þȳ þe hē ġeseah þæt Apollōnīus swā sārlīċe sæt and ealle þingc behēold and nān ðinġċ ne ǣt, ðā cwæð hē tō ðām cyninge, "Ðū gōda cyningc, efne þēs man þe þū swā wel wið ġedēst: hē is swīðe æfestful for ðīnum gōde." Ðā cwæð sē cyningc, "Þē misþyncð. Sōðlīċe þēs iunga man ne æfestigað on nānum ðingum ðe hē hēr ġesiehð, ac hē cȳð þæt hē hæfð fela forloren." Ðā beseah Arcestatēs sē cyningc blīðum andwlitan tō Apollōnīo and cwæð, "Þū iunga man, bēo blīðe mid ūs and ġehyht on God þæt þū mōte self tō ðām sēlran becuman."

āgān, pass. part. of **āgān**
Iċ sweriġe þurh ðā ġemǣnan hǣlo translates *Iuro vobis per communem salutem* 'I swear to you by our communal salvation', a Christian oath.
baðode, 3 sg. pret. of **baðian**
dyde, 3 sg. pret. of **dōn**
nāt = **ne** + **wāt**, 1 sg. pres. of **witan**
þēnunge = **þeġnunge**
gā, imp. sg. of **gān**
ġewite, sj. sg. of **witan** used as imp.
ġehīersumode, 3 sg. pret. of **hīersumian**
wænde, 3 sg. pret. of **wendan**
āxsodest, 2 sg. pret. of **ācsian**
wāst, 2 sg. pres. of **witan**
andswarode, 3 sg. pret. of **andswarian**
forswīġe, pres. sg. sj. of **forswīgan**
ġeswutelað, 3 sg. pres. of **sweotolian**
seġe, imp. sg. of **seċġan**
sændest, 2 sg. pret. of **sendan**
būton sċrūde construes Lat. *abiecto habitu* as 'his garment having been cast aside', but it is more properly 'with a wretched garment'
wurðfullan = **weorðfullan**
ġesæt, 3 sg. pret. of **sittan**
ǣt, 3 sg. pret. of **etan**
æfestigað, 3 sg. pres. of **æfestigian**
ġesiehð, 3 sg. pres. of **sēon**
hæfð, 3 sg. pres. of **habban**
mōte, pres. sg. sj. of **mōtan**

Chapter XVI

Conjugational Irregularities in Weak Verbs of the First Class
Confusion of High Front Vowels

112. When *d* in the preterite and pass. participle of weak verbs of the first class comes into contact with a voiceless consonant, it is devoiced. Examples:

sċierpan *sharpen*	**sċierpte**	**sċierped**
cēpan *keep*	**cēpte**	**cēped**
wȳsċan *wish*	**wȳsċte**	**wȳsċed**
līexan *illuminate*	**līexte**	**līexed**
drenċan *drown*	**drencte**	**drenċed**
īeċan *increase*	**īecte**	**īeċed**

113. Inflected forms of *sċierped, cēped*, etc., are *sċierpte, cēptan*, and so forth. Light-stemmed verbs like *hreddan* 'save' and *settan* 'set' ought to have 3 sg. pret. **hredede, *setede* (like *fremede* to *fremman*) and pass. part. **hreded, *seted* (like *fremed*), etc. But all those, like *hreddan* and *settan*, that end in a dental stop (*d* or *t*) in fact have syncope in the preterite and in the pass. participle; hence, normal West Saxon forms are pret. *hredde, sette* (with devoicing of *d* after *t*) and pass. part. *hred*(*d*), *set*(*t*). In heavy-stemmed verbs ending in *d* or *t*, naturally there is syncope in the preterite, with reduction of geminates, so that, for example, *sendan* 'send' and *hentan* 'seize' have the preterites *sende* and *hente*. But these heavy-stemmed verbs, like the light-stemmed ones, also have syncope in the pass. participle, at least in the West Saxon dialect. Thus, although participles like *sended* and *hented* (like *dēmed*) might be expected, and do occur in Anglian, the WS forms that actually appear are *send* and *hent*. Some other examples:

treddan *investigate*	**tredde**	**tred(d)**
lettan *hinder*	**lette**	**let(t)**
lǣdan *lead*	**lǣdde**	**lǣd(d)**
mētan *meet*	**mētte**	**mēt(t)**

The verb *leċġan* 'lay' is anomalous, since it is conjugated like *hreddan*, even though its stem does not end in a dental consonant: compare pret. *leġde*, pass. part. *leġd*. On the change of verbs like *fremman* 'do' and *wreððan* 'sustain' to *fremian, wreðian* in West Saxon, see the note on *þenian* 15.52 (p. 248).

114. A small number of weak verbs of the first class had geminates in the root already in Proto-Germanic, long before the application of West Germanic consonant gemination, and as a consquence, although their infinitives suggest they ought to be conjugated like *fremman*, in fact they are conjugated like *dēman*

(§107). For example, *fyllan* 'fill', from PGmc. **fulljan* (causative based on adj. *full*), has 2 sg. pres. *fylst* (< *fyllst*), 3 sg. *fylþ*, 1 sg. pret. *fylde*, pass part. *fylled*, and so forth, rather than ***fylest*, etc. Besides *fyllan*, the commonest verbs of this sort are *āfierran* 'drive away', *cennan* 'beget', *ċierran* 'turn', *clyppan* 'embrace', *cyssan* 'kiss', *fiellan* 'fell', *mierran* 'obstruct', *spillan* 'destroy', and *wemman* 'defile'.

115. Exercise. Give the principal parts of the following verbs. Verbs with geminates in the infinitive are light-stemmed unless otherwise specified: *wendan*, *bētan*, *wȳsċan*, *hwettan*, *rempan*, *senċan*, *swǣtan*, *ādwǣsċan*, *pyffan* (heavy-stemmed), *yppan* (heavy-stemmed), *cyssan* (heavy-stemmed), *cnyssan*.

116. Several subtypes of the first weak class show no front mutation in the preterite, and this may be accompanied by certain consonant alternations:

(a)	**cwellan** *kill*	**cwealde**	**cweald**
	sellan *give*	**sealde**	**seald**
	tellan *tell*	**tealde**	**teald**
(b)	**læċċan** *seize*	**lāhte, læhte**	**lāht, læht**
	reċċan *narrate*	**reahte, rehte**	**reaht, reht**
	reċċan *care for*	**rōhte**	**rōht**
	tǣċan *teach*	**tāhte, tǣhte**	**tāht, tǣht**
	sēċan *seek*	**sōhte**	**sōht**
	wyrċan *work*	**worhte**	**worht**
	byċġan *buy*	**bohte**	**boht**
(c)	**brenġan** *bring*	**brōhte**	**brōht**
	þenċan *think*	**þōhte**	**þōht**
	þynċan *seem*	**þūhte**	**þūht**

Similar are (a) *dwellan* 'mislead', *stellan* 'position', and (b) *cweċċan* 'vibrate', *dreċċan* 'afflict', *leċċan* 'moisten', *rǣċan* 'reach', *streċċan* 'stretch', *þeċċan* 'cover', *w(r)eċċan* 'cover'. The strong stem *bring-* is commoner in the present than the weak *brenġ-*. All of these verbs have roots ending in Gmc. *l*, *k*, or *g*, and the connecting *-i-* was lost in the preterite in Proto-Germanic. Thus, *tellan*, *tealde* may be derived from **taljan*, **talðǣ* (rather than the expected **taliðǣ*). The loss of *-i-* is apparently connected to the nature of the preceding consonant: *l*, *k*, and *g* are all velar consonants (assuming *l* was articulated like MnE *l* in *cool* in this environment), and presumably the difficulty of the transition from the back consonant to the front vowel resulted in the loss of the latter. (Note inf. *tellan* might have been expected to undergo Anglo-Frisian brightening followed by breaking, resulting after front mutation in **tiellan*; but apparently the following *j* palatalized the preceding *ll*, impeding its ability to produce breaking, since it was no longer a velar sound.) In verbs with roots ending in Gmc. *k* (like *reċċan* and *þenċan*), this sound prevented voicing of the following sound in the preterite; and in clusters of two voiceless stops in Proto-Germanic, the first changed to a fricative. Hence, beside inf. **sōkjan* > *sēċan* occurs pret. **sōktǣ* > *sōhte*. The details are tied up with Grimm's and Verner's laws (Appendix A), but root-final *g* in the verbs *byċġan* and *brenġan* was devoiced in the preterite and produced the same results as *k*; hence, beside *g* in **bugjan* > *byċġan* there is *k* in **buktǣ* > **buxtæ* > *bohte* (with lowering of *u* to *o* before the following low vowel on the same principle as in the past participle of strong verbs of the second class, §92). In subtype (c) the effects of one other Proto-Germanic sound change are evident: before *x* (OE *h*) a vowel plus *n* changed to a long nasalized vowel, and the reflex of long nasalized *a* is OE *ō*. Hence, the inf. *þenċan* may be derived from **þankjan* and pret. *þōhte* from **þanxtæ* < **þanktǣ*.

117. Perhaps the most important of the spelling alternations to be considered is the considerable confusion of *ī̆*, *ȳ̆*, and *ī̆e*. There is some interchange among these graphemes already in Early West Saxon, though it is not as extensive, or even of the same nature, as in the later dialect. Any of these three might in fact appear for any other in Late West Saxon, though the following substitutions are particularly frequent:

(a) After the Early West Saxon period, the diphthong *ī̆e* generally is no longer written thus. It is monophthongized to *ī̆* before palatal consonants, as with *īċan* 'increase', *ċīġan* 'call', and *sihð* 'sees' for *īeċan*, *ċīeġan*, and *siehð*; otherwise it is represented by *ȳ̆*, as with *yldra* 'older', *hȳran* 'hear', and *frȳnd* 'friends' for *ieldra*, *hīeran*, and *frīend*.

(b) Original *ȳ̆* also tends to be unrounded to *ī̆* before palatal consonants, as with *drihten* 'lord', *biċġan* 'buy', and *wīsċan* 'wish' for *dryhten*, *byċġan*, and *wȳsċan*.

(c) Confusion of *ī̆* and *ȳ̆* is broad in Late West Saxon, though in some manuscripts more than others. Particularly often *ȳ̆* appears for *ī̆* next to labial consonants or before *r*, as with *myċel* 'large', *swȳþe* 'very', and *ċyriċe* 'church' for *miċel*, *swīþe*, and *ċiriċe*.

118. *Apollonius of Tyre* is preserved only in Late West Saxon form, but the spelling of *ī̆*, *ȳ̆*, and *ī̆e* to this point has been normalized to an Early West Saxon standard. In the reading in this chapter, and in subsequent ones, the manuscript spellings are retained, and so the following spelling variants will occur:

(a) *ī̆* appears for *ȳ̆* in *þī*, *þinċe*, *ġesingodest*, and *ġehīrde;*
(b) *ȳ̆* appears for *ī̆* in *hyre*, *ðysum*, and *ġelymp;*
(c) *ȳ̆* appears for *ī̆e* in *sȳ* and *ālȳfed;* and
(d) *ī̆* appears for *ī̆e* in *ġife*.

Reading

Mid þī ðe sē cyning þās word ġecwæð, ðā fǣringa þǣr ēode in ðæs cyninges iunge dohtor and cyste hyre fæder and ðā ymbsittendan. Þā hēo becōm tō

Apollōnīo, þā gewænde hēo onġēan tō hire fæder and cwæð, "Ðū gōda cyningc and mīn sē lēofesta fæder, hwæt is þēs iunga man þe onġēan ðē on swā wurðlicum setle sit mid sārlicum andwlitan? Nāt iċ hwæt hē besorgað." Ðā cwæð sē cyningc, "Lēofe dohtor, þēs iunga man is forliden, and hē ġecwēmde mē manna betst on ðām plegan. Forðām iċ hine ġelaðode tō ðysum ūrum ġebēorsċipe. Nāt iċ hwæt hē is nē hwanon hē is, ac ġif ðū wille witan hwæt hē sȳ, āxsa hine, forðām þē ġedafenað þæt þū wite." Ðā ēode þæt mǣden tō Apollōnīo and mid forwandiġendre sprǣċe cwæð, "Ðēah ðū stille sie and unrōt, þēah iċ þīne æðelborennesse on ðē ġesēo. Nū þonne ġif ðē tō hefiġ ne þinċe, seġe mē þīnne naman and þīn ġelymp āreċe mē." Ðā cwæð Apollōnīus, "Ġif ðū for nēode āxsast æfter mīnum naman, iċ seċġe þē, iċ hine forlēas on sǣ. Ġif ðū wilt mīne æðelborennesse witan, wite ðū þæt iċ hie forlēt on Tharsum." Ðæt mǣden cwæð, "Seġe mē ġewislicor þæt iċ hit mæġe understandan." Apollōnīus þā sōðlīċe hyre ārehte ealle his ġelymp and æt þǣre sprǣċan ende him fēollon tēaras of ðām ēagum. Mid þȳ þe sē cyningc þæt ġeseah, hē bewænde hine ðā tō ðǣre dohtor and cwæð, "Lēofe dohtor, þū ġesingodest, mid þȳ þe þū woldest witan his naman and his ġelimp; þū hafast nū ġeednīwod his ealde sār. Ac iċ bidde þē þæt þū ġife him swā hwæt swā ðū wille." Ðā ðā þæt mǣden ġehīrde þæt hire wæs ālȳfed fram hire fæder þæt hēo ǣr hire self ġedōn wolde, ðā cwæð hēo tō Apollōnīo, "Apollōnī, sōðlīċe þū eart ūre. Forlǣt þīne murcnunge, and nū iċ mīnes fæder lēafe hæbbe, iċ ġedō ðē weliġne."

lēofesta, superl. of **lēof**
besorgað, 3 sg. pres. of **besorgian**
betst, superl. of **wel̄**
āxsa, imp. sg. of **ācsian**
ġedafenað, 3 sg. pres. of **dafenian**
ġelaðode, 1 sg. pret. of **laðian**
wite, pres. sg. sj. of **witan**
ġesēo, 1 sg. pres. of **sēon**
seġe, imp. sg. of **seċġan**
āxsast, 2 sg. pres. of **ācsian**
wilt, 2 sg. pres. of **willan**
wite, pres. sg. sj. of **witan** used as imperative
Tharsum, Lat. acc. sg. of **Tharsus**
mæġe, pres. sg. sj. of **magan**
ġewislicor, compar. of **wislīċe**
ġesingodest, 2 sg. pret. of **syngian**
woldest, 2 sg. pret. of **willan**
hafast, 2 sg. pres. of **habban**
ġeednīwod, pass. part. of **ednīwian**
hæbbe, 1 sg. pres. of **habban**
ġedō, 1 sg. pres. of **dōn**

Chapter XVII

Back Mutation • Weak Verbs of the Second and Third Classes Change of *sel-* to *syl-/sil-*

119. Unlike the long diphthongs, nearly all of which derive from diphthongs in Germanic, the short ones are all due to diphthongization processes affecting Germanic short vowels. Two of the three major sources of short diphthongs have already been examined: breaking (§62) and diphthongization by initial palatal consonants (§71). The other source is a phonological change known as **back mutation** or *u/a*-umlaut. In general, at about the time of the earliest records in Old English, when a front vowel was followed in the next syllable by a back vowel it was diphthongized. Since *æ* was restored much earlier to *a* before back vowels (§29), in most dialects only *i* and *e* are affected by this change, becoming *io* and *eo*; but in West Saxon *ĭo* changed early to *ĕo*, so the result of back mutation in this dialect is most commonly *eo*. The vowels causing the change are *u*, *o*, and *a*, but *o* in unstressed syllables always derives from earlier *u;* hence the name *u/a*-umlaut. Unlike in the other dialects, in West Saxon the change is fairly circumscribed: it takes place only when the intervening consonant is a labial or a liquid (*p*, *f*, *m*, *w*, *l*, *r*); and *a* has no effect on a preceding *e*, though it does affect *i*. Examples of the change in West Saxon are *heofon* 'sky', *Eoforwīċ* 'York', *meoloc* 'milk' and *seofon* 'seven'. But the monophthong is very often restored by analogy to unmutated forms (hence *hefon* beside *hefen*, etc.), so that at least for the West-Saxon dialect this hardly seems like a regular sound change. Yet an awareness of back mutation is helpful, especially in the identification of weak verbs of the second class (see below). In West Saxon the change does not normally occur when more than one consonant intervenes between the two vowels: hence, *siondon* is found in other dialects, corresponding to WS *sindon*.

120. The conjugation of the **second class of weak verbs** may be represented by the paradigm of *lufian* 'love':

		Ind.	Subj.	Imp.
Pres. Sg.	1.	**lufi(ġ)e**	**lufi(ġ)e**	
	2.	**lufast**	**lufi(ġ)e**	**lufa**
	3.	**lufað**	**lufi(ġ)e**	
Pl.	1–3.	**lufi(ġ)að**	**lufi(ġ)en**	**lufi(ġ)að**
Pret. Sg.	1.	**lufode**	**lufode**	
	2.	**lufodest**	**lufode**	
	3.	**lufode**	**lufode**	
Pl.	1–3.	**lufodon**	**lufoden**	
Inf.		**lufian, tō lufienne**		
Parts.		**lufiende, lufod**		

The 3 sg. pres. inflection *-að* is not to be confused with the pres. plural inflection of other verb classes, with which it is identical. Note also that nearly all verbs in *-rian* belong to the first weak class: see §107. In prehistory the stems of verbs of the second class were formed with **-ō-* after the root, followed by **-j-* (in the present) or **-ð-* (in the preterite), plus the usual verb inflections. Yet there was no **-j-* in the 2–3 pres. singular, where the endings *-st* and *-þ* were added directly to the stem ending in **-ō-*. Thus, there may be reconstructed inf. **luƀōjan*, 2 sg. pres. **luƀōs*, 3 sg. pres. **luƀōþ*, 3 sg. pret. **luƀōðǣ*, etc. The formative *-i-* in some case-forms reflects **ē*, the front mutation of **ō* produced by the following **-j-*. In a verb like *clipian* 'call', the back vowel in the forms without **-j-* may produce back mutation of the vowel in the root, giving, for example, 3 sg. pres. *cliopað* and 3 sg. pret. *cliopode*, which further develop to *cleopað* and *cleopode* (as explained above, §119); and *io* and *eo* may then be extended analogically to other conjugational forms, giving inf. *cliopian*, *cleopian*, etc. Preterite *-ad-* for *-od-* is common, especially in poetry and Anglian-influenced texts

121. The **third class of weak verbs** was a moribund category in Old English. Although traces of original inflection according to this class are discoverable in a number of verbs, the only verbs regularly conjugated this way amount to just four, though they are of high frequency: below are the paradigms of *habban* 'have', *libban* 'live', *seċġan* 'say', and *hyċġan* 'think':

INDICATIVE

Pres. Sg.	1.	**hæbbe**	**libbe**	**seċġe**	**hyċġe**
	2.	**hæfst**	**leofast**	**sæġst**	**hyġst**
	3.	**hæfþ**	**leofað**	**sæġþ**	**hyġþ**
Pl.	1–3.	**habbað**	**libbað**	**seċġað**	**hyċġað**
Pret. Sg.	1.	**hæfde**	**lifde**	**sæġde**	**hogde**
	2.	**hæfdest**	**lifdest**	**sæġdest**	**hogdest**
	3.	**hæfde**	**lifde**	**sæġde**	**hogde**
Pl.	1–3.	**hæfdon**	**lifdon**	**sæġdon**	**hogdon**

SUBJUNCTIVE

Pres. Sg.	**hæbbe**	**libbe**	**seċġe**	**hyċġe**
Pl.	**hæbben**	**libben**	**seċġen**	**hyċġen**
Pret. Sg.	**hæfde**	**lifde**	**sæġde**	**hogde**
Pl.	**hæfden**	**lifden**	**sæġden**	**hogden**

IMPERATIVE

Sg. 2.	**hafa**	**leofa**	**sæġe, saga**	**hyġe**
Pl. 2.	**habbað**	**libbað**	**seċġað**	**hyċġað**

NON-FINITE FORMS

Uninfl. inf.	**habban**	**libban**	**seċġan**	**hyċġan**
Infl. inf.	**tō hæbbenne**	**tō libbenne**	**tō seċgenne**	**tō hyċġenne**
	or	or	or	or
	tō habbanne	**tō libbanne**	**tō seċġanne**	**tō hyċġanne**
Active Part.	**hæbbende**	**libbende**	**seċġende**	**hyċġende**
Pass. Part.	**hæfd**	**lifd**	**sæġd**	**hogod**

Though the origins of this class are disputed, initially its sign was either Gmc. **-ǣ-* or **-a-* at the end of the stem, with the same suffixes added to that as in the second class; but analogy has obscured much of the original regularity of the class. (For discussion and references, see Hogg & Fulk 2011: §6.124.) The influence of following back vowels is evident in the alternation between *æ* and *a* in the paradigm of *habban*, and of *i* and *eo* in that of *libban*. This latter verb has an alternative stem form, inf. *lifi(ġ)an* or *lifġan* replacing *libban* in poetry and in the Anglian dialects. The verb *hyċġan* is marginal, since in Late West Saxon it is often conjugated in accordance with the second weak class (3 sg. pres. *hogað*, pret. *hogode*, etc.). The class is plainly quite irregular. Of the verbs mentioned above that have relic forms indicating that they originally belonged to this class, most have gone over to the second weak class.

122. Another peculiarity of Late West Saxon that produces spelling variants is the development of the sequence *sel-* to *syl-* (or *sil-*, since they are largely equivalent spellings in the later dialect, as explained in §117). The most important words affected by the change are *self* 'self', *sellan* 'give', *selra* 'better', and *selliċ* 'wonderful'.

Reading

Apollōnīus hire þæs þancode, and sē cyningc blissode on his dohtor welwillendnesse and hyre tō cwæð: "Lēofe dohtor, hāt feċċan þīne hearpan and ġeċīġ ðē tō þīne frȳnd and āfeorsa fram þām iungan his sārnesse." Ðā ēode hēo ūt and hēt feċċan hire hearpan, and sōna swā hēo hearpian ongan, hēo mid winsumum sange ġemæġnde þǣre hearpan swēġ. Ðā ongunnon ealle þā men hī herian on hyre swēġcræft, and Apollōnīus āna swīgode. Ðā cwæð sē cyningc, "Apollōnī, nū ðū dēst yfele, forðām þe ealle men heriað mīne dohtor on hyre swēġcræfte, and þū āna hī swīgiende tǣlst." Apollōnīus cwæð, "Ēalā ðū gōda cyningc, ġif ðū mē ġelīfst, iċ seċġe þæt iċ onġite þæt sōðlīċe þīn dohtor ġefēol on swēġcræft, ac hēo næfð hine nā wel ġeleornod. Ac hāt mē nū sillan þā hearpan; þonne wāst þū þæt þū nū ġīt nāst." Arcestatēs sē cyning cwæð, "Apollōnī, iċ oncnāwe sōðlīċe þæt þū eart on eallum þingum wel ġelǣred." Ðā hēt sē cyning sillan Apollōnīġe þā hearpan. Apollōnīus þā ūt ēode and hine scrīdde and sette ǣnne cynehelm uppon his hēafod and nam þā hearpan on his hand and in ēode and swā stōd, þæt sē cyningc and ealle þā ymbsittendan wēndon þæt hē nǣre Apollōnīus, ac þæt hē wǣre Apollines ðāra hǣðenra god. Ðā wearð stilnes and swīġe ġeworden innan ðǣre healle. And Apollōnīus his hearpenæġl ġenam and hē þā hearpestrenġas mid cræfte āstirian ongan and þǣre hearpan swēġ mid winsumum sange ġemæġnde. And sē cyningc silf and ealle þe þǣr andwearde wǣron miċelre stefne cliopodon and hine heredon. Æfter þisum forlēt Apollōnīus þā hearpan and plegode and fela fæġerra þinga þǣr forðtēah, þe þām folce unġecnāwen wæs and unġewuneliċ, and heom eallum þearle līcode ǣlċ þāra þinga ðe hē forðtēah.

āfeorsa, see **āfiersian**

ġemæġnde, 3 sg. pret. of **menġan**

dēst, 2 sg. pres. of **dōn**

ġefēol: the awkwardness of this expression is due to the Latin, *in artem musicam incidit, sed non didicit* 'fell into musical study but did not learn it' (with word play on *incidit* and *didicit*), where *incidit* can have the meaning 'took up at random'.

wāst, nāst, 2 sg. pres. of **witan** and **ne witan**, respectively

fela fæġerra þinga: the Latin here refers to comic and tragic pantomime, a reference which would presumably have been incomprehensible to an Anglo-Saxon audience.

forðtēah, 3 sg. pret. of **forðtēon**

Chapter XVIII

Preterite-Present Verbs
Prehistoric Anglo-Frisian Loss of Nasals before Fricatives
Confusion of *iġ* and *ī* • Convergence of Unstressed Vowels

123. A small number of verbs, most of them very common, form their present system as if they were strong preterites, whereas their preterites are weak. Hence they are called **preterite-present verbs**. For example, the verb *witan* 'know' has a present system rather like the preterite of a strong verb of the first class (3 sg. *wāt*, pl. *witon*) and a preterite system like that of a weak verb (3 sg. *wiste*). There are just twelve of these verbs, but some of them are among the commonest verbs in the language, several of them preserved in the modern language as modal auxiliaries (the asterisked infinitives are not actually attested): *witan* 'know', *āgan* 'possess', **dugan* 'avail', **be-*, **ġe-nugan* 'suffice', *cunnan* 'know, be able', *unnan* 'grant', *þurfan* 'need', **durran* 'dare', **sċulan* 'shall', *ġemunan* 'remember' (also *onmunan* 'esteem'), **mōtan* 'may, be allowed, must', and **magan* 'be able'. The paradigms are as follows:

Pres. Ind. Sg.	1.	**wāt**	**āh**	**dēah**	
	2.	**wāst**	**āhst**		
	3.	**wāt**	**āh**	**dēah**	**-nēah**
Pl.	1–3.	**witon**	**āgon**	**dugon**	**-nugon**
Pret. Ind. Sg.	3.	**wiste, wisse**	**āhte**	**dohte**	**-nohte**
Pres. Sj. Sg.	3.	**wite**	**āge**	**dyġe, duge**	**-nuge**
Inf.		**witan**	**āgan**	**[dugan]**	**[-nugan]**
Pass. Part.		**witen**	**āgen**		

Pres. Ind. Sg.	1.	**cann**	**ann**	**þearf**	**dearr**
	2.	**canst**		**þearft**	**dearst**
	3.	**cann**	**ann**	**þearf**	**dearr**
Pl.	1–3.	**cunnon**	**unnon**	**þurfon**	**durron**
Pret. Ind. Sg.	3.	**cūðe**	**ūðe**	**þorfte**	**dorste**
Pres. Sj. Sg.	3.	**cunne**	**unne**	**þyrfe, þurfe**	**dyrre, durre**
Inf.		**cunnan**	**unnan**	**þurfan**	**[durran]**
Pass. Part.		**cunnen**	**unnen**		

Pres. Ind. Sg.	1.	**sċeal**	**ġeman**	**mōt**	**mæġ**
	2.	**sċealt**	**-manst**	**mōst**	**meaht, miht**
	3.	**sċeal**	**-man**	**mōt**	**mæġ**
Pl.	1–3.	**sċulon, sċẹolon**	**-munon**	**mōton**	**magon, mægon**
Pret. Ind. Sg.	3.	**sċẹolde**	**-munde**	**mōste**	**meahte, mihte**
Pres. Sj. Sg.	3.	**sċyle, sċule**	**-myne, -mune**	**mōte**	**mæġe**
Inf.		**[sċulan]**	**-munan**	**[mōtan]**	**[magan]**
Pass. Part.			**-munen**		

These verbs have no formal imperative, for which the subjunctive is substituted. Note that several of these verbs may or may not have front mutation in the present subjunctive. (The same is true of the verb *cuman*, which may have sg. pres. sj. *cyme* or *cume*.) Forms like *ann* and *cann* may of course also be spelt with *o* in Early West Saxon, and *āh* and *deah* may be spelt *āg* and *deag*. The preterite *wisse* is the result of an archaic sound change whereby PIE **-tt-* (here comprising the *t* of the stem plus the *t/þ* of the preterite marker) developed to *-ss-;* the by-form *wiste* then was created analogically by the later readdition of the preterite ending. The preterites *ūðe* and *cūðe* result from a sound change not yet studied: just as in Proto-Germanic a nasal consonant was lost before [x], with nasalization and compensatory lengthening of the preceding vowel (as with *brōhte* < **branxtæ*, §116), similarly but much later, in Anglo-Frisian the same development occurred before all voiceless fricatives. This is why there is a nasal consonant in German *ander*, *fünf*, *Gans*, *wünschen*, and *Zahn* but not in the Old English cognates *ōðer* 'other', *fīf* 'five', *gōs* 'goose', *wȳsċan* 'wish', and *tōþ* 'tooth'. For this reason, when the preterite marker **-þ-* was added to the stems **un*(*n*)- and **kun*(*n*)-, the results were *ūþ-* and *cūþ-*.

124. Exercise. Using the Glossary, identify the Old English words that result from the following West Germanic forms (and remember that long nasalized *a* becomes *ō* in Old English): **sanft-* (cf. German *sanft* 'gentle'), **fimful-* (cf. Old Icelandic *fimbul-* 'great'), **sanþ-* (cf. Danish *sand* 'true'), **hrinþar-* (cf. Germ. *Rind* 'ox, cow'), **linþ-* (cf. Germ. *gelind* 'soft'), **swinþ-* (cf. Gothic *swinþs* 'strong'), **gunþ-* (cf. OIcel. *gunnr*, *gúðr* 'war'), **munþ-* (cf. Germ. *Mund* 'mouth'), **sunþ-* (cf. OIcel. *sunnr*, *suðr* 'south').

125. The explanation for the structure of this class of verbs reaches far back into Proto-Indo-European. OE *wāt* is precisely cognate with Greek *οἶδα* and Sanskrit *véda*, also meaning 'know', and these derive from PIE **woida*, an unreduplicated perfect to the root **wid-* (as in Latin *video* 'I see'). Thus, the meaning 'I know' derives from perfect 'I have seen', and this is how verbs of preterite form came to be used in present function, and new preterites had to be created for them. The relationship between preterite-present verbs and strong verbs can most readily be seen when they are arranged according to the class of strong verb to which each would have belonged had it developed normally:

1 **witan**
2 **dugan, ġenugan**
3 **cunnan, unnan, þurfan, durran**
4 **sċulan, ġemunan**
5 **magan**
6 **mōtan**
7 **āgan**

The verb *āgan* is usually classified as aligned with verbs of the first class; for reasons to classify it with the seventh class, see Hogg & Fulk 2011: §6.140. As should be apparent, in the present tense these verbs may use the singular or plural vocalism of the preterites of strong verbs, or both.

126. Two further orthographic peculiarities of Late West Saxon may be mentioned here:

(a) The sequence *iġ* changed to *ī* quite early, so that in some of the earliest texts, for example, *briġdels* 'bridle' is already written without *ġ*. By hypercorrection, then, *iġ* might be written for any instance of *ī*; hence, in the reading below is to be found *hiġ* for *hī* (= EWS *hie*, §117)

(b) After the Alfredian period, much confusion of unstressed vowels set in, and it intensified gradually over the course of the tenth and eleventh centuries. The infinitive ending *-an* and sj. pl. *-en*, for instance, might be thoroughly confused (there is an example in the reading below), and the preterite ending *-ode* of the second weak class might be *-ede* (though pl. *-edon* is commoner, where the motive for the change is dissimilation of the vowels in *-odon*). Similarly, gen. sg. masc. *-es* might be *-as* or *-æs*, and dat. pl. *-um* might be *-an*. These developments mark the beginning of the widespread reduction of inflectional endings that characterizes the Middle English period.

Reading

Sōðlīċe mid þȳ þe þæs cyninges dohtor ġeseah þæt Apollōnīus on eallum gōdum cræftum swā wel wæs ġetogen, þā ġefēol hyre mōd on his lufe. Ðā æfter þæs bēorsċipes ġeendunge, cwæð þæt mǣden tō ðām cyninge, "Lēofa fæder, þū lȳfdest mē lȳtle ǣr þæt iċ mōste ġifan Apollōnīo swā hwæt swā iċ wolde of þīnum goldhorde." Arcestatēs sē cyning cwæð tō hyre, "Ġif him swā hwæt swā ðū wille." Hēo ðā swīðe blīðe ūt ēode and cwæð, "Lārēow Apollōnī, iċ ġife þē be mīnes fæder lēafe twā hund punda goldes and fēower hund punda ġewihte seolfres and þone mǣstan dǣl dēorwurðan rēafes and twēntiġ ðēowa manna." And hēo þā þus cwæð tō ðām þēowum mannum: "Berað þās þingc mid ēow þe iċ behēt Apollōnīo mīnum lārēowe and leċġað innon būre beforan mīnum frēondum." Þis wearð þā þus ġedōn æfter þǣre cwēne hǣse, and ealle þā men hire ġife heredon ðe hiġ ġesāwon. Ðā sōðlīċe ġeendode sē ġebēorsċipe, and þā men ealle ārison and grētton þone cyningc and ðā cwēne and bǣdon hiġ ġesunde bēon and hām ġewændon. Ēac swilċe Apollōnīus cwæð, "Ðū gōda cyningc and earmra ġemiltsiġend, and þū cwēn, lāre lufiġend, bēon ġē ġesunde." Hē beseah ēac tō ðām þēowum mannum þe þæt mǣden him forġifen hæfde and heom cwæð tō: "Nimað þās þing mid ēow þe mē sēo cwēn forġeaf and gān wē sēċan ūre ġiesthūs þæt wē magon ūs ġerestan." Ðā ādrēd þæt mǣden þæt hēo nǣfre eft Apollōnīum ne ġesāwe swā raðe swā hēo wolde, and ēode þā tō hire fæder and cwæð, "Ðū gōda cyningc, līcað ðē wel þæt Apollōnīus, þe þurh ūs tōdæġ ġegōdod is, þus heonon fare, and cuman yfele men and berēafian hine?" Sē cyningc cwæð, "Wel þū cwǣde. Hāt him findan hwǣr hē hine mæġe wurðlicost ġerestan." Ðā dide þæt mǣden swā hyre beboden wæs, and Apollōnīus onfēng þǣre wununge ðe hym ġetǣht wæs and ðǣr in ēode Gode þanciġende ðe him ne forwyrnde cyneliċes wurðsċipes and frōfres.

ġetogen, pass. part. of **tēon**
ġedōn, pass. part. of **dōn**
ġesāwon, pret. pl. of **sēon**
bǣdon, pret. pl. of **biddan**
ġemiltsiġend, lufiġend: note that the pres. part. suffix *-end-* is also used to form agentive nouns: *pitier, lover*
bēon, gān pres. pl. sj. used hortatively
magon, pres. pl. of **magan** (the sj. would be more natural)
ġesāwe, 3 sg. pret. sj. of **sēon**
cuman, berēafian = **cumen, berēafien**
mæġe, pres. sg. sj. of **magan**
wurðlicost, superl. of adv. **weorðlīċe**
onfēng, 3 sg. pret. of **onfōn**

CHAPTER XIX

STRONG VERBS WITH WEAK PRESENTS
COMPARISON OF ADJECTIVES AND ADVERBS

127. The present stems of verbs were formed in Proto-Indo-European by a variety of strategies: **-n-* might be infixed (as with *standan*, §101, or Lat. *pangō*, 'I fasten', redup. perf. *pepigi*), or there might be reduplication (as with *bifian* 'tremble', from PGmc. **ƀi-ƀō-j-an-*, like Gk. *δίδωμι* 'I give'), or a suffix such as **-sk-* might be added (as with *wȳsċan* 'wish', from PGmc. **wun-sk-jan-*, like Lat. *discō* 'I learn' from **dik-sk-ō*). One method was to add **-j-*, and as a consequence there are several strong verbs in Old English that resemble weak verbs of the first class in the present system, though they do not have causative meaning and the root vowel was not always a back vowel before mutation. For example, the verb *sittan* 'sit' derives from **set-j-an-*, and thus it belongs to the fifth class of strong verbs, having **e* in the infinitive stem and a single stop consonant following it (once **-j-* and its mutative effects are factored out). The present paradigm, along with the affected non-finite forms, are as follows. Note that there is no gemination in the 2 and 3 sg. pres. indicative and in the imp. singular: as with weak verbs of the first class, these forms had **-i-* rather than **-j-*.

		Ind.	Subj.	Imp.
Pres. Sg.	1.	**sitte**	**sitte**	
	2.	**sitst**	**sitte**	**site**
	3.	**sit(t)**	**sitte**	
Pres. Pl.	1–3.	**sittaþ**	**sitten**	**sittaþ**
Infinitives			**sittan, tō sittenne**	
Act. Part.			**sittende**	

Outside the present system and the three non-finite forms given above, though, this verb is in every way like others of the fifth class, with pret. sg. *sæt*, pl. *sǣton*, and pass. part. *seten*. These are the principal parts of the chief surviving verbs of this type, arranged according to class:

Class 3	**friġnan** *ask*	**fræġn**	**frugnon**	**frugnen**
Class 5	**biddan** *request*	**bæd**	**bǣdon**	**beden**
	friċġan *ask*			**ġefræġen**
	liċġan *lie*	**læġ**	**lǣgon**	**leġen**
	sittan *sit*	**sæt**	**sǣton**	**seten**
	þiċġan *partake*	**þeah, þāh**	**þǣgon**	**þeġen**

Class 6	**hebban** *raise*	**hōf**	**hōfon**	**hafen**
	hliehhan *laugh*	**hlōh**	**hlōgon**	
	sċeþþan *injure*	**sċōd**	**sċōdon**	**sċeaðen**
	sċieppan *create*	**sċōp**	**sċōpon**	**sċapen**
	steppan *step*	**stōp**	**stōpon**	
	swerian *swear*	**swōr**	**swōron**	**sworen**
Class 7	**wēpan** *weep*	**wēop**	**wēopon**	**wōpen**

The verb *hebban* is to be derived from **haƀjan*: voiced fricatives when geminated become stops in the branch of Germanic from which Old English is derived (§67), and this is why [ɣ] also when geminated gives [gː], later palatalized, in *leċġan* < **laȝjan*. The verbs *hliehhan* and *sċieþþan* show the effects of Verner's law (see Appendix A). The latter shows the effects of the law also in the preterite singular, but not in pass. part. *sċeaðen*, and this is unexpected, though there are reasons to believe that this is the etymologically correct distribution of variants under the law (see Hogg & Fulk 2011: §§6.65–6); moreover, the infinitive oddly lacks diphthongization by initial palatal consonant. The former shows the devoicing of final [ɣ] in *hlōh*, and the infinitive reflects the development **hlahjan* > **hlahhjan* (gemination) > **hlæhhjan* (brightening) > **hleahhjan* (breaking) > *hliehhan* (mutation and loss of *j*). Pass. part. *frugnen* is analogical for earlier *frognen*, which is found in the Northumbrian dialect; and *sworen* analogically replaces *swaren* (attested rarely). The verb *liċġan* has 2, 3 sg. pres. *līst*, *līþ* beside expected *liġst*, *liġþ*, since *iġ* became *ī* quite early, as remarked above (§126a).

128. The **comparison of adjectives** is for the most part quite regular: the ending *-ra*, taking weak inflections only, forms the comparative degree of most adjectives, and *-ost* (also spelt *-est*, especially before a back vowel in the next syllable, due to dissimilation of the two vowels), with strong or weak inflections, forms the superlative, as the following examples show:

hwīt *white*	**hwītra**	**hwītost**
blæc *black*	**blæcra**	**blacost**
grēne *green*	**grēnra**	**grēnost**
frēcne *terrible*	**frēcenra**	**frēcnost**
ġearu *ready*	**ġearora**	**ġearwost**

Voiceless stops are sometimes geminated before the comparative ending *-ra*, with vowel shortening; hence such forms as *hwittra* 'whiter', *deoppra* 'deeper', *swettra* 'sweeter', etc. The adjective *ġearu* is a *wa*-stem (masc. gen. sg. *ġearwes*, etc.); the *-w-* is vocalized word-finally in *ġearu*/*-o* and between consonants (with lowering to *o*) in gen. pl. *ġearora*. Similarly, *-n-* in the stem *frēcn-* is vocalized to *-en-* between consonants in *frēcenra*. The Proto-Germanic suffixes were **-ōz-* (compar.) and **-ōst-* (superl.), but several adjectives reflect the alternate suffixes

**-iz-* and **-ist-*, which cause mutation. The commonest adjectives of this sort are these:

eald *old*	**ieldra**	**ieldest**
feorr *far*	**firra**	
fore *in front*		**fyr(e)st**
ġẹong *young*	**ġingra**	**ġinġest**
lang *long*	**lengra**	**lenġest**
nēah *near*	**nēarra**	**nīehst**
sċẹort *short*	**sċyrtra**	**sċyrtest**
hēah *high*	**hīer(r)a**	**hīehst**

Analogical forms of these are frequent, for example *ġẹongra*, *hēahra*, etc. Syncope exceeds its usual limits in *hīehst* and in a few superlative adverbs (below). Just as in Modern English, a few adjectives have **suppletive comparison**, basing their comparative and superlative forms on a different stem:

gōd *good*	**betera, bet(t)ra**	**bet(e)st, best**
	sēlra, sella	**sēlest**
yfel *bad*	**wiersa**	**wierrest, wierst**
miċel *large*	**māra**	**mǣst**
lȳtel *small*	**lǣssa**	**lǣst**

Adjectives derived from adverbs of time and place may take different suffixes:

inne *inside*	**innerra**	**innemest**
ufan *from above*	**uferra, yferra**	**ufemest, yfemest**
neoþan *from below*	**niðerra**	**niðemest**
fore *in front*		**forma, fyrmest**
æfter *after*	**æfterra**	**æftemest**
norþ *northward*	**norðerra**	**norþmest**

Similar are *ūte* 'outside', *forþ* 'forth', *sīþ* 'later' (also superl. *sīðast*), *sūþ* 'southward', *ēast* 'eastward', and *west* 'westward'.

129. The **comparison of adverbs** is similar. Those that end in *-e* generally drop this and add *-or* (compar.) and *-ost* (superl.). The vowel of the suffix *-līċe* is shortened in comparison if the preceding syllable is stressed:

ġeorne *gladly*	**ġeornor**	**ġeornost**
frēondlīċe *amiably*	**frēondlicor**	**frēondlicost**

A few adverbs have front mutation in comparison. The important ones are these:

ēaþ(e) *easily*	**īeþ, ēaþ**	**ēaþost**
feorr *far*	**fierr**	**firrest**
lange *long*	**lenġ**	**lenġest**
nēah *near*	**nēar, nīer**	**nīehst**
sōfte *softly*	**sēft**	**sōftost**

And the suppletive adjectives listed above have similar adverbial forms:

wĕ̄l *well*	**bet, sēl**	**bet(e)st, best, sēlest**
yfle *badly*	**wiers**	**wierrest, wierst**
micle *much*	**mā**	**mǣst**
lȳtle, lȳt (*a*) *little*	**lǣs**	**lǣst, lǣsest**

130. Exercise. Supply the Old English equivalent of the word in parentheses, properly inflected for case and number: (larger) *stānas*; *þā* (smallest) *bearn*; *þæt* (youngest) *ċild*; *þǣm* (more dishonorable: adj. *ārlēas*) *menn*; *sēo cwēn wæs* (busiest: adj. *bisiġ*); *þā cyningas wǣron* (more powerful: adj. *rīċe*); *þām* (farthest inside) *munucum*; *hēo wolde* (longer) *singan*; *hie ridon* (farthest).

Reading

Ac þæt mǣden hæfde unstille niht, mid þǣre lufe onǣled þāra worda and sanga þe hēo ġehȳrde æt Apollōnīġe, and nā lenġ hēo ne ġebād ðonne hit dæġ wæs, ac ēode sōna swā hit lēoht wæs and ġesæt beforan hire fæder bedde. Ðā cwæð sē cyningc, "Lēofe dohtor, for hwī eart ðū þus ǣrwacol?" Ðæt mǣden cwæð, "Mē āwehton þā ġecneordnessa þe iċ ġirstandæġ ġehȳrde. Nū bidde iċ ðē forðām þæt þū befæste mē ūrum cuman Apollōnīġe tō lāre." Ðā wearð sē cyningc þearle ġeblissod and hēt feċċan Apollōnīum and him tō cwæð: "Mīn dohtor ġirnð þæt hēo mōte leornian æt ðē ðā ġesǣligan lāre ðe þū canst. And ġif ðū wilt þisum þingum ġehȳrsum bēon, iċ sweriġe ðē þurh mīnes rīċes mæġna þæt swā hwæt swā ðū on sǣ forlure, iċ ðē þæt on lande ġestaðeliġe." Ðā ðā Apollōnīus þæt ġehȳrde, hē onfēngc þām mǣdenne tō lāre and hire tǣhte swā wel swā hē silf ġeleornode.

Hyt ġelamp ðā æfter þisum binnon fēawum tīdum þæt Arcestatēs sē cyningc hēold Apollōnīus hand on handa and ēodon swā ūt on ðǣre ċeastre strǣte. Þā æt nȳhstan cōmon ðǣr gān onġēan hȳ þrȳ ġelǣrede weras and æþelborene, þā lange ǣr ġirndon þæs cyninges dohtor. Hī ðā ealle þrȳ tōgædere ānre stefne grētton þone cyningc. Ðā smercode sē cyning and heom tō beseah and þus cwæð: "Hwæt is þæt þæt ġē mē ānre stefne grētton?" Ðā andswerode heora ān and cwæð, "Wē bǣdon ġefirn þȳnre dohtor and þū ūs oftrǣdlīċe mid elcunge ġeswænctest. Forðām wē cōmon hider tōdæġ þus tōgædere. Wē syndon þȳne ċeasterġewaran of æðelum ġebyrdum ġeborene. Nū bidde wē þē þæt þū ġeċēose þē ǣnne of ūs þrym hwilcne þū wille þē tō āðume habban." Ðā cwæð sē cyningc, "Næbbe ġē nā gōdne tīman āredodne. Mīn dohtor is nū swīðe bisȳ ymbe hyre leornunga, ac þē lǣs þe iċ ēow ā lenġ slæce, āwrītað ēowre naman on ġewrite and hire morgenġife; þonne āsænde iċ þā ġewrita mīnre dohtor þæt hēo sylf ġeċēose hwilcne ēowerne hēo wille." Ðā didon ðā cnihtas swā and sē cyningc nam ðā ġewrita and ġeinseġlode hī mid his rinġe and sealde Apollōnīo þus cweðende: "Nim nū, lārēow Apollōnī, swā hit þē ne mislīcyġe, and brynġ þīnum lǣrincg-mǣdene.

ġirstandæġ = **ġiestrandæġ**
ġestaðeliġe is apparently for **ġeedstaðolie** (Lat. *restituam*)
onfēngc, 3 sg. pret. of **onfōn**
mǣdenne = **mæġdene**
smercode = **smearcode**

bidde: on the inflection, see §79
slæce, perhaps for **slacie**
ġewrita = **ġewritu** (see §32)
didon, pret. pl. of **dōn**
rinġe = **hrinġe**

Chapter XX

Loss of Medial *h*
Contracted Verbs, Nouns, and Adjectives

131. Late in the prehistoric period, medially after a stressed vowel, *h* (from Gmc. *x*) was lost between voiced sounds. When a consonant preceded *h*, there was compensatory lengthening of the preceding vowel. Thus, there occurs masc. *mearh* 'horse' beside gen. *mēares* < **mearhes* and masc. *Wealh* 'Briton' beside pl. *Wēalas* (sometimes restored to *meares* and *Wealas*, with the short diphthong by analogy to forms in the paradigm in which *h* was retained). This development causes some irregularities in the paradigm of one strong verb of the third class, *fēolan* 'press on' < **feolhan*, pret. sg. *fealh*, pl. *fulgon*, pass. part. *fōlen* < **folhen*.

132. Far more significant, though, are the effects of the loss of *h* upon verbs, nouns, and adjectives when the sound was lost between vowels, as with gen. *fēos* < **feohes* (nom. *feoh* 'capital'), and with *sēon* 'see' < **seohan*. When it was thus lost, the result was **vowel contraction**, by which the second of the two vowels was lost and the first, whether vowel or diphthong, was lengthened if it was not already long (other examples below). These changes affect only the present tense of strong **contracted verbs**, along with related non-finite forms. Partial paradigms will illustrate the effects on *lēon* 'grant' (class 1), *flēon* 'flee' (Class 2), *sēon* 'see' (class 5), *slēan* 'strike' (class 6), and *fōn* 'take' (class 7):

INDICATIVE

Pres. Sg. 1.	**lēo**	**flēo**	**sēo**	**slēa**	**fō**
2.	**līehst**	**flīehst**	**siehst**	**sliehst**	**fēhst**
3.	**līehþ**	**flīehþ**	**siehþ**	**sliehþ**	**fēhþ**
Pl. 1–3.	**lēoþ**	**flēoþ**	**sēoþ**	**slēaþ**	**fōþ**

SUBJUNCTIVE

Pres. Sg. 1–3.	**lēo**	**flēo**	**sēo**	**slēa**	**fō**
Pl. 1–3.	**lēon**	**flēon**	**sēon**	**slēan**	**fōn**

IMPERATIVE

Pres. Sg.	**lēoh**	**flēoh**	**seoh**	**sleah**	**fōh**
Pl.	**lēoþ**	**flēoþ**	**sēoþ**	**slēaþ**	**fōþ**

NON-FINITE FORMS

Inf.	**lēon**	**flēon**	**sēon**	**slēan**	**fōn**
Infl. Inf.	**tō lēonne**	**tō flēonne**	**tō sēonne**	**tō slēanne**	**tō fōnne**
Act. Part.	**lēonde**	**flēonde**	**sēonde**	**slēande**	**fōnde**

For the present indicative, the forms above may be derived from the following early Germanic forms after loss of *h* (< *x*), vowel contraction, and some earlier sound changes are taken into account:

Pres. Sg.	1. ***līxō**	***flēoxō**	***sexō**	***slaxō**	***fanxō**
	2. ***līxis**	***flīoxis**	***sixis**	***slaxis**	***fanxis**
	3. ***līxiþ**	***flīoxiþ**	***sixiþ**	***slaxiþ**	***fanxiþ**
Pl.	3. ***līxaþ**	***flēoxaþ**	***sexaþ**	***slaxaþ**	***fanxaþ**

All the reconstructed forms of *lēon*, *sēon*, and *slēan* are subject to breaking: it was mentioned above that some long vowels do undergo breaking (§62), as happens in *lēon*; and *slēan* meets the conditions of the change after Anglo-Frisian brightening causes the fronting of **-a-*, for example in **slaxō* > **slæxō* > **sleahō* > *slēa*. In **fanxō*, *-an-* changes to long nasalized *-a-* before the voiceless fricative, and develops as usual in Old English to *-ō-*, as with *brōhte* (§116). In the preterite of *fōn*, [x] was voiced already to [ɣ] in Proto-Germanic under Verner's law (Appendix A); hence, *-n-* is not lost in pret. sg. *fēng*, pl. *fēngon*, pass. part. *fangen*. The commonest strong verbs of this type, arranged by class, are the following:

Class 1	**lēon** *grant*	**lāh**	**ligon**	**liġen**
	þēon *thrive*	**þāh**	**þigon**	**þiġen**
	wrēon *cover*	**wrāh**	**wrigon**	**wriġen**
Class 2	**flēon** *flee*	**flēah**	**flugon**	**flogen**
	tēon *draw*	**tēah**	**tugon**	**togen**
Class 3	**fēolan** *press on*	**fealh**	**fulgon**	**fōlen**
Class 5	**sēon** *see*	**seah**	**sāwon**	**sewen**
	ġefēon *rejoice*	**-feah**	**-fǣgon**	
Class 6	**flēan** *flay*	**flōh**	**flōgon**	**flagen, flæġen**
	lēan *blame*	**lōh**	**lōgon**	**lagen, læġen**
	slēan *strike*	**slōh**	**slōgon**	**slagen, slæġen**
	þwēan *wash*	**þwōh**	**þwōgon**	**þwagen, þwæġen**
Class 7	**fōn** *take*	**fēng**	**fēngon**	**fangen**
	hōn *hang*	**hēng**	**hēngon**	**hangen**

Verner's law voices *h* to *g* in the last two principal parts (but not in *fōlen*); and in the sixth and seventh classes, where Verner's law normally also affects the preterite singular, *h* is found (beside *g*) because of devoicing of final fricatives (as usual, §64), except in *fēng* and *hēng* (where *g* = [g], not [ɣ]). The verb **sēon* derives from **sehwan* (cognate with Lat. *sequor* 'I follow'), and the medial cluster is simplified: in the first two principal parts, the *w* was lost (before *h* was lost), whereas in the last two the *h* was lost and the *w* preserved. The verb *wrēon* may also be conjugated as if to class 2, and *tēon* as if to class 1.

133. Just a few weak verbs show significant irregularities because of the loss of *h*, all of them belonging to the second class: the principal parts *smēaġan* 'consider', *smēade*, *smēad* derive from **smēahōjan*, **smēahōdǣ*, **smēahōd*; similarly conjugated is *þrēan* 'afflict'; and the principal parts *twēoġan* 'doubt', *twēode*, *twēod* derive from **twiohōjan*, **twiohōdǣ*, **twiohōd*. Similarly conjugated are **tēoġan* 'arrange' and *frēoġan* 'set free; love', though the latter shows contraction without ever having contained *h*. As for nouns made irregular by the loss of intervocalic *h*, the important ones are masc. *sċōh* 'shoe', *lēah* 'open country, meadow', *eoh* 'horse' and neut. *feoh* 'capital' and *þēoh* 'thigh' (though not all the following forms are actually attested):

Sg. Nom., Acc.	**sċōh**	**lēah**	**eoh**	**feoh**	**þēoh**
Gen.	**sċōs**	**lēas**	**ēos**	**fēos**	**þēos**
Dat.	**sċō**	**lēa**	**ēo**	**fēo**	**þēo**
Pl. Nom., Acc.	**sċōs**	**lēas**	**ēos**	**fēo**	**þēoh**
Gen.	**sċōna**	**lēana**	**ēona**	**fēona**	**þēona**
Dat.	**sċōm**	**lēam**	**ēom**	**fēom**	**þēom**

As usual, *-u* was retained in the nom.-acc. pl. of *feoh*, hence *fēo* < **feohu*; but *-u* was lost after the heavy syllable in the corresponding forms of *þēoh*, hence nom.-acc. pl. *þēoh*. Analogically decontracted forms like dat. pl. *sċōum* are also encountered. As for adjectives of this sort, the most important ones are *hēah* 'high', *fāh* 'hostile', *hrēoh* 'rough', and *wōh* 'crooked'. The contracted weak form *hēan* < **hēahan*, which is rather common, should not be confused with the adjective *hēan* 'humble'; and *fāh* 'hostile' differs from *fāh* 'decorated, stained' in that the latter has *h* only as the devoicing of *g*, which appears in the inflected cases.

Reading

Ðā nam Apollōnīus þā ġewrita and ēode tō ðǣre cynelican healle. Mid þām þe þæt mǣden ġeseah Apollōnīum, þā cwæð hēo, "Lārēow, hwī gǣst ðū āna?" Apollōnīus cwæð, "Hlǣfdiġe, næs ġīt yfel wīf, nim ðās ġewrita ðe þīn fæder þē sænde and rǣd." Ðæt mǣden nam and rǣdde þāra þrēora cnihta naman, ac hēo ne funde nā þone naman þǣron þe hēo wolde. Ðā hēo þā ġewrita oferrǣd hæfde, ðā beseah hēo tō Apollōnīo and cwæð, "Lārēow, ne ofþingð hit ðē ġif iċ þus wer ġeċēose?" Apollōnīus cwæð, "Nā, ac iċ blissiġe swīðor ðæt þū miht ðurh ðā lāre, þe þū æt mē underfēnge, þē silf on ġewrite ġecȳðan hwilcne heora þū wille. Mīn willa is þæt þū ðē wer ġeċēose þǣr ðū silf wille." Þæt mǣden cwæð, "Ēalā lārēow, ġif ðū mē lufodest, þū hit besorgodest." Æfter þisum wordum hēo mid mōdes ānrǣdnesse āwrāt ōðer ġewrit and þæt ġeinseġlode and sealde Apollōnīo. Apollōnīus hit þā ūt bær on ðā strǣte and sealde þām cyninge. Ðæt ġewrit wæs þus ġewriten: "Þū gōda cyningc and mīn sē lēofesta fæder, nū þīn mildheortnesse mē lēafe sealde þæt iċ silf mōste ċēosan hwilcne wer iċ wolde, iċ seċġe ðē tō sōðan, þone forlidenan man iċ wille. And ġif ðū wundriġe þæt swā sċamfæst fǣmne swā unforwandiġendlīċe ðās word āwrāt, þonne wite þū þæt iċ hæbbe þurh weax āboden, ðe nāne sċame ne can, þæt iċ silf ðē for sċame seċġan ne mihte." Ðā ðā sē cyningc hæfde þæt ġewrit oferrǣd, þā niste hē hwilcne forlidene hēo nemde. Beseah ðā tō ðām þrim cnihtum and cwæð, "Hwilċ ēower is forliden?" Ðā cwæð heora ān sē hātte Ardalīus, "Iċ eom forliden." Sē ōðer him andwirde and cwæð, "Swīga ðū; ādl þē fornime þæt ðū ne bēo hāl nē ġesund! Mid mē þū bōccræft leornodest and ðū nǣfre būton þǣre ċeastre ġeate fram mē ne cōme. Hwǣr ġefōre ðū forlidennesse?" Mid ðī þe sē cyningc ne mihte findan hwilċ heora forliden wǣre, hē beseah tō Apollōnīo and cwæð, "Nim ðū, Apollōnī, þis ġewrit and rǣd hit. Ēaðe mæġ ġewurðan þæt þū wite þæt iċ nāt, ðū ðe þǣr andweard wǣre."

ġewrita, a late spelling of **ġewritu** (see §32)

gǣst, 2 sg. pres. of **gān**

næs ġīt yfel wīf correctly translates Lat. *nondum mulier mala* '(you who are) not yet a bad woman', but the Latin is corrupt. The princess has expressed unease about his entering her chamber alone, and his original response was probably that even though she is not yet a woman, she has taken things amiss, i.e. is excessively modest (*es nondum mulier et male habes*, as one manuscript has it).

ofþingð = **ofþyncð**

underfēnge, 2 sg. pret. of **underfōn**

mildheortnesse = **mildheortnes**

þurh weax: in the classical and early medieval worlds, elementary students wrote their exercises on wax tablets for easy correction and erasure

nemde = **nemnde**

Chapter XXI

Anomalous Verbs
Rules for Palatalization and Affrication
Rules for Apocope and Syncope

134. In addition to *bēon*, three verbs of frequent occurrence are somewhat irregular and do not belong to any of the classes already described. They are *dōn* 'put, cause, do', *gān* 'walk, go', and *willan* 'wish':

		INDICATIVE		
Pres. Sg.	1.	**dō**	**gā**	**wille**
	2.	**dēst**	**gǣst**	**wilt**
	3.	**dēþ**	**gǣþ**	**wile**
Pl.	1–3.	**dōþ**	**gāþ**	**willaþ**
Pret. Sg.	1.	**dyde**	**ēode**	**wolde**
	2.	**dydest**	**ēodest**	**woldest**
	3.	**dyde**	**ēode**	**wolde**
Pl.	1–3.	**dydon**	**ēodon**	**woldon**
		SUBJUNCTIVE		
Pres. Sg.	1–3.	**dō**	**gā**	**wille**
Pl.	1–3.	**dōn**	**gān**	**willen**
Pret. Sg.	1–3.	**dyde**	**ēode**	**wolde**
Pl.	1–3.	**dyden**	**ēoden**	**wolden**
		IMPERATIVE		
Pres. Sg.		**dō**	**gā**	
Pl.		**dōþ**	**gāþ**	
		NON-FINITE FORMS		
Inf.		**dōn**	**gān**	**willan**
Infl. Inf.		**tō dōnne**	**tō gānne**	
Act. Part.		**dōnde**	**gānde**	**willende**
Pass. Part.		**dōn**	**gān**	

Dōn and *gān* are **verba pura**—verbs with no consonant at the end of the stem, so that the inflections are added directly to the root vowel. The present indicative paradigm of *willan* is optative in origin (since 'would like' is politer than 'wants', and hence the optative displaced the original indicative); but analogy to other classes has obscured the original pattern. All three of these are strong verbs in origin, though they have acquired weak preterites.

135. Throughout this book, *ġ* has been overpointed to indicate the palatal variety, and *ċ* and *ġ* have similarly been overpointed to indicate affricates. It may be useful to give a fuller account of the environments in which **palatalization and affrication** occurred. The conditions are not universally agreed upon; however, the following account, which is based on that of Campbell (1977: §§426–42; cf. Hogg 1992: §§7.15–43), cannot be very far from correct.

(a) [ɣ] was palatalized to [j] in initial position immediately before any front vowel or any front diphthong. Hence, there is palatalization in *ġeaf* 'gave' (from **ġæf*, with diphthongization by initial palatal), *ġiefan* 'give' (from **ġefan*), and *ġinnan* 'begin', but not in *gold* 'gold' or *glæd* 'glad'; neither is there palatalization in *gǣstan* 'frighten', since this derives from **ʒāstjan*, and so *ʒ* was not followed by a front vowel at the time of palatalization. In medial and final positions, *ʒ* was palatalized after any front vowel, as long as it was not immediately followed by a back vowel. There is palatalization, then, in *fæġer* 'beautiful' and *reġn* 'rain', but not in *plegode*. Medially, palatalization also is found after any vowel that has undergone front mutation (as with *hyġe* 'thought', from **huʒiz*); this means that at least originally *ī̆* or *j* followed, and hence *ʒ* at the time of palatalization did not immediately precede a back vowel, as with *bīeġan* 'bend', from **bīoʒjan*.

(b) In initial position, [k] was affricated to [ʧ] in all the same places where palatalization of [ɣ] occurred—that is, before any front vowel, as with *ċealf* 'calf', *ċielle* 'lamp' (from **kellōn*), and *ċīest* 'chooses' (from **kīosiþ*); but not in *cēlan* 'cool' (from **kōljan*). Medially and finally, however, *c* was affricated only after *ī̆* or before *ī̆* or *j*: examples are *dīċ* 'ditch, dike', *finċ* 'finch', and *benċ* 'bench' (from **bankiz*). Affrication did not occur, however, if a back vowel immediately followed the consonant, so that some inflected forms of the above examples have stops rather than affricates, as with nom. pl. *dīcas* and dat. pl. *fincum;* but compare dat. pl. *benċum*, from **bankjum*. Moreover, affrication was reversed when *ċ* later came to stand before a consonant: hence, beside nom. sg. masc. *miċel* 'large' occurs gen. *micles*. This explains why, for example, there is a stop rather than an affricate in MnE *seek:* the stop arose in 2 and 3 sg. pres. *sēcst*, *sēcþ* (cf. *beseech* < *be-sēċan*). Likewise, *ċ* must have been deaffricated before certain declensional endings, as in asm. *rīcne* 'mighty' and gp. *ēcra* 'eternal', but again analogy may restore *ċ*, as in *riicnæ* on the Ruthwell Cross (see p. 124).

(c) Affrication applies only to stop consonants; hence, although *c* may be affricated initially, medially, and finally, *g* may be affricated only when geminated or after *n*, since originally these are the only two places where [g] could appear (§18). (Remember that [g] arose in word-initial position too late to undergo affrication.) Geminate *gg* almost always arose by the influence of following *j*, and so it is almost always affricated and written *ċġ* or *ġġ*; as noted in §18, there are just a few exceptions in which *gg* has another source, as with *frogga*, *frocga* 'frog' and *docga* 'dog'. In just a few instances does *ċġ* represent not [ʤ] but [ʧj], due to the juncture of morphemes, as in *wīċġerēfa* 'bailiff', *sinċġeofa* 'treasure-giver'. As for *g* after *n*, this is affricated, like *c*, only after *i* or a vowel that has undergone front mutation, as with nom.-acc. sg. *þinġ* 'thing' and *menġan* 'mingle' (from **mangjan*); but affrication after *-in-* is prevented by a following back vowel: cf. *singan*. Presumably affrication also failed in nom.-acc. pl. *þing* < **þingu*, but it may have been restored by analogy, though this cannot be known for certain. In addition, affrication is undone by syncope when *ġ* comes to stand before a consonant (cf. *mengð* 'mingles'). Affrication of *g* must also have occurred after unstressed vowels, as in *æþeling;* but it is not so marked in this book, the assumption being that the stop consonant was restored analogically.

(d) [sk] was affected in many more environments than [ɣ] and [k]. In effect, by the time of Alfred it was palatalized everywhere except internally before and finally after back vowels (but not their front mutations). Thus, in late Old English there should be expected [ʃ] in *æsċ* 'ash', *Englisċ* 'English', and gen. *frosċes* 'frog' (gen.), but [sk] in *æscas*, *Engliscan*, and *frosc*.

136. Exercise. Determine which of the following words should show palatalization or affrication and which should not: *dæg*, *dagas*, *bodig*, *bēc* (<**bōkiz*), *ecg* (<**aʒjō*), *springan*, *rinc*, *rincas* (<**rinkas*), *feng* (<**fangiz*), *fengum* (<**fangjum*), *fēng*, *gylden* (<**ʒuldīnaz*), *gieldan* (<**ʒeldan*), *scip*, *scūfan*, *tusc*, *tusces*, *Denisc*, *Deniscum*.

137. It may be useful to summarize briefly in one place the most general principles of apocope and syncope, some of which have already been presented in §§27, 32, and 98–9. For details, see Campbell (1977: §§341–54) or Hogg (1992: §§6.13–25):

(a) Under the rules of apocope, final *-i* is lost after heavy syllables (e.g. **stanki* > *stenċ* 'odor'). It is not apocopated, however, after light syllables, and then it is lowered to *-e* (e.g. **hari* > *here* 'army'). The other short high vowel is treated the same way: *-u* is lost after heavy syllables (e.g. **lāru* > *lār*) but spared from apocope after light ones, either remaining as such or (much less commonly when in final position) being lowered to *-o* (e.g. *ġiefu*, *ġifo* 'gift').

(b) Under the rules of syncope, which apply to unaccented middle syllables, *i* and *u* are lost after heavy syllables (or after a light syllable plus another syllable) when they themselves appear in light syllables but not heavy ones; and when they are preserved they usually develop to *e* and *o*. Thus, they are spared syncope after a light syllable in dat. pl. **rakidum* > *reċedum* 'halls' and **werudum* > *weorodum* 'troops'; they are also spared after a heavy syllable in dat. pl. *Frenċiscum* 'Frankish, French' and *leornungum* 'studies', where they appear in a heavy syllable, themselves; but when they appear in a light syllable after a heavy one they are lost, as in **angilum* > *englum* and **hauƀudum* > *hēafdum* 'heads'.

(c) Medial *a* is lost under the same conditions as *i* and *u* (e.g. in *hālgian* 'consecrate', from Gmc. **hailaʒōjan*), but it is also regularly lost after light syllables, as in nom. pl. masc. *monġe* 'many', from Gmc. **manaʒai*. With *i* and *u/o*, by comparison, syncope after light syllables is only sporadic and relatively late, as for example in *eġsa* 'fear', *efstan* 'hasten', and *betsta* 'best' beside *eġesa*, *efestan*, and *betesta* < **aʒisō*, **oƀostjan*, *batistō*.

138. Using the Glossary and taking into account the effects of rhotacism, Anglo-Frisian brightening, breaking, front mutation, syncope, and apocope, in that order, locate the Old English reflexes of the following prehistoric forms: **ōþarum* (dat. pl.), **uƀilanōn* (acc. sg. masc.: *-ōn* > OE *-e*); **aldizō* (nom. sg. masc. wk.: *-ō* > OE *-a*); **blōdisōjan* (inf.: *-ōjan* > OE *-ian*); **wirristaz* (nom. sg. masc.; **-az* is simply lost); **daridǣ* (3 sg. pret.: *-ǣ* > OE *-e*); **hardidǣ; *hardustu* (nom. sg. fem.); **mati*; **wurmi*.

Reading

Ðā nam Apollōnīus þæt ġewrit and rǣdde, and sōna swā hē onġeat þæt hē ġelufod wæs fram ðām mǣdene, his andwlita eal ārēodode. Ðā sē cyningc þæt ġeseah, þā nam hē Apollōnīes hand and hine hwōn fram þām cnihtum ġewænde and cwæð, "Wāst þū þone forlidenan man?" Apollōnīus cwæð, "Ðū gōda cyning, ġif þīn willa bið, iċ hine wāt." Ðā ġeseah sē cyningc þæt Apollōnīus mid rosan rude wæs eal oferbrǣded. Þā onġeat hē þone cwyde and þus cwæð tō him: "Blissa, blissa, Apollōnī, forðām þe mīn dohtor ġewilnað þæs ðe mīn willa is. Ne mæġ sōðlīċe on þillicon þingon nān þinċ ġewurðan būton Godes willan." Arcestratēs beseah tō ðām þrym cnihtum and cwæð, "Sōð is þæt iċ ēow ǣr sǣde, þæt ġē ne cōmon on ġedafenlicre tīde mȳnre dohtor tō biddanne, ac þonne hēo mæġ hī fram hyre lāre ġeǣmtiġan, þonne sænde iċ ēow word." Ðā ġewændon hie hām mid þissere andsware. And Arcestatēs sē cyningc hēold forðon Apollōnīus hand and hine lǣdde hām mid him, nā swilċe hē cuma wǣre, ac swilċe hē his āðum wǣre. Ðā æt nȳxstan forlēt sē cyning Apollōnīus hand and ēode āna intō ðām būre þǣr his dohtor inne wæs and þus cwæð: "Lēofe dohtor, hwone hafast þū ðē ġecoren tō ġemæċċan?" Ðæt mǣden þā fēol tō hyre fæder fōtum and cwæð, "Ðū ārfæsta fæder, ġehȳr þīnre dohtor willan. Iċ lufiġe þone forlidenan man ðe wæs þurh unġelymp beswicen, ac þī lǣs þe þē twēoniġe þǣre sprǣċe, Apollōnīum iċ wille, mīnne lārēow, and ġif þū mē him ne silst, þū forlǣtst ðīne dohtor." Sē cyning ðā sōðlīċe ne mihte āræfnian his dohtor tēaras, ac ārǣrde hī up and hire tō cwæð: "Lēofe dohtor, ne ondrǣt þū ðē ǣniġes þinġes. Þū hafast ġecoren þone wer þe mē wel līcað." Ēode ðā ūt and beseah tō Apollōnīo and cwæð, "Lārēow Apollōnī, iċ smēade mīnre dohtor mōdes willan. Ðā ārehte hēo mē mid wōpe betweox ōðre sprǣċe þās þingc þus cweðende: 'Þū ġeswōre Apollōnīo, ġif hē wolde ġehīrsumian mīnum willan on lāre, þæt þū woldest him geinnian swā hwæt swā sēo sǣ him ætbrǣd. Nū forðām þe hē ġehȳrsum wæs þīnre hǣse and mīnum willan, iċ fōr æfter him."

oferbrǣded = oferbrǣd(d)
þyllicon þingon = þyllicum þingum
þinċ = þinġ
ondrǣt = ondrǣd

The story breaks off at this point, where at least one gathering is missing from the manuscript, and with it more than half the story. In the Latin, Apollonius and Arcestrate (the princess, named after her father) are married. When they learn that Antiochus has died and that Apollonius is now king of Tyre, they board ship for Antioch, but during a storm Arcestrate appears to die in childbirth. She is placed in a chest and committed to the waves, but when it is washed up at Ephesus she is found to be alive, and she decides to become a votary in the temple of Diana. Meanwhile, Apollonius heads for Tarsus, and there he hands over his infant daughter, named Thasia, to a nurse and her husband, Dionysias and Stranguillo. He then retires, grieving, to Egypt. After several years, nettled because her own daughter Philothemia cannot match Thasia's beauty, Dionysias commands her steward Theophilus to kill Thasia and cast her corpse into the sea. But when Theophilus delays, allowing her to pray on the beach before dying, pirates arrive in time to carry her off. Theophilus returns home, claiming that the princess is dead, and the pirates sell Thasia to a brothel in Mitylene; but she narrates her woes to her clients, thus preserving her virginity. Apollonius arrives unexpectedly in Tarsus, where he learns that his daughter has died, and he then goes to Mitylene, where he remains alone aboard ship and grieves. Thasia is sent to charm him out of his grief, and when she narrates her sorry past, her father recognizes her. After much rejoicing, Thasia is married to the ruler of Mitylene and the brothel keeper is burnt alive. In a dream, an angel advises Apollonius to visit the temple of Diana at Ephesus. Here the Old English version resumes with the brief remainder of the tale. In Ephesus, Apollonius and Arcestrate are joyously reunited, and the entire family returns to Antioch, and from there to Tarsus, where the citizens, enraged by the tale, stone to death the faithless Dionysias and Stranguillo. Theophilus the steward would have met the same fate, but Thasia, grateful that he allowed her to pray on the beach, intercedes for him; she also adds the faithless couple's daughter Philothemia to her retinue. Apollonius and Arcestrate visit her father in Pentapolis, and when he dies, ancient and happy, he leaves his kingdom to the royal couple. While in Pentapolis, Apollonius rewards with gold the fisherman who clothed him, and he makes him a retainer. Apollonius is said to have lived with Arcestrate seventy-seven years and to have written two books about his adventures.

APPENDIX A
SOUND CHANGES IN THE HISTORY AND PREHISTORY OF ENGLISH

I. Grimm's Law

According to the commonest reconstruction of Proto-Indo-European, the language had the following set of oral stop consonants:

	labial	dental	palatal	velar	labiovelar
voiceless	p	t	k̑	k	k^w
voiced	b	d	ĝ	g	g^w
voiced aspirated	bh	dh	k̑h	gh	gh^w

In the branch of Indo-European comprising the so-called *satem* languages (named after the Avestan word for 'hundred'), the velar consonants fell together with their labiovelar counterparts, so that there remained only a contrast between the palatal and the velar series. The *satem* branch includes the families of Indo-Iranian, Baltic, and Slavic languages, as well as the Albanian and Armenian languages. In the other IE branch of so-called *centum* languages (named after the Latin word for 'hundred'), it was the palatal and velar consonants that fell together, so that there remained only a contrast between the velar and labiovelar series. The *centum* branch includes the Hellenic, Italic, Celtic, and Germanic families, as well as the Hittite, Tocharian, and Venetic languages.

The Germanic group is set off from all the others by the application of Grimm's law (§8), under which the system of oral stop consonants underwent a massive shift. The voiceless consonants /p, t, k, k^w/ (since /k̑/ and /k/, again, had fallen together) became the equivalent fricatives, i.e. /f, θ, x, x^w/. (The change does not affect certain stops in consonant clusters: e.g., /t/ does not become /θ/ in OE *standan* or *hæft* 'prisoner': cf. Lat. *stāre, captus*.) The voiced series /b, d, g, g^w/ was devoiced, giving Gmc. /p, t, k, k^w/. The voiced aspirated series in turn yielded the Gmc. voiced fricatives /β, ð, ɣ, $ɣ^w$/, but after nasal consonants these developed to the stops /b, d, g, g^w/, and they are also stops word-initially, except for PIE /gh^w/, which gives initial Gmc. /w/. (Note also that Gmc. /ð/ develops further to /d/ in OE and all the other WGmc. languages: see below.) Some words illustrating the effects of the law are these:

p: OE ***f**isc*, cf. Lat. ***p**iscis;* OE ***f**eoh*, cf. Lat. ***p**ecu* 'livestock, money'
t: OE ***þ**rēo*, cf. Lat. ***t**rēs;* OE ***þ**ū*, cf. Lat. ***t**ū*
k: OE ***h**und*, cf. Lat. ***c**entum;* OE ***h**eorte*, cf. Gk. ***κ**αρδία*, Lat. (acc.) ***c**ordem*
k^w: OE ***hw**æt*, cf. Lat. ***qu**od;* OE ***hw**oðerian* 'foam', cf. Skt. ***kv**áthati* 'boils'
b: OE *hæne**p*** 'hemp', cf. Lat. *canna**b**is;* OE *þor**p*** 'village', cf. Lat. *tur**b**a* 'crowd'

d: OE ***twā***, cf. Lat. ***duo;*** OE ***tīen***, cf. Lat. ***decem***.
g: OE ***cnēo*** 'knee', cf. Lat. ***genu;*** OE ***ēacian*** 'increase', cf. Lat. ***augeō***
gʷ: OE ***cwene***, cf. Gk. *γυνή* 'woman'; OE ***cwicu*** 'alive', cf. Lat. ***vīvus***
bh: OE ***nifol*** 'darkness', cf. Gk. *νεφέλη* 'cloud'; OE ***beran***, cf. Lat. ***fero***, Gk. *φέρω*
dh: OE ***rēad***, cf. Skt. ***rudh-iráḥ*** 'red'; OE ***midd***, OIcel. ***miðr***, cf. Lat. ***medium***
gh: OE ***dragan***, cf. Lat. ***trahō;*** OE ***ġiest***, cf. Lat. ***hostis*** 'enemy'
ghʷ: OE ***singan***, Gothic ***siggwan***, cf. Prākrit ***saṃghai*** 'say'; OE ***wearm***, cf. Skt. ***gharmáḥ***, Gk. ***θερμός***, Lat. ***formus*** < **ghʷormos/ghʷermos*.

II. Verner's Law

The Germanic series of fricative consonants produces a number of exceptions to Grimm's law. These are most obvious in strong verbs, which show alternations like OE *weorðan : worden* and *flēah : flogen* (to *flēon* 'flee'). Similar, but unaffected by Grimm's law, is the medial consonant in *frēosan : froren*. /r/ in *froren* derives from /z/ by rhotacism (§82), and as noted above, Gmc. /ð/ gives WGmc. /d/. Thus, in these verbs we may reconstruct an original voicing alternation, with voiceless fricatives /s, θ, x/ in the present and in the preterite singular, and voiced /z, ð, ɣ/ in the preterite plural and the passive participle. The process by which the voiceless fricatives were voiced in Proto-Germanic is governed by Verner's law, named for the Danish linguist Karl Verner (1846–1896). There was also at first a similar alternation affecting /f/, but the original distinction has been obliterated by the voicing of /f/ between voiced sounds and the devoicing of /v/ word-finally. There is, in addition, no spelling distinction between /f/ and /v/ for most of the OE period; but in some early texts, the voiced equivalent of /f/ under Verner's law (probably at first a bilabial fricative /β/ rather than labiodental /v/) is spelt *b*, as in *libr* 'liver' and *ġibaen* 'given'.

In Proto-Indo-European, the main accent in a word (commonly described as a pitch accent rather than a stress accent, but see Szemerényi 1996: §5.2) might fall on any syllable, but in Proto-Germanic the accent became one of stress, and it was shifted to the initial syllable of the word. (Prefixes on verbs were presumably separate words at this point in time, and this explains why Germanic stress on verbs does not fall on prefixes.) In 1877, Verner pointed out that these alternations between voiced and voiceless fricatives correlate to alternations in the place of the PIE accent. Thus, for example, just as we find voiceless fricatives in the present and in the preterite singular of strong verbs, the accent falls on the root syllable in the present and in the reduplicated perfect singular in the commonest class of verbs in Sanskrit (cf. *bódh-ati* '(he) understands', perf. 3 sg. *bu-bódh-a*). By contrast, when voiced fricatives appear in the Germanic preterite plural and passive participle, the accent falls on the suffix in the corresponding Sanskrit forms (cf. perf. 1 pl. *bu-bhud-imá*, past pass. part. *buddháḥ*). The change involved in Verner's law must therefore have occurred before the Germanic accent shift (but after the application of Grimm's law), and it affected fricatives that followed unstressed vowels. Example: (in the older notation) PIE **pətḗr* (cf. Gk. *πατήρ*) > PGmc. **faθḗr* (by Grimm's law) > **faðḗr* (Verner's law) > **fáðēr* (PGmc. accent shift) > WGmc. **fáder* (WGmc. *ð* > *d*) > OE *fæder* (Anglo-Frisian brightening).

III. Chief Developments of the Germanic Consonants into Old English

1. PGmc. *ð* > WGmc. *d*. Examples: OE *rīdan, gōd, fæder* (cf. OIcel. *ríða, góðr, faðir*).

2. Rhotacism. PGmc. *z* (by Verner's law) > WGmc. *r*. Examples: OE *swīðra, herian, hord* (cf. Go. *swinþōza, hazjan, huzd*). The same development occurred in North Germanic at a later date.

3. PGmc. *lþ* > WGmc. *ld*. Examples: OE *bieldo* 'boldness', *gold, wilde* (cf. Go. *balþei, gulþ, wilþeis*).

4. In West Germanic, *w* is lost before *u*, and both *w* and *j* are lost before *i*. Examples: OE acc. *frēan* 'lord' < PGmc. **frawun-;* OE *strēd* 'strewn' < **strawid-*. For this reason there is no gemination in 3 sg. *fremeð* < **framiþ* < PGmc. *framjiþ(i)* (§108).

5. WGmc. gemination. After a short vowel, any consonant other than *r* (< *r, z*) is doubled before *j*. Gemination also occurs occasionally before *r, l*. See §67.

6. PGmc. *j* is lost in all the WGmc. languages, except Old Saxon, after heavy syllables, including those made heavy by gemination. Examples: OE *lǣran, sellan*, dat. pl. *beddum* (cf. OS *lêrian, sellian, beddium*).

7. WGmc. syllabification of resonants. The loss of unstressed vowels created syllable structures in which *l, r, m, n* eventually became syllabic. The syllabic resonants are usually spelt *ul, ur, un, um* (later *ol, or, on*, but *um*) after what were (originally) back vowels, otherwise *el, er, em, en*. Examples: OE *fugol, wuldor, māððum, tācen* (cf. Go. *fugls, wulþrs, maiþms, taikns*). (The resonants remain nonsyllabic in North and East Germanic, though some handbooks refer to the Gothic sounds as syllabic, despite the spelling, and to the WGmc. process not as syllabification but the insertion of epenthetic vowels next to already-syllabic resonants. OE poetic meter indicates otherwise.)

8. WGmc. fricative lenition. Between voiced sounds, the fricatives *f, þ, s* became voiced. This change accounts for alternations like MnE *thief* ~ *thieves* and *house* (noun) ~ *house* (verb), from OE *þēof* ~ *þēofas* and *hūs* ~ *hūsian*. The fricative *x* was also affected, as it was weakened in articulation (to [h]) and subsequently lost—earlier in OE than in other WGmc, languages, with vowel contraction or compensatory lengthening as a result (§§131–32). The extent of these changes in Upper German dialects is unknown.

9. Anglo-Frisian palatalization and affrication of *g, c, sc*. See §135.

10. OE consonant gemination is caused by *r*, rarely *l*, usually after long vowels. Examples: *āttor* 'poison', *nǣddre* 'snake', *lȳttle, miccle* (cf. OIcel. *eitr, naðra, lítill, mikill*).

11. WS *ġ* is lost before some dental consonants, with compensatory lengthening of the preceding vowel. See §111(a).

IV. Chief Developments of the Stressed Vowels

A. Proto-Indo-European Vowels in Germanic

12. PIE *o* > Gmc. *a*, and similarly PIE *oi*, *ou* > Gmc. *ai*, *au*. Examples: OIcel. *garðr* (cf. Lat. *hortus* 'garden'); Gothic *ahtau* (cf. Lat. *octō* 'eight'); Go. *wait* (cf. Gk. [ϝ]*οῖδα;* OIcel. *rauðr* 'red' (cf. Lat. *rūfus* < PIE **roudhos*).

13. PIE ə > Gmc. *a*. Examples: OIcel. *faðir* 'father' (cf. Lat. *pater*, Skt. *pitár-* < PIE **pətḗr*); OHG *stat* 'place' (cf. Lat. *status*).

14. PIE *ā* > Gmc. *ō*. Examples: OE *mōdor* (cf. Lat. *māter*); OE *stōd* (cf. Lat. *stāre* 'stand').

15. PIE *ei* > Gmc. *ī*. Examples: OE *stīgan* (cf. Gk. *στείχω* 'I go'); OE *bīdan* (cf. Gk. *πείθω* 'I persuade').

16. PIE *l̥*, *r̥*, *n̥*, *m̥*, > PGmc. *ul*, *ur*, *un*, *um*. Examples: OE *full* (cf. Lithuanian *pìlnas*, Skt. *-pr̥n̥a-*); OS *gi-burd*, OE *ġebyrd* (cf. Skt. *br̥tiḥ*); OE *clumbon* 'climbed' < **gl̥m̥bh-;* OHG *gi-munt*, OE *mynd* 'memory' (cf. Lat. *mens*, Skt. *mátiḥ*).

17. For Germanic there is also reconstructed a vowel $ē_2$ from various sources. It is found in OE *hēr* (cf. Go. *hēr*); it seems to derive as well from *iz:* to Go. *mizdō* 'reward', cf. OE *mēd* (beside *meord*); and it is found in loanwords, e.g. Go. *mēs* < Vulgar Lat. *mēsa* < Lat. *mensa*.

B. Development of the Germanic Vowels into Prehistoric Old English

18. PGmc. *e* > *i* when *i* or *j* follows in the next syllable. Examples: OE *spricþ* < **sprikiþ* (inf. OE *sprecan*); OE *midd* (cf. Lat. *medium*). This change also applies to the diphthong *eu*. Example: OS *biudis* 'you offer'.

19. PGmc. *e* > *i* before nasal consonants in closed syllables. Examples: OE *wind* (cf. Lat. *ventus*); OE *ġelimp* (cf. Skt. *lambate* 'depends').

20. PGmc. *aŋx*, *iŋx*, *uŋx* > *ã̄x*, *ĩ̄x*, *ũ̄x*. The first of these develops to *ȭx* in Anglo-Frisian, giving *ōh* in Old English. Examples: OE *brōhte* (cf. wk. inf. *brenġan*); OS *thîhan*, OE *þēon* (cf. OE pass. part. *ġeþungen*); OE *þōhte* (cf. inf. *þenċan*).

21. PGmc. *u* > NWGmc. *o* unless followed in the next syllable by *i*, *j*, or *u*, though not before a nasal consonant in a closed syllable. Examples: OE *boden* 'having offered' (cf. Go. *-budans*); OE *þolian* (cf. Go. *þulan*). Cf. OE *sunu*, *wunden*, etc.

22. PGmc. *ē* > NWGmc. *ǣ*. Examples: OE *dǣd* (cf. Go. *gadēþs*, OIcel. *dáð*); OE *sǣd* 'seed' (cf. Go. *manna-sēþs* 'humankind', OIcel. *sáð* 'seed').

23. PGmc. final vowels are lengthened in NWGmc. when stressed. This is why words like OE *mē*, *þū*, *sē*, *hē*, *nū* and *tō* are marked with macrons; in

actuality, such words retained short vowels when they did not receive clausal stress. Macrons are thus not supplied for words that were not stressed, such as rel. particle *þe* and prep. *be* (stressed form: *bī*).

24. PGmc. *a*, *i*, *u* are lengthened and nasalized in Ingvaeonic before *mf*, *ns*, *nþ*, with loss of the nasal consonant. *ā̃* remains in Old Saxon, but it develops to *ō* in Anglo-Frisian. Examples: OE *fīf* (cf. OHG *fimf*); OE *swīð* (cf. Go. *swinþs*); OE *mūþ* (cf. NHG *Mund*). The change also occurs in unstressed syllables, as in OE *berað*, *ġẹoguþ* < **beranþi*, **juʒunþ-*.

25. WGmc. *ǣ* (from PGmc. *ē*: see 22 above) > Anglo-Frisian *ō* before nasal consonants. Examples: OE *mōna* (cf. OIcel. *máni*); OE *sōna* (cf. OS *sâno*).

26. a) PGmc. *a* > *ã* before nasal consonants in Anglo-Frisian (see §29). This appears as *a* or *o* in EWS, as in *land*, *lond* and *wamb*, *womb* (cf. Go. *land*, *wamba*). The change also occurs in unstressed syllables when *n* belongs to the same syllable, as in OE *settan*, acc. sg. *naman*.

b) Otherwise, PGmc. *a* > *æ* in Anglo-Frisian (see §29), as in OE *hæfde*, *æsċ* (cf. OIcel. *hafði*, *askr*). The change also occurs in unstressed syllables, as in OE *stānes*, *þēoden* < **stānæs*, **þēodæn-* < **stainas*, **þiuðanaz*.

c) But *a* is restored in an open syllable when a back vowel follows (§29), as in OE *faran*, *dagas*.

d) The change *a* > *æ* also applies to the diphthong *au* in PrOE, and the result is *ēa*, as in *dēaþ*, *ēage* (cf. OIcel. *dauðr*, *auga*).

27. PGmc. *ai* > OE *ā*. Examples: OE *wā*, dat. *bām* (cf. Go. *wai*, *baim*).

C. Development of the Prehistoric Old English Vowels in West Saxon

28. Breaking (see §62). The front vowels *æ*, *e*, *i* are diphthongized to *ea*, *eo*, *io* before the back consonant *h*, and also before *r*, *l* when these are followed by a consonant (though *e* does not break before *l* unless this is followed by *h*). Examples: OE *weaxan*, *bearn*, *healf*, *feohtan*, *weorpan*, *eolh* (cf. OHG *wahsan*, *barn*, *halb*, *fehtan*, *werfan*, MHG *elch*). Breaking is also said to occur before *w*, but it is debatable whether the known instances, at least of short vowels, should be ascribed to breaking or back mutation (see 31 below). There is also breaking of WS *ǣ* in *nēah* (cf. OS *nāh*), and of PGmc. *ī* in *fēol* 'file' (cf. OHG *fīhala*), *lēoht* 'light (in weight)' (cf. OHG *līhti*), etc., and cf. *cnēow* 'knew' beside *cnēw*, etc.

29. Diphthongization by initial palatal consonants (see §71). In West Saxon, the front vowels *ǣ̆*, *ē̆* are diphthongized after initial *ġ*, *ċ*, *sċ*. Examples: OE *ġeaf*, *sċeal*, *ċeariġ*, *ġēar*, *sċēap*, *ġiefan*, *ċiefes* 'concubine', *sċieran* (cf. OHG *gab*, *scal*, *karg*, *jār*, *scāf*, *geban*, *kebisa*, *sceran*).

30. Front mutation (*i-*/*j*-umlaut). Vowels other than *i* (and *e*, since it no longer existed in this environment: see 18 above) are fronted and/or raised when *i* or *j* follows in the next syllable. For details and examples, see §74. The change also occurs in unstressed syllables, as in OE *helpende*, *æðele*, *lufian* < **helpandja-*, **aþaljaz*, **luƀējan* < **luƀōjan*.

31. Back mutation. Front vowels (*i*, *e*, and, in West Mercian, *æ*) in open syllables are diphthongized when a back vowel follows in the next syllable. In West Saxon, the change occurs generally before liquid and labial consonants. It is more widespread in the other dialects (see Appendix B, nos. 3, 17).

32. PrOE *ī̆u*, *ē̆u* > *ī̆o*, *ē̆o*, and subsequently in West Saxon and Mercian, *ī̆o* > *ē̆o*. Examples: WS *hleonian* 'lean', *hēo* (cf. Northumbr. *hlioniġa*, *hīo*).

33. Palatal umlaut. PrOE *eo*, *io* (by breaking) > LWS *i* before final *-ht*, *-hs*, *-hþ*, and perhaps also when these were followed by *-e*. Examples: LWS *riht*, *six*, *sihþ* 'sight' (cf. OS *reht*, *sehs*, OHG *siht*). The change has already applied, in part, in EWS. It also applies in the Anglian dialects to *e* (the Anglian smoothing of *eo:* see Appendix B, no. 12) in this environment.

34. a) EWS *ī̆e* > LWS *ī̆* before palatal consonants (*ċ*, *ġ*, *h*), otherwise *ȳ̆*. For examples, see §117(a).

b) Similarly, EWS *ȳ̆* tends to develop to LWS *ī̆* before palatal consonants. It is often retained next to labial consonants or before *r;* otherwise, *ȳ̆* and *ī̆* are more or less interchangeable in LWS. For examples, see §117(b–c).

35. LWS smoothing. EWS *ē̆a* > *ē̆* before *c*, *g*, *h* or after *ċ*, *ġ*, *sċ*. Examples: LWS *ehta*, *bēcon*, *ēge*, *hēh*, *ċerf*, *ġef*, *ġēr* (cf. EWS *eahta*, *bēacn*, etc.). This change is far from regular, or at least it is irregularly indicated in LWS spelling.

36. In LWS, short vowels between *w* and *r* are often written *u*. Examples: LWS *wurðan*, *swurd* (cf. EWS *weorðan*, *sweord*). See §111(b).

37. EWS *sel-* > LWS *syl-*, *sil-*. Examples: LWS *syllan*, *sylf* (cf. EWS *sellan*, *self*). See §122.

V. Chief Developments of the Unstressed Vowels

38. An exception to the rule that PIE *o* gives Gmc. *a* is that in unaccented medial syllables before *m*, or before *u* in the following syllable, it is reflected in NWGmc. as *u*. Examples: PIE dat. pl. **-omis* > OE *-um;* OE acc. sg. *brōðor* < **brōþuru*. Under the same conditions, PIE *ā* gives *ū*. Examples: OE dat. pl. *beorhtostum* < **berhtūstumiz*, as if from PIE **bherĝ-t-āst-omis* (cf. OE variant *-ast* from cases without PGmc. *u* in the next syllable; a similar alternation accounts for the coöccurrence of *-ode* and *-ade* in the pret. of weak verbs of the second class).

39. In PGmc., *a*, *e* are lost when final. Examples: Go. *wait*, OE *wāt* (cf. Gk. *οἶδα*, *οἶδε*); Go. imper. *bair*, OE *ber* (cf. Gk. *φέρε*).

40. Internal PGmc. *e* > *i* except before *r*. Examples: OE *tēþ* < **tōþiz* < **tanþiz* (cf. Gk. *ὀδόντες*); cf. OE *hwæþer* = Gk. *πότερος* < PIE *k*^{w}*óteros*.

41. In PGmc., *i* (whether from PIE *i* or *e*) is lost when two or more syllables precede. Examples: OE gen. sg. *naman* < **namaniz* (cf. Lat. gen. *nominis*); OE *weorðaþ* (cf. Skt. *vártanti*)

42. In PGmc., *a* is lost in all final unaccented syllables. Examples: OIcel. *garðr*, OE *ġeard* < **garðaz* (cf. Gk. *χόρτος*); OE *bearu* < PGmc. **baruz* < **barwaz*.

43. In Northwest Germanic, long vowels (except those with circumflex accent) are shortened in unstressed final syllables. The result: PGmc. _ī_ > _i_, giving OE _e_ when not subsequently lost; PGmc. _ē_ > NWGmc. _ǣ_ > _æ_ > OE _e;_ PGmc. _ō_ > NWGmc. _u_ > OE _u_ or _o_. Exception: PGmc. _ō_ before a nasal consonant gives NWGmc. _ā̃_ > _ǣ_ (with loss of the nasal consonant) > OE _e_. Examples: OE 3 sg. _wile_ < _*wilī(þ)_; OE _herede_ < _*hazidǣ;_ OE _ġiefu_ < _*geƀō;_ OE _ġiefe_ < _*geƀōm_. (The circumflected vowels retain their length later than the uncircumflected, and _ō_ gives OE _a_, as in OE _stānas_ < _*stainôs_. On the nature of circumflexion, see Fulk 1992: §170 n. 2.)

44. PGmc. _ai, au_ > NWGmc. _ǣ, ō_ > OE _e, a_ in unstressed final (and probably medial) syllables. Examples: OE _sorge, eahta, lifen_ 'sustenance' (cf. Go. _saurgai, ahtau, libains_ < _*liƀainiz_).

45. Although there is no breaking in unstressed syllables, Anglo-Frisian _æ_ is retracted to _a_ in breaking environments, often developing to _o_. Examples: OE _hlāford, weorold_ < _*hlaiƀ-ward-_, _*wer-ald-_.

46. Apocope and syncope. See §137.

47. All remaining unstressed long vowels were shortened in PrOE, after which unstressed low vowels were raised, and high vowels were generally lowered: _æ, i_ > _e_, and _u_ is sometimes written _o_. New long vowels and diphthongs continually arose in unstressed syllables, however, as compounds were lexicalized and the vowels of their second constituents lost stress. Thus, for example, _earfoþ_ 'difficulty' derives from _*arƀaiþ-_, with _ai_ having lost stress too late to develop to _ǣ_ (no. 44 above) and instead turning to _ā_ (no. 27 above). But there was much variation, so that we find, e.g., _fulluht_ 'baptism', _fultum_ 'assistance', _āwer_ 'anywhere' beside _fulwiht, fultēam, āhwǣr_. For details, see Campbell 1977: §§355–59, 368–93.

VI. The Proto-Indo-European Origins of Old English Ablaut

The most fundamental ablaut alternation in Proto-Indo-European was among _e_, _o_, and Ø (null). The alternation between full grade (_e, o_) and zero grade (Ø) originated very early when unstressed vowels were deleted, before the PIE accent developed from a stress accent to a pitch accent. The effects of this vowel loss can be observed particularly plainly when the accent shifts within a paradigm, e.g. in Gk. acc. sg. _πατέρα_ < _*pətérm̥_ ~ gen. _πατρός_ < _*pətrós_. The alternation between _e_-grade and _o_-grade seems to have been conditioned originally by the place of the pitch accent: consider the opposition between Gk. _φέρω_ 'I bear' and _φορέω_ 'I bear (constantly)' from the same root. Very often, vowel loss caused resonant consonants to become syllabic, producing so-called reduced grade. This is observable, again, in _πατέρα_ < _*pətérm̥_, where the accusative ending _-m_ is made syllabic after a consonant, though after a vowel it remains nonsyllabic, as in Gk. acc. _λόγον_ 'word' < _*lóĝom_. The consonants thus syllabified include not just the resonants _l, r, m, n_, but also the glides _y_ and _w_, which regularly give their vocalic equivalents *i* and *u*. (PIE *i*, *u* are not in fact vowel phonemes in the standard reconstruction of early PIE but allophones of *y*, *w*.)

Although ablaut is found in all parts of speech, its workings are plainest in verbs, because of the accent shifts observable in their paradigms. As pointed out in §92, the underlying regularity of the ablaut patterns of OE strong verbs has been obscured by a number of regular sound changes. Taking into account these subsequent changes, the PIE pattern *e* : *o* : Ø can be discerned in most of the ablaut patterns of OE strong verbs, with *e* in the present, *o* in the preterite singular, and Ø in the preterite plural and the past/passive participle. The corresponding ablaut grades are represented in Greek (with the verb root in boldface) by the 1 sg. present or future, the 1 sg. reduplicated perfect, and the 1 sg. second aorist:

Germanic class 1, type PIE *ei : oi : i*

Example: Gk. pres. ***λείπ***-*ω* 'I leave' : perfect *λέ*-***λοιπ***-*α* : aorist *ἔ*-***λιπ***-*ον*.
Cf. PIE **bheidh- : *bhoidh- : *bhidh-* > OE *bīdan : bād : bidon, biden*

Here the root vowel of the OE present tense shows the development of PIE *ei* to PGmc. *ī* (rule 15 above), and the preterite singular shows the development PGmc. *ai* > OE *ā* (27 above).

Germanic class 2, type PIE *eu : ou : u*

Example: Homeric Gk. fut. *ἔ*-***λεύ***-*σ-ομαι* 'I come, go' : perf. *εἰ-λή*-***λου***-*θ-α* : aor. *ἤ*-***λυ***-*θ-ον*
Cf. PIE **bheudh- : *bhoudh- : *budh-* > OE *bēodan : bēad : budon, boden*

Here the root vowel of the OE present tense shows the development PGmc. *eu* > OE *ēo* (32 above), the preterite singular shows the development PGmc. *au* > OE *ēa* (26(d) above), and the pass. part. shows the lowering of *u* before an original low vowel (*boden* < **buðanaz*, 21 above).

Germanic class 3, type PIE **eR : *oR : *R̥* (where *R* = a resonant consonant, *l*, *r*, *m*, or *n*)

Example: Gk. pres. ***δέρκ***-*ομαι* 'I see' : perf. *δέ*-***δορκ***-*α* : aor. *ἔ*-***δρακ***-*ον*
PIE **bhendh- : *bhondh- : *bhn̥dh-* > OE *bindan : band : bundon, bunden*

Here the root vowel of the OE present tense shows the development of PIE *e* to PGmc. *i* before a nasal consonant in a closed syllable (19 above), the preterite singular shows the development of PGmc. *a* before nasal consonant to Anglo-Frisian *ã*, spelt *a* or *o* in EWS (26(a) above), and the preterite plural and the pass. participle show the change of PIE *n̥* to Gmc. *un* (16 above).

The fourth class of strong verbs (e.g. *beran, bær, bǣron, boren*) and the fifth (e.g. *wefan, wæf, wǣfon, wefen*) mostly conform to the same pattern, with *e* in the present and *æ* (< PGmc. *a* < PIE *o*) in the preterite singular. The vowel *ǣ* of the past plural has not been adequately explained; for references, see Hogg & Fulk 2011: §6.34. In the past/passive participle, the fourth class shows a reflex of the reduced grade, PIE *R̥* > Gmc. *uR*, with subsequent lowering of *u* before *a* in the next syllable (e.g. *boren* < **buranaz*, cf. Go. *baurans*), due to rule 21 above. The fifth class also originally had the reduced grade, but since there was no resonant at the end of the root to become syllabic, the reduced grade was restored to full grade. The verb *brecan* belongs to the fourth class rather than the fifth, even though the root does not end in a resonant, because the pass. part. *brocen* shows a reflex of PIE *r̥*, realized in Proto-Germanic as *ru* rather than *ur*. Similarly, fifth-class *drepan* has for its pass. participle *drepen* beside the older *dropen*, indicating a fourth-class origin.

The sixth class obviously follows quite a different ablaut pattern that is not precisely paralleled in verbs in non-Germanic languages. In the present, *a* originates in part with PIE ə (rule 13 above), which is not actually a vowel but another syllabic consonant, called a "laryngeal consonant" (though it may not have been laryngeal at all) that may also be represented by *H̥*. The PIE full grade was *eH*, and before a consonant the *H* would be lost, with compensatory lengthening of the vowel, e.g. *eH* > *ē*. There were, it is assumed, three laryngeal consonants, producing, in such instances, IE *ē*, *ō*, and *ā*. The last of these is the full-grade form found in the preterite of verbs of the sixth strong class, IE *ā*, giving Germanic *ō* (rule 14 above). The other two long vowels, IE *ē* and *ō*, are reflected in alternations in some verbs of the seventh, reduplicating class in Gothic, though as pointed out in §§102–3, in the other Germanic languages the seventh class has been thoroughly changed by analogical processes. On laryngeal consonants, see Lindeman 1987.

VII. Sound Changes in the Language after the Old English Period

The history of the language from the Norman Conquest to the present is naturally too complex to treat in any detail in the present context, but it may be useful to list here a few of the more significant phonological changes, since a knowledge of these very often allows students to recognize the modern reflexes of Old English words. Perhaps the most useful of these changes to know about is the Great Vowel Shift (no. 56 below), which marks the end of the Middle English period.

48. OE vowels were lengthened before certain voiced, homorganic consonant clusters (i.e. clusters of consonants with more or less the same place of articulation), most commonly *ld*, *rd*, *mb*, and *nd*. This change actually took place in the course of the OE period, but it is not conventionally marked in edited texts of Old English. Examples: MnE *wild*, *beard*, *climb*, *found* < OE *wilde*, *beard*, *climban*, *funden*. The change is prevented when another consonant follows; hence, it applies to OE sg. *ċild* but not pl. *ċildru*.

49. Already before the end of the OE period, long vowels were shortened in most closed syllables, or when two or more syllables followed. Examples: OE *fīftiġ, sōfte, mētte, hāliġdæg, stīrāpas, sūðerne* > MnE *fifty, soft, met, holiday, stirrups, southern.*

50. The OE diphthongs are monophthongized in early ME. OE *ēa, ea, ēo, eo* eventually fall together with, respectively, the reflexes of OE *ǣ, æ, ē, e/a.* Examples: OE *ēare, hearm, dēop,* (Merc.) *seolf, heorte* > MnE *ear, harm, deep, self, heart.*

51. In early ME, OE *ā* > *ǭ* (= lax /ɔː/). Examples: OE *stān, wā* > ME *stoon, wo* > MnE *stone, woe.*

52. In early ME, non-high vowels are lengthened in open syllables. Lengthened *a/æ, e, o* are lax vowels, /æː, ɛː, ɔː/, of which /ɛː/ is identical to the reflex of OE *ǣ* (both the front mutation of *ā* and the WS reflex of PGmc. *ē*), and /ɔː/ is identical to the reflex of OE *ā* (no. 51 above). Examples: OE *faran, mete, bodian* > ME *faren, mete, boden* > MnE *fare, meat, bode.*

53. OE *g* when it represents /ɣ/ generally becomes ME *w*. Examples: OE *folgian, sorge, dragan, plōgas* > MnE *follow, sorrow, draw, plows.*

54. Beginning in late OE and throughout the ME period, unstressed syllables are weakened and often lost. Unstressed vowels of all kinds coalesce in /ə/. The result is that most inflectional endings are reduced to *-e* or are lost. For example, of the endings in the paradigm of OE *stān*, only those ending in *s* survive into Modern English. The loss of inflections has wide-ranging syntactic consequences, including increased use of prepositions to indicate grammatical relationships, rigidification of word order (subject more regularly precedes object), and the loss of grammatical gender.

55. In late ME, fricatives were voiced in many unstressed syllables. This is the cause of the voicing in MnE *the, this, that, then, there, their, thus, is, was, of,* possessive and plural *-s*, 3 sg. verb endings *-s, -th*, etc.

56. The Great Vowel Shift. Starting about 1400, the long vowels systematically changed their values. The high vowels /iː, uː/ diphthongized, perhaps at first to /əi, əu/, and the mid tense vowels /eː, oː/ became high /iː, uː/. It was not until after Shakespeare's day that /əi, əu/ developed to /ɑi, ɑu/ in most dialects, as in OE *drīfan, mūs* > MnE *drive, mouse;* /ɔː/ became tense /oː/, as in OE *sār, fola* > MnE *sore, foal;* the reflex of ME /ɛː/ finally coalesced with the reflex of /eː/ in /iː/, as in OE *clǣne, wefan* MnE *clean, weave;* and ME /æː/, the lengthening of OE *a/æ* in open syllables, developed to /eː/, as in OE *hatian, nacod, hæsel* > MnE *hate, naked, hazel.* Labial consonants sometimes stayed the effect of the Great Vowel Shift on /uː/, as in OE *rūm, scūfan* > MnE *room, shove.*

57. In early Modern English, /x/ was lost after /i/, with compensatory lengthening. The resulting long vowel develops as if it had undergone the Great Vowel Shift. (Almost certainly /x/ was lost in some parts of England, e.g. East Anglia, while the Shift was in process.) Examples: OE *riht, cniht* > MnE *right, knight.*

58. Before the post-Shakespearean change of /ɛː/ to /iː/, it could be shortened before /t, d, θ/, as in OE *swǣtan, dēad, dēaþ* > MnE *sweat, dead, death.*

59. /uː/ from ME /oː/ could be shortened to /ʊ/ before /t, d, k/, as in OE *fōt, gōd, lōcian* > MnE *foot, good, look.*

60. Early MnE /ʊ/ developed to /ʌ/ in most environments, though /ʊ/ tends to be preserved after labial consonants. Examples: OE *lust*, *tusc*, *blōd* > MnE *lust*, *tusk*, *blood*, but OE *full*, *wulf*, *bōc* > MnE *full*, *wulf*, *book.*

APPENDIX B
OLD ENGLISH DIALECTS, WITH DIALECT TEXTS

I. General

The dialects of Old English fall into two groups, the **Anglian** and the **Southern,** with the Thames west of London as the geographical dividing line. But even this line is too definite, and instead of categorizing the dialects geographically, for most purposes it is preferable to conceive of them as varieties of Old English defined by particular groups of texts that share dialect features. The chief recorded Anglian dialects are **Northumbrian** and **Mercian,** the former represented primarily by some short poems—versions of *Cædmon's Hymn*, *The Leiden Riddle*, *Bede's Death Song* (all edited by Smith 1978), and the inscriptions on the Franks (Auzon) Casket and the Ruthwell Cross—and especially by the late tenth-century interlinear glosses on the Lindisfarne Gospels, the Durham Ritual, and portions of the Rushworth Gospels (all but Matthew; Mark 1:1–2:15; John 18:1–3). "Mercian" refers in the main to West Mercian, as represented primarily in the ninth-century interlinear gloss on the Vespasian Psalter, but it also encompasses, along with some briefer texts, the portions of the gloss on the Rushworth Gospels that are not Northumbrian, in a dialect that has not been definitely localized, though opinion now favors an origin in the environs of Lichfield. Other presumably Anglian dialects, such as those of Lindsey (roughly Lincolnshire), East Mercia, and East Anglia, are attested poorly or not at all. The Southern group comprises Kentish (from which the dialect of Surrey is hardly distinct) and West Saxon; the dialects of Sussex, Middlesex, and Essex are preserved fragmentarily. Since the features of West Saxon, Early and Late, are presented in the grammar, the primary focus of this appendix is on the remaining dialects.

1. The chief feature that distinguishes West Saxon from the other dialects is that it reflects PGmc. *ē* as *ǣ*, whereas the others reflect it as *ē*. Examples: WS *sǣd* 'seed', *rǣdan*, *bǣron* = nWS *sēd*, *rēdan*, *bēron*

2. The other dialects have no diphthong *ī̆e*. Rather, *ē̆a* is mutated to *ē̆*, and *ī̆o* mostly remains unchanged, though in Anglian it is often *ī̆* or *ē̆o* (9 below; 32 in Appendix A). Examples: WS *ċierran*, *hliehhan*, *bīecnan*, *ierre*, *līehtan*, cf. nWS *ċerran*, *hlehhan*, *bēcnan*, *iorre* or *eorre*, *līhtan*. Non-WS *ie* in *hie*, *sie*, *þrie*, *onsien* is not a diphthong but a sequence of two uncontracted vowels.

3. Whereas back mutation (§119) in WS is virtually restricted to apply across liquid (*l*, *r*) and labial (*f*, *p*, *w*, *m*) consonants, in Anglian it may apply across all consonants except velars; and in Kentish (and occasionally in Mercian) even that restriction does not apply. Examples of non-West Saxon back mutation are *riodon*, *weoras*, Kentish *weogas*, *forespreoca* 'advocate' (cf. WS *ridon*, *weras*, *wegas*, *forespreca*). Outside of WS, the change also applies in a few closed syllables, as in Kentish *seoððan*, *seondan* (cf. WS *siððan*, *sindon*).

4. Whereas ǣ̆ is unrounded early in WS, œ̄ maintains its rounding in the Anglian dialects, and it is common also in early Kentish, usually spelt ōe. Short œ is unrounded in all dialects, though examples of the rounded vowel are found in Anglian. Examples: *ōeþel*, *wōesten*, dat. sg. *doehter* (cf. WS *ēþel*, *wēsten*, *dehter*).

5. WS diphthongization by initial palatal consonants is paralleled only partly in Northumbrian; it is lacking in the other dialects, though a glide vowel (usually *e*) is often written there between a palatal consonant and a back vowel (as in Merc. *ġẹond-*, *ġẹāmrung*). Examples: Merc. *ġelpan*, *ġēta*, *sċæft*, *ċæster* (cf. WS *ġielpan*, *ġīeta*, *sċeaft*, *ċeaster;* as regards Merc. *ġēr*, as opposed to WS *ġēar* < **ġǣr*, see no. 1 above)

6. As a preterite suffix in the second class of weak verbs, *-ad-* (as opposed to *-od-*, *-ud-*) is rare in WS except in verbs with a back vowel in the root syllable, but common in the other dialects, as in *cliopade*, *ġenīwad*.

II. Specifically Kentish Characteristics

7. Like EWS, early Kentish has sometimes *o* for PGmc. *a* before nasal consonants, as in *lond*, *ġesomnuncgæ*.

8. By the ninth century, there is a tendency to raise the first element of the diphthong *ēŏ*, as evidenced by spellings like *hiore* (= *heora*), *ċiorl*, *hīo*, *bīor*. In ninth-century charters there is also a tendency to unround the second element to *a:* cf. *wiaralde*, *hiabenliċe*, *bebīade* (cf. WS *weorolde*, *heofonliċe*, *bebēode*).

9. By the tenth century, ǣ̆ and ȳ̆ have regularly become ē̆. Examples: *feġeran*, *meġene*, *gēð*, *ārēr* 'raise', *onherie* 'emulate', *ferht* 'fear', *ontēnð*, *fēren-* 'fiery' (cf. WS *fæġerran*, *mæġene*, *gǣð*, *ārǣr*, *onhyrie*, *fyrht*, *ontȳnð*, *fȳren-*. (The ǣ which becomes ē is the front mutation of ā, not a reflex of PGmc. *ē:* see no. 1 above.)

III. General Anglian Features

10. Before *l* plus consonant, *æ* is retracted to *a* rather than broken to *ea*. Examples: *cald*, *all*, *half*, *haldan* (cf. WS *ċeald*, *eall*, *healf*, *healdan*). The front mutation of this sound is *æ*, as in *ældra* 'older', *bældan* 'embolden' (cf. EWS *ieldra*, *bieldan*).

11. Breaking (of *i*) fails before *r* plus any consonant other than *r* < PGmc. *z* when *i* or *j* originally stood in the next syllable, as in *smirwan* 'smear', *āfirran* 'remove' (cf. EWS *smierwan*, *āfierran*).

12. Anglian smoothing. The diphthongs *ēă*, *ēŏ*, *īŏ* became the monophthongs *ǣ̆*, *ē̆*, *ī̆* either immediately before *c*, *g*, *h* or when *r* or *l* intervened. Shortly thereafter, the *ǣ* produced by smoothing developed to *ē*, and *æ* before *r*, *l* became *e*. Examples: *sæh*, *ferh* 'pig', *hēh*, *elh* 'elk', *sēc* 'sick', *milc* 'milk', *līht* (cf. WS *seah*, *fearh*, *hēah*, *eolh*, *sēoc*, *meolc*, *lēoht*).

13. Under low stress, final *k* > *h*. In Mercian, only *ah* 'but' is affected, whereas in Northumbrian are found also *ih*, *meh*, *ūsih*, etc.

14. A number of morphological, syntactic, and lexical features distinguish the Anglian from the Southern dialects. Some of the more noticeable ones are these:

a) "Sievers' Syncope." There is no syncope in the singular of heavy-stemmed weak verbs of the first class or of strong verbs, nor is there any in heavy-stemmed passive participles of the first class of weak verbs with stems ending in *d* or *t*. Since umlaut is also for the most part missing in the present tense of strong verbs without syncope, the Anglian strong verb forms seem to be due (in part) to analogical restoration. Examples: *lǣdest, helpeð, sended* (cf. WS *lǣtst, hilpð, send*). But syncope affects passive participles when an inflection beginning with a vowel is added: compare Anglian nom. pl. *sende* < **send-ed-e* to masc. acc. sg. *sendedne*. Syncope is also missing in present-tense forms of *habban*.

b) The 1 sg. pres. ind. ending of most verbs is *-o* or *-u*, though not infrequently *-e*, as in WS. Examples: *hafo, ondrēdu, ġelōciu*. The verb *bēon*, however, has an archaic 1 sg. pres. *bēom* or *bīom*.

c) In the paradigm of *bēon*, beside *sind, sint*, and *sindon* there is a form *aron* (*arun, earun*).

d) In the second class of weak verbs with heavy or disyllabic stems, the stem vowel *i* is usually missing in the present participle and the inflected infinitive. Examples: *sorgende, tō swīgenne* (cf. WS *sorgiende, tō swīgienne*).

e) Where Southern texts have the stem *libb-* in the paradigm of *libban*, Anglian ones have *lifi(ġ)-* or *lifġ-*.

f) The preterite stem of *cuman* is normally *cwōm-* rather than *cōm-*.

g) The preterite plural of *sēon* is *sēgon* rather than *sāwon*, and the passive participle *ġeseġen* rather than *ġesewen*.

h) The preterite plural indicative of *dōn* is *dēdun* rather than *dydon*.

i) The verb *findan* has the 1 and 3 sg. pret. *fand, fond*, corresponding to WS *funde;* it may be, however, that the latter is also a Mercian form.

j) The Anglian form of WS *īewan* 'show' is *ēawan*.

k) The verb prefix *in-* in an inceptive function corresponding to Southern *on-* is chiefly an Anglian feature, as in *indrenċan* 'saturate', *inǣlan* 'kindle' (cf. WS *ondrenċan, onǣlan*).

l) Anglian *seolf*, with breaking, corresponds to WS *self*.

m) *Fore* is used in Anglian texts for the unstressed preposition *for*.

n) The preposition *mid* is often used with the accusative case, though in the South it takes only the dative or instrumental.

o) *Sǣ* 'sea' is almost always masculine, though in WS it is usually feminine.

p) Personal pronouns of the first and second persons have accusative forms that are distinct from the dative ones: to *meċ, þeċ, inċit, uncit, ūsiċ, ēowiċ*, cf. Southern *mē, þē, inċ, unc, ūs, ēow*.

q) The Anglian dialects are much more conservative than the Southern in regard to the analogical restoration of syncopated vowels (§54). Examples: Merc. *monġe, ġehaldne, wetres* (cf. WS *maniġe, ġehealdene, wæteres*).

r) Many items of vocabulary are to be regarded as primarily Anglian. Examples are *ġēn(a)* 'still, yet', *nymþe* 'unless, except', unstressed preposition *in*, *sceþþan* 'injure', *oferhyġd* 'arrogance', *wærc* 'pain', *snyttru* 'wisdom', and *lēoran* 'die'. For further examples, see Jordan 1906 and Wenisch 1979.

IV. Specifically Mercian Characteristics

15. Mercian has regularly *o* for PGmc. *a* before nasal consonants. In Early West Saxon and Kentish, *o* and *a* are both used in this position. Note that in unstressed words this change is normal in all dialects, as in *þone*, *þonne*, *mon* 'one', etc., though these words probably have /o/ rather than /ɔ/.

16. Second fronting. In West Mercian (more specifically in the area of Hereford or southern Shropshire, the presumed provenance of the Vespasian Psalter), *æ* is raised to *e*, and *a* is fronted to *æ*, except before *l* or (often) under weak stress. Examples: *deġ*, *feder*, *dægas*, *wæcian* (cf. WS *dæġ*, *fæder*, *dagas*, *wacian*), but *galan*, *haldan;* also *þæt*, *wæs*, etc., beside *þet*, *wes*, etc., unstressed and stressed alternatives, respectively.

17. Second fronting put the vowel *æ* in front of a back vowel in the next syllable, though *æ* had earlier been restored to *a* in this position (§29). The result is *ea*, the back mutation of *æ*, which does not occur in other dialects. Examples: *þeafian*, *heafuces*, *featum* (cf. WS *þafian*, *hafoces*, *fatum*).

18. By the tenth century, *ĭo* has developed to *ĕo*. See 32 in Appendix A.

19. Although in the language of the Vespasian Psalter gloss Sievers' syncope (14(a) above) does not normally apply, and front mutation is leveled out, the mutated vowel *ĭ* is retained, and the verb *cweðan* shows syncope. Examples: *ites*, *bireð*, *ætfīleð*, *swilteð*, *cwið* (cf. inf. *etan*, *beran*, *ætfēalan*, *sweltan*, *cweðan*).

20. Specifically Mercian items of vocabulary include *nemne/nefne* 'unless, except', and probably *īren* 'iron' (cf. WS *īsern*, *īsen*).

V. Specifically Northumbrian Characteristics

21. There is often retraction of *æ* to *a* instead of breaking before *r*, especially in proximity to a labial consonant. Examples: *warþ*, *þarf*, *arm* (cf. WS *wearð*, *þearf*, *earm*).

22. Whereas Mercian and Kentish show few or no signs of diphthongization by initial palatal consonants (5 above), the change does affect *æ* in Northumbrian. Examples: *sċeal*, *ċeaster*, *ġeaf*.

23. There is rarely the change of *ĭo* to *ĕo* found in other dialects. Examples: *hiora*, *sċiolun* (with back mutation of *i*), *hīo* (cf. WS *heora*, *sċeolon*, *hēo*).

24. a) In the Northumbrian portion of the gloss on the Rushworth Gospels ("Southern Northumbrian"), the second element of the diphthongs represented as *ĕa* in other dialects instead remained rounded, and *ĕa* is usually represented by *ĕo*. Examples: *eorm*, *ēostan* (cf. WS. *earm*, *ēastan*).

b) In the glosses on the Lindisfarne Gospels and the Durham Ritual ("Northern Northumbrian"), conversely, the second element of the diphthong *ĕ̄o* is unrounded, and *ĕ̄o* is generally written *ĕ̄a*. Examples: *hearta*, *bēada* (cf. WS *heorte*, *bēodan*).

25. The ending *-an* (infinitives, *n*-stems) generally lacks final *-n*. Examples: *cuma, cuoeða, nioma; noma, ēgo, wītgo* (cf. WS *cuman, cweðan, niman; naman, ēagan, wītegan*).

26. The nom.-acc. plural of *fēond, frēond* is *fēondas, frēondas;* cf. EWS *fiend, frīend.*

27. Corresponding to the possessive adjective *ūre* in other dialects is Northumbrian *ūser*.

VI. The Poetic Dialect

Nearly all the 30,000 or so surviving lines of verse are preserved in a dialect with mainly LWS features, but with an admixture of other dialect forms, chiefly Anglian. This common poetic dialect is comparable in this respect to the dialect of Homeric verse, which is similarly unlocalized, and it is therefore commonly referred to as the poetic *κοινή* 'common (dialect)'. Most OE poems are assumed, on linguistic grounds, to have been composed originally in Anglian dialects and subsequently "saxonized" in the course of manuscript transmission; but even poems known to have been composed in the South such as the *Meters of Boethius* (see the examples in reading selection 10 in the Anthology) show many of the features of the *κοινή*. However, it is, in the main, Anglian phonological/orthographic features such as those listed above that may be found in Southern compositions, rarely Anglian morphological, syntactic, and lexical ones (no. 14 above). Some of the Anglian features of the texts in the Anthology are pointed out in the notes on 1.6, 1.75, 2.1, 7.91, 9.77, 12.77, 14.8.9, 14.21.2, 14.33.5, 14.35.5, 14.50.5, 15.30, 15.31, 15.79, 16.5, and 16.113.

VII. Samples of Texts in Non-Saxon Dialects

A. *Cædmon's Hymn.*

Northumbrian. From the Moore Bede (Cambridge Univ. Libr. MS. Kk. 5. 16 (8th century). Compare the West Saxon version on p. 142.

Nu scylun hergan hefaenricaes uard,
metudæs maecti end his modgidanc,
uerc uuldurfadur, sue he uundra gihuaes,
eci dryctin, or astelidæ.
He aerist scop aelda barnum
heben til hrofe, haleg scepen;

tha middungeard   moncynnæs uard,
eci dryctin,   æfter tiadæ
firum foldu,   frea allmectig.

B. *The Leiden Riddle.*

Northumbrian. Leiden, Univ. Libr. MS. Voss Q. 106 (9th century, but copied from an exemplar of probably the eighth century by a Continental scribe). On the text, see Parkes 1972. Compare the West Saxon version, Riddle 35, on p. 210. The final two lines, which are different in the version in the Exeter Book, mean, perhaps, 'I do not fear the terrors of the threat of the flight of an arrow, even if . . . eagerly from quivers'. On *ob* 14, see the note on *agof* 14.23.1 (p. 243).

Mec se ueta uong,   uundrum freorig,
ob his innaðae   aerest cend[æ].
[Ni] uaat ic mec biuorthæ   uullan fliusum,
herum ðerh hehcraeft,   hygiðonc[u]m [min].
Uundnae me ni biað ueflæ,   ni ic uarp hafæ,
ni ðerih ðrea[t]un giðræ[c]   ðret me hlimmith,
ne me hrutendo   hrisil scelfath,
ni mec ouana   aam sceal cnyssa.
Uyrmas mec ni auefun   uyrdi craeftum,
ða ði goelu godueb   geatum fraetuath.
Uil mec huchtrae suae ðeh   uidæ ofaer eorðu
hatan mith hęliðum   hyhtlic giuæ[de];
ni anoegun ic me aerigfaerae   egsan brogum,
ðeh ði n[. . .]   niudlicae ob cocrum.

C. *Bede's Death Song.*

Northumbrian. St. Gall, MS. 254 (9th century, copied from an exemplar of the eighth century). The poem is an acknowledgement by the greatest scholar of his day of the insignificance of profound intellect in the face of eternity.

Fore them neidfaerae   naenig uuiurthit
thoncsnotturra   than him tharf sie
to ymbhycggannae   aer his hiniongae
huaet his gastae   godaes aeththa yflaes
aefter deothdaege   doemid uueorthae.

'In the face of the unavoidable peril (i.e., death), none will be wiser than if it behooves him to consider, before his departure, what after his day of death will be adjudged of good and bad for his soul.'

D. The Inscription on the Ruthwell Cross

The dialect is Northumbrian and is of the eighth or ninth century. On the cross, see p. 214. The runes have been transliterated here as roman characters. Note the distinction among the characters ⟨g, G, ȝ⟩, corresponding to /j, g, x/, respectively, and between ⟨k, c⟩, corresponding to /k, ʧ/; the notation ⟨êa⟩ indicates that the two characters correspond to one rune. Compare lines 39–49 and 56–64 of *Dream of the Rood.*

[+ond]geredæ hinæ God almeȝttig.
þa he walde on GalGu gistiGa   [m]odig f[ore allæ] men
[b]ug[a] . . .

[ahof] ic riicnæ kyniŋc hêafunæs hlafard   hælda ic ni dorstæ
[b]ismærædu uŋket men   ba ætGad[ræ]
ic [wæs m]iþ blodæ bistemi[d]   bi[Got] . . .

[+]krist wæs on rodi
hweþræ þer fusæ   fêarran kwomu
æþþilæ til anum   ic þæt al bi[hêald]
s[a]r[æ] ic w[æ]s mi[þ] sorgum gidrœ[fi]d   h[n]ag [ic] . . .

[m]iþ strelum giwundad
alegdun hiæ hinæ   limwœrignæ
gistoddu[n] him [æt his] li[c]æs [hêa]f[du]m   [bih]êa[l]du[n h]i[æ] þe[r] . . .

E. A Selection of Glosses from the Lindisfarne and Rushworth Gospels

The Lindisfarne Gospels (L: London, British Library, Cotton MS. Nero D. iv) contain a continuous interlinear Northumbrian gloss of the second half of the tenth century; the Rushworth Gospels (R: Oxford, Bodleian Libr., MS. Auct. D. ii. 19) contain a continous interlinear gloss from about the same time, in Mercian in this part of the gloss. The glossators frequently supply more than one OE equivalent to a Latin word, separated by the sign ⟨ł⟩, for Latin *vel* 'or'. The word order of L closely follows that of the Latin. These selections gloss Matt. 6:1–13.

6:1 *Attendite ne iustitiam uestram faciatis coram hominibus ut uideamini ab eis alioquin mercedem non habebitis apud patrem uestrum qui in caelis est.*

L.: behaldas þæt soðfæstnise iuerre gie doas before monnum þæt gie se geseno from him eaðe mæg mearde nabbas ge mið fader iurre seðe in heafnas is.

R: behaldeþ þæt ge eowre soþfestnisse ne doan fore monnum þæt ge sie geseanę from heom from him elles ł elcur ge ne habbaþ lean ł mearde mid eower fæder þæne þe in heofunum is.

6:2 *cum ergo facies elemosyna noli tuba canere ante te sicut hipocritae faciunt in synagogis et in uicis ut honorificentur ab hominibus amen dico uobis receperunt mercedem suam*

L: miððy ðonne ðu doas ælmessa nelle ðu bema ł stocc singa before ðec suæ legeras gewyrcas in somnungum ond in londum ł in gemærum þæt hia se g[ew]earðad from monnum soðlice ł soð is ic cueðo iuh to hie gefengon mearde hiora.

R: forþon þonne þu wirce ælmisse ne blau þu beman for þe swa liceteras doan in heora somnungum ond in tunum þæt hie sie weorþade from monnum soþ ic sæcge eow hie onfengum heora lean.

6:3 *te autem faciente aelemosyna nesciat sinistra tua quid faciat dextera tua*

L: ðu ł ðeh uutedlice wyrcende ða ællmissa nyta winstra ðin huæt wyrcas ł doas suiðra ðin.

R: ðe þonne wircendum ælmesse nyte se winstrae hond þin hwat þin sio swiþre doa.

6:4 *ut sit elemosyna tua in abscondito et pater tuus qui uidet in abscondito reddet tibi*

L: þæt sie ællmessa ðin in degelnisse ond fade[r] ðin seðe gesiið in degelnisse forgeldeð ðe.

R: þæt þin ælmes sie in degulnisse ond þin fæder se þe gesið in degulnisse geldeþ ðe.

6:5 *et cum oratis non eritis sicut hypocritae qui amant in synagogis et in angulis platearum stantes orare ut uideantur ab hominibus amen dico uobis receperunt mercedem suam*

L: ond miððy gie gebiddas ne wosas ge suæ legeras ða ðe lufas in somnungum ond huommum ðara plæcena ł worðum stondes ł stondende gebiddas ł to gebiddanne þæt hia gesene sie from monnum soðlic ic cueð iuih to onfengon mearde heara.

R: ond þonne ge bidde eow ne beoþ ge swa liceteras þa þe lufigaþ stalle ł stonde in gesomnungum ond in hwommum worþana stondende him gebidde þæt hie sie gesænę from monnum soþ ic sæcge eow hie onfengun heora lean.

6:6 *tu autem cum orabis intra in cubiculum tuum et clauso ostio tuo ora patrem tuum in abscondito et pater tuus qui uidet in abscondito reddet tibi*

L: ðu uutedlice miððy gie gebiddes ł ingeong ł inga in cotte ðinum ond gesparrado dure ðin g[e]bidd fæder ðinne in degolnis ond fader ðin seðe gesiið ł locas in degelnisse forgeldes ðe.

R: ðu þonne þonne þu gebidde ga in þine cofan ond betun þine dure bidde þin fæder ond þin fæder seþe gesihð in degulnisse geldeþ ðe.

6:7 *orantes autem nolite multum loqui sicut ethnici faciunt putant enim qui in multiloquio suo exaudiantur*

L: hea gebiddes uutetlice ł ðonne gie gebiddas nallas ge feolo ł monigfald gespreca suæ esuico doas hia woenas forðon ða ðe in monigfald sprec his biðon gehered.

R: ond þonne gebiddendae ne scule ge feola spreocan swa hæðene doan forþon þe hiae woenaþ þæt him sie in heora feolasprece gehered.

6:8 *nolite ergo assimilari eis scit enim pater uester quibus opus sit uobis antequam petatis eum*

L: nallas ge ðonne wosa gelic him wat forðon fader iurre of ðæm ðearf sie ł is iuh aer ðon gie bidde hine.

R: ne scule forþon gelice beon him forþon þe eower fæder hwæs eow ðærf sie ær þon ge hine biddan.

6:9 *sic ergo uos orabitis Pater noster qui es in caelis sanctificetur nomen tuum*

L: suæ ðonne iuih gie bidde fader urer [*sic, for* user] ðu arð ł ðu bist in heofnum ł in heofnas sie gehalgad noma ðin.

R: þus ge þonne eow gebiddað fæder ure þu þe in heofunum earð beo gehalgad þin noma.

6:10 *adueniat regnum tuum fiat uoluntas tua sicut in caelo et in terra*

L: tocymeð ric ðin sie willo ðin suæ is in heofne ond in eorðo.

R: cume to þin rice weorþe þin willa swa swa on heofune swilce on eorþe.

6:11 *panem nostrum supersubstantiale da nobis hodie*

L: hlaf userne ofer wistlic sel us todæg.

R: hlaf userne ł ure dæghwæmlicu ł instondenlice sel us to dæge.

6:12 *et demitte nobis debita nostra sicut nos dimittimus debitoribus nostris*

L: ond forgef us scylda usra suæ uoe forgefon scyldgum usum.

R: ond forlet us ure scylde swa swa we ec forleten þæm þe scyldigat wið us.

6:13 *et ne inducas nos in temtationem sed libera nos a malo*

L: ond ne inlæd usih in costunge ah gefrig usich from yfle.

R: ond ne gelaet us gelaede in constungae ah gelese us of yfle.

F. A Selection from the Gloss on the Vespasian Psalter

Mercian. London, British Library, Cotton MS. Vespasian A. i (gloss added ca. 850). This selection glosses Psalms 22–23 in the Septuagint numeration (in which Psalms 9 and 10 of the Hebrew Bible are regarded as one, among other differences).

22:1 *Dominus regit me et nihil mihi deerit in loco pascuae ibi me conlocauit.*

Dryhten receð me ond nowiht me wonu bið in stowe leswe ðer mec gesteaðelade

22:2 *Super aquam refectionis educauit me, animam meam conuertit.*

Ofer weter gereodnisse aledde mec sawle mine gecerde

22.3 *Deduxit me super semitam iustitiae propter nomen suum.*

Gelaedde me ofer stige rehtwisnisse fore noman his

22.4 *Nam etsi ambulem in medio umbrae mortis non timebo mala quoniam tu mecum, es.*

Weotudlice ond ðæh ðe ic gonge in midle scuan deaðes ne ondredu ic yfel for ðon ðu mid me erð

22.5 *Virga tua et baculus tuus, ipsa me consolata sunt.*

Gerd ðin ond cryc ðin hie me froefrende werun

22.6 *Parasti in conspectu meo mensam aduersus eos qui tribulant me.*

Ðu gearwades in gesihðe minre biod wið him ða swencað mec

22.7 *Inpinguasti in oleo caput meum, et poculum tuum inebrians quam praeclarum est.*

Ðu faettades in ele heafud min ond drync ðinne indrencende swide freaberht is

22.8 *Et misericordia tua subsequitur me omnibus diebus uitae meae.*

ond milheortniss ðin efterfylgeð mec allum degum lifes mines

22.9 *Vt inhabitem in domo domini, in longitudinem dierum.*

Ðæt ic ineardie in huse dryhten in lengu dęga

23.1 *Domini est terra et plenitudo eius, orbis terrarum et uniuersi qui habitant in ea.*

Dryhten is earðe ond fylnis his ymbhwyrft eorðena ond alle ða eardiað in hire

23.2 *Ipse super maria fundauit eam, et super flumina praeparauit illam.*

He ofer sęas gesteaðelade hie ond ofer flodas gearwað ða

23.3 *Quis ascendit in montem domini aut quis stabit in loco sancto eius.*

Hwelc astigeð in munt dryhten oððe hwelc stondeð in stowe ðere halgan his

23.4 *Innocens manibus et mundo corde, qui non accipit in uano animam suam, nec iurauit in dolo proximo suo.*

Unsceððende on hondum ond clænre heortan se ne onfeng in idelnisse sawle his ne he swor in facne ðæm nestan his

23.5 *Hic accipiet benedictionem a domino, et misericordiam a deo salutari suo.*

Ðes onfoeð bledsunge from dryhten ond mildheortnisse from gode ðæm halwendan his

23.6 *Haec est generatio quaerentium dominum requirentium faciem dei iacob. diapsalma.*

Ðis is cneoris soecendra dryhten socendra onsiene godes iacobes

23.7 *Tollite portas principes uestras, et eleuamini portae aeternales, et introibit rex gloriae.*

Onhebbað geatu aldres eowres ond bioð upahefene geatu ecelice ond ingaeð cyning wuldres

23.8 *Quis est iste rex gloriae, dns fortis et potens, dns potens in proelio.*

Hwelc is ðes cyning wuldres dryhten strong ond maehtig dryhten maehtig in gefehte

23.9 *Tollite portas principes uestras, et eleuamini portae æternales, et introibit rex gloriae.*

Onhebbað geatu aldermen eowres ond bioð upahefene geatu ecelice ond ingaeð cyning wuldres

23.10 *Quis est iste rex gloriae, dominus uirtutum, ipse est rex gloriae.*

Hwet is ðes cyning wuldres dryhten megna he is cyning wuldres

G. *The Lorica Prayer*

Mercian. Cambridge Univ. Libr. MS. Ll. 1 10 (9th century). The start of the prayer is wanting, and some characters in line 2 below are illegible.

[ond] ðe georne gebide gece ond miltse fore alra his haligra gewyrhtum ond geearningum ond boenum . . . ða ðe *domino deo* gelicedon from fruman middangeardes, ðonne gehereð he ðec ðorh hiora ðingunge. Do ðonne fiorðan siðe ðin hleor ðriga to iorðan fore alle godes cirican ond sing ðas fers: *Domini est salus saluum fac populum tuum domine praetende misericordiam tuam.* Sing ðonne *Pater noster.* Gebide ðonne fore alle geleaffullę menn *in mundo.* Đonne bistu ðone deg daelniomende ðorh dryhtnes gefe alra ðeara goda ðe ænig monn for his noman gedoeð. ond ðec alle soðfestę foreðingiað *in caelo et in terra. Amen.*

'and pray earnestly for aid and mercy for the works and merits and prayers of all his saints . . . which pleased *the lord God* from the origin of the world, then he will hear you through their intercession. Then for the fourth time put your cheek three times to the ground before all God's church and sing these verses: *Well-being is of the Lord; make your people well, Lord; extend your mercy.* Then sing *Our Father.* Pray then for all believers *in the world.* Then that day you will be a partaker by the Lord's grace in all those good things that anyone does in his name, and all the faithful will intercede for you *in heaven and on earth. Amen.*'

H. The Codex Aureus Inscription

Dialect of Kent or Surrey. Stockholm, Kungl. Biblioteket, Codex Aureus (inscription added mid-ninth century).

+ *In nomine Domini nostri Ihesu Christi* Ic Aelfred aldormon ond Werburg min gefera begetan ðas bec æt haeðnum herge mid uncre claene feo, ðæt ðonne wæs mid clæne golde. Ond ðæt wit deodan for Godes lufan ond for uncre saule ðearfe, ond for ðon ðe wit noldan ðæt ðas halgan beoc lencg in ðære haeðenesse wunaden, ond nu willað heo gesellan inn to Cristes circan Gode to lofe ond to wuldre ond to weorðunga, ond his ðrowunga to ðoncunga, ond ðæm godcundan geferscipe to brucenne ðe in Cristes circan dæghwæmlice Godes lof rærað, to ðæm gerade ðæt heo mon arede eghwelce monaðe for Aelfred ond for Werburge ond for Alhðryðe, heora saulum to ecum lecedome, ða hwile ðe God gesegen haebbe ðæt fulwiht æt ðeosse stowe beon mote. Ec swelce ic Aelfred *dux* ond Werburg biddað ond halsiað on Godes almaehtiges noman ond on allra his haligra ðæt nænig mon seo to ðon gedyrstig ðætte ðas halgan beoc aselle oðða aðeode from Cristes circan ða hwile ðe fulwiht [s]t[o]nda[n mote].

'+ *In the name of Our Lord Jesus Christ* I, Alfrēd, earl [of Surrey], and my wife Wērburg obtained these books (i.e. gospels) from a heathen army with our clean money, which, that is to say, was with clean gold. And we did that for the love of God and for our souls' need, and because we did not wish that these sacred books remain any longer in heathendom, and now wish to give them in to Christ Church to the praise and glory and honor of God, and in thanksgiving for his passion, and for the divine community to use, which in Christ Church daily lifts up the praise of God, with the stipulation that they be read every month for Alfrēd and for Wērburg and for Ealhðrȳð their daughter, for the eternal healing of their souls, for as long as God has seen that baptism is allowed to be at this place. Likewise I, *Earl* Alfrēd, and Werburg request and entreat in the name of God almighty and of all his saints that no one be so brash as to give away or alienate these sacred books from Christ Church as long as baptism is allowed to stand.'

I. The Will of Lufu

Kentish. London, British Libr., Cotton MS. Augustus ii. 92 (mid-9th century). In the final line, *Uene* in the last line is for *Bene*, the usual close of a will.

+ Ic Lufa mid Godes gefe *ancilla Dei* wes soecende and smeagende ymb mine saulðearfe mid Ceolnoðes ærcebiscopes geðeahte and ðara hiona et Cristes cirican. Willa ic gesellan of ðem ærfe ðe me God forgef and mine friond to gefultemedan ęlce gere .lx. ambra maltes and .cl. hlafa, .l. hwitehlafa, .cxx. elmeshlafes, an hriðer, an suin, .iiii. weðras, .ii. węge spices and ceses, ðem higum to Cristes circcan for mine saule and minra frionda and mega ðe me to gode gefultemedan and ðęt sie simle to *adsumsio Sanctæ Marie* ymb .xii. monað. End sue eihwelc mon swe ðis lond hebbe minra ærbenumena ðis agefe and mittan fulne huniges, .x. goes, .xx. henfuglas.

+ Ic Ceolnoð mid Godes gefe ercebiscop mid Cristes rodetacne ðis festnie and write. + Beagmund preost geðafie and mid write. + Beornfrið preost geðafie and mid write. + Wealhhere preost. + Osmund preost. + Deimund preost. + Æðelwald diacon. + Werbald diacon. + Sifreð diacon. + Swiðberht diacon. + Beornheah diacon. + Æðelmund diacon. + Wighelm diacon. + Lubo. +

+ Ic Luba eaðmod Godes ðiwen ðas forecwedenan god and ðas elmessan gesette and gefestnie ob minem erfelande et Mundlingham ðem hiium to Cristes cirican. and ic bidde, and an Godes libgendes naman bebiade ðæm men ðe ðis land and ðis erbe hebbe et Mundlingham, ðet he ðas god forð leste oð wiaralde ende. Se man se ðis healdan wille and lestan ðet ic beboden hebbe an ðisem gewrite, se him seald and gehealden sia hiabenlice bledsung. Se his ferwerne oððe hit agele, se him seald and gehealden helle wite, bute he to fulre bote gecerran wille Gode and mannum.

Uene ualete.

'+ I, Lufu, by God's grace *a handmaiden of God* have been searching and contemplating my soul's requirements with the counsel of Archbishop Ċēolnōð and of the community at Christ Church. I wish to donate, from the inheritance that God granted me and with which my friends have supported me, each year 60 measures of malt and 150 breadloaves, 50 of white bread, 120 of alms-bread, one head of cattle, one pig, 4 sheep, 2 weights of lard and cheese, to the community at Christ Church for the sake of my soul and [the souls] of my friends and relations who helped me to [my] property, and let it always be at the feast of the Assumption of St. Mary (i.e., August 15) every 12 months. And let whichever one of my inheritors who has this land give this (i.e., the preceding listed items), and with it a measureful of honey, 10 geese, [and] 20 hens. ('Whichever one of my inheritors' is the meaning of the original reading, but *sue hwelc* 'whichever' has been altered to *sue eihwelc*, apparently with the intended meaning 'every'.)

'+ I, Ċēolnōð, by the grace of God archbishop, confirm and write with the sign of Christ's cross (i.e. write a cross next to my name, as a form of signature). + [I,] the priest Bēagmund, approve and write with it (i.e. the cross). + [I,] the priest Beornfrið, approve and write with it. + Wealhhere, priest. + Ōsmund, priest. + Dæġmund, priest. + Æðelweald, deacon. + Wǣrbeald, deacon. + Siġeferhð, deacon. + Swīðbeorht, deacon. + Beornhēah, deacon. + Æðelmund, deacon. + Wīġhelm, deacon + Lufu. +

'+ I, Lufu, God's humble servant, establish and confirm these aforesaid bequests from my inherited estate at Mongeham to the community of Christ Church, and I pray and in God's name instruct the person who holds this estate and this inheritance at Mongeham that he maintain these bequests to the world's end. The person who is willing to maintain and fulfill what I have declared in this writ, may heaven's blessing be conferred upon and retained by him. Whoever withholds or obstructs it, may the torment of hell be conferred upon and retained by him, unless he will consent to full compensation to God and men.

'Live well.'

APPENDIX C
OLD ENGLISH POETIC DICTION AND POETIC FORM

I. Poetic Diction

The feature that chiefly distinguishes verse and prose is the specialized vocabulary of poetry. A great many words appear exclusively, or almost so, in verse. Most of these are major class words, such as nouns (e.g. *þenġel* 'ruler' and *holm* 'sea'), adjectives (e.g. *fǣġe* 'doomed' and *frōd* 'wise') and verbs (e.g. *maþelian* 'speak' and *ġedrēosan* 'fall'), but even function words may have a poetic flavor, such as the conjunction *þenden* 'as long as', which is rare in prose, and *nefne* 'unless', which, outside of poetry, occurs only in Mercian. No doubt such words were originally common fare in everyday speech but eventually lost currency, being preserved in the more conservative language of verse because they lent an air of antiquity to the language of a medium steeped in formal tradition. For diction that is chiefly or wholly poetic, or has a different meaning in poetry, a mark ° is placed before the headword in the Glossary.

One aim of the poets was thus to maximize the store of poetic diction in their compositions, and the poetic device known as *variation* contributed to this aim. Variation is a type of apposition whereby an individual word such as a noun, adjective, adverb, or verb, is apposed to another, or a phrase apposed to a phrase, or a clause to a clause. The principle may be illustrated by a passage from *Beowulf* describing King Hrōðgār's distress at the depredations of Grendel (129b–34a):

Mǣre þēoden,
æþeling ǣrgōd,   unblīðe sæt,
þolode ðrȳðswȳð,   þeġnsorge drēah,
syððan hie þæs lāðan   lāst sċēawedon,
werġan gāstes;   wæs þæt ġewin tō strang,
lāð ond longsum.

'The illustrious lord, the dynast good from old times, sat unhappy, the very mighty one suffered, endured sorrow for a follower, after they beheld the track of the despised one, the accursed soul; that oppression was too strong, detestable and long-lasting.'

Here the phrase *Mǣre þēoden* (the latter a poetic word) is varied by the phrase *æþeling ǣrgōd* (the latter a poetic word), and again by the adjective *ðrȳðswȳð* (poetic) used substantively. The phrase *unblīðe sæt* is varied by the verb *þolode*, and further by the phrase *þeġnsorge drēah* (the former poetic). The phrase *þæs lāðan* is varied by *werġan gāstes* (the former chiefly poetic); and the adjective *strang* is varied by the adjective phrase *lāð ond longsum*. As the example illustrates, the apposed elements need not be entirely synonymous but may amount to an elaborated description. There is in fact in the better compositions a pattern of incremental elaboration, each apposed element adding greater specificity, more narrowly to define the point. An example of this is a description in *Beowulf* (910–13) of the Danes' defeated expectation of a certain king that he *ġeþēon sċolde* 'should prosper', varied by *fæderæþelum onfōn* 'assume his father's rank', further varied by *folc ġehealdan* 'take charge of the people', in which the variation builds to the point of most concern to the Danes: the man's ability to rule them. The word *folc* in the last phrase is then varied by *hord ond hlēoburh* 'wealth and sheltering stronghold', varied by *hæleþa rīċe* 'realm of heroes', varied by *ēþel Sċyldinga* 'homeland of the Scyldings', in a series similarly designed to focus with increasing specificity on the Danes themselves. The object of variation is not exclusively to increase the store of poetic diction in a passage, or even to create rhetorical effects like this one, since variation also assists in satisfying the formal alliterative requirements of the verse (as described below). For example, in the passage quoted above, *æþeling ǣrgōd* is not essential information, since it is a variant, but it establishes the vocalic alliteration required by the off-verse *unblīðe sæt*, which is essential information; and *werġan gāstes* functions similarly.

Another way to increase the density of poetic diction in verse is to create new poetic terms, and this is done by compounding. All the Germanic languages use compounding in everyday discourse, though some (like German) are more amenable to nonce formations than others (like English). Old English prose is full of compounds, which, though usually written as two words by scribes, are distinguished from non-compounds in that they have an uninflected initial constituent, as with *sorg-lēas* beside non-compound *sorga lēas* 'free of care', though with the passage of time some phrases with inflected initial components may have come to be regarded as compounds, e.g. *sunnan-dæġ* 'Sunday'. Poets freely created new compounds continually, chiefly of nouns or adjectives or both. Usually the second constituent is the head of the compound, as with *hrīm-ċeald* 'frost-cold' and *dōm-ġeorn* 'eager for fame', which are both adjectives rather than nouns, but especially in *Beowulf* the head may be the first element, as with *eardlufu* 'dear home' (not *'love of home') and *wæter-eġesa* 'terrible water' (not *'water-terror'). Since poetic compounds are nonce formations, they may have different meanings in different contexts: for example, *wæl-fȳr* 'slaughter-fire' in *Beowulf* refers alternately to the fire of a funeral pyre ('fire consuming the slain') and fire spewed by the dragon ('slaying-fire'), and in *Beowulf* the word *æsċ-holt* perhaps means 'forest of ash', in reference to a stack of spears, whereas in *The Battle of Maldon* it means 'ash wood', in reference to one spear. Compounds frequently have a metaphorical quality to them. When neither element refers literally to the referent, as with *hron-rād* 'whale-road' for 'sea' and *feorh-hūs* 'soul house' for 'body', the construction is called a *kenning* (an Icelandic word). Kennings need not be compounds, however; examples of uncompounded kennings are *waþema ġebind* 'confinement of waves' and *ganotes bæð* 'gannet's bath', both kennings for 'sea'. The meaning of kennings can appear strained at times, as with *gold-hord* 'gold-hoard' in reference to Christ in *Christ II* and *fēond-rǣs* 'hostile onslaught' in reference to Eve's approach to the fateful tree in *Genesis A*.

A pervasive aesthetic of Old English verse is a certain habitual contrastive bent. Opposites are juxtaposed without comment, often to ironic purpose. The contrast may be local, confined to a few words, as when the narrator of *Dream of the Rood* says, *Syllic wæs sē siġebēam, ond iċ synnum fāh* 'Rare was the victory-tree, and I stained with sins', and the wanderer in the poem of that name offers a series of contrasts between the cares that presently concern him and the pleasures which he knew in the past (lines 32–6). But contrast also operates in larger rhetorical structures; the wanderer, for example, takes as his theme the contrast between his harsh experience of this life and the joys of heaven to come, and *Vainglory* is structured on the contrast between *Godes āgen bearn* 'God's own child' and *fēondes bearn* 'child of the fiend'. Contrast undergirds a particular rhetorical device comparing a negative proposition to a positive one, framed by *ne . . . ac* 'not . . . but', as when the *ānhaga* of Riddle 5 says he expects no solace, but swords will strike him (4–9), and he has no delaings with physicians, but his wounds will ever increase (10–14). When the positive element of the comparison is omitted, the result is a variety of *litotes* or understatement that is sometimes grimly comic, as when it is said in *Beowulf* that death is not easy to flee (1002–3), that Beowulf had no need to be ashamed of a splendid sword given him (1025–6), and Unferth had not behaved honorably to his kin in battle (587–9; he in fact killed them or caused their deaths). But not all litotes takes this form; in *Dream of the Rood*, for instance, it is said that the dead Christ was 'limb-weary' (63) and rested 'with small company' (69, i.e. alone).

Because of the habit of variation, poetic sentences can be long and syntactically complex, and it can be ambiguous how they are structured, as with *The Wanderer* 45–57. Consequently, short sentences can be arresting, and so they are often used in the second half of the line to mark the end of a passage, as a form of aural punctuation. Examples are *Wæs ġehwæðeres waa* (10.101), marking the end of a passage about the humiliation of the Romans by the Goths; the cross in *Dream of the Rood* puts an end to his account of the crucifixion with the remark, *Crīst wæs on rōde* 'Christ was on the cross'; and the narrator of *The Wanderer* closes his introduction of the exile's hardships with the verse *Wyrd bið ful ārę̄d* 'Fate is fully fixed'.

II. Poetic Form

A line of poetry comprises two verses, the on-verse and the off-verse, linked by alliteration of consonants in the most heavily stressed elements in the line. A consonant alliterates only with an identical consonant, except that *c* alliterates also with *ċ*, and *g* with *ġ*. The initial digraphs *sp*, *st*, and *sċ* alliterate only with an identical digraph. Any vowel alliterates with any other vowel, and it is probably true in Old English, as it is in Old Icelandic, that it was considered more elegant if the alliterating vowels are not identical. There may be either one or two alliterating syllables in the on-verse, never more than one in the off-verse, and that in the off-verse must be the first stressed syllable in the verse. In the on-verse, if there are two stressed syllables and just one of them alliterates, it must not be a syllable bearing weaker stress than the other. For example, in an on-verse like *cwōm þā tō flōde* 'came then to the water' the alliteration must not fall on *cwōm*, since it is a finite verb and therefore bears less stress than the noun *flōde*, just as 'came' may bear less stress than 'water' in the translation of the verse.

Both stress and syllable weight play a role in the meter. A verse comprises four metrical positions. A fully stressed position, called a *lift* and represented as –́, is usually filled by a heavy syllable, though a light syllable plus another may serve as a lift, and the two syllables are then said to be *resolved* (⏑́×). An unstressed position, called a *drop*, may be filled by one or more unstressed syllables, each represented as ×. The number of syllables that may fill a drop is limited to one at the end of a verse. A *half-lift* (–̀ or ⏑̀×) is filled by a syllable of intermediate stress, which may be either a fully stressed syllable that immediately follows another fully stressed syllable and is therefore subordinated to it, as in a compound like *hāt-heort* 'hot-tempered', or a middle syllable following a stressed one, as in *hlāfordes* 'lord's'. When the four positions in a verse are filled this way there are five possible stress patterns (where | marks the division of the verse into two feet), as illustrated by verses from *The Wanderer*:

A: –́×|–́×. Examples: *longe scęolde* (3b), *metudes miltse* (2a, ⏑́××|–́×), *āre ġebīdeð* (1b, –́××|–́×)

B: ×–́|×–́. Examples: *hū slīþen bið* (30a), *Nis nū cwicra nān* (9b, ××–́|×–́), *ofer waþema ġebind* (24b, ××⏑́×|××–́)

C: ×–́|–́×. Examples: *Forðon dōmġeorne* (17a, ××–́|–̀×), *ġeond lagulāde* (3a, ×⏑́×|–̀×)

D: –́|–́–̀×. Example: *wadan wrǣclāstas* (5a, ⏑́×|–́–̀×)

E: –́–̀×|–́. Examples: *hrīmċealde sǣ* (4b), *winemǣga hryre* (7b, ⏑́×–̀×|⏑́×)

Some variants of these five types should be noted. An extrametrical unstressed syllable, rarely two, may begin a verse of type A or D, as with *swā guman ġefrungon* (666b, type A: ×|⏑́××|–́×; this and all subsequent examples are from *Beowulf*) and *onband beadurūne* (501a, type D: ×|–́|⏑́×–̀×). A verse of this type is said to bear *anacrusis*.

A lift or half-lift that immediately follows another may be a light syllable. This can occur only in types C, D, and E, as with *tō hām faran* (124b, type C: ×–́|⏑̀×), *oflēt līfdagas* (1622a, type D, with anacrusis: ×|–́|–́⏑̀×), and *bēag-hroden cwēn* (623b, type E: –́⏑̀×|–́).

In type A, a half-lift may be substituted for either or both of the drops, as with *scūrheard scepðan* (1033a, —́—̀|—́×), *hēah ond hornġēap* (82a, —́×|—́—̀), and *brēosthord blōdrēow* (1719a, —́—̀|—́—̀). Also in type A, there may be just one lift, as with *þæt sē mǣra* (2587a, ××—́×) and *syðþan hē hine tō gūðe* (1472a, ××××××—́×). Such verses are said to be *light*. The minimal number of syllables in such a verse is four, and it normally occurs only at the start of a clause.

In type D, the final two positions may be reversed, as with *eall ēðelwyn* (2885a, —́|—́×—̀). Likewise in type D, an extra unstressed syllable, rarely two, may follow the first lift, as with *seċġað sǣlīðend* (411a, —́×|—́—̀×) and *frēcne fenġelād* (1359a, —́×|—́×—̀). Such verses are said to be *expanded*.

In addition to normal verses of the kind discussed up to this point, some verses appear in an elaborated meter of six rather than four positions. Such verses are called *hypermetric*. The final five lines of *The Wanderer*, for example are hypermetric.

Old English poetic meter can be a complex topic. For a more detailed introduction, see Terasawa 2011 or Bliss 1967 or Pope 2001: 129–58.

II. ANTHOLOGY

1. Two Selections from the Old English Bede

Relatively little would be known about the Anglo-Saxons before the age of Alfred were it not for the *Historia ecclesiastica gentis Anglorum* 'Ecclesiastical History of the English People' of the Venerable Bede (ca. 673–735), which extends from Julius Caesar's day to the year 731, when the *Historia* was completed. It is plain from Bede's method of compilation that his purpose was to provide a history of the spread of the faith in the North to complement accounts of the spread of Christianity in the South, fitting events in Britain into the story of its spread in the Mediterranean world, demonstrating Britain's place in Christendom to an international audience.

The Old English translation is ascribed to King Alfred by Ælfric, William of Malmesbury, and an anonymous Latin couplet in one manuscript of the work. His authorship is unlikely, however, not least because the Anglian linguistic features point to a Mercian translator. The work dates to the age of Alfred, nonetheless, and possibly it was commissioned by him as part of his program of translation (described in reading selection 2 below). The translation is an abridgment, omitting most of the documents Bede incorporated into his history, as well as much material pertinent to Celtic Christianity and the papacy, only occasionally adding details, as with the reference to writing from dictation in the story of Cædmon (below). Aside from the omissions, the translation is rather literal, tending to retain the latinate syntax of the original. Notes on the text begin on p. 223.

A. The arrival of the Anglo-Saxons in Britain

Þā ġesomnedon hī ġemōt ond þeahtedon ond rǣddon, hwæt him tō dōnne wǣre, hwǣr him wǣre fultum tō sēċanne tō ġewearnienne ond tō wiðsċūfanne swā rēðre hergunge ond swā ġelōmlicre þāra norðþēoda. Ond þā þæt ġelīcode him eallum mid heora cyninge, Wyrtġeorn wæs hāten, þæt hī Seaxna þēode ofer þām sǣlicum dǣlum him on fultum ġeċȳġdon ond ġelaðedon. Þæt cūð is þæt þæt mid drihtnes mihte ġestihtad wæs, þæt yfell wræc cōme ofer ðā wiþcorenan, swā on þām ende þāra wīsena sweotoliċe ætȳwed is.

Ðā wæs ymb fēower hund wintra ond nigon ond fēowertiġ fram ūres drihtnes menniscnysse, þæt Martiānus cāsere rīċe onfēng ond .vii. ġēar hæfde. Sē wæs syxta ēac fēowertigum fram Āgustō þām cāsere. Ðā Angelþēod ond Seaxna wæs ġelaðod fram þām foresprecenan cyninge, ond on Breotone cōm on þrim myclum sċypum; ond on ēastdǣle þyses ēalondes eardungstōwe onfēng þurh ðæs ylcan cyninges bebod þe hī hider ġelaðode, þæt hī sċẹoldan for heora ēðle compian ond feohtan. Ond hī sōna compedon wið heora ġewinnan, þe hī oft ǣr norðan onhergedon; ond Seaxan þā siġe ġeslōgan.

Þā sendan hī hām ǣrenddracan ond hēton seċġan þysses landes wæstmbǣrnysse, ond Brytta yrġþo. Ond hī þā sōna hider sendon māran sċiphere strengran wighena; ond wæs unoferswīðendlīċ weorud, þā hī tōgædere ġeþēodde wǣron. Ond him Bryttas sealdan ond ġēafan eardungstōwe betwīh him þæt hī for sibbe ond hǣlo heora ēðles campodon ond wunnon wið heora fēondum, ond hī him andlyfne ond āre forġēafen for heora ġewinne.

Cōmon hī of þrim folcum ðām strangestan Germānīe, þæt of Seaxum ond of Angle ond of Ġēatum. Of Ġēata fruman syndon Cantware, ond Wihtsǣtan; þæt is sēo ðēod þe Wiht þæt ēalond oneardað. Of Seaxum, þæt is of ðām lande þe mon hāteð Ealdseaxan, cōman Ēastseaxan ond Sūðseaxan ond Westseaxan. And of Engle cōman Ēastengle ond Middelengle ond Myrċe ond eall Norðhembra cynn; is þæt land ðe *Angulus* is nemned, betwȳh Ġēatum ond Seaxum; is sǣd of þǣre tīde þe hī ðanon ġewiton oð tōdæġe, þæt hit wēste wuniġe.

Wǣron ðā ǣrest heora lāttēowas ond heretogan twēġen ġebrōðra Henġest ond Horsa. Hī wǣron Wihtġylses suna, þæs fæder wæs Witta hāten, þæs fæder wæs Wihta hāten ond þæs Wihta fæder wæs Wōden nemned, of ðæs strȳnde moniġra mǣġða cyningcynn fruman lǣdde. Ne wæs ðā ylding tō þon þæt hī hēapmǣlum cōman māran weorod of þām ðēodum þe wē ǣr ġemynegodon. Ond þæt folc, ðe hider cōm, ongan weaxan ond myclian tō þan swīðe, þæt hī wǣron on myclum eġe þām sylfan landbīgenġan ðe hī ǣr hider laðedon ond ċȳġdon.

Æfter þissum hī þā ġeweredon tō sumre tīde wið Pehtum, þā hī ǣr þurh ġefeoht feor ādrifan. Ond þā wǣron Seaxan sēċende intingan ond tōwyrde heora ġedāles wið Bryttas. Cȳðdon him openlīċe ond sǣdon, nemne hī him māran andlyfne sealdon, þæt hī woldan him sylfe niman ond hergian, þǣr hī hit findan mihton, ond sōna ðā bēotunge dǣdum ġefyldon: bærndon ond hergedon ond slōgan fram ēastsǣ oð westsǣ; ond him nǣniġ wiðstōd. Ne wæs unġelīċ wræcc þām ðe iū Chaldēas bærndon Hierusalēme weallas ond ðā cynelican ġetimbro mid fȳre fornāman for ðæs Godes folces synnum.

Swā þonne hēr fram þǣre ārlēasan ðēode, hwæðere rihte Godes dōme, nēh ċeastra ġehwylċe ond land forhereġ̣ode wǣron. Hruran ond fēollan cynelico ġetimbro somod ond ānlīpie; ond ġehwǣr sācerdas ond mæsseprēostas betwīh wībedum wǣron slæġene ond cwylmde; bisċopas mid folcum būton ǣniġre āre sċēawunge ætgædere mid īserne ond līġe fornumene wǣron. Ond ne wæs ǣniġ sē ðe bebyriġnysse sealde þām ðe swā hrēowlīċe ācwealde wǣron. Ond moniġe ðǣre earman lāfe on wēstenum fanggene wǣron ond hēapmǣlum sticode. Sume for hungre heora fēondum on hand ēodon ond ēcne þēowdōm ġehēton, wið þon þe him mon andlifne forġēfe: sume ofer sǣ sāriġende ġewiton: sume forhtiende in ēðle ġebidon, ond þearfende līf in wuda ond in wēstenum ond in hēan cleofum sorgiende mōde symle dydon.

Ond þā æfter þon þe sē here wæs hām hweorfende ond hēo hæfdon ūt āmǣrede þā bīgenġan þisses ēalondes, ðā ongunnon hēo sticcemǣlum mōd ond mæġen monian, ond forð ēodon of þǣm dēaglum stōwum, þe hēo ǣr in behȳdde wǣron, ond ealra ānmōdre ġeþafunge heofonrīċes fultomes him wǣron biddende, þæt hēo oð forwyrd ǣġhwǣr fordīlgode ne wǣron.

Wæs in ðā tīd heora heretoga ond lāttēow Ambrōsius, hāten ōðre noman Aureliānus, wæs gōd mon ond ġemetfæst, Rōmānisċes cynnes mon. In þisses monnes tīd mōd ond mæġen Brettas onfēngon: ond hē hēo tō ġefeohte forð ġeċēġde ond him siġe ġeheht: ond hēo ēac on þām ġefeohte þurh Godes fultom siġe onfēngon. Ond þā of þǣre tīde hwīlum Brettas, hwīlum eft Seaxan siġe ġeslōgon, oð þæt ġēr ymbsetes þǣre Beadonescan dūne, þā hēo miċel wæl on Ongolcynne ġeslōgon, ymb fēower ond fēowertiġ wintra Ongolcynnes cymes in Breotone.

B. The Story of Cædmon

In ðeosse abbudissan mynstre wæs sum brōðor syndriġlīċe mid godcundre ġife ġemǣred ond ġeweorðad, forþon hē ġewunade ġerisenliċe lēoð wyrċan, þā ðe tō ǣfestnisse ond tō ārfæstnisse belumpen, swā ðætte, swā hwæt swā hē of godcundum stafum þurh bōceras ġeleornode, þæt hē æfter medmiclum fæce in sċopġereorde mid þā mǣstan swētnisse ond inbryrdnisse ġeglænġde ond in Englisċġereorde wel ġeworht forþbrōhte. Ond for his lēoþsongum moniġra monna mōd oft tō worulde forhogdnisse ond tō ġeþēodnisse þæs heofonlican līfes onbærnde wǣron. Ond ēac swelċe moniġe ōðre æfter him in Ongelþēode ongunnon ǣfeste lēoð wyrċan, ac nǣniġ hwæðre him þæt ġelīċe dōn meahte, forþon hē nales from monnum nē þurh mon ġelǣred wæs, þæt hē þone lēoðcræft leornade, ac hē wæs godcundlīċe ġefultumed ond þurh Godes ġife þone songcræft onfēng. Ond hē forðon nǣfre nōht lēasunge, nē īdles lēoþes wyrċan meahte, ac efne þā ān þā ðe tō ǣfestnesse belumpon, ond his þā ǣfęstan tungan ġedeofanade singan.

Wæs hē, sē mon, in weoruldhāde ġeseted oð þā tīde þe hē wæs ġelȳfdre ylde, ond nǣfre nǣniġ lēoð ġeleornade. Ond hē forþon oft in ġcbēorsċipc, þonne þǣr wæs blisse intinga ġedēmed, þæt hēo ealle sċalde þurh endebyrdnesse be hearpan singan, þonne hē ġeseah þā hearpan him nēalēċan, þonne ārās hē for sċome from þǣm symble ond hām ēode tō his hūse.

Þā hē þæt þā sumre tīde dyde, þæt hē forlēt þæt hūs þæs ġebēorsċipes, ond ūt wæs gongende tō nēata sċipene, þāra heord him wæs þǣre neahte beboden, þā hē ðā þǣr in ġelimpliċe tīde his leomu on reste ġesette ond onslēpte, þā stōd him sum mon æt þurh swefn ond hine hālette ond grētte ond hine be his noman nemnde: "Cedmon, sing mē hwæthwugu." Þā ondswarede hē ond cwæð: "Ne con iċ nōht singan; ond iċ forþon of þeossum ġebēorsċipe ūt ēode, ond hider ġewāt, forþon iċ nāht singan ne cūðe." Eft hē cwæð, sē ðe wið hine sprecende wæs: "Hwæðre þū mē āht singan." Þā cwæð hē: "Hwæt sċeal iċ singan?" Cwæð hē: "Sing mē frumsċeaft." Þā hē ðā þās andsware onfēng, þā ongon hē sōna singan in herenesse Godes sċyppendes þā fers ond þā word þe hē nǣfre ġehȳrde, þǣre endebyrdnesse þis is:

Nū sċulon heriġean heofonrīċes weard,
meotodes meahte ond his mōdġeþanc,
weorc wuldorfæder, swā hē wundra ġehwæs,
ēċe drihten, ōr onstealde.
Hē ǣrest sċẹōp eorðan bearnum
heofon tō hrōfe, hāliġ sċyppend;
þā middanġeard monncynnes weard,
ēċe drihten, æfter tēode
fīrum foldan, frēa ælmihtiġ.

Þā ārās hē from þǣm slǣpe, ond eal þā þe hē slǣpende song, fæste in ġemynde hæfde; ond þǣm wordum sōna moniġ word in þæt ilce ġemet Gode wyrðes songes tō ġeþēodde.

Þā cōm hē on morgenne tō þǣm tūnġerēfan, þe his ealdormon wæs; sæġde him hwylċe ġife hē onfēng; ond hē hine sōna tō þǣre abbudissan ġelǣdde ond hire þā cȳðde ond sæġde. Þā heht hēo ġesomnian ealle þā ġelǣredestan men ond þā leorneras, ond him ondweardum hēt seċġan þæt swefn, ond þæt lēoð singan, þæt ealra heora dōme ġecoren wǣre, hwæt oððe hwonon þæt cumen wǣre. Þā wæs him eallum ġeseġen, swā swā hit wæs, þæt him wǣre from drihtne sylfum heofonliċ ġifu forġifen.

Þā rehton hēo him ond sæġdon sum hāliġ spell ond godcundre lāre word; bebudon him þā, ġif hē meahte, þæt hē in swinsunge lēoþsonges þæt ġehwyrfde. Þā hē ðā hæfde þā wīsan onfongne, þā ēode hē hām tō his hūse, ond cwōm eft on morgenne, ond þȳ betstan lēoðe ġeglenġed him āsong ond āġeaf þæt him beboden wæs. Ðā ongan sēo abbudisse clyppan ond lufiġean þā Godes ġife in þǣm men; ond hēo hine þā monade ond lǣrde þæt hē woruldhād ānforlēte ond munuchād onfēnge; ond hē þæt wel þafode. Ond hēo hine in þæt mynster onfēng mid his gōdum, ond hine ġeþēodde tō ġesomnunge þāra Godes þēowa, ond heht hine lǣran þæt ġetæl þæs hālgan stǣres ond spelles. Ond hē eal þā hē in ġehȳrnesse ġeleornian meahte mid hine ġemyndgade, ond swā swā clǣne nēten eodorcende in þæt swēteste lēoð ġehwerfde. Ond his song ond his lēoð wǣron swā wynsumu tō ġehȳranne, þætte seolfan þā his lārēowas æt his mūðe wreoton ond leornodon.

Song hē ǣrest be middanġeardes ġesċeape ond bī fruman moncynnes ond eal þæt stǣr *Genesis*, þæt is sēo ǣreste Moyses booc; ond eft bī ūtgonge Israhēla folces of Ǣgypta londe ond bī ingonge þæs ġehātlandes; ond bī ōðrum monegum spellum þæs hālgan ġewrites canōnes bōca; ond bī Crīstes menniscnesse; ond bī his þrōwunge; ond bī his upāstīġnesse in heofonas; ond bī þæs hālgan gāstes cyme, ond þāra apostola lāre; ond eft bī þǣm dæġe þæs tōweardan dōmes, ond bī fyrhtu þæs tintreġlīcan wiites, ond bī swētnesse þæs heofonlecan rīċes, hē moniġ lēoð ġeworhte. Ond swelċe ēac ōðer moniġ be þǣm godcundan fremsumnessum ond dōmum hē ġeworhte.

In eallum þǣm hē ġeornlīċe ġēmde, þæt hē men ātuge from synna lufan ond māndǣda, ond tō lufan ond tō ġeornfulnesse āwehte gōdra dǣda, forþon hē wæs, sē mon, swīþe ǣfest ond regollecum þēodsċipum ēaðmōdlīċe underþēoded. Ond wið þǣm, þā ðe in ōðre wīsan dōn woldon, hē wæs mid welme miċelre ellenwōdnisse onbærned.

Ond hē forðon fæġre ænde his līf betȳnde ond ġeendade. Forþon, þā ðǣre tīde nēalǣcte his ġewitenesse ond forðfōre, þā wæs hē fēowertȳnum dagum ǣr, þæt hē wæs līchomlīcre untrymnesse þryċċed ond hefgad, hwæðre tō þon ġemetlīċe, þæt hē ealle þā tīd meahte ġe sprecan ġe gongan. Wæs þǣr in nēaweste untrumra monna hūs, in þǣm heora þēaw wæs, þæt hēo þā untrumran, ond þā ðe æt forðfōre wǣron, inlǣdon sċẹoldon ond him þǣr ætsomne þeġnian. Þā bæd hē his þeġn on ǣfenne þǣre neahte, þe hē of worulde gongende wæs, þæt hē in þǣm hūse him stōwe ġeġearwode, þæt hē ġerestan meahte. Þā wundrode sē þeġn, for hwon hē ðæs bǣde, forþon him þūhte þæt his forðfōr swā nēah ne wǣre; dyde hwæðre swā swā hē cwæð ond bibēad.

Ond mid þȳ hē ðā þǣr on reste ēode, ond hē ġefēonde mōde sumu þing mid him sprecende ætgædere ond glēowiende wæs, þe þǣr ǣr inne wǣron, þā wæs ofer midde neaht þæt hē fræġn, hwæðer hēo ǣniġ hūsl inne hæfdon. Þā ondswarodon hēo ond cwǣdon: "Hwylċ þearf is ðē hūsles? Nē þīnre forþfōre swā nēah is, nū þū þus rōtlīċe ond þus glædlīċe tō ūs sprecende eart." Cwæð hē eft: "Berað mē hūsl tō."

Þā hē hit þā on honda hæfde, þā fræġn hē hwæþer hēo ealle smolt mōd ond būton eallum incan blīðe tō him hæfdon. Þā ondswaredon hȳ ealle ond cwǣdon, þæt hēo nǣniġne incan tō him wiston, ac hēo ealle him swīðe blīðemōde wǣron; ond hēo wrixendlīċe hine bǣdon, þæt hē him eallum blīðe wǣre. Þā ondswarade hē ond cwæð: "Mīne brōðor mīne þā lēofan, iċ eom swīðe blīðemōd tō ēow ond tō eallum Godes monnum," ond swā wæs hine ġetrymmende mid þȳ heofonlecan weġneste, ond him ōðres līfes ingong ġeġearwode. Þā ġȳt hē fræġn, hū nēah þǣre tīde wǣre, þætte þā brōðor ārīsan sċolden ond Godes lof rǣran ond heora ūhtsong singan. Þā ondswaredon hēo: "Nis hit feor tō þon." Cwæð hē: "Teala. Wuton wē wel þǣre tīde bīdan," ond þā him ġebæd ond hine ġeseġnode mid Crīstes rōde tācne, ond his hēafod onhylde tō þām bolstre, ond medmiċel fæc onslēpte; ond swā mid stilnesse his līf ġeendade.

Ond swā wæs ġeworden, þætte swā swā hlūttre mōde ond bilwitre ond smyltre wilsumnesse drihtne þēode, þæt hē ēac swylċe swā smylte dēaðe middanġeard wæs forlǣtende, ond tō his ġesihðe becwōm. Ond sēo tunge, þe swā moniġ hālwende word in þæs sċyppendes lof ġesette, hē ðā swelċe ēac þā ȳtmæstan word in his herenisse, hine seolfne seġniende ond his gāst in his honda bebēodende, betȳnde.

2. King Alfred's Preface to the Pastoral Care

Pope Gregory the Great's *Cura* (or *Regula*) *pastoralis* 'Pastoral Care (or Rule)' was composed about 590 as a guide for bishops in their duties. It is a natural choice of text to translate, not only because of the great reverence in which Gregory was held for having sent the Augustinian mission to convert the English, but because part of Alfred's aim in promoting the education of his subjects by means of translations was to refill the ranks of churchmen depleted by the calamities of his day. A handbook of ministry would obviously be of immense usefulness in connection with that aim. The translation is not slavish, generally simplifying the grammar of the original, but in the remarkable prefatory letter, in which the prose is not based on a Latin original, the syntax can be quite complex. Notes on the text begin on p. 226.

ÐĒOS BŌC SĊEAL TŌ WIOGORA ĊEASTRE

Ælfrēd kyning hāteð grētan Wǣrferð bisċep his wordum luflīċe ond frēondlīċe; ond ðē cȳðan hāte ðæt mē cōm swīðe oft on ġemynd, hwelċe wiotan iū wǣron ġịond Angelcynn, ǣġðer ġe godcundra hāda ġe woruldcundra; ond hū ġesǣliġlīca tīda ðā wǣron ġịond Angelcynn; ond hū ðā kyningas ðe ðone onwald hæfdon ðæs folces on ðām dagum Gode ond his ǣrendwrecum hȳrsumedon; ond hie ǣġðer ġe hiora sibbe ġe hiora siodo ġe hiora onweald innanbordes wel ġehīoldon, ond ēac ūt hiora ēðel ġerȳmdon; ond hū him ðā spēow ǣġðer ġe mid wīġe ġe mid wīsdōme; ond ēac ðā godcundan hādas, hū ġiorne hie wǣron ǣġðer ġe ymb lāre ġe ymb liornunga, ġe ymb ealle ðā ðīowotdōmas ðe hie Gode dōn sċoldon; ond hū man ūtanbordes wīsdom ond lāre hieder on lond sōhte, ond hū wē hie nū sċẹoldon ūte beġietan ġif wē hie habban sċẹoldon. Swǣ clǣne hīo wæs oðfeallenu on Angelcynne ðæt swīðe fēawa wǣron behionan Humbre ðe hiora ðēninga cūðen understondan on Englisċ, oððe furðum ān ǣrendġewrit of Lǣdene on Englisċ āreċċean; ond iċ wēne ðætte nōht moniġe beġịondan Humbre nǣren. Swǣ fēawa hiora wǣron ðæt iċ furðum ānne ānlēpne ne mæġ ġeðenċẹan be sūðan Temese ðā ðā iċ ǣrest tō rīċe fēng. Gode ælmihtegum sie ðonc ðætte wē nū ǣniġne onstal habbað lārēowa.

Ond forðon iċ ðē bebīode ðæt ðū dō swǣ iċ ġelīefe ðæt ðū wille, ðæt ðū ðē ðissa woruldðinga tō ðǣm ġeǣmetiġe swǣ ðū oftost mæġe, ðæt ðū ðone wīsdom ðe ðē God sealde ðǣr ðǣr ðū hiene befæstan mæġe, ġeorne befæste. Ġeðenċ hwelċ wītu ūs ðā becōmon for ðisse worulde, ðā ðā wē hit nōhwæðer nē selfe ne lufodon nē ēac ōðrum monnum ne lēfdon: ðone naman ānne wē hæfdon ðæt wē cristne wǣren, ond swīðe fēawe ðā ðēawas.

Đā iċ ðā ðis eall ġemunde, ðā ġemunde iċ ēac hū iċ ġeseah, ǣr ðǣm ðe hit eall forhergod wǣre ond forbærned, hū ðā ċiriċẹan ġịond eall Angelcynn stōdon māðma ond bōca ġefyldæ, ond ēac miċel meniġẹo Godes ðīowa, ond ðā swīðe lȳtle fiorme ðāra bōca wiston, for ðǣm ðe hie hiora nānwuht onġiotan ne meahton, ond þæt wæs for ðǣm ðe hie nǣron on hiora āgen ġeðīode āwritene, swelċe hie cwǣden: "Ūre ieldran, ðā ðe ðās stōwa ǣr hīoldon, hie lufodon wīsdom, ond ðurh ðone hie beġēaton welan ond ūs lǣfdon. Hēr mon mæġ ġīet ġesīon hiora swæð, ac wē him ne cunnon æfterspyriġẹan, ond forðǣm wē habbað nū ǣġðer forlǣten ġe ðone welan ġe ðone wīsdom, forðǣm ðe wē noldon tō ðǣm spore mid ūre mōde onlūtan."

Đā iċ ðā ðis eall ġemunde, ðā wundrade iċ swīðe swīðe ðāra gōdena wiotona ðe ġịū wǣron ġịond Angelcynn, ond ðā bēċ eallæ be fullan ġeliornod hæfdon, ðæt hie hiora ðā nǣnne dǣl noldon on hiora āgen ġeðīode wendan. Ac iċ ðā sōna eft mē selfum andwyrde ond cwæð: "Hie ne wēndon ðætte ǣfre menn sċẹolden swǣ reċċlēase weorðan ond sīo lār swǣ oðfeallan. For ðǣre wilnunga hie hit forlēton, ond woldon ðæt hēr ðȳ māra wīsdom on londe wǣre ðȳ wē mā ġeðēoda cūðon."

Đā ġemunde iċ hū sīo ǣ wæs ǣrest on Ebrēisċġeðīode funden, ond eft, ðā hie Crēacas ġeliornodon, ðā wendon hie hie on hiora āgen ġeðīode ealle, ond ēac ealle ōðre bēċ; ond eft Lǣdenware swǣ same, siððan hie hie ġeliornodon, hie hie wendon ealla ðurh wīse wealhstōdas on hiora āgen ġeðīode. Ond ēac ealla ōðræ cristnæ ðīoda sumne dǣl hiora on hiora āgen ġeðīode wendon.

Forðȳ mē ðyncð betre, ġif īow swǣ ðyncð, ðæt wē ēac sumæ bēċ, ðā ðe nīedbeðearfosta sien eallum monnum tō wiotonne, ðæt wē ðā on ðæt ġeðīode wenden ðe wē ealle ġecnāwan mæġen, ond ġedōn, swǣ wē swīðe ēaðe magon mid Godes fultume ġif wē ðā stilnesse habbað, ðæt eall sīo ġịoguð ðe nū is on Angelcynne frīora monna, ðāra ðe ðā spēda hæbben ðæt hie ðǣm befēolan mæġen, sien tō liornunga oðfæste, ðā hwīle ðe hie tō nānre ōðerre note ne mæġen, oð ðone first ðe hie wel cunnen Englisċ ġewrit ārǣdan; lǣre mon siððan furður on Lǣdenġeðīode ðā ðe mon furðor lǣran wille ond tō hīeran hāde dōn wille.

Đā iċ ðā ġemunde hū sīo lār Lǣdenġeðīodes ǣr ðissum āfeallen wæs ġịond Angelcynn, ond ðēah moniġe cūðon Englisċ ġewrit ārǣdan, ðā ongan iċ onġemang ōðrum mislicum ond maniġfealdum bisgum ðisses kynerīċes ðā bōc wendan on Englisċ ðe is ġenemned on Lǣden *Pastoralis*, ond on Englisċ "Hierdebōc," hwīlum word be worde, hwīlum andġit of andġiete, swǣ swǣ iċ hie ġeliornode æt Pleġmunde mīnum ærċebisċepe ond æt Assere mīnum bisċepe ond æt Grīmbolde mīnum mæsseprīoste ond æt Iōhanne mīnum mæsseprēoste. Siððan iċ hie ðā ġeliornod hæfde, swǣ swǣ iċ hie forstōd, ond swǣ iċ hie andġitfullīcost āreċċean meahte, iċ hie on Engliscċ āwende, ond tō ǣlcum bisċepstōle on mīnum rīċe wille āne onsendan; ond on ǣlcre bið ān æstel, sē bið on fīftegum mancessan. Ond iċ bebīode on Godes naman ðæt nān mon ðone æstel from ðǣre bēċ ne dō, nē ðā bōc from ðǣm mynstre—uncūð hū longe ðǣr swǣ ġelǣrede bisċepas sien, swǣ swǣ nū Gode ðonc ġewelhwǣr siendon. Forðȳ iċ wolde ðætte hie ealneġ æt ðǣre stōwe wǣren, būton sē bisċep hie mid him habban wille, oððe hīo hwǣr tō lǣne sie, oððe hwā ōðre bī wrīte.

3. Selections from the Parker Chronicle for 892–900

The Anglo-Saxon Chronicle is a set of annals in five main versions that diverge substantially only after the year 892, pointing to that as the year of its original dissemination. The oldest surviving manuscript is called the Parker Chronicle, since it was owned by Matthew Parker (1504–75), Queen Elizabeth's first Archbishop of Canterbury. After a genealogy of Alfred, the portion of the Parker Chronicle in English begins with Julius Caesar's visit to Britain and ends with the year 1070. The annals before the middle of the ninth century are almost all brief, but after Alfred's accession to the throne in 871 the account of his wars with the invading Danes grows quite detailed. The annals below recount the final years of his reign. Notes on the text begin on p. 227.

892. Hēr on þysum ġēare fōr sē micla here þe wē ġefyrn ymbe sprǣcon eft of þǣm ēastrīċe westweard tō Bunnan ond þǣr wurdon ġesċipode swā þæt hie āsettan him on ānne sīþ ofer mid horsum mid ealle ond þā cōmon up on Limene mūþan mid þridde healf hund sċipa. Sē mūþa is on ēasteweardre Cent æt þæs miclan wuda ēastende þe wē Andred hātað. Sē wudu is ēastlang ond westlang hundtwelftiġes mīla lang oþþe lengra ond þrītiġes mīla brād; sēo ēa þe wē ǣr ymbe sprǣcon līð ūt of þǣm wealda. On þā ēa hī tugon up hiora sċipu oþ þone weald .iiii. mīla fram þǣm mūþan ūteweardum ond þǣr ābrǣcon ān ġeweorc inne on þǣm fenne; sæton fēawa ċirlisċe men on ond wæs sāmworht. Þā sōna æfter þǣm cōm Hæstēn mid .lxxx. sċipa up on Temese mūðan ond worhte him ġeweorc æt Middeltūne ond sē ōþer here æt Apuldre.

893. On þȳs ġēare, þæt wæs ymb twelf mōnað þæs þe hie on þǣm ēastrīċe ġeweorc ġeworht hæfdon, Norþhymbre ond Ēastengle hæfdon Ælfrēde cyninge āþas ġeseald ond Ēastengle foreġīsla .vi., ond þēh, ofer þā trēowa, swā oft swā þā ōþre herġas mid ealle heriġe ūt fōron, þonne fōron hie, oþþe mid oþþe on heora healfe. Ond þā ġegaderade Ælfrēd cyning his fierd ond fōr þæt hē ġewīcode betwuh þǣm twām herġum þǣr þǣr hē nīehst rȳmet hæfde for wudufæstenne ond for wæterfæstenne, swā þæt hē mehte ǣġþerne ġerǣċan ġif hie ǣniġne feld sēċan wolden. Þā fōron hie siþþan æfter þǣm wealda hlōþum ond flocrādum bī swā hwaþerre efes swā hit þonne fierdlēas wæs, ond hī mon ēac mid ōþrum floccum sōhte mæstra daga ǣlċe, oþþe on niht, ġe of þǣre fierde ġe ēac of þǣm burgum; hæfde sē cyning his fierd on tū tōnumen, swā þæt hie wǣron simle healfe æt hām, healfe ūte, būtan þǣm monnum þe þā burga healdan sċolden. Ne cōm sē here oftor eall ūte of þǣm setum þonne tuwwa: ōþre sīþe þā hie ǣrest tō londe cōmon, ǣr sīo fierd ġesamnod wǣre, ōþre sīþe þā hie of þǣm setum faran woldon.

Þā hie ġefēngon micle herehȳð ond þā woldon ferian norþweardes ofer Temese in on Ēastseaxe onġēan þā sċipu, þā forrād sīo fierd hie foran ond him wið ġefeaht æt Fearnhamme ond þone here ġeflīemde ond þā herehȳþa āhreddon, ond hie flugon ofer Temese būton ǣlcum forda, þā up be Colne on ānne iġġað. Þā besæt sīo fierd hie þǣrūtan þā hwīle þe hie þǣr lenġest mete hæfdon. Ac hie hæfdon þā heora stemn ġesetenne ond hiora mete ġenotudne, ond wæs sē cyng þā þiderweardes on fære mid þǣre sċīre þe mid him fierdedon. Þā hē þā wæs þiderweardes, ond sīo ōþeru fierd wæs hāmweardes, ond ðā Deniscan sǣton þǣr behindan, forþǣm hiora cyning wæs ġewundod on þǣm ġefeohte þæt hī hine ne mehton ferian, þā ġegaderedon þā þe in Norþhymbrum būġẹað ond on Ēastenglum sum hund sċipa ond fōron sūð ymbūtan, ond sum fēowertiġ sċipa norþ ymbūtan ond ymbsǣton ān ġeweorc on Defnasċīre be þǣre Norþsǣ, ond þā þe sūð ymbūtan fōron ymbsǣton Exanċester.

Þā sē cyng þæt hīerde, þā wende hē hine west wið Exanċeastres mid ealre þǣre fierde, būton swīþe ġewaldenum dǣle ēasteweardes þæs folces. Þā fōron forð oþ þe hie cōmon tō Lundenbyrġ, ond þā mid þǣm burgwarum ond þǣm fultume þe him westan cōm, fōron ēast tō Bēamflēote; wæs Hæsten þā þǣr cumen mid his herġe þe ǣr æt Middeltūne sæt, ond ēac sē micla here wæs þā þǣrtō cumen þe ǣr on Limene mūþan sæt æt Apuldre; hæfde Hæstēn ǣr ġeworht þæt ġeweorc æt Bēamflēote ond wæs þā ūt āfaren on hergaþ, ond wæs sē micla here æt hām. Þā fōron hie tō ond ġeflīemdon þone here ond þæt ġeweorc ābrǣcon ond ġenāmon eal þæt þǣr binnan wæs, ġe on fēo, ġe on wīfum, ġe ēac on bearnum, ond brōhton eall intō Lundenbyriġ, ond þā sċipu eall oðþe tōbrǣcon oþþe forbærndon oþþe tō Lundenbyriġ brōhton oþþe tō Hrōfes ċeastre; ond Hæstēnes wīf ond his suna twēġen mon brōhte tō þǣm cyninge, ond hē hī him eft āġēaf, forþǣm þe hiora wæs ōþer his godsunu, ōþer Æðerēdes ealdormonnes; hæfdon hī hiora onfangen ǣr Hæstēn tō Bēamflēote cōme, ond hē him hæfde ġeseald ġīslas ond āðas, ond sē cyng him ēac wel feoh sealde, ond ēac swā þā hē þone cniht āġef ond þæt wīf. Ac sōna swā hie tō Bēamflēote cōmon, ond þæt ġeweorc ġeworht wæs, swā hergode hē on his rīċe, þone ilcan ende þe Æþerēd his cumpæder healdan sċẹolde, ond eft ōþre sīþe hē wæs on hergað ġelend on þæt ilce rīċe, þā þā mon his ġeweorc ābræc.

Þā sē cyning hine þā west wende mid þǣre fierde wið Exanċestres, swā iċ ǣr sǣde, ond sē here þā burg beseten hæfde, þā hē þǣrtō ġefaren wæs, þā ēodon hie tō hiora sċipum. Þā hē þā wið þone here þǣr wæst ābisgod wæs, ond þā herġas wǣron þā ġegaderode bēġen tō Sċẹōbyriġ on Ēastseaxum ond þǣr ġeweorc worhtun, fōron bēġen ætgædere up be Temese, ond him cōm miċel ēaca tō, ǣġþer ġe of Ēastenglum ġe of Norþhymbrum. Fōron þā up be

Temese oþ þæt hie ġedydon æt Sæferne, þā up be Sæferne. Þā ġegaderode Æþerēd ealdormon ond Æþelm ealdorman ond Æþelnōþ ealdorman ond þā cinges þeġnas þe þā æt hām æt þǣm ġeweorcum wǣron, of ǣlcre byriġ be ēastan Pedredan, ġe be westan Sealwuda ġe be ēastan, ġe ēac be norþan Temese ond be westan Sæfern, ġe ēac sum dǣl þæs Norðwēalcynnes. Þā hie þā ealle ġegaderode wǣron, þā offōron hie þone here hindan æt Buttingtūne on Sæferne staþe ond hine þǣrūtan besǣton on ǣlċe healfe on ānum fæstenne. Þā hie ðā fela wucena sǣton on twā healfe þǣre ē, ond sē cyng wæs west on Defnum wiþ þone sċiphere, þā wǣron hie mid metelīeste ġewǣġde ond hæfdon miċelne dǣl þāra horsa freten, ond þā ōþre wǣron hungre ācwolen. Þā ēodon hie ūt tō ðǣm monnum þe on ēasthealfe þǣre ē wīcodon ond him wiþ ġefuhton, ond þā cristnan hæfdon siġe; ond þǣr wearð Ordhēh cyninges þeġn ofslæġen ond ēac moniġe ōþre cyninges þeġnas ofslæġen, ond þāra Denisċra þǣr wearð swīðe miċel ġesleġen, ond sē dǣl þe þǣr āweġ cōm wurdon on flēame ġenerede.

Þā hie on Ēastseaxe cōmon tō hiora ġeweorce ond tō hiora sċipum, þā ġegaderade sīo lāf eft of Ēastenglum ond of Norðhymbrum miċelne here onforan winter ond befæston hira wīf ond hira sċipu ond hira feoh on Ēastenglum ond fōron ānstreces dæġes ond nihtes þæt hie ġedydon on ānre wēstre ċeastre on Wīrhēalum sēo is Lēġa ċeaster ġehāten. Þā ne mehte sēo fird hie nā hindan offaran, ǣr hie wǣron inne on þǣm ġeweorce; besǣton þēah þæt ġeweorc ūtan sume twēġen dagas ond ġenāmon ċēapes eall þæt þǣr būton wæs ond þā men ofslōgon þe hie foran forrīdan mehton būtan ġeweorce ond þæt corn eall forbærndon ond mid hira horsum fretton on ǣlcre efenēhðe. Ond þæt wæs ymb twelf mōnað þæs þe hie ǣr hider ofer sǣ cōmon.

894. Ond þā sōna æfter þǣm on ðȳs ġēre fōr sē here of Wīrhēale in on Norðwēalas, forþǣm hie ðǣr sittan ne mehton; þæt wæs forðȳ þe hie wǣron benumene ǣġðer ġe þæs ċēapes ġe þæs cornes ðe hie ġehergod hæfdon. Þā hie ðā eft ūt of Norðwēalum wendon mid þǣre herehȳðe þe hie ðǣr ġenumen hæfdon, þā fōron hie ofer Norðhymbra lond ond Ēastengla, swā swā sēo fird hie ġerǣċan ne mehte, oþ þæt hie cōmon on Ēastseaxna lond ēasteweard on ān īġland þæt is ūte on þǣre sǣ, þæt is Meresīġ hāten. Ond þā sē here eft hāmweard wende þe Exanċeaster beseten hæfde, þā hergodon hie up on Sūðseaxum nēah Ċisseċeastre, ond þā burgware hie ġeflīemdon ond hira moniġ hund ofslōgon ond hira sċipu sumu ġenāmon.

Ðā þȳ ylcan ġēre onforan winter þā Deniscan þe on Meresīġe sǣton tugon hira sċipu up on Temese ond þā up on Lȳġan. Þæt wæs ymb twā ġēr þæs þe hie hider ofer sǣ cōmon.

895. On þȳ ylcan ġēre worhte sē foresprecena here ġeweorc be Lȳġan .xx. mīla bufan Lundenbyriġ. Þā þæs on sumera fōron miċel dǣl þāra burgwara ond ēac swā ōþres folces þæt hie ġedydon æt þāra Deniscana ġeweorce ond þǣr wurdon ġeflīemde, ond sume fēower cyninges þeġnas ofslæġene. Þā þæs on hærfæste þā wīcode sē cyng on nēaweste þǣre byriġ, þā hwīle þe hie hira corn ġerypon, þæt þā Deniscan him ne mehton þæs rīpes forwiernan. Þā sume dæġe rād sē cyng up bī þǣre ēæ ond ġehāwade hwǣr mon mehte þā ēa forwyrċan, þæt hie ne mehton þā sċipu ūt brenġan; ond hie ðā swā dydon: worhton ðā tū ġeweorc on twā healfe þǣre ēas. Þā hie ðā þæt ġeweorc furþum ongunnen hæfdon ond þǣrtō ġewīcod hæfdon, þā onġet sē here þæt hie ne mehton þā sċipu ut brenġan. Þā forlēton hie hie ond ēodon ofer land þæt hie ġedydon æt Cwātbryċġe be Sæfern ond þǣr ġewerc worhton. Þā rād sēo fird west æfter þǣm heriġe, ond þā men of Lundenbyriġ ġefetedon þā sċipu ond þā ealle þe hie ālǣdan ne mehton tōbrǣcon, ond þā þe þǣr stǣlwyrðe wǣron binnan Lundenbyriġ ġebrōhton; ond þā Deniscan hæfdon hira wīf befæst innan Ēastengle, ǣr hie ūt of þǣm ġeweorce fōron. Þā sǣton hie þone winter æt Cwātbryċġe. Þæt wæs ymb þrēo ġēr þæs þe hie on Limene mūðan cōmon hider ofer sǣ.

896. Ðā þæs on sumera on ðysum ġēre tōfōr sē here, sum on Ēastengle, sum on Norðhymbre, ond þā þe feohlēase wǣron him þǣr sċipu beġēton ond sūð ofer sǣ fōron tō Siġene. Næfde sē here, Godes þonces, Angelcyn ealles forswīðe ġebrocod, ac hie wǣron micle swīþor ġebrocede on þǣm þrim ġēarum mid ċēapes cwilde ond monna, ealles swīþost mid þǣm þæt maniġe þāra sēlestena cynges þēna þe þǣr on londe wǣron forðfērdon on þǣm þrim ġēarum. Þāra wæs sum Swīðulf bisċop on Hrōfes ċeastre ond Ċēolmund ealdormon on Cent ond Beorhtulf ealdormon on Ēastseaxum ond Wulfrēd ealdormon on Hāmtūnsċīre ond Ealhheard bisċop æt Dorceċeastre ond Ēadulf cynges þeġn on Sūðseaxum ond Beornulf wīċġerēfa on Winteċeastre ond Eċġulf cynges horsþeġn ond maniġe ēac him, þēh iċ ðā ġeðungnestan nemde.

Þȳ ilcan ġēare drehton þā herġas on Ēastenglum ond on Norðhymbrum Westseaxna lond swīðe be þǣm sūðstæðe mid stælherġum, ealra swīþust mid ðǣm æscum þe hie fela ġēara ǣr timbredon. Þā hēt Ælfrēd cyng timbran langsċipu onġēn ðā æscas. Þā wǣron fulnēah tū swā lange swā þā ōðru. Sume hæfdon .lx. āra, sume mā. Þā wǣron ǣġðer ġe swiftran ġe unwealtran ġe ēac hīeran þonne þā ōðru; nǣron nāwðer nē on Frēsisċ ġesċæpene nē on Denisċ, būte swā him selfum ðūhte þæt hie nytwyrðoste bēon meahten.

Þā æt sumum ċirre þæs ilcan ġēares cōmon þǣr sex sċipu tō Wiht ond þǣr miċel yfel ġedydon, ǣġðer ġe on Defenum ġe welhwǣr be ðǣm sǣriman. Þā hēt sē cyng faran mid nigonum tō þāra nīwena sċipa, ond forfōron him þone mūðan foran on ūtermere. Þā fōron hie mid þrim sċipum ūt onġēn hie, ond þrēo stōdon æt ufeweardum þǣm mūðan on drȳġum; wǣron þā men uppe on londe of āgāne. Þā ġefēngon hie þāra þrēora sċipa tū æt ðǣm mūðan ūteweardum ond þā men ofslōgon, ond þæt ān oðwand; on þǣm wǣron ēac þā men ofslæġene būton fīfum, þā cōmon forðȳ onweġ ðe ðāra ōþerra sċipu āsǣton. Þā wurdon ēac swīðe unēðelīċe āseten: þrēo āsǣton on ðā healfe þæs dēopes ðe ðā Deniscan sċipu āseten wǣron, ond þā ōðru eall on ōþre healfe, þæt hira ne mehte nān tō ōðrum. Ac ðā þæt wæter wæs āhebbad fela furlanga from þǣm sċipum, þā ēodon ðā Deniscan from þǣm þrim sċipum tō þǣm ōðrum þrim þe on hira healfe beebbade wǣron ond hie þā þǣr ġefuhton. Þǣr wearð ofslæġen Lucumon cynges ġerēfa ond Wulfheard Frīesa ond Æbbe Frīesa ond Æðelhere Frīesa ond Æðelferð cynges ġenēat, ond ealra monna Frēsisċra ond Englisċra .lxii. ond þāra Deniscena .cxx. Þā cōm þǣm Deniscum sċipum þēh ǣr flōd tō, ǣr þā cristnan mehten hira ūt āsċūfan, ond hie forðȳ ūt oðrēowon. Þā wǣron hie tō þǣm ġesārgode þæt hie ne mehton Sūðseaxna lond ūtan berōwan, ac hira þǣr tū sǣ on lond wearp, ond þā men mon lǣdde tō Winteċeastre tō þǣm cynge; ond hē hie ðǣr āhōn hēt, ond þā men cōmon on Ēastengle þe on þǣm ānum sċipe wǣron swīðe forwundode. Þȳ ilcan sumera forwearð nō lǣs þonne .xx. sċipa mid monnum mid ealle be þām sūðriman.

Þȳ ilcan ġēre forðfērde Wulfrīċ cynges horsðeġn, sē wæs ēac wealhġerēfa.

897. Hēr on þysum ġēre ġefōr Æðelm Wiltūnsċīre ealdormon nigon nihtum ǣr middum sumere, ond hēr forðfērde Hēahstān, sē wæs on Lundenne bisċop.

900. Hēr ġefōr Ælfrēd Aþulfing, syx nihtum ǣr ealra hāliġra mæssan, sē wæs cyning ofer eall Ongelcyn būtan ðǣm dǣle þe under Dena onwalde wæs, ond hē hēold þæt rīċe ōþrum healfum lǣs þe .xxx. wintra; ond þā fēng Ēadweard his sunu tō rīċe.

4. Ælfric on the Three Estates

The writings of Ælfric furnish linguistic and stylistic standards for the Late West Saxon (LWS) period. Ælfric was educated at the Old Minster, Winchester, when it was under the direction of bishop Æthelwold, who, along with Dunstan and Oswald, is credited with orchestrating the great tenth-century renaissance of learning, manuscript production, and monastic life in England known as the Benedictine Reform (see §3). After his ordination Ælfric was sent in 987 to a new monastery at Cernel (now Cerne Abbas) in Dorset. There he composed his *Lives of Saints*, mostly in alliterative prose, no later than 998 as a parallel to his earlier two series of *Catholic Homilies*, written sometime after 989. But unlike those homilies, the *Lives* were intended not for liturgical use but for reading in a secular household. Most of his large *oeuvre* dates to this period at Cernel, though he continued to revise his homilies throughout his life. He was made abbot of Eynsham, near Oxford, in 1005. The date of his death is unknown.

At the close of an account of the martial deeds of Judas Maccabeus, Ælfric appends the following excursus on the tripartite structure of society, a trope that figured more prominently in the literature of the feudal age, but which has been traced to Proto-Indo-European religious ideology (Dumézil 1958). The purpose of this brief disquisition is to affirm ecclesiastics' right of exclusion from military service, due to the importance of their prayers to the fate of the nation. The digression seems inspired by the immediately preceding account of how, through prayer, the priests of Jerusalem prevented Heliodorus from sacking the temple (II Macc. 3:1-40), though this episode itself seems attached to the end of the wars of Judas Maccabeus merely to introduce the matter of the three estates. Ælfric certainly intended Judas and the saints whose lives he recounts to be understood as models for Christian conduct in the face of the troubles England suffered in his day: earlier in the same text, for instance, in the course of a discussion of the four types of warfare (a trope drawn from Isidore's *Etymologiae*) he identifies resistance to the invading Norsemen as an example of the same sort of just warfare that Judas pursued.

The story of Apollonius briefly told here is related in chapter 7 of Rufinus's *Historia monachorum* (Migne 1844–1905: 21, col. 1905). This passage is written in Ælfric's characteristic alliterative prose, which differs from verse in following less strict rules of alliteration (verbs, for example, may alliterate in preference to nouns) and in lacking any strict meter, with each line normally comprising a complete clause. Notes on the text begin on p. 229.

Is swā ðēah tō witenne þæt on þysre worulde
synd þrēo endebyrdnysse on ānnysse ġesette,
þæt synd *laboratores, oratores, bellatores.*
Laboratores synd þā þe ūrne biġleafan beswincað,
oratores synd þā ðe ūs tō Gode ġeðingiað,
bellatores synd þā ðe ūre burga healdað,
and ūrne eard beweriað wið onwinnendne here.
Nū swincð sē yrðlincg embe ūrne biġleofan,
and sē woruldcempa sċeall winnan wið ūre fȳnd,

and sē Godes þēowa sċeall symle for ūs ġebiddan,
and feohtan gāstlīċe, wið þā unġesewenlican fȳnd.
Is nū forþȳ māre þǣra muneca ġewinn
wið þā unġesewenlican dēofla þe syrwiað embe ūs,
þonne sȳ þǣra woruldmanna þe winnað wiþ ðā flǣsċlican,
and wið þā ġesewenlican ġesewenlīċe feohtað.
Nū ne sċęolon þā woruldcempan tō þām woruldlicum ġefeohte
þā Godes þēowan nēadian fram þām gāstlican ġewinne,
forðan þe him fremað swīðor þæt þā unġesewenlican fȳnd
bēon oferswȳðde þonne ðā ġesewenlican;
and hit bið swȳðe deriġendlīċ þæt hī Drihtnes þēowdōm forlǣtan,
and tō woruldġewinne būgan, þe him nāht tō ne ġebyriað.
Iuliānus, sē wiðersaca and sē wælhrēowa cāsere,
wolde nēadian prēostas tō woruldlicum ġecampe,
and ēac þā hālgan munecas, and hēt hī on cwearterne ġebringan.
Þā wearð Appollōnīus sē Ēgiptisca abbod
on þām cwearterne belocen, mid his ġelēaffullum ġebrōðrum,
ac Godes enġel him cōm tō tō þām cwearterne nihtes
mid heofonlicum lēohte, and unlǣc þæt cweartern.
Ēac sē hundredes ealdor þe hī þǣrinne belēac
cōm on ǣrnemerġen mid mycclum þrymme,
and sǣde þæt his hūs fēolle fǣrlīċe mid eorðstyrunge,
swā þæt his lēofestan menn þǣr lāgon ofhrorene,
and hē bæd þā hālgan þā þæt hī þanon fērdon.
And hī ðā mid lofsangum sīþedon eft tō þām wēstene.
Godes þēowas sċęolon unsċæððiġnysse healdan,
swā swā Crīst āstealde þurh hine sylfne þā bȳsne,
þā þā hē hēt Petrum behȳdan his swurd,
and ġehǣlde þurh his mihte þæs mannes ēare
þe Petrus of āslōh, and ġeswutelode his gōdnysse.
Nū sē munuc þe bīhð tō Benedictes regole,
and forlǣt ealle woruldðingc, hwī wile hē eft ġeċyrran
tō woruldlicum wǣpnum, and āwurpan his ġewinn
wið þā unġesewenlican fȳnd his sċyppende tō tēonan?
Sē Godes þēowa ne mæġ mid woruldmannum feohtan,
ġif hē on þām gāstlican ġefeohte forðgang habban sċeall.
Næs nān hāliġ Godes þēowa æfter þæs hǣlendes þrōwunga,
þe ǣfre on ġefeohte his handa wolde āfȳlan,
ac hī forbǣron ēhtnysse ārlēasra cwellera,
and heora līf sealdon mid unsċæþþiġnysse

for Godes ġelēafan, and hī mid Gode nū lybbað,
forðan þe hī furþon noldon ǣnne fugel ācwellan.

5. *The Vision of Leofric*

Leofric figures prominently in the Anglo-Saxon Chronicle in the years before the Norman Conquest, since he held the powerful position of *eorl* (the late Old English term for *ealdorman*) of Mercia. First an adviser to King Cnut and then to Edward the Confessor (the king mentioned in the following passage), he seems to have been regarded by his contemporaries as a man of character, but the rivalry of his family with that of the king's other chief thegn, Godwine (earl of Wessex and father of Harold II, the last Anglo-Saxon king), may have been chiefly responsible for English disunity in the face of the Norman invasion in 1066. Leofric died before the Conquest, however, in 1057, and, as told here, was buried at Coventry, an abbey he had himself founded. Better known now than Leofric is his wife, Lady Godiva (*Godġyfu*).

These wonders experienced by Leofric are recorded in additions made perhaps as late as the year 1100 in an originally blank space left at the end of a Latin life of St. Kenelm in a Worcester manuscript. Though Worcester was in Mercian territory, this selection illustrates that West Saxon had become the literary standard for the entire country, and it was written everywhere in England in the eleventh century. Among this text's typical features, some of them late, are the use of *-an, -on* for earlier *-um* and the spellings *þænne, þæne*, and *mæniġ-*, originally unstressed forms of *þonne, þone*, and *maniġ-*.

Hēr ġesutelað ðā ġesihðe ðe Lēofrīċ eorl ġesæh. Him þūhte tō sōðan on healfslāpendon līċhaman, nā eallinga swylċe on swefne, ac ġȳt ġewisslicor, þæt hē sċẹolde nēde ofer āne swīðe smale briċġe, and sēo wæs swīþe lang, and þǣr arn swīðe feorr beneoðan eġesliċ wæter, swylċe hit ēa wǣre. Đā þā hē mid þām ġedræht wæs, þā cwæð him stefn tō: "Ne forhta þū. Ēaðe þū þā briċġe oferfērest." Mid þām þā wearð hē sōna ofere, nyste hē hū. Đā þā hē ofere wæs, þā cōm him lātēow onġēan and hyne lǣdde tō ānum swȳðe wlitigan felde and swȳþe fæġeran, mid swētan stenċe āfylled. Þā ġeseah hē swȳþe myċele weorud swylċe on gangdagan, and þā wǣron ealle mid snāwhwītum rēafe ġesċrȳdde, and þæt on þā wīsan þe sē dīacon bið þonne hē godspell rēt. And wæs ān þǣra on middan standende on mæsseprēostes rēafe, swȳþe hēah and swȳðe myċel ofer eal þæt ōþer folc. Đā cwæð sē lāttēow, "Wāst þū hwæt þis sēo?" "Nese," cwæð hē. "Hit is Sanctus Paulus, hæfeð nū ġemæssod, and blētsað nū þis folc." Đā lǣdde hē hine furðor þæt hī cōman þǣr þǣr sǣton six ārwurðliċe menn, swīðe wurðliċe ġefrætewod. Đā cwæð heora ān, "Hwæt sċeoll þǣs fūla mann on ūre fǣrrǣddene?" Þā andswarode him ōþer and cwæð, "Hē mōt bēon mid ūs. Hē is nīwan ġefullod þurh dǣdbōte, and hē cymð tō ūs on þǣre þriddan ġebyrtīde."

Đā wæs ēac his ġewuna þæt hē wolde swȳþe lȳtel drincan, þēah hē mid ġebēorum blīðe wǣre; and þænne hē wiste þæt menn fæste slǣpen, hē wolde on dīhlum stōwum hine ġeorne ġebiddan. Ðā wæs hē æt Crīstes ċyriċan mid þām cyninge; þā spræc hē on ǣfen wið þone ċyrċward and hine ġeorne bæd þæt hē hine inn lēte þænne hē þā dura cnylde; ac hē þæt forġȳmde for his druncennysse. Ðā þā hē tō þǣre dura cōm and þǣr langsumlīċe swȳðe cnucede and ġeorne cunnode, hwæðer hē hī on ǣniġe wīsan undōn mihte, ne mihte nā. Ðā hē þæne ċyrċward ġehȳrde ofer eall hrūtan, þā ne wǣnde hē him nānes incymes, ac fēng þā on his ġebedo, swā his ġewuna wæs, for þǣr wæs ān forehūs æt þǣre ċyrċan duru. Ðā on þām ġebede wearð sēo duru fǣrincga ġeopenad, and hē þā sōna in ēode, and hine tō his drihtene ġebæd upāhafenum earmum. Ðā warð his lēohtbora āfyrht swȳðe, and ġefeall him in ānan hēale and, mid þǣre forhtnæsse þæt hine oferēode, slǣp. Ðā ġeseah hē full ġewisslīċe þæt hē stōd on middan þǣre flōre āþenedum earmum mid mæsserēafe ġesċrȳdd, and hæfde grēne mæssehacelan on him beorhte sċīnende, and hē þæs swȳðe wundrode.

Eft hit ġetīmode æt ōðrum sǣle þæt hē wæs mid þām kynge æt þǣre ylcan stōwe. Ðā dyde hē swā his ġewuna wæs, ēode tō ċyrċẹan mid his þrēom cnapan, þā þā ōðre men slēpon; and hē hine þā ġebæd, ealswā his ġewuna wæs. Þæt wæs swā nēh Sancte Dunstānes byrġennæ swā hē nēst mihte. Ðā wurdon þā twēġen cnapan sōna on slǣpe, and sē þridda wacode swīðor for eġe þonne for his ġebedum. Ðā ġehȳrde hē fǣringa swȳðe unġerȳdelīċ ġelȳd þām ġelīcost, þæs þe hē ǣrost wēnde, swylċe þǣra muneca setl fǣrlīċe fēollon ealle tōgedere, and wæs ǣfre swā lengre swā hluddre and meniġfealdre and unġeryddre. Ðā æfter langum fyrste ġeswāc þæt ġehlȳd. Þǣr wæs innan þǣre ċyrċẹan byrnende blācern. Þā sċẹān þǣr fǣringa lēoht inn æt þām ēastende, swylċe nīwe mōna ārise, swā þæt hit līhte under þǣre rōde swȳðran earmæ, þe stōd ofer þæt wēofed. Þā wæs hit swā lenġ swā lēohtre. Swā lange hit lēohtode, þæt þæs blācernes lēoht næs nān þinġ ġesȳne, and þæt swā þæt hit līhte ġẹond ealle þā wīdġyllan ċyrċan. Swā lange hit wæs þā on ðām, þæt hē hit ne dorste nā lenġċ behaldan, and hit āsānode þā on þā ylcan wȳsan þe hit ǣr wæxende wæs, swā ðæt hē ġeseh eft þæt blācernlēoht, and þæt ōðer ġeswāc. And sē ofdrǣdda cnapa þæt eal mid him ġeseah and hȳrde, swylċe hit tō ġewitnessæ wǣre; and þā ōðre slēpon and þæs nān þinġ nyston.

Nēh þon ylcan sǣle sē cing leġ æt Sandwīċ mid sċipum. Ðā wæs his ġewuna þæt hē wolde ǣlċe dæġe habban twā mæssan, būtan hit mā wǣre, and ealle his tīda tōgædere, ǣr hē ūt ēode. Þā ēode hē ymbe sume nēode, þā mæssede man þām cynge æt Sancte Clementes ċyrċẹan. Ðā cwæð hē tō his ġefēran þæt hit betere wǣre þæt hiġ þā mæssan hæfdon. And hē þā inn ēode, and him man sōna hrȳmde; and hē þā sōna ēode binnan þone wēohstal on norðhealfe, and sē cyng stōd on sūðhealfe. Ðā wæs þǣr ān þriliġ wāhræġl and swȳðe þicce ġewefen þæt hangode bæftan þām wēofode. And stōd þǣr ān medmyċel rōd on ðǣre eorðan on ðām norðēasthyrnan; and wæs swā myċel þæs trēowes ġesȳne swā wolde bēon gōd hande brād beneoþan þām wāhrifte; and sē ōðer dǣl wæs betwyx þām wāhrifte and þām wāhe. And sē prēost mæssode be crūce. Ðā ġeseah hē ofer þā rōde āne hand swylċe hēo blētsode; þā wēnde hē ǣrost þæt sum man hine blētsode, forþām sēo ċyrċe wæs eall folces āfylled; þā næs þæt nā swā. Ðā behēold hē hit þā ġȳt ġeornor, þā ġeseah hē ealle þā rōde swā swutole, swylċe þǣr nān þinġ beforan nǣre, and wæs sēo blētsiende hand styriende and wendende upward. Þā forhtode hē and twēonode him hweðer hit swā wǣre, swā him þūhte. Ðā mid þæs mōdes twēonunge þā ætēowde hēo him swā swutole swā hē his āgene ġesēon mihte; and wǣron fæġere fingras smale and lang, and þǣra næġla tōsċẹād and sē grēata līra beneoðan þām þūman eall wæs ġesȳne and fram þām littlan fingre tōweard þæs earmes, and sumne dǣl of þǣre slȳfe. Ðā ne dorste hē hit nā lenġ behealdan, ac hēng þæt hēafod ādūn, and hit þā ġeswāc þǣra blētsunga. Þæt wæs nēh þām þe þæt godspel wæs ġerǣdd.

Fēowertȳne nihton ǣr his forðsīðe hē foresǣde þone dæġ þe hē sċẹolde cuman tō Cofan trēo tō his langan hāme, þǣr hē on restet; and hit āēode eallswā hē sǣde. *Requiescat in pace.*

6. ÆLFRIC'S *PASSION OF SAINT AGATHA*

On Ælfric's *Lives of Saints*, see the headnote to reading selection 4. His life of Saint Agatha is a rather close translation of a Latin text that must have been nearly identical to the anonymous Latin *Acta S. Agathae* published in the Bollandist *Acta sanctorum* for February 5 (Bolland 1863–9: 4.621–24). The story resembles that of other virgin martyrs who, for refusing to wed pagans, are subjected to tortures from which they are protected or healed by divine intervention. Though Ss. Agnes, Cecilia, and Juliana eventually succumb to the sword (since they cannot withstand the means used to execute the virginal St. Paul), this is not the case with St. Agatha. This is one of several virgins' *passiones* that collectively suggest Ælfric's audience included nuns at a time when nuns were in real danger of martyrdom or enslavement at the hands of pagan Norsemen.

Agathēs wæs ġeċīġed sum ġesǣliġ mǣden
on ðǣræ sċӯre Sicilīa, snotor and ġelӯfed,
on ðām tīman þe Quintiānus, sē cwealmbǣre ēhtere,
þǣre sċӯre ġewēold wælhrēowlīċe under þām cāsere.
Sē wæs grǣdiġ ġītsere, and his gālnysse underþēod,
dēofles þēowetlincg, and drihten onsċunode.
Þā cōm him tō ēaran be Agathēs drohtnunge
and smēade hū hē mihte þæt mǣden him beġitan.
Hēt hī þā ġefeċċan, and betǣhte hī ānum fūlum wīfe,
Afrodosīa ġeċīġed, sċęandliċ on þēawum,
sēo hæfde nigon dohtra, nāhtliċe and fracode,
þæt hēo ġęond þrittiġ nihte hire þēawas leornode,
and hire mōd āwende þurh þǣra myltestrena forspennincgæ.
Hwæt, ðā Affrodosīa, sē fracedosta wimman,
mid hire nigon dohtrum ġedrehte Agathēn,
hwīlon ōleċende, hwīlon eġsiġende;
wēnde þæt hēo mihte hire mōd āwendan.
Þā cwæð Agathēs tō þām yfelan tēame,
"Ēower word syndon winde ġelīċe,
ac hī ne magon āfyllan mīn fæstrǣde ġeþanc, þe is ġegrundstaþelod."
Ðis hēo cwæð mid wōpe, and ġewilnode tō ðrōwiġenne
for Crīstes naman þā cwealmbǣran wīta,
swā swā sē þurstiga on ðǣre sunnan hǣtan
ġewilnað wylsprinċġes oððe wæteres cēlincge.
Þā ġeseah Affrodosīa þæt hēo þǣre fēmnan mōd
ġebīgan ne mihte mid hyre bismorfullum tihtincgum,
and fērde tō Quintiāne and cwæð him þus tō:

"Stānas magon hnexian, and þæt starce īsen
on lēades ġelīcnysse, ǣr ðan þe sē ġelēafa mæġe
of Agathēs brēoste bēon ǣfre ādwǣsċed.
Iċ and mīne dohtra dæġes and nihtes
nāht elles ne drugon būton hī ǣfre tihton
tō þīnre ġeþafunga, þēah ðe ūs hwōnlīċe spēowe.
Iċ hire bēad ġymmas and ġyrlan of golde,
and ōðre mǣrða and mǣre ġebytlu,
hāmas and hȳred, and hēo þæt eall forseah
on meoxes ġelīcnysse þe līð under fōtum."
Þā yrsode Quintiānus and hēt hī ardlīċe feċċan,
befrān hī ðā æt fruman be hyre ġebyrdum.
Agathēs þā cwæð, "Iċ eom æðelborenre mǣġðe,
swā swā eall mīn mǣġð mē is tō witan."
Ðā cwæð sē dēma, "Hwī dēst þū ðē sylfe
ðurh wāce þēawas swilċe þū wyln sȳ?"
Agathēs andwyrde, "Iċ eom Godes þīnen,
and myċel æðelborennys bið, þæt man bēo Crīstes ðēow."
Quintiānus cwæð tō þām Crīstes mǣdene,
"Hwæt, lā, næbbe wē nāne æþelborennysse
forðan þe wē forsēoð þīnes Crīstes ðēowdōm?"
Agathēs andwyrde þām ārlēasan and cwæð,
"Ēower æðelborennys becymð tō swā bysmorfullum hæftnēde
þæt ġē bēoð þēowan synne and stānum."
Quintiānus cwæð, "Þā cwealmbǣran wīta
magon ēaðelīċe ġewrecan swā hwæt swā ðū mid wēdendum mūðe tǣlst.
Seġe swā þēah, ǣr ðū become tō þām foresǣdum wītum,
hwī ðū ūre goda biġġenċġas forsēo."
Agathēs andwyrde þām ārlēasan ðus:
"Ne cwæð þū nā 'goda' ac 'gramlicra dēofla,'
þǣra anlīcnysse ġē āwendað on āre and on stānum,
and ealle ðā græftas ofergyldað mid cræfte."
Quintiānus þā cwæð þæt hēo ġecure ōðer ðǣra,
swā hēo mid fordēmdum dyslīċe forfērde,
swā hēo þām godum ġeoffrode, swā swā æðelboren and wīs.
Agathēs him andwyrde ānrǣdlīċe and cwæð,
"Bēo þīn wīf swylċ swā Uenus þīn fūle gyden wæs,
and bēo ðū swylċ swā Iouis þīn sċẹandlica god wæs,
þæt ġit magon bēon ġetealde ēac betwux þām godum."
Þā hēt Quintiānus hī mid handum slēan

ġelōme on þæt hlēor, þæt heo hlȳdan ne sċẹolde.
Ðā cwæð Agathēs eft ðā ylcan word.
Quintiānus cwæð, "Þū cȳst þæt ðū ġecure
þā tintregu tō ðrōwiġenne, nū þū mīnne tēonan ġeedlēcst."
Þæt mǣden him andwyrde, "Micclum iċ wundrie þē,
snoterne mannan tō swā micclum dysiġe ġebīġedne,
þæt ðū swylċe for godas hæfst þe ðē sċẹamað tō ġeeuenlǣċenne.
Ġif hī sōða godas synd, gōdes iċ þē ġewīsċe;
ġif þū hī onsċunast, wit cweðaþ þonne ān.
Hāt hī swā yfele and swā unclǣne
þæt ġif ðū hwylcne wyriġe, þæt ðū ġewīsċe him þæs,
þæt his līf bēo ġelīċ þīnum lāðum godum."
Quintiānus hire cwæð tō, "Hwī clypast ðū swā fela īdeles?
Ġeoffra ðām godum, þæt iċ ðē gramlīċe ne fordō."
Ðā andwyrde Agathēs unforht þām dēman,
"Ġif ðū mid wilddēorum mē nū bǣtan wylt,
hī bēoð sōna handtame, þurh þæs hǣlendes naman.
Ġif þū mē fȳr ġearcost, mē cymð fǣrlīċe of heofonum
hālwendlīċ dēaw, þurh drihtnes ænglas.
Ġif ðū mē swingla behǣtst, iċ hæbbe þone hālgan gāst
þurh ðone iċ forsēo ealle þīne swingla."
Þā cwehte sē dēma his dēoflīċe hēafod,
and hēt hī ġebringan on ānum blindum cwearterne,
and hēt þæt hēo sċẹolde hī sylfe beþenċan,
hū hēo mihte ætwindan þām wælhrēowum tintregum.
Ðā cwæð Agathēs, "Þū, earmingc, beðenċ þē
hū ðū mæġe ætwindan ðām ēċum wītum."
Ēode þā blīðelīċe tō ðām blindum cwearterne,
swylċe hēo wǣre ġelaðod tō lustfullum bēorsċype,
and betǣhte hire ġewin þām welwyllendan drihtne.
Hwæt, ðā on merġen sē mānfulla dēma
hēt Agathēn ġeldan tō his lāðan andwerdnysse,
and befrān hwæt hēo smēade bē hyre ġesundfulnysse.
Agathēs him cwæð tō, "Crīst mē is for hǣle."
Sē dēma āxode, "Hū lange wylt ðū, unġesǣliġe,
ātēon þās ȳdelnysse mid Crīstes andetnysse?
Wiðsac ðīnne Crīst, and clypa tō þām godum,
þē lǣs ðe þū ðīn līf forlǣte on iugoðe."
Agathēs andwyrde ānfealdlīċe and cwæð,
"Wiðsac ðū þīne godas, þe synd stǣnene and trēowene,

and ġebide þē tō þīnum sċyppende, þe sōðlīċe ā leofað;
ġif ðū hine forsihst, þū sċealt on ēċum wītum ðrōwian."
Þā wearð sē ārlēasa ġehāthyrt, and hēt hī on henċġene āstreċċan,
and ðrāwan swā swā wiððan wælhrēowlīċe, and cwæð,
"Forlǣt þīne ānwylnysse, þæt ðīnum līfe bēo ġeborgen."
Agathēs andwyrde on ðǣre henċġene þus:
"Swā iċ lustfulliġe on þisum lāðum wītum
swā swā sē ðe ġesihð þone þe hē ġewilnode
oððe sē þe fint fela goldhordas.
Ne mæġ mīn sāwl bēon ġebrōht mid blysse tō heofonum
būtan mīn līċhama bēo on þīnum bendum ġenyrwod,
and fram ðīnum cwellerum on þīnum copsum āgrāpod."

Þā ġebealh hine sē wælhrēowa and hēt hī ġewrīðan on ðām brēoste
mid þǣre henċġene and hēt siððan of āċeorfan.
Agathēs him cwæð tō, "Ēalā, ðū ārlēasosta,
ne sċẹamode þē tō ċeorfanne þæt þæt ðū sylf suce?
Ac iċ habbe mīne brēost on mīnre sāwle ansunde,
mid þām ðe iċ mīn andġit eallunga āfēde."
Quintiānus ðā hēt hī tō cwearterne ġeldan,
and hēt hire oftēon ǣtes and wǣtes,
and cwæð þæt nān lǣċe hī lācnian ne mōste.
Efne ðā on middre nihte cōm sum hārwenċġe mann
intō þām cwearterne, and his cnapa him ætforan,
hæfde lēohtfæt on handa, wolde þā hālgan ġelācnian.
Sēo ēadiġe Agathēs cwæð tō ðām lǣċe,
"Ne ġȳmde iċ nānes lǣċecræftas nǣfre on mīnum līfe.
Iċ hæbbe mīnne hǣlend þe ġehǣlð mid his worde.
Hē mæġ, ġif hē wyle, mihtelīċe mē ġehǣlan."
Þā cwæð sē hārwenċġa, "Hē mē sende tō ðē.
Iċ eom his apostol, and ðū efne nū
bist hāl on his naman." And hē sōna fērde.
Þā cnēowode Agathēs and ðancode Crīste
þæt hē hī ġemunde and his mǣran apostol
tō hire āsende mid swylcum frōfre.
Æfter ðām ġebede beseah tō hyre brēoste,
and wæs þæt corfene brēost þurh Crīst ġeedstaðelod,
and ealle hire wunda wurdon ġehǣlede.
Þǣr sċẹān ðā myċel lēoht on þām sweartum cwearterne,
swā þæt ðā weardas flugon mid fyrhte fornumene.
Þā tihton þā hæftlingas þæt hāliġe mǣden

þæt hēo āwæġ ēode, and ðā wīta forfluge.
Þā cwæð Agathēs, þæt æðele mæden,
"Nelle iċ āmyrran mīnne kynehelm,
nē ðā weardas ġeswenċan, ac iċ þurhwuniġe hēr."
Þā on ðām fīftan dæġe hēt sē dēma hī ġefeċċan,
and cwæð þæt hēo sċęolde þām godum ġeoffrian,
oððe mid teartum wītum ġetintregod bēon.
Þā cwæð Agathēs, "Þū earma andġitlēasa,
hwā wyle clypian tō stāne, and nā tō þām sōðan Gode
ðe mē fram eallum þām wītum þe ðū wælhrēowlīċe
on mīnum līċe ġefæstnodest fôr his naman ġehǣlde,
and mīn brēost ġeedstaðelode, þe ðū, ārlēasa, forcurfe?"
Þā befrān sē hæðenġylda, hwā hī ġehǣlde.
Agathēs cwæð, "Crīst Godes sunu."
Quintiānus cwæð tō ðām clǣnum mædene,
"Ġīt þū namast Crīst?" Hēo cwæð him tō andsware,
"Crīst iċ andette mid welerum and ǣfre mid heortan
tō him clypiġe." Ðā cwæð sē dēofles þēn,
"Nū iċ sċeal ġesēon ġif Crīst ðē ġehǣlð." Hēt ðā streowian ġęond þā flōr
fela byrnenda glēda and tōbrȳsede tigelan,
and hī swā nacode hēt wylian on þām fȳre.
Þā wearð myċel eorðstyrung on ðǣre ylcan stōwe,
and fēol sē stǣnene wāh uppan þæs stuntan rǣdboran,
þæt hē æll tōcwȳsde and sum ōþer cniht samod—
swȳðe rihtlīċe swā, forðan þe hī rǣdboran wǣran
þæs ārlēasan dēman tō his yfelum dǣdum.
Ēac swylċe sēo burh eall byuiġende stōd
for ðǣre eorðstyrunge, and arn sēo burhwaru
endemes tō þām ārlēasan, āxiende mid ġehlȳde
hwī hē þæt Godes mæden swā gramlīċe tintregode.
Þā flēah Quintiānus, āfyrht for ðām ġehlȳde,
and ēac sēo eorðstyrung hine ġeeġsode þearle;
hēt swā þēah hī ġebringan binnan ðām cwearterne.
Hwæt, ðā Agathēs inwerdlīċe clypode
mid āstrehtum handum tō þām hǣlende þus:
"Ēalā ðū mīn drihten, þe mē tō menn ġesċęōpe,
and ǣfre fram ċyldhāde mē ġesċyldest oð þis,
þū þe woruldlīċe lufe āwendest fram mē,
þū ðe dydest þæt iċ ofercōm þæs cwelleres tintregu,
sċearp īsen and fȳr and þā slītendan clawa,

þū ðe mē on þām wītum ġeþyld forġēafe,
ðē iċ bidde, drihten, þæt ðū mīnne gāst nū
tō þē ġenime, forðan þe nū is tīma
þæt iċ þās woruld forlǣte, and tō þīnre līðan miltheortnysse
becuman mōte, mīn lēofa drihten."
Æfter þysum ġebede binnan þām cwearterne
hēo āġeaf hire gāst, and tō Gode sīðode.
Þā cōm sēo burhwaru, and bebyriġde hire līċ
mid myċelre ārwurðnysse on eallnīwere þrȳh.
Þǣr cōm ðā Godes enċġel gangende swā swā mann,
þām fyliġdan æt fōtum fela wlitiġe cnapan,
and sette enne marmstān æt þæs mǣdenes hēafde
binnan þǣre þrȳh, þysum wordum āwritene:
Mentem sanctam spontaneam, honorem deo, et patrie liberationem.
Þæt is on Engliscċ, "Hāliġ mōd, sylfwille wurðmynt þām welwyllendan Gode, and eardes ālȳsednyss."
Þā āwende sē enċġel āweġ mid þām cnapum,
and nes sē mann on þǣre sċīre þe hī ġesāwe ǣr þan.
Hwæt, ðā Quintiānus, Crīstes wiðerwinna,
fērde on sċipe ofer Semithetum
embe Agathēn ǣhta, and ēac wolde ġehæftan
ealle hire mǣġðe, ac hē ne mōste for Crīste.
Hine ġelǣhte ān hors, þā ðā hē læġ on ðām sċipe,
hetelīċe mid tōðum and hefde him upp.
Þā spearn ōðer hors tō, and āsprencde hine ofer bord,
and næs his fūle līċ āfundan ǣfre siððan.
Þā ne dorste nān man dreċċan hire mēġðe,
ac ārwurðodon hī ealle, ġeeġsode þurh God.
On þǣre ylcan sċīre Sicilīan landes
is ān byrnende munt, þone menn hātað Ēthna,
onǣled mid *sulphore*, þæt is "swæfel" on Engliscċ.
Sē munt byrnð ǣfre, swā swā mā ōþre dōð.
Þā ġetīmode hit ymbe twelf monað
æfter Agathēs þrōwunge, and Ēthna up āblēow
swȳðe eġesliċe ontendnysse, and arn be þām munte
on flōdes ġelīcnysse, and formulton þā stānas,
and sēo eorðe forbarn, oð þæt hit tō þǣre byriġ becōm.
Þā urnon þā hǣðenan tō þǣre hālgan byrġene
and āhōfen þone oferbrǣdels of þǣre hālgan byrġene
tōġēanes þām fȳre, þe hī āfǣrde forðearle.

Þā wearð þæt fȳr ġestilled, and ætstōd sōna
for Agathēn ġeearnungum, þǣre æðelan fēmnan.
Six dagas hit barn, and ætstōd on þām dæġe
þe sēo ēadiġe Agathēs tō ðām ēċe līfe ġewāt,
þæt swā wurde ġeswutelod þæt sēo ċeaster wearð āhred
fram þæs fȳres frēċednysse þurh Agathēn foreþingunge,
þām hǣlende tō lofe, þe his hālgan swā wurðaþ.
Þæs him sȳ ā wuldor on ēċere worulde.
Amen.

7. Three Selections from the Old English Orosius

Paulus Orosius, a student of Augustine of Hippo, probably completed his *Historiae adversos paganos* 'History Countering the Pagans' about 416. The purpose of the work, intended to complement Augustine's *De civitate dei*, was to compare pagan times with Christian and to refute the claim that Rome's decadence and conquest by the Goths were due to the Romans' conversion to Christianity. Much of the work is therefore devoted to recounting great calamities that anteceded the conversion, though Orosius's most polemical remarks on this score are generally omitted from the Old English translation. The Old English version is attributed by William of Malmesbury to King Alfred, but linguistic considerations in particular show this to be unlikely, since the vocabulary differs in marked ways from that of other works attributed to Alfred.

The work begins with a description of the known world, but the translator retains little of Orosius's account, instead providing information about ninth-century Europe. The account of northern Europe is an addition, the most striking portion of which tells of the voyages of the Norwegian Ohthere (ON *Óttarr*) over the North Cape and of one Wulfstan in the Baltic. Wulfstan was perhaps from the area of Hedeby, near modern Schleswig, in the Danish-German border area, though it is possible that he was an Englishman, since Continental equivalents of his name are scarce. A linguistic peculiarity of Wulfstan's account is that it contains a number of 3 sg. pres. verbs without syncope, among other Anglian features otherwise rare in this text. The Tollemache (or Lauderdale) manuscript (T in the textual notes) is the best witness to the Old English work, but it lacks most of the present selection due to a missing gathering. The defect is supplied from the Cotton manuscript (C).

A. The Voyages of Ohthere and Wulfstan

Ōhthere sǣde his hlāforde, Ælfrēde cyninge, þæt hē ealra Norðmonna norþmest būde. Hē cwæð þæt hē būde on þǣm lande norþweardum wiþ þā Westsǣ. Hē sǣde þēah þæt þæt land sie swīþe lang norþ þonan, ac hit is eal wēste, būton on fēawum stōwum styċċemǣlum wīciað Finnas, on huntoðe on wintra and on sumera on fisċaþe be þǣre sǣ. Hē sǣde þæt hē æt sumum ċirre wolde fandian hū longe þæt land norþryhte lǣġe, oþþe hwæðer ǣniġ mon be norðan þǣm wēstenne būde. Þā fōr hē norþryhte be þǣm lande; lēt him ealne weġ þæt wēste land on ðæt stēorbord and þā wīdsǣ on ðæt bæcbord þrie dagas. Þā wæs hē swā feor norþ swā þā hwælhuntan firrest faraþ. Þā fōr hē þā ġīet norþryhte swā feor swā hē meahte on þǣm ōþrum þrim dagum ġesiġlan. Þā bēag þæt land þǣr ēastryhte, oþþe sēo sǣ in on ðæt lond, hē nysse hwæðer, būton hē wisse ðæt hē ðǣr bād westan windes and hwōn norþan and siġlde ðā ēast be lande swā swā hē meahte on fēower dagum ġesiġlan. Þā sċẹolde hē ðǣr bīdan ryhtnorþan windes, forðǣm þæt land bēag þǣr sūþryhte, oþþe sēo sǣ in on ðæt land, hē nysse hwæþer. Þā siġlde hē þonan sūðryhte be lande swā swā hē mehte on fīf dagum ġesiġlan. Ðā læġ þǣr ān miċel ēa up in on þæt land. Þā ċirdon hie up in on ðā ēa, forþǣm hie ne dorston forþ bī þǣre ēa siġlan for unfriþe, forþǣm ðæt land wæs eall ġebūn on ōþre healfe þǣre ēas. Ne mētte hē ǣr nān ġebūn land siþþan hē from his āgnum hām fōr, ac him wæs ealne weġ wēste land on þæt stēorbord, būtan fisċerum and fugelerum and huntum, and þæt wǣron eall Finnas, and him wæs ā wīdsǣ on ðæt bæcbord.

Þā Beormas hæfdon swīþe wel ġebūd hira land, ac hie ne dorston þǣron cuman. Ac þāra Terfinna land wæs eal wēste, būton ðǣr huntan ġewīcodon, oþþe fisċeras, oþþe fugeleras. Fela spella him sǣdon þā Beormas ǣġþer ġe of hiera āgnum lande ġe of þǣm landum þe ymb hie ūtan wǣron, ac hē nyste hwæt þæs sōþes wæs, forþǣm hē hit self ne ġeseah. Þā Finnas, him þūhte, and þā Beormas sprǣcon nēah ān ġeþēode. Swīþost hē fōr ðider, tōēacan þæs landes sċēawunge, for þǣm horshwælum, forðǣm hie habbað swīþe æþele bān on hiora tōþum—þā tēð hie brōhton sume þǣm cyninge—and hiora hȳd bið swīðe gōd tō sċiprāpum. Sē hwæl bið micle lǣssa þonne ōðre hwalas: ne bið hē lengra ðonne syfan elna lang. Ac on his āgnum lande is sē betsta hwælhuntað: þā bēoð eahta and fēowertiġes elna lange, and þā mǣstan fīftiġes elna lange. Þāra hē sǣde þæt hē syxa sum ofslōge syxtiġ on twām dagum. Hē wæs swȳðe spēdiġ man on þǣm ǣhtum þe heora spēda on bēoð, þæt is on wildrum. Hē hæfde þā ġȳt, ðā hē þone cyningc sōhte, tamra dēora unbebohtra syx hund. Þā dēor hī hātað hrānas; þāra wǣron syx stælhrānas, ðā bēoð swȳðe dȳre mid Finnum, forðǣm hȳ fōð þā wildan hrānas mid.

Hē wæs mid þǣm fyrstum mannum on þǣm lande; næfde hē þēah mā ðonne twēntiġ hrȳðera and twēntiġ sċēapa and twēntig swȳna, and þæt lȳtle þæt hē erede hē erede mid horsan. Ac hyra ār is mǣst on þǣm gafole þe ðā Finnas him ġyldað. Þæt gafol bið on dēora fellum and on fugela feðerum and hwales bāne and on þǣm sċiprāpum þe bēoð of hwæles hȳde ġeworht and of sēoles. Ǣġhwilċ ġylt be hys ġebyrdum. Sē byrdesta sċeall ġyldan fīftȳne mearðes fell and fīf hrānes and ān beran fel and tȳn ambra feðra and berenne kyrtel oððe yterenne and twēġen sċiprāpas; ǣġþer sȳ syxtiġ elna lang; ōþer sȳ of hwæles hȳde ġeworht, ōþer of sīoles.

Hē sǣde ðæt Norðmanna land wǣre swȳþe lang and swȳðe smæl. Eal þæt his man āþer oððe ettan oððe erian mæġ, þæt līð wið ðā sǣ; and þæt is þēah on sumum stōwum swȳðe clūdiġ, and liċġað wilde mōras wið ēastan and wið uppon, emnlange þǣm bȳnum lande. On þǣm mōrum eardiað Finnas. And þæt bȳne land is ēasteweard brādost and symle swā norðor swā smælre. Ēastewerd hit mæġ bīon syxtiġ mīla brād oþþe hwēne brǣdre; and middeweard þrītiġ oððe brādre; and norðeweard, hē cwæð, þǣr hit smalost wǣre, þæt hit mihte bēon þrēora mīla brād tō þǣm mōre, and sē mōr syðþan, on sumum stōwum swā brād swā man mæġ on twām wucum oferfēran, and on sumum stōwum swā brād swā man mæġ on syx dagum oferfēran. Đonne is tōemnes þǣm lande sūðeweardum, on ōðre healfe þæs mōres, Swēoland, oþ þæt land norðeweard; and tōemnes þǣm lande norðeweardum Cwēna land. Þā Cwēnas hergiað hwīlum on ðā Norðmen ofer ðone mōr, hwīlum þā Norðmen on hȳ. And þǣr sint swīðe micle meras fersċe ġęond þā mōras, and berað þā Cwēnas hyra sċypu ofer land on ðā meras and þanon hergiað on ðā Norðmen; hȳ habbað swȳðe lȳtle sċypa and swȳðe lēohte.

Ōhthere sǣde þæt sīo sċīr hātte Hālgoland þe hē on būde. Hē cwæð þæt nān man ne būde be norðan him. Þonne is ān port on sūðeweardum þǣm lande, þone man hǣt Sċīringes heal. Þyder hē cwæð þæt man ne mihte ġeseġlian on ānum mōnðe, ġyf man on niht wīcode, and ǣlċe dæġe hæfde ambyrne wind; and ealle ðā hwīle hē sċeal seġlian be lande. And on þæt stēorbord him bið ǣrest Īra land, and þonne ðā īġland þe synd betux Īra lande and þissum lande. Þonne is þis land oð hē cymð tō Sċīrincges hēale, and ealne weġ on þæt bæcbord Norðweġ. Wið sūðan þone Sċīringes heal fylð swȳðe myċel sǣ up in on ðæt lond, sēo is brādre þonne ǣniġ man ofer sēon mæġe, and is Gotland on ōðre healfe onġēan and siððan Sillende. Sēo sǣ līð mæniġ hund mīla up in on þæt land.

And of Sċīringes hēale hē cwæð þæt hē seġlode on fīf dagan tō þǣm porte þe mon hǣt æt Hǣþum; sē stent betuh Winedum, and Seaxum, and Angle, and hȳrð in on Dene. Ðā hē þiderweard seġlode fram Sċīringes hēale, þā wæs him on þæt bæcbord Dena mearc, and on þæt stēorbord wīdsǣ þrȳ dagas; and þā, twēġen dagas ǣr hē tō Hǣþum cōme, him wæs on þæt stēorbord Gotland, and Sillende, and īġlanda fela. On þǣm landum eardodon Engle, ǣr hī hider on land cōman. And hym wæs ðā twēġen dagas on ðæt bæcbord þā īġland þe in Denemearce hȳrað.

Wulfstān sǣde þæt hē ġefōre of Hǣðum, þæt hē wǣre on Trūsō on syfan dagum and nihtum, þæt þæt sċip wæs ealne weġ yrnende under seġle. Weonoðland him wæs on stēorbord, and on bæcbord him wæs Langa land, and Lǣland, and Falster, and Scōneġ; and þās land eall hȳrað tō Denemearcan. And þonne Burgenda land wæs ūs on bæcbord, and þā habbað him sylf cyning. Þonne æfter Burgenda lande wǣron ūs þās land, þā synd hātene ǣrest Blēcinga ēġ, and Mēore, and Ēowland, and Gotland on bæcbord; and þās land hȳrað tō Swēon. And Weonodland wæs ūs ealne weġ on stēorbord oð Wīsle mūðan. Sēo Wīsle is swȳðe myċel ēa, and hīo tōlīð Wītland and Weonodland; and þæt Wītland belimpeð tō Estum; and sēo

Wīsle līð ūt of Weonodlande, and līð in Estmere; and sē Estmere is hūru fiftēne mīla brād. Þonne cymeð Ilfing ēastan in Estmere of ðǣm mere ðe Trūsō standeð in staðe, and cumað ūt samod in Estmere Ilfing ēastan of Estlande and Wīsle sūðan of Winodlande, and þonne benimð Wīsle Ilfing hire naman, and liġeð of þǣm mere west and norð on sǣ; forðȳ hit man hǣt Wīsle mūða.

Þæt Estland is swȳðe myċel, and þǣr bið swȳðe maniġ burh, and on ǣlċere byriġ bið cynincg. And þǣr bið swȳðe myċel huniġ and fisċað; and sē cyning and þā rīċostan men drincað mȳran meolc, and þā unspēdigan and þā þēowan drincað medo. Þǣr bið swȳðe myċel ġewinn betwēonan him. And ne bið ðǣr nǣniġ ealo ġebrowen mid Estum, ac þǣr bið medo ġenōh.

And þǣr is mid Estum ðēaw, þonne þǣr bið man dēad, þæt hē līð inne unforbærned mid his māgum and frēondum mōnað, ġe hwīlum twēġen; and þā kyningas, and þā ōðre hēahðungene men, swā micle lenċġ swā hī māran spēda habbað, hwīlum healf ġēar þæt hī bēoð unforbærned, and liċġað bufan eorðan on hyra hūsum. And ealle þā hwīle þe þæt līċ bið inne, þǣr sċeal bēon ġedrynċ and plega, oð ðone dæġ þe hī hine forbærnað. Þonne þȳ ylcan dæġ þe hī hine tō þǣm āde beran wyllað, þonne tōdǣlað hī his feoh, þæt þǣr tō lāfe bið æfter þǣm ġedrynċe and þǣm plegan, on fīf oððe syx, hwȳlum on mā, swā swā þæs fēos andefn bið. Āleċġað hit ðonne forhwæga on ānre mīle þone mǣstan dǣl fram þǣm tūne, þonne ōðerne, ðonne þæne þriddan, oþ þe hyt eall ālēd bið on þǣre ānre mīle; and sċeall bēon sē lǣsta dǣl nȳhst þǣm tūne ðe sē dēada man on līð. Ðonne sċẹolon bēon ġesamnode ealle ðā menn ðe swyftoste hors habbað on þǣm lande, forhwæga on fīf mīlum oððe on syx mīlum fram þǣm fēo. Þonne ærnað hȳ ealle tōweard þǣm fēo; ðonne cymeð sē man sē þæt swiftoste hors hafað tō þǣm ǣrestan dǣle and tō þǣm mǣstan, and swā ǣlċ æfter ōðrum, oþ hit bið eall ġenumen; and sē nimð þone lǣstan dǣl sē nȳhst þǣm tūne þæt feoh ġeærneð. And þonne rīdeð ǣlċ hys weġes mid ðan fēo, and hyt mōtan habban eall; and forðȳ þǣr bēoð þā swiftan hors unġefōge dȳre. And þonne hys ġestrēon bēoð þus eall āspended, þonne byrð man hine ūt, and forbærneð mid his wǣpnum and hræġle. And swīðost ealle hys spēda hȳ forspendað mid þan langan leġere þæs dēadan mannes inne, and þæs þe hȳ be þǣm wegum āleċġað, þe ðā fremdan tō ærnað and nimað. And þæt is mid Estum þēaw þæt þǣr sċeal ǣlċes ġeðēodes man bēon forbærned; and ġyf þār man ān bān findeð unforbærned, hī hit sċẹolan miclum ġebētan. And þǣr is mid Estum ān mǣġð, þæt hī magon ċyle ġewyrċan; and þȳ þǣr liċġað þā dēadan men swā lange and ne fūliað, þæt hȳ wyrċað þone ċyle hine on. And þēah man āsette twēġen fǣtels full ealað oððe wæteres, hȳ ġedōð þæt ōþer bið oferfroren, sam hit sȳ sumor sam winter.

B. The Amazons

Ǣr þǣm þe Rōmeburg ġetimbred wǣre .iiii. hunde wintrum and hundeahtatigum, Uesoges, Ēgypta cyning, wæs winnende of sūðdǣle Asiam, oð him sē mǣsta dǣl wearð underþīeded, and hē Uesoges, Ēgypta cyning, wæs siþþan mid firde farende on Sċiþþīe on ðā norðdǣlas, and his ǣrendracan beforan āsende tō þǣre ðēode, and him untwēoġendlīċe seċġan hēt þæt hie ōðer sċẹolden, oþþe ðæt lond æt him ālēsan, oþþe hē hie wolde mid ġefeohte fordōn and forheriġan. Hie him þā ġesċẹādwīslīċe ondwyrdon, and cwǣdon þæt hit ġemāliċ wǣre and unryhtliċ þæt swā oferwlenċed cyning sċẹolde winnan on swā earm folc swā hie wǣron. Hēton him þēh þæt ondwyrde seċġan, þæt him lēofre wǣre wið hiene tō feohtanne þonne gafol tō ġieldanne. Hie þæt ġelǣstan swā, and sōna þone cyning ġeflīemdon mid his folce, and him æfterfolgiende wǣron, and ealle Ǣgypte āwēstan būton þǣm fenlondum ānum. And þā hie hāmweard wendon be westan þǣre īe Eufrātē, ealle Asīam hie ġenīeddon þæt hie him gafol guldon, and þǣr wǣron fīftēne ġēar þæt lond heriġende and wēstende, oð heora wīf him sendon ǣrendracan æfter, and him sǣdon þæt hie ōðer dyden, oðþe hām cōmen oððe hie him woldon ōðerra wera ċēosan. Hī þā þæt lond forlēton, and him hāmweard fērdon.

On þǣre ilcan tīde wurdon twēġen æþelingas āflīemde of Sċiþþīan, Plenīus and Scolopetīus wǣron hātene, and ġefōran þæt lond, and ġebūdon betuh Capadotīam and Pontum nēah þǣre lǣssan Asīan, and þǣr winnende wǣron, oð hie him þǣr eard ġenāmon. And hie ðǣr æfter hrædliċe tīde from þǣm londlēodum þurh seara ofslæġene wurdon. Þā wurdon hiora wīf swā sāriġe on hiora mōde, and swā swīðlīċe ġedrēfed, ǣġþær ġe þāra æþelinga wīf ġe þāra ōþerra monna þe mid him ofslæġene wǣron, þætte hie wǣpna nāman, tō þon ðæt hie heora weras wrecan þōhton. And hī þā hrædlīċe æfter þǣm ofslōgan ealle þā wǣpnedmen þe him on nēaweste wǣron. Forþon hie dydon swā, þe hie woldon þætte þā ōþere wīf wǣren emsāriġe him, þæt hie siþþan on him fultum hæfden, ðæt hie mā mehten heora weras wrecan. Hī þā, þā wif, ealle tōgædere ġeċirdon, and on ðæt folc winnende wǣron, and þā wǣpnedmen slēande, oð hie þæs londes hæfdon miċel on hiora onwalde.

Þā under þǣm ġewinne hie ġenāmon friþ wið þā wǣpnedmen. Siþþan wæs hiera þēaw þæt hie ǣlċe ġēare ymbe twelf mōnað tōsomne fērdon, and þǣr þonne bearna strīendon. Eft þonne þā wīf heora bearn cendon, þonne fēddon hie þā mǣdenċild, and slōgon þā hyseċild. And þǣm mǣdenċildum hie fortendun þæt swīðre brēost foran þæt hit weaxan ne sċẹolde, þæt hie hæfden þȳ strengran sċyte. Forþon hī mon hǣt on Crēcisċ *Amazanas*, þæt is on Englisċ "Fortende."

Heora twā wǣron heora cwēna, Marsepīa and Lampida wǣron hātene. Hie heora here on tū tōdǣldon, ōþer æt hām bēon heora lond tō healdanne, ōðer ūt faran tō winnanne. Hie siþþan ġeēodon Eurōpe and Asīam þone mǣstan dǣl, and ġetimbredon Effesum þā burg, and moneġe ōðere on ðǣre lǣssan Asīam: and siþþan hiera heres þone mǣstan dǣl hām sendon mid hiora herehȳþe, and þone ōþerne dǣl þǣr lēton þæt lond tō healdonne. Þǣr wearð Marsepīa sīo cwēn ofslagen, and miċel þæs heres þe mid hiere beæftan wæs. Ðǣr wearð hire dohtor cwēn Sinōpē. Sēo ilce cwēn Sinōpē tōēacan hiere hwætsċipe and hiere moniġfealdum duguþum hiere līf ġeendade on mæġðhāde.

On þǣm dagum wæs swā miċel eġe from ðǣm wīfmonnum, þætte Eurōpe nē Asīam nē ealle þā nēahþēoda ne mehton āþenċęan nē ācræftan hū hī him wiðstondan mehten, ǣr þon hie ġecuron Ercol þone ent þæt hē hie sċęolde mid eallum Crēca cræftum beswīcan. And þēah ne dorste hē ġenēðan þæt hē hie mid firde ġefōre, ǣr hē ongan mid Crēca sċipun þe mon *dulmunus* hǣtt, þe mon sæġð þæt on ān sċip mæġe ān þūsend manna; and þā nihtes on unġearwe hī on bestæl, and hie swīþe forslōg and fordyde; and hwæðere ne mehte hie þæs londes benǣman. On ðǣm dagum þǣr wǣron twā cwena; þæt wǣron ġesweostor, Anthiopa and Ōrīthīa; and þǣr wearð Ōrīthīa ġefangen. Æfter hiere fēng tō ðǣm rīċe Pentesilīa, sīo on þǣm Trōiāniscan ġefeohte swīþe mǣre ġewearð.

Hit is sċondliċ, cwæð Orosīus, ymb swelċ tō sprecanne, hwelċ hit þā wæs, þā swā earme wīf and swā elðēodġe hæfdon ġegān þone cræftgestan dǣl and þā hwatestan men ealles þises middanġeardes, þæt wæs Asīam and Eurōpe, þā hie fornēah mid ealle āwēston, and ealda ċeastra and ealde byriġ tōwearpon. And æfter ðǣm hie dydon ǣġþer ġe cyninga rīċu settan ġe nīwu ċeastra timbredon, and ealle þā worold on hiora āgen ġewill onwendende wǣron folnēah .c. wintra. And swā ġemune men wǣron ǣlċes broces þætte hie hit folnēah tō nānum fācne nē tō nānum lāðe næfdon þætte þā earman wīfmen hie swā tintredon.

And nū, þā ðā Gotan cōman of þǣm hwatestan monnum Germānīa, þe ǣġðer ġe Pirrus sē rēða Crēca cyning, ġe Alexander, ġe Iūlīus sē cræftega cāsere, hie alle from him ondrēdon þæt hī hie mid ġefeohte sōhte. Hū unġemetlīċe ġē Rōmware bemurcniað and besprecað þæt ēow nū wyrs sie on þiosan cristendōme þonne þǣm þēodum þā wǣre, forþon þā Gotan ēow hwōn oferhergedon, and īowre burg ābrǣcon, and īower fēawe ofslōgon; and for hiora cræftum and for hiora hwætsċipe īowra selfra anwaldes ēoweres unþonces habban mehton, þe nū lustlīċe sibbsumes friðes and sumne dǣl landes æt ēow biddende sindon, tō þon þæt hie ēow on fultume bēon mōten, and hit ǣr þiosan ġenōg ǣmettiġ læġ and ġenōg wēste, and ġē his nāne note ne hæfdon. Hū blindlīċe moneġe þēoda sprecað ymb þone cristendōm, þæt hit nū wyrse sie þonne hit ǣr wǣre, þæt hie nellað ġeþenċẹan oþþe ne cunnon, hwǣr hit ġewurde ǣr þǣm cristendōme, þæt ǣnegu þēod ōþre hiere willum friþes bǣde, būton hiere þearf wǣre, oþþe hwǣr ǣnegu þēod æt ōþerre mehte frið beġietan, oððe mid golde, oððe mid seolfre, oþþe mid ǣniġe fēo, būton hē him underþīedd wǣre. Ac siþþan Crīst ġeboren wæs, þe ealles middanġeardes is sibb and frið, nales þæt ān þæt men hie mehten ālīesan mid fēo of þēowdōme, ac ēac þēoda him betwēonum būton þēowdōme ġesibbsume wǣron. Hū wēne ġē hwelċe sibbe þā weras hæfden ǣr þǣm cristendōme, þonne heora wīf swā moniġfeald yfel dōnde wǣron on þiosan middanġearde?

C. Pyrrhus's Wars with Rome

Æfter þǣm þe Rōmeburg ġetimbred wæs fēower hunde wintrum and fēower and siextegum, þætte Tarentīne þæt folc plegedon binnan Tarentan heora byrġ et heora þēatra þe þǣrbinnan ġeworht wæs. Þā ġesāwon hie Rōmāne sċipa on ðǣm sǣ irnan. Þā hrædlīċe cōmon Tarentīne tō heora āgnum sċipum, and þā ōþre hindan offōran, and hie ealle him tō ġewildum ġedydan būton .v. And þā þe þǣr ġefongne wǣron hie tāwedan mid þǣre mǣstan unīeðnesse: sume ofslōgon, sume ofswungon, sume him wið fēo ġesealdon. Ðā Rōmāne þæt ġeācsedan, þā sendon hie ǣrendracan tō him, and bǣdon þæt him man ġebētte þæt him ðǣr tō ābylġðe ġedōn wæs. Ðā tāwedan hie eft þā ǣrendracan mid þǣm mǣstan bismere, swā hie þā ōþre ǣr dydon, and hie siþþan hām forlēton.

Æfter þǣm fōran Rōmāne on Tarentīne. And swā clǣne hie nāmon heora fultum mid him, þætte heora *prōlētārii* ne mōston him beæftan bēon, þæt wǣron þā þe hie ġesett hæfdon þæt sċẹoldon be heora wīfum bearna strīenan, þonne hie on ġewin fōron, and cwǣdon þæt him wīslecre þūhte þæt hie ðā ne forluren þe þǣr ūt fōre, hæfde bearn sē þe mehte. Hie þā Rōmāne cōmon on Tarentīne, and þǣr eall āwēston þæt hie mētton, and monega byrġ ābrǣcon.

Þā sendon Tarentīne ǣġwern æfter fultume, þǣr hie him ǣniġes wēndon. And Pirrus, Ēpīra cyning, him cōm tō mid þǣm mǣstan fultume, ǣġþer ġe an gangehere, ġe on rǣdehere, ġe an sċiphere. Hē wæs on ðǣm dagum ġemǣrsad ofer ealle ōþere cyningas, ǣġþer ġe mid his miclan fultume, ġe mid his rǣdþeahtunge, ġe mid his wīġcræfte. Forþon fylste Pirrus Tarentīnum, forþon þe Tarente sēo burg wæs ġetimbred of Læcedēmonīum, þe his rīċe þā wæs. And hē hæfde Thesalium him tō fultume and Mæcedonīe. And hē hæfde .xx. elpenda tō þǣm ġefeohte mid him, þe

Rōmāne ǣr nāne ne ġesāwon: hē wæs sē forma mon þe hie ǣrest on Ītalīum brōhte. Hē wæs ēac on þǣm dagum glēawast tō wīġe and tō ġewinne, būton þǣm ānum, þe hiene his godas and his dēofolġeld beswicon þe hē begongende wæs. Þā hē hie āscade, his godas, hwæþer heora sċẹolde on ōþrum siġe habban, þe hē on Rōmānum, þe Rōmāne on him, þā ondwyrdon hie him twēolīċe and cwǣdon: "Þū hæfst oþþe næfst."

Þæt forme ġefeoht þæt hē wið Rōmānum hæfde, hit wæs in Compānīa, nēah þǣre īe þe mon Līsum hǣtt. Þā æfter þǣm þe þǣr on ǣġþere healfe miċel wæl ġeslagen wæs, þā hēt Pirrus dōn þā elpendas on þæt ġefeoht. Siþþan Rōmāne þæt ġesāwan, þæt him mon swelcne wrenċ tō dyde swelcne hie ǣr ne ġesāwon nē seċġan ne hīrdon, þā flugon hie ealle būton ānum men, sē wæs Minūtīus hāten. Hē ġenēdde under ǣnne elpent þæt hē hiene on þone nafelan ofstang. Þā, siþþan hē irre wæs and ġewundod, hē ofslōg miċel þæs folces, þæt ǣġþer ġe þā forwurdon þe him onufan wǣron, ġe ēac þā ōþre elpendas sticade and gremede, þæt þā ēac mǣst ealle forwurdon þe þǣr onufan wǣron. And þēh þe Rōmāne ġeflīemed wǣren, hie wǣron þēh ġebielde mid þǣm þæt hie wiston hū hie tō ðǣm elpendon sċẹoldon. On ðǣm ġefeohte wæs Rōmāna .iiii. .x. .m. ofslagen fēþena and eahtatiġ and .viii. hund ġefangen, and þāra ġehorsedra wǣron ofslagen .iii. hund and ān .m., and þǣr wǣron seofon hund gūðfonena ġenumen. Hit næs nā ġesǣd hwæt Pirruses folces ġefeallen wǣre, forþon hit næs þēaw on þǣm tīdum þæt mon ǣniġ wæl on þā healfe rīmde þe þon wieldre wæs, būton þǣr þȳ lǣs ofslagen wære, swā mid Alexandre wæs on ðǣm forman ġefeohte þe hē wið Dārīus feaht: þǣr næs his folces nā mā ofslagen þonne nigon. Ac Pirrus ġebīcnede eft hū him sē siġe ġelīcade þe hē ofer Rōmāne hæfde, þā hē cwæð æt his godes dure, and hit swā on āwrāt: "Þonc hafa þū, Iofes, þæt iċ þā mōste oferwinnan þe ǣr wǣron unoferwunnen, and iċ ēac from him oferwunnen eam." Þā āscedan hiene his þeġnas hwȳ hē swā hēanliċe word be him selfum ġecwǣde, þæt hē oferwunnen wǣre. Þā ondwyrde hē him and cwæð: "Ġif iċ eft ġefare swelcne siġe æt Rōmānum, þonne mæġ iċ siþþan būton ǣlcon þeġne Crēca lond sēċan." Þæt wearð ēac Rōmānum an yfelum tācne oþīewed ǣr þǣm ġefeohte, þā hie on firde wǣron, þæt þæs folces sċẹolde miċel hryre bēon, þā þunor ofslōg .xxiiii. heora fōdrera, and þā ōþre ġebrocade āweġ cōman.

Æfter þǣm ġefuhton Pirrus and Rōmāne in Ābūlīa þǣre þēode. Þǣr wearð Pirrus wund on ōþran earme, and Rōmāne hæfdon siġe. And hæfdon ġeleornad mā cræfta hū hie þā elpendas beswīcan mehton, mid þǣm þæt hie nāmon trēowu and slōgon on ōþerne ende moniġe sċearpe īsene næġlas, and hie mid flexe bewundon, and onbærndon hit, and beþyddan hit þonne on þone elpend hindan, þæt hie þonne fōran wēdende ǣġþer ġe for þæs flexes bryne ġe for þāra næġla sticunge, þæt æt ǣlcon þā forwurdon ǣrest þe him onufan wǣron, and siþþan þæt ōþer folc wǣron swā swīðe slēande swā hī him sċildan sċęoldon. On þǣm ġefeohte wæs Rōmāna eahta þūsend ofslagen, and enlefan gūðfonan ġenumen, and Pirruses heres wæs .xx. .m. ofslagen, and his gūðfona ġenumen. Þǣr wearð Pirruse cūð þæt Agathoclēs, Sirāccūsa cyning þāra burglēoda, wæs ġefaren on Sicilīa þǣm londe. Þā fōr hē þider and þæt rīċe tō him ġenīedde.

Sōna swā þæt ġewinn mid Rōmānum ġeendad wæs, swā wæs þǣr sēo moniġfealdeste wōl, mid moncwealme, ġe ēac þætte nānuht berendes, nē wīf nē nīeten, ne mehton nānuht libbendes ġeberan, þæt hie þā æt nīhstan wǣron ortrīewe hwæþer him ǣniġ monēaca cuman sċęolde. Þā wende Pirrus from Sicilīum eft tō Rōmānum, and him anġēan cōm Curīus sē *consul*, and hiora þæt þridde ġefeoht wæs on Lūcānīam, on Arosīnis þǣre dūne, þēh þe Rōmāne sume hwīle hæfdon swīþor flēam ġeþōht þonne ġefeoht, ǣr þan hie ġesāwon þæt mon þā elpendas on þæt ġefeoht dyde. Ac siþþan hī þā ġesāwan, hie hie ġegremedan, þæt hie þā wǣron swīþe slēande þe hie fylstan sċęoldon; and Pirruses here wearð forþǣm swīþost on flēame. On ðǣm ġefeohte Pirrus hæfde eahtatiġ .m. fēþena, and .v. .m. ġehorsedra. And þǣr wæs .xxxvi. .m. ofslagen, and .iiii. hund ġefangen. Æfter þǣm Pirrus fōr of Ītalīum ymb fīf ġēar þæs þe hē ǣr þǣron cōm. And raþe þæs þe hē hām cōm, hē wolde ābrecan Argus þā burg, and þǣr wearð mid āne stāne ofworpen.

Æfter þǣm þe Tarentīne ġeācsedan þæt Pirrus dēad wæs, þā sendon hie on Affrice tō Cartāginenses æfter fultume, and eft wið Rōmānum wunnon; and raðe þæs þe hie tōgædere cōman, Rōmāne hæfdon siġe. Þǣr anfundan Cartāginenses þæt hie mon oferswīþan mehte, þēh hie nān folc ǣr mid ġefeohte oferwinnan ne mehte. Ġemong þǣm þe Pirrus wið Rōmāne winnende wæs, hī hæfdon eahta legian. Þā hæfdon hie þā eahteðan Rēgiense tō fultume ġesette. Þā ne ġetruwade sē eahteþa dǣl þāra legian þæt Rōmāne Pirruse wiðstondan mehte; angunnan þā herġęan and hīenan þā þe hie friþian sċęoldon. Þā Rōmāne þæt ġeācsedan, þā sendon hie þider Genūtīus heora *consul* mid fultume, tō þon þæt hē an him ġewrǣce þæt hie þā slōgon and hīendon þe ealle Rōmāne friþian woldon. And hē þā swā ġedyde: sume hē ofslōg, sume ġeband and hām sende, and þǣr wǣron siþþan wītnade, and siþþan þā hēafda mid ċeorfæxsum of ācorfena.

8. *Sermo Lupi ad Anglos*

Wulfstan, the second archbishop of York of that name, was an advisor to two kings, Æthelred II (d. 1016) and Cnut (d. 1035). Unlike the homilist Ælfric, with whom he corresponded, he was very much a public figure, compiling much of the legislation in Latin and Old English that survives from the early eleventh century. He was also a homilist, and the homily for which he is best known is this "Sermon of *Lupus* (i.e., Wolf) to the English," placing responsibility for the misery of the English under the renewed Viking attacks of the age on the shoulders of the English themselves, due to their own lawlessness. Although Wulfstan did not compose alliterative prose like Ælfric's, his homiletic style is distinctive for its oratorical qualities, characterized by anaphora, parallelism, intensifiers, and binomials that sometimes rhyme or alliterate, like *stalu and cwalu, strīċ and steorfa.*

Sermo Lupi ad Anglos quando Dani maxime persecuti sunt eos, quod fuit anno millesimo .xiiii. ab incarnatione domini nostri Iesu Cristi

Lēofan men, ġecnāwað þæt sōð is: ðēos worold is on ofste, and hit nēalǣcð þām ende, and þȳ hit is on worolde aa swā lenġ swā wyrse; and swā hit sċeal nȳde for folces synnan ǣr Antecrīstes tōcyme yfelian swȳþe, and hūru, hit wyrð þænne eġesliċ and grimliċ wīde on worolde. Understandað ēac ġeorne þæt dēofol þās þēode nū fela ġēara dwelode tō swȳþe, and þæt lȳtle ġetrēowþa wǣran mid mannum, þēah hȳ wel spǣcan, and unrihta tō fela rīcsode on lande. And næs ā fela manna þe smēade ymbe þā bōte swā ġeorne swā man sċolde, ac dæġhwāmlīċe man īhte yfel æfter ōðrum and unriht rǣrde and unlaga maneġe ealles tō wīde ġynd ealle þās þēode. And wē ēac forþām habbað fela byrsta and bysmara ġebiden, and ġif wē ǣniġe bōte ġebīdan sċylan, þonne mōte wē þæs tō Gode ernian bet þonne wē ǣr þysan dydan. Forþām mid miclan earnungan wē ġeearnedan þā yrmða þe ūs onsittað, and mid swȳþe miċelan earnungan wē þā bōte mōtan æt Gode ġerǣċan ġif hit sċeal heonanforð gōdiende weorðan. Lā, hwæt, wē witan ful ġeorne þæt tō miclan bryċe sċeal miċel bōt nȳde, and tō miclan bryne wæter unlȳtel, ġif man þæt fȳr sċeal tō āhte āċwenċan. And miċel is nȳdþearf manna ġehwilcum þæt hē Godes lage ġȳme heonanforð ġeorne and Godes ġerihta mid rihte ġelǣste. On hǣþenum þēodum ne dear man forhealdan lȳtel nē miċel þæs þe ġelagod is tō ġedwolgoda weorðunge, and wē forhealdað ǣġhwǣr Godes ġerihta ealles tō ġelōme. And ne dear man ġewanian on hǣþenum þēodum inne nē ūte ǣniġ þǣra þinga þe ġedwolgodan brōht bið and tō lācum betǣht bið, and wē habbað Godes hūs inne and ūte clǣne berȳpte. And Godes þēowas syndan mǣþe and munde ġewelhwǣr bedǣlde; and ġedwolgoda þēnan ne dear man misbēodan on ǣniġe wīsan mid hǣþenum lēodum, swā swā man Godes þēowum nū dēð tō wīde þǣr cristene sċoldan Godes lage healdan and Godes þēowas griðian.

Ac sōð is þæt iċ seċġe, þearf is þǣre bōte, forþām Godes ġerihta wanedan tō lange innan þysse þēode on ǣġhwylcan ænde, and folclaga wyrsedan ealles tō swȳþe, and hāliġnessa syndan tō griðlēase wīde, and Godes hūs syndan tō clǣne berȳpte ealdra ġerihta and innan bestrȳpte ǣlcra ġerisena, and wydewan syndan fornȳdde on unriht tō ċeorle, and tō mæneġe foryrmde and ġehȳnede swȳþe, and earme men syndan sāre beswicene and hrēowlīċe besyrwde and ūt of þysan earde wīde ġesealde, swȳþe unforworhte, fremdum tō ġewealde, and cradolċīld ġeþēowede þurh wælhrēowe unlaga for lȳtelre þȳfþe wīde ġynd þās þēode, and frēoriht fornumene and þrǣlriht ġenyrwde and ǣlmæsriht ġewanode, and, hrædest is tō cweþenne, Godes laga lāðe and lāra forsawene. And þæs wē habbað ealle þurh Godes yrre bysmor ġelōme, ġecnāwe sē ðe cunne; and sē byrst wyrð ġemǣne, þēh man swā ne wēne, eallre þysse þēode, būtan God beorge.

Forþām hit is on ūs eallum swutol and ġesēne þæt wē ǣr þysan oftor brǣcan þonne wē bēttan, and þȳ is þysse þēode fela onsǣġe. Ne dohte hit nū lange inne nē ūte, ac wæs here and hunger, bryne and blōdgyte, on ġewelhwylcan ende oft and ġelōme. And ūs stalu and cwalu, strīċ and steorfa, orfcwealm and uncoþu, hōl and hete and rȳpera rēaflāc derede swȳþe þearle; and ūs unġylda swȳþe ġedrehtan, and ūs unwedera foroft wēoldan unwæstma. Forþām on þysan earde wæs, swā hit þinċan mæġ, nū fela ġēara unrihta fela and tealte ġetrȳwða ǣġhwǣr mid mannum. Ne bearh nū foroft ġesib ġesibban þē mā þe fremdan, nē fæder his bearne, nē hwīlum bearn his āgenum fæder, nē brōþor ōþrum; nē ūre ǣniġ his līf ne fadode swā swā hē sċolde, nē ġehādode regollīċe, nē lǣwede lahlīċe, ac worhtan lust ūs tō lage ealles tō ġelōme, and nāþor ne hēoldan nē lāre nē lage Godes nē manna swā swā wē sċoldan. Nē ǣniġ wið ōþerne ġetrȳwlīċe þōhte swā rihte swā hē sċolde, ac mǣst ǣlċ swicode and ōþrum derede wordes and dǣde, and hūru unrihtlīċe mǣst ǣlċ ōþerne æftan hēaweþ sċęandlican onsċytan, dō māre ġif hē mæġe. Forþām hēr syn on lande unġetrȳwþa micle for Gode and for worolde, and ēac hēr syn on earde on mistliċe wīsan hlāfordswican maneġe. And ealra mǣst hlāfordswiċe sē bið on worolde þæt man his hlāfordes sāule beswīce; and ful miċel hlāfordswiċe ēac bið on worolde þæt man his hlāford of līfe forrǣde oððon of lande lifiendne drīfe; and ǣġþer is ġeworden on þysan earde. Ēadweard man forrǣdde and syððan ācwealde and æfter þām forbærnde. And godsibbas and godbearn tō fela man forspilde wīde ġynd þās þēode. And ealles tō maneġe hāliġe stōwa wīde forwurdan þurh þæt þe man sume men ǣr þām ġelōgode swā man nā ne sċolde, gif man on Godes griðe mǣþe witan wolde; and cristenes folces tō fela man ġesealde ūt of þysan earde nū ealle hwīle. And eal þæt is Gode lāð, ġelȳfe sē þe wille. And sċandliċ is tō specenne þæt ġeworden is tō wīde and eġesliċ is tō witanne þæt oft dōð tō maneġe þe drēogað þā yrmþe, þæt sċēotað tōgædere and āne cwenan ġemǣnum ċēape biċġað ġemǣne, and wið þā āne fȳlþe ādrēogað, ān after ānum and ǣlċ æfter ōðrum, hundum ġeliccast þe for fȳlþe ne sċrīfað, and syððan wið weorðe syllað of lande fēondum tō ġewealde Godes ġesċeafte and his āgenne ċēap þe hē dēore ġebohte. Ēac wē witan ġeorne hwǣr sēo yrmð ġewearð þæt fæder ġesealde bearn wið weorþe and bearn his mōdor, and brōþor sealde ōþerne fremdum tō ġewealde; and eal þæt syndan micle and eġesliċe dǣda, understande sē þe wille. And ġīt hit is māre and ēac mæniġfealdre þæt dereð þysse þēode. Mæniġe synd forsworene and swȳþe forlogene, and wed synd tōbrocene oft and ġelōme, and þæt is ġesȳne on þysse þēode þæt ūs Godes yrre hetelīċe onsit, ġecnāwe sē þe cunne.

And, lā, hū mæġ māre sċamu þurh Godes yrre mannum ġelimpan þonne ūs dēð ġelōme for āgenum ġewyrhtum? Đēh þrǣla hwylċ hlāforde æthlēape and of cristendōme tō wīċinge weorþe, and hit æfter þām eft ġeweorþe þæt wǣpnġewrixl weorðe ġemǣne þeġene and þrǣle, ġif þrǣl þæne þeġen fullīċe āfylle, liċġe ǣġylde ealre his mǣġðe. And ġif sē þeġen þæne þrǣl þe hē ǣr āhte fullīċe āfylle, ġylde þeġenġylde. Ful earhliċe laga and sċandliċe nȳdġyld þurh Godes yrre ūs syn ġemǣne, understande sē þe cunne, and fela unġelimpa ġelimpð þysse þēode oft and ġelōme. Ne dohte hit nū lange inne nē ūte, ac wæs here and hete on ġewelhwilcan ende oft and ġelōme, and Engle nū lange eal siġelēase and tō swȳþe ġeyrġde þurh Godes yrre, and flotmen swā strange þurh Godes þafunge þæt oft on ġefeohte ān fēseð tȳne and hwīlum lǣs, hwīlum mā, eal for ūrum synnum. And oft tȳne oððe twelfe, ǣlċ æfter ōþrum, sċendað tō bysmore þæs þeġenes cwenan and hwīlum his dohtor oððe nȳdmāgan þǣr hē on lōcað þe lǣt hine sylfne rancne and rīcne and ġenōh gōdne ǣr þæt ġewurde. And oft þrǣl þæne þeġen þe ǣr wæs his hlāford cnyt swȳþe fæste and wyrcð him tō þrǣle þurh Godes yrre. Wālā þǣre yrmðe and wālā þǣre woroldsċame þe nū habbað Engle eal þurh Godes yrre. Oft twēġen sǣmæn oððe þrȳ hwīlum drīfað þā drāfe cristenra manna fram sǣ tō sǣ ūt þurh þās þēode ġewelede tōgædere, ūs eallum tō woroldsċame, ġif wē on eornost ǣniġe cūþon āriht understandan. Ac ealne þæne bysmor þe wē oft þoliað wē ġyldað mid weorðsċipe þām þe ūs sċendað. Wē him ġyldað singāllīċe, and hȳ ūs hȳnað dæġhwāmlīċe. Hȳ hergiað and hȳ bærnað, rȳpaþ and rēafiað and tō sċipe lǣdað; and, lā, hwæt is ǣniġ ōðer on eallum þām ġelimpum būtan Godes yrre ofer þās þēode, swutol and ġesǣne?

Nis ēac nān wundor þēah ūs mislimpe, forþām wē witan ful ġeorne þæt nū fela ġēara mænn nā ne rōhtan foroft hwæt hȳ worhtan wordes oððe dǣde, ac wearð þēs þēodsċipe, swā hit þinċan mæġ, swȳþe forsyngod þurh mæniġfealde synna and þurh fela misdǣda: þurh morðdǣda and þurh māndǣda, þurh ġītsunga and þurh ġīfernessa, þurh stala and þurh strūdunga, þurh mannsylena and þurh hǣþene unsida, þurh swicdōmas and þurh searacræftas, þurh lahbryċas and þurh ǣswicas, þurh mǣġrǣsas and þurh manslyhtas, þurh hādbryċas and þurh ǣwbryċas, þurh sibleġeru and þurh mistliċe forliġru. And ēac syndan wīde, swā wē ǣr cwǣdan, þurh āðbriċas and þurh wedbryċas and þurh mistliċe lēasunga forloren and forlogen mā þonne sċolde, and frēolsbriċas and fæstenbryċas wīde ġeworhte oft and ġelōme. And ēac hēr syn on earde apostatan ābroþene and ċyriċhatan hetole and lēodhatan grimme ealles tō maneġe, and oferhogan wīde godcundra rihtlaga and cristenra þēawa, and hocorwyrde dysiġe ǣġhwǣr on þēode oftost on þā þing þe Godes bodan bēodaþ and swȳþost on þā þing þe ǣfre tō Godes lage ġebyriað mid rihte. And þȳ is nū ġeworden wīde and sīde tō ful yfelan ġewunan, þæt menn swȳþor sċamað nū for gōddǣdan þonne for misdǣdan, forþām tō oft man mid hocere gōddǣda hyrweð and godfyrhte lehtreð ealles tō swȳþe, and swȳþost man tǣleð and mid olle ġegrēteð ealles tō ġelōme þā þe riht lufiað and Godes eġe habbað be ǣnigum dǣle. And þurh þæt þe man swā dēð þæt man eal hyrweð þæt man sċolde hereġian and tō forð lāðet þæt man sċolde lufian, þurh þæt man ġebrinġeð ealles tō maneġe on yfelan ġeþance and on undǣde, swā þæt hȳ ne sċamað nā þēh hȳ syngian swȳðe and wið God sylfne forwyrċan hȳ mid ealle, ac for īdelan onsċytan hȳ sċamað þæt hȳ bētan heora misdǣda, swā swā bēċ tǣċan, ġelīċe þām dwǣsan þe for heora prȳtan lēwe nellað beorgan ǣr hȳ nā ne magan, þēh hȳ eal willan.

Hēr syndan þurh synlēawa, swā hit þinċan mæġ, sāre ġelēwede tō maneġe on earde. Hēr syndan mannslagan and mǣġslagan and mæsserbanan and mynsterhatan; and hēr syndan mānsworan and morþorwyrhtan; and hēr syndan myltestran and bearnmyrðran and fūle forleġene hōringas maneġe; and hēr syndan wiċċan and wælcyrian. And hēr syndan rȳperas and rēaferas and woroldstrūderas and, hrædest is tō cweþenne, māna and misdǣda unġerīm ealra. And þæs ūs ne sċamað nā, ac þæs ūs sċamað swȳþe þæt wē bōte āġinnan swā swā bēċ tǣċan, and þæt is ġesȳne on þysse earman forsyngodon þēode. Ēalā, miċel magan maneġe ġȳt hērtōēacan ēaþe beþenċan þæs þe ān man ne mehte on hrædinge āsmēaġan, hū earmlīċe hit ġefaren is nū ealle hwīle wīde ġynd þās þēode. And smēaġe hūru ġeorne ġehwā hine sylfne and þæs nā ne latiġe ealles tō lange. Ac, lā, on Godes naman utan dōn swā ūs nēod is, beorgan ūs sylfum swā wē ġeornost magan þē lǣs wē ætgædere ealle forweorðan.

Ān þēodwita wæs on Brytta tīdum, Gildas hātte. Sē āwrāt be heora misdǣdum hū hȳ mid heora synnum swā oferlīċe swȳþe God ġegræmedan þæt hē lēt æt nȳhstan Engla here heora eard ġewinnan and Brytta dugeþe fordōn mid ealle. And þæt wæs ġeworden þæs þe hē sǣde, þurh rīcra rēaflāc and þurh ġītsunge wōhgestrēona, ðurh lēode unlaga and þurh wōhdōmas, ðurh bisċopa āsolcennesse and þurh lȳðre yrhðe Godes bydela þe sōþes ġeswugedan ealles tō ġelōme and clumedan mid ċeaflum þǣr hȳ sċoldan clypian. Þurh fūlne ēac folces gǣlsan and þurh oferfylla and mæniġfealde synna heora eard hȳ forworhtan and selfe hȳ forwurdan. Ac utan dōn swā ūs þearf is, warnian ūs be swilcan; and sōþ is þæt iċ seċġe, wyrsan dǣda wē witan mid Englum þonne wē mid Bryttan āhwār ġehȳrdan. And þȳ ūs is þearf miċel þæt wē ūs beþenċan and wið God sylfne þingian ġeorne. And wutan dōn swā ūs þearf is, ġebūgan tō rihte and be suman dǣle unriht forlǣtan and bētan swȳþe ġeorne þæt wē ǣr brǣcan. And utan God lufian and Godes lagum fylġęan, and ġelǣstan swȳþe ġeorne þæt þæt wē behētan þā wē fulluht underfēngan, oððon þā þe æt fulluhte ūre forespecan wǣran. And utan word and weorc rihtlīċe fadian and ūre inġeþanc clǣnsian ġeorne and āð and wed wærlīċe healdan and sume ġetrȳwða habban ūs betwēonan būtan uncræftan. And utan ġelōme understandan þone miclan dōm þe wē ealle tō sċulon, and beorgan ūs ġeorne wið þone weallendan bryne helle wītes, and ġeearnian ūs þā mǣrða and þā myrhða þe God hæfð ġegearwod þām þe his willan on worolde ġewyrċað. God ūre helpe. *Amen.*

9. WULFSTAN, *DE FALSIS DIES*

Wulfstan's *De falsis dies* (as the unique manuscript has it, for *deis* or *diis*) 'On False Gods' is a severe abridgment of a massive sermon by Ælfric (ed. Pope 1967–8: 2.667–724), a learned work that draws on a variety of Latin sources to identify heathen gods in the Bible and in antiquity. The portion that Wulfstan reworked (lines 72–161) is the same portion that has most interested modern readers, concerning Roman and Scandinavian gods. Both Ælfric and Wulfstan must have known the English equivalents, but they used the Scandinavian form of the names for the Old Norse gods. Although Wulfstan adds some material, he frequently quotes Ælfric verbatim, so that in places the reader may recognize Ælfric's alliterative style underlying Wulfstan's prose.

Ēalā, ġefyrn is þæt ðurh dēofol fela þinga misfōr, and þæt mancynn tō swȳðe Gode mishȳrde, and þæt hǣðensċype ealles tō wīde swȳðe ġederede and ġȳt dereð wīde. Ne rǣde wē þēah āhwār on bōcum þæt man ārǣrde ǣniġ hǣðenġyld āhwār on worulde on eallum þām fyrste þe wæs ǣr Nōes flōde. Ac syððan þæt ġewearð þæt Nembroð and ðā entas worhton þone wundorlican stȳpel æfter Nōes flōde, and him ðā swā fela ġereorda ġelamp, þæs þe bēċ seċġað, swā ðǣra wyrhtena wæs. Þā syððan tōfērdon hȳ wīde landes, and mancyn þā sōna swȳðe wēox. And ðā æt nȳhstan wurdon hī bepǣhte þurh ðone ealdan dēofol þe Ādam iū ǣr beswāc, swā þæt hī worhton wōlīċe and ġedwollīċe him hǣþene godas, and ðone sōðan God and heora āgenne sċyppend forsāwon, þe hȳ tō mannum ġesċōp and ġeworhte.

Hī nāmon ēac him ðā þæt tō wīsdōme þurh dēofles lāre þæt hȳ wurðedon him for godas þā sunnan and ðone mōnan for heora sċīnendan beorhtnesse and him lāc þā æt nȳhstan þurh dēofles lāre offrodon and forlēton heora drihten þe hȳ ġesċōp and ġeworhte. Sume men ēac sǣdan be ðām sċīnendum steorrum þæt hī godas wǣron, and āgunnan hȳ weorðian ġeorne, and sume hȳ ġelȳfdon ēac on fȳr for his fǣrlicum bryne, sume ēac on wæter, and sume hȳ ġelȳfdon on ðā eorðan forðan þe hēo ealle þing fēdeð. Ac hȳ mihton ġeorne tōcnāwan, ġif hī cūðon þæt ġesċẹād, þæt sē is sōð God þe ealle þās ðing ġesċōp ūs mannum tō briċe and tō note for his miclan gōdnesse þe hē mancynne ġeūðe. Ðās ġesċeafta ēac ealle dōð swā swā him ġedihte heora āgen sċyppend and ne magon nān þinġ dōn būtan ūres drihtnes þafunge, forðām þe nān ōðer sċyppend nis būton sē āna sōða God þe wē on ġelȳfað, and wē hine ǣnne ofer ealle ōðre þing lufiað and wurðiaþ mid ġewissum ġelēafan, cweþende mid mūðe and mid mōdes incunnesse þæt sē ān is sōð God þe ealle ðing ġesċōp and ġeworhte.

Ġȳt ðā hæþenan noldon bēon ġehealdene on swā fēawum godum swā hȳ ǣr hæfdan, ac fēngon tō wurðienne æt nȳhstan mistliċe entas and strece woruldmen þe mihtiġe wurdan on woruldafelum and eġesfulle wǣran þā hwȳle þe hȳ leofedon, and heora āgenum lustum fūllīċe fullēodan. Ān man wæs on ġęārdagum eardiende on þām īġlande þe Crēta hātte sē wæs Sāturnus ġehāten, and sē wæs swā wælhrēow þæt hē fordyde his āgene bearn, ealle būtan ānum, and unfæderlīċe macode heora līf tō lyre sōna on ġęogoðe. Hē lǣfde swā þēah unēaðe ǣnne tō līfe, þēah ðe hē fordyde þā brōðra elles; and sē wæs Iouis ġehāten, and sē wearð hetol fēond. Hē āflȳmde his āgene fæder eft of ðām ylcan foresǣdan īġlande þe Crēta hātte and wolde hine forfaran ġeorne ġif hē mihte. And sē Iouis wearð swā swȳðe gāl þæt hē on his āgenre swyster ġewīfode, sēo wæs ġenamod Iūnō, and hēo wearð swȳðe hēaliċ gyden æfter hǣðensċype ġeteald. Heora twā dohtra wǣron Minerua and Uenus. Þās mānfullan men þe wē ymbe specað wǣron ġetealde for ðā mǣrostan godas þā on ðām dagum, and þā hǣðenan wurðodon hȳ swȳðe þurh dēofles lāre. Ac sē sunu wæs swā þēah swȳðor on hǣðensċype ġewurðod þonne sē fæder wǣre, and hē is ġeteald ēac ārwurðost ealra þǣra goda þe þā hǣðenan on ðām dagum for godas hæfdon on heora ġedwylde. And hē hātte Þōr ōðrum naman betwux sumum þēodum; ðone Denisca lēoda lufiað swȳðost and on heora ġedwylde weorðiaþ ġeornost. His sunu hātte Mars, sē macode ǣfre ġewinn and wrōhte, and saca and wraca hē styrede ġelōme. Ðysne yrming æfter his forðsīðe wurðodon þā hǣðenan ēac for hēalicne god, and swā oft swā hȳ fyrdedon oððe tō ġefeohte woldon, þonne offrodon hȳ heora lāc on ǣr tō weorðunge þissum ġedwolgode, and hȳ ġelȳfdon þæt hē miclum mihte heom fultumian on ġefeohte forðan þe hē ġefeoht and ġewinn lufude on līfe. Sum man ēac wæs ġehāten Mercurīus on līfe, sē wæs swȳðe fācenfull and ðēah full snotorwyrde, swicol on dǣdum and on lēasbreġdum. Ðone macedon þā hǣðenan be heora ġetæle ēac heom tō mǣran gode, and æt wega ġelǣtum him lāc offrodon oft and ġelōme þurh dēofles lāre, and tō hēagum beorgum him brōhton oft mistliċe loflāc. Ðēs ġedwolgod wæs ārwurðe ēac betwux eallum hǣðenum on þām dagum, and hē is Ōðon ġehāten ōðrum naman on Denisċe wīsan. Nū seċġað sume þā Denisċe men on heora ġedwylde þæt sē Iouis wǣre, þe hȳ Þōr hātað, Mercurīes sunu, þe hī Ōðon namiað, ac hī nabbað nā riht, forðan þe wē rǣdað on bōcum, ġe on hǣþenum ġe on cristenum, þæt sē hetula Iouis tō sōðan is Sāturnes sunu. And sum wīf hātte Uenus, sēo wæs Ioues dohtor, and sēo wæs swā fūl and swā fracod on gālnysse þæt hyre āgen brōðor wið hȳ ġehǣmde, þæs þe man sǣde, þurh dēofles lāre, and ðā yfelan wurðiað þā hǣðenan ēac for hēaliċe fǣmnan.

Maneġe ēac ōðre hǣþene godas wǣron mistlīċe fundene and ēac swylċe hǣþene gydena on swȳðlicum wyrðmente ġẹond middaneard mancynne tō forwyrde, ac þās synd þā fyrmestan ðēh þurh hǣðensċipe ġetealde, þēah ðe hȳ fūlīċe leofodon on worulde. And sē syrwienda dēofol þe ā swicað embe mancyn ġebrōhte þā hǣðenan men on þām hēalicon ġedwylde þæt hī swā fūle him tō godum ġecuran þe heora fūlan lust heom tō lage sylfum ġesettan and on unclǣnnesse heora līf eal lyfedan þā hwīle ðe hī wǣran. Ac sē bið ġesǣliġ þe eal swylċ oferhogað and ðone sōðan Godd lufað and weorðað þe ealle þing ġesċōp and ġeworhte. Ān is ælmihtiġ God on þrym hādum, þæt is fæder and suna and hāliġ gāst. Ealle þā ðrȳ naman befēhð ān godcund miht and is ān ēċe God, waldend and wyrhta ealra ġesċeafta. Him symle sȳ lof and weorðmynt in ealra worulda woruld ā būtan ende. *Amen.*

10. Boethius and Theodoric

Boethius (ca. 480–524 or 525) served as the chief civil officer under the rule of the Ostrogothic king Theodoric the Great, one of the earliest Germanic kings of Italy. Implicated in a plot against Theodoric of which he maintained his innocence, he was arrested and imprisoned. While awaiting execution he composed *De consolatione philosophiae*, in which he converses with a personified Lady Philosophy, who persuades him of the vanity of worldly things and by exercising his reason lifts him from his misery over his reversal of fortune. In both of the manuscripts of the Old English translation of the *Consolatio* that survived to modern times it is indicated that King Alfred himself rendered the work into prose, and he subsequently reworked some of the prose into verses corresponding to poetic passages in the Latin. Because just one of the two manuscripts contains the poetic passages, the other being entirely in prose, it can be seen that the poetry is generally a minimal recasting of the prose and as a result is rather unpoetic. The first metrum, however, stands out for its heroic diction, as an imaginative rendering of a prose passage that is itself an addition to the work, explaining the historical circumstances of its composition. The second metrum, which corresponds to the opening passage of the Latin work, is less independent of the Old English prose, though the prose itself is rather a free rendering of the Latin. The poetic manuscript was severely damaged in the fire in the Cottonian library in 1731; fortunately, a transcript (J in the textual notes) made by Franciscus Junius (1591–1677) of the verse portions survives. For the purpose of comparison, the first three prose passages and the corresponding metra are presented below.

Prosa I

On ðǣre tīde ðe Gotan of Sċiððīu mǣġðe wið Rōmāna rīċe ġewin up āhōfon, and mid heora cyningum, Rǣdgota and Eallerīċa wǣron hātne, Rōmāne buriġ ābrǣcon, and eall Ītalīa rīċe þæt is betwux þām muntum and Sicilīa þām ēalonde in anwald ġerehton, and þā æfter þām foresprecenan cyningum Þēodrīċ fēng tō þām ilcan rīċe. Sē Ðēodrīċ wæs Amulinga; hē wæs cristen, þēah hē on þām arriāniscan ġedwolan þurhwunode. Hē ġehēt Rōmānum his frēondsċipe, swā þæt hī mōstan heora ealdrihta wyrðe bēon. Ac hē þā ġehāt swīðe yfele ġelǣste, and swīðe wrāðe ġeendode mid manegum māne. Þæt wæs tōēacan ōðrum unarīmedum yflum þæt hē Iōhannes þone pāpan hēt ofslēan.

Þā wæs sum *consul*, þæt wē heretoha hātað, Bōetīus wæs ġehāten; sē wæs in bōccræftum and on woruldþēawum sē rihtwīsesta. Sē þā onġeat þā maniġfealdan yfel þe sē cyning Ðēodrīċ wið þām cristenandōme and wið þām Rōmāniscum witum dyde. Hē þā ġemunde þāra ēðnessa and þāra ealdrihta þe hī under þām cāserum hæfdon heora ealdhlāfordum. Þā ongan hē smēaġan and leorniġan on him selfum hū hē þæt rīċe þām unrihtwīsan cyninge āferran mihte, and on ryhtġelēaffulra and on rihtwīsra anwealde ġebringan. Sende þā dīġellīċe ǣrendġewritu tō þām kāsere tō Constentīnopolim, þǣr is Crēca hēahburg and heora cynestōl, forþām sē kāsere wæs heora ealdhlāfordcynnes; bǣdon hine þæt hē him tō heora cristendōme and tō heora ealdrihtum ġefultumede. Þā þæt onġeat sē wælhrēowa cyning Đēodrīċ, þā hēt hē hine ġebringan on carcerne and þǣrinne belūcan. Þā hit ðā ġelomp þæt sē ārwyrða on swā miċelre nearanesse becōm, þā wæs hē swā micle swīðor on his mōde ġedrēfed swā his mōd ǣr swīðor tō þām woruldsælþum ġewunod wæs, and hē þā nānre frōfre beinnan þām carcerne ne ġemunde, ac hē ġefēoll niwol ofdūne on þā flōr, and hine āstrehte swīðe unrōt, and ormōd hine selfne ongan wēpan and þus singend cwæð:

Prosa II

Đā līoð þe iċ wreċċa ġẹō lustbǣrlīċe song iċ sċeal nū hēofiende singan, and mid swīþe unġerādum wordum ġesettan, þēah iċ ġẹō hwīlum ġecōpliċe funde; ac iċ nū wēpende and ġisciende ofġerādra worda misfō. Mē āblendan þās unġetrēowan woruldsælþa, and mē þā forlētan swā blindne on þis dimme hol and mē þā berēafodon ǣlċere lustbǣrnesse, þā ðā iċ him ǣfre betst truwode; þā wendon hī mē heora bæc tō, and mē mid ealle from ġewitan. Tō hwon sċẹoldan, lā, mīne frīend seġġan þæt iċ ġesǣliġ mon wǣre? Hū mæġ sē bēon ġesǣliġ, sē þe on þām ġesǣlþum þurhwunian ne mōt?

Prosa III

Þā iċ þā þis lēoð, cwæð Bōetīus, ġẹōmriende āsungen hæfde, þā cōm þǣr gān in tō mē heofencund Wīsdōm, and þæt mīn murnende mōd mid his wordum ġegrētte, and þus cwæð: "Hū ne eart ðū sē mon þe on mīnre scōle wǣre āfēd and ġelǣred? Ac hwonon wurde þū mid þissum woruldsorgum þus swīðe ġeswenċed? Būton iċ wāt þæt þū hæfst þāra wǣpna tō hraðe forġiten þe iċ þē ǣr sealde." Đā clipode sē Wīsdōm and cwæð: "Ġewītaþ nū āwirġede woruldsorga of mīnes þeġenes mōde, forþām ġē sind þā mǣstan sċẹaþan. Lǣtaþ hine eft hweorfan tō mīnum lārum." Đā ēode sē Wīsdōm nēar, cwæð Bōetīus, mīnum hrēowsiendum ġeþōhte, and hit swā niowul þā hwæthwega up ārǣrde; ādrīġde þā mīnes mōdes ēagan, and hit frān blīþum wordum hwæðer hit oncnēowe his fōstermōdor. Mid þām þe ðā þæt Mōd wið his bewende, þā ġecnēow hit swīðe sweotele his āgne mōdor; þæt wæs sē Wīsdōm ðe hit lange ǣr tȳde and lǣrde. Ac hit onġeat his lāre swīðe tōtorenne and swīðe tōbrocene mid dysiġra hondum, and hine þā frān hū þæt ġewurde. Đā andwyrde sē Wīsdom him and sǣdẹ þæt his ġingran hæfdon hine swā tōtorenne, þǣr þǣr hī teohhodon þæt hī hine eallne habban sċęoldon. Ac hī ġegaderiað monīfeald dysiġ on ðǣre fortruwunga and on þām ġilpe, būtan heora hwelċ eft tō hyre bōte ġeċirre.

Ðā ongan sē Wīsdōm hrēowsian for þæs Mōdes tȳdernesse, and ongan þā ġiddian and þus cwæð: “Ēalā, on hū grundlēasum sēaðe þæt mōd drīġð, þonne hit bestyrmað þisse worulde unġeþwǣrnessa, ġif hit þonne forġet his āhgen lēoht, þæt is ēċe ġefēa, and ðringð on þā fremdan þīstro, þæt sind woruldsorga, swā swā ðis Mōd nū dēð. Nū hit nāuht elles nāt būtan gnornunga.”

Þā sē Wīsdōm þā and sēo Ġescęādwīsnes þis lēoð āsungen hæfdon, þā ongan hē eft sprecan and cwæð tō þām Mōde: “Iċ ġesēo þæt þē is nū frōfres māre þearf þonne unrōtnesse. Forþan ġif þū þē ofscęamian wilt þīnes ġedwolan, þonne onġinne iċ þē sōna beran and brinġe mid mē tō heofonum.” Þā andsworode him þæt unrōte Mōd and cwæð: “Hwæt, lā, hwæt, sint þis nū þā gōd and þā edlēan þe þū ealne weġ ġehēte þām monnum þe þē hēorsumian woldan? Is þis nū sē cwide þe þū mē ġęō sǣdest þæt sē wīsa Platō cwǣde, þæt was þæt nān anweald nǣre riht būtan rihtum þēawum? Ġesihst þū nū þæt þā rihtwīsan sint lāðe and forþrycte, forþām hī þīnum willan woldan fulgān, and þā unryhtwīsan seondan up āhafene þurh heora wondǣda and þurh heora selflīċe? Þæt hī ðȳ ēð mæġen heora unriht ġewill forðbringan, hī sind mid ġifum and mid ġestrēonum ġefyrðrode. Forþām iċ nū wille ġeornlīċe tō Gode cleopian.”

Metrum I

Hit wæs ġęāra iū   ðætte Gotan ēastan
of Sċiððia   sċeldas lǣddon,
þrēate ġeþrungon   þēodlond moniġ,
setton sūðweardes   siġeþēoda twā;
Gotena rīċe   ġēarmǣlum wēox.
Hæfdan him ġecynde   cyningas twēġen,
Rǣdgod and Alerīċ;   rīċe ġeþungon.
Þā wæs ofer Muntġịop   moniġ ātyhted
Gota ġylpes full,   gūðe ġelysted,
folcġewinnes.   Fana hwearfode
sċīr on sċeafte.   Sċēotend þōhton
Ītalīa   ealle ġegongan,
lindwīġende.   Hī ġelǣstan swuā
efne from Muntġịop   oð þone mǣran wearoð
þǣr Sicilīa   sǣstrēamum in,
ēġlond miċel,   ēðel mǣrsað.

Ðā wæs Rōmāna   rīċe ġewunnen,
ābrocen burga cyst;   beadurincum wæs
Rōm ġerȳmed.   Rǣdgot and Alerīċ
fōron on ðæt fæsten;   flēah cāsere
mid þām æþelingum   ūt on Grēcas.
Ne meahte þā sēo wēalāf   wīġe forstandan
Gotan mid gūðe;   ġịōmonna ġestrīon
sealdon unwillum   ēþelweardas,
hāliġe āðas.   Wæs ġehwæðeres waa.
Þēah wæs magorinca   mōd mid Grēcum,
ġif hī lēodfruman   lǣstan dorsten.
    Stōd þrāge on ðām.   Þēod wæs ġewunnen
wintra mæniġo,   oð þæt wyrd ġesċrāf
þæt þe Ðēodrīċe   þeġnas and eorlas
hēran sċẹoldan.   Wæs sē heretēma
Crīste ġecnōden;   cyning selfa onfēng
fulluhtþēawum.   Fæġnodon ealle
Rōmwara bearn   and him recene tō
friðes wilnedon.   Hē him fæste ġehēt
þæt hȳ ealdrihta   ǣlċes mōsten
wyrðe ġewuniġen   on þǣre welegan byriġ,
ðenden God wuolde   þæt hē Gotena ġeweald
āgan mōste.   Hē þæt eall ālēag.
Wæs þǣm æþelinge   Arriānes
ġedwola lēofre   þonne drihtnes ǣ.
Hēt Iōhannes,   gōdne pāpan,
hēafde behēawon;   næs ðæt hærliċ dǣd.
Ēac þām wæs unrīm   ōðres mānes
þæt sē Gota fremede   gōdra ġehwilcum.
    Ðā wæs rīcra sum   on Rōmebyriġ
āhefen heretoga,   hlāforde lēof,
þenden cynestōle   Crēacas wīoldon.
Þæt wæs rihtwīs rinċ;   næs mid Rōmwarum
sinċġeofa sella   siððan longe.
Hē wæs for weorulde wīs,   weorðmynða ġeorn,
beorn bōca glēaw;   Bōitīus
sē hæle hātte   sē þone hlīsan ġeþāh.
Wæs him on ġemynde   mǣla ġehwilċe
yfel and edwit   þæt him elðēodġe
kyningas cȳðdon.   Wæs on Grēacas hold,

ġemunde þāra āra   and ealdrihta
þe his eldran mid him   āhton longe,
lufan and lissa.   Angan þā listum ymbe
ðenċẹan þearflīċe,   hū hē ðider meahte
Crēcas onċerran,   þæt sē cāsere eft
anwald ofer hī   āgan mōste.
Sende ǣrendġewrit   ealdhlāfordum
dēġelīċe,   and hī for drihtne bæd,
ealdum trēowum,   ðæt hī æft tō him
cōmen on þā ċeastre,   lēte Grēca witan
rǣdan Rōmwarum,   rihtes wyrðe
lēte þone lēodsċipe.   Ðā þā lāre onġeat
Ðēodrīċ Amuling,   and þone þeġn oferfēng,
heht fæstlīċe   folcġesīðas
healdon þone hererinċ.   Wæs him hrēoh sefa,
eġe from ðām eorle.   Hē hine inne heht
on carcernes   clūster belūcan.
Þā wæs mōdsefa   miclum ġedrēfed
Bōetīus.   Brēac longe ǣr
wlenċẹa under wolcnum;   hē þȳ wyrs meahte
þolian þā þrāge,   þā hīo swā þearl becōm.
Wæs þā ormōd eorl,   āre ne wēnde,
nē on þām fæstene   frōfre ġemunde,
ac hē neowol āstreaht   niðer ofdūne
fēol on þā flōre,   fela worda spræc,
forþōht ðearle;   ne wēnde þonan ǣfre
cuman of ðǣm clammum.   Cleopode tō drihtne
ġẹōmran stemne,   ġyddode þus:

Metrum II

Hwæt, iċ līoða fela   lustlīċe ġẹō
sanc on sǣlum;   nū sċeal siofiġende,
wōpe ġewǣġed,   wreċċẹa ġịōmor,
singan sārcwidas.   Mē þīos siċċetung hafað
āgǣled, ðēs ġeocsa,   þæt iċ þā ġed ne mæġ
ġefēġẹan swā fæġre,   þēah iċ fela ġịō þā
sette sōðcwida,   þonne iċ on sǣlum wæs.
Oft iċ nū misċyrre   cūðe sprǣċe,
and þēah uncūðre   ǣr hwīlum fond.

Mē þās woruldsǣlða welhwæs blindne
on ðis dimme hol dysīne forlǣddon,
and mē þā berȳpton rǣdes and frōfre
for heora untrēowum, þe iċ him ǣfre betst
truwian sċẹolde. Hī mē tō wendon
heora bacu bitere, and heora blisse from.
Forhwām wolde ġē, weoruldfrȳnd mīne,
seċġan oððe singan þæt iċ ġesǣlliċ mon
wǣre on weorulde? Ne synt þā word sōð,
nū þā ġesǣlða ne magon simle ġewuniġan.

Metrum III

Ǣalā, on hū grimmum and hū grundlēasum
sēaðe swinċeð þæt sweorcende mōd,
þonne hit þā strongan stormas bēatað
weoruldbisgunga, þonne hit winnende
his āgen lēoht ānforlǣteð,
and mid uuā forġit þone ēċan ġefēan,
ðringð on þā ðīostro ðisse worulde,
sorgum ġeswenċed. Swā is þissum nū
mōde ġelumpen, nū hit māre ne wāt
for gōde Godes būton gnornunge
fremdre worulde. Him is frōfre ðearf.

11. Constantine Goes to Battle, from Cynewulf's *Elene*

Four poems in Old English contain concluding passages in which runes spell out the name Cynewulf (also spelt Cynwulf) and assert his authorship. The longest of these is *Elene* in the Vercelli Book, rendered from some recension of the Latin *acta* of Cyriac, the fourth-century bishop of Jerusalem. It is a version of the Invention of the Cross legend, in which the Empress Helena, mother of Constantine, travels to Jerusalem and recovers the cross on which Christ died. The translation corresponds fairly closely to some suriving Latin versions, but the opening passage (1–147), recounting Constantine's vision of the cross and his subsequent battle with an invading host camped on the Danube, dilates considerably the spare narrative of the first chapter of the Latin, making use of a far greater variety of heroic diction than Cynewulf otherwise employs. The remainder of the present selection hews more closely to the source.

Þā wæs āgangen   ġēara hwyrftum
tū hund ond þrēo   ġeteled rīmes,
swylċe .xxx. ēac,   þinġġemearces,
wintra for worulde,   þæs þe wealdend God
ācenned wearð,   cyninga wuldor,
in middanġeard   þurh mennisċ hēo,
sōðfæstra lēoht.   Þā wæs syxte ġēar
Constantīnes   cāserdōmes,
þæt hē Rōmwara   in rīċe wearð
āhæfen, hildfruma,   tō heretēman.
    Wæs sē lindhwata   lēodġeborga
eorlum ārfæst.   Æðelinges wēox
rīċe under roderum.   Hē wæs rihtcyning,
gūðweard gumena.   Hine God trymede
mǣrðum ond mihtum,   þæt hē manegum wearð
ġęond middanġeard   mannum tō hrōðer,
werþēodum tō wræce,   syððan wǣpen āhōf
wið hetendum.   Him wæs hild boden,
wīġes wōma.   Werod samnodan
Hūna lēode   ond Hrēðgotan,
fōron fyrdhwate   Francan ond Hūgas.
Wǣron hwate weras,
ġearwe tō gūðe.   Gāras līxtan,
wriðene wælhlenċan.   Wordum ond bordum
hōfon herecombol.   Þā wǣron heardingas

sweotole ġesamnod ond eal sib ġeador.
Fōr folca ġedryht. Fyrdlēoð āgōl
wulf on wealde, wælrūne ne māð.
Ūrigfeðera earn sang āhōf,
lāðum on lāste. Lungre sċynde
ofer burg enta beaduþrēata mæst,
herġum tō hilde, swylċe Hūna cyning
ymbsittendra āwer meahte
ābannan tō beadwe burgwīġendra.
Fōr fyrda mæst. Fēðan trymedon
ēoredċestum, þæt on ælfylċe
deareðlācende on Danubīe,
stærcedfyrhðe, stæðe wīcedon
ymb þæs wæteres wylm; werodes breahtme
woldon Rōmwara rīċe ġeþringan,
herġum āhȳðan. Þǣr wearð Hūna cyme
cūð ċeasterwarum. Þā sē cāsere heht
onġēan gramum gūðġelǣċan
under earhfære ofstum myclum
bannan tō beadwe, beran ūt þræce
rincas under roderum. Wǣron Rōmware,
seċġas siġerōfe, sōna ġeġearwod
wǣpnum tō wiġġe, þēah hie werod lǣsse
hæfdon tō hilde þonne Hūna cining;
ridon ymb rōfne, þonne rand dynede,
campwudu clynede; cyning þrēate fōr,
herġe tō hilde. Hrefen uppe gōl,
wan ond wælfel. Werod wæs on tyhte.
Hlēopon hornboran, hrēopan friċċan,
mearh moldan træd. Mæġen samnode,
cāfe tō ċēase. Cyning wæs āfyrhted,
eġsan ġeāclad, siððan elþēodiġe,
Hūna ond Hrēða here sċēawede,
ðæt hē on Rōmwara rīċes ende
ymb þæs wæteres stæð werod samnode,
mæġen unrīme. Mōdsorge wæġ
Rōmwara cyning, rīċes ne wēnde
for werodlēste; hæfde wigena tō lȳt,
eaxlġestealna wið ofermæġene,
hrōra tō hilde. Here wīcode,

eorlas ymb æðeling,   ēġstrēame nēah
on nēaweste   nihtlangne fyrst,
þæs þe hie fēonda ġefær   fyrmest ġesǣgon.
Þā wearð on slǣpe   sylfum ætȳwed
þām cāsere,   þǣr hē on corðre swæf,
siġerōfum ġeseġen   swefnes wōma.
Þūhte him wlitesċȳne   on weres hāde
hwīt ond hīwbeorht   hæleða nāthwylċ
ġeȳwed ānlicra   þonne hē ǣr oððe sīð
ġesēġe under sweġle.   Hē of slǣpe onbræġd,
eofurcumble beþeaht.   Him sē ār hraðe,
wlitiġ wuldres boda,   wið þingode
ond be naman nemde—   nihthelm tōglād:
“Constantīnus,   heht þē cyning engla,
wyrda wealdend,   wǣre bēodan,
duguða dryhten.   Ne ondrǣd þū ðē,
ðēah þe elþēodiġe   eġesan hwōpan,
heardre hilde.   Þū tō heofenum beseoh
on wuldres weard,   þǣr ðū wraðe findest,
sigores tācen.”   Hē wæs sōna ġearu
þurh þæs hālgan hǣs,   hreðerlocan onspēon,
up lōcade,   swā him sē ār ābēad,
fǣle friðowebba.   Ġeseah hē frætwum beorht
wlitī wuldres trēo   ofer wolcna hrōf,
golde ġeglenġed—   ġimmas līxtan;
wæs sē blāca bēam   bōcstafum āwriten,
beorhte ond lēohte: “Mid þȳs bēacne ðū
on þām frēcnan fære   fēond oferswīðesð,
ġeletest lāð werod.”   Þā þæt lēoht ġewāt,
up sīðode,   ond sē ār somed,
on clǣnra ġemang.   Cyning wæs þȳ blīðra
ond þē sorglēasra,   seċġa aldor,
on fyrhðsefan,   þurh þā fæġeran ġesyhð.

.ii.

Heht þā onlīċe   æðelinga hlēo,
beorna bēagġifa,   swā hē þæt bēacen ġeseah,
heria hildfruma,   þæt him on heofonum ǣr
ġeīewed wearð,   ofstum myclum,

Constantīnus, Crīstes rōde,
tīrēadiġ cyning, tācen ġewyrċan.
Heht þā on ūhtan mid ǣrdæġe
wīġend wreċċan, ond wǣpenþræce
hebban heorucumbul, ond þæt hāliġe trēo
him beforan ferian on fēonda ġemang,
beran bēacen Godes. Bȳman sungon
hlūde for herġum. Hrefn weorces ġefeah,
ūriġfeðra earn sīð behēold,
wælhrēowra wīġ. Wulf sang āhōf,
holtes ġehlēða. Hildeġesa stōd.
Þǣr wæs borda ġebrec ond beorna ġeþrec,
heard handġeswinġ ond herġa grinġ,
syððan hēo earhfære ǣrest mētton.
On þæt fǣġe folc flāna sċūras,
gāras ofer ġeolorand on gramra ġemang,
hetend heorugrimme, hildenǣdran,
þurh fingra ġeweald forð onsendan.
Stōpon stīðhīdiġe, stundum wrǣcon,
brǣcon bordhreðan, bil in dufan,
þrungon þræchearde. Þā wæs þūf hafen,
seġn for swēotum, siġelēoð galen.
Gylden grīma, gāras līxtan
on herefelda. Hǣðene grungon,
fēollon friðelēase. Flugon instæpes
Hūna lēode, swā þæt hāliġe trēo
ārǣran heht Rōmwara cyning,
heaðofremmende. Wurdon heardingas
wīde tōwrecene. Sume wīġ fornam.
Sume unsōfte aldor ġeneredon
on þām heresīðe. Sume healfcwice
flugon on fæsten ond feore burgon
æfter stānclifum, stede weardedon
ymb Danubīe. Sume drenċ fornam
on lagostrēame līfes æt ende.
Đā wæs mōdiġra mæġen on luste,
ēhton elþēoda oð þæt ǣfen forð
fram dæġes orde. Daroðæsċ flugon,
hildenǣdran. Hēap wæs ġesċyrded,
lāðra lindwered. Lȳthwōn becwōm

Hūna herġes   hām eft þanon.
Þā wæs ġesȳne   þæt siġe forġeaf
Constantīnō   cyning ælmihtiġ
æt þām dæġweorce,   dōmweorðunga,
rīċe under roderum,   þurh his rōde trēo.
Ġewāt þā heriġa helm   hām eft þanon,
hūðe hrēmiġ   —hild wæs ġesċẹāden—
wiġġe ġeweorðod.   Cōm þā wigena hlēo
þeġna þrēate   þrȳðbold sēċan,
beadurōf cyning   burga nēosan.
Heht þā wigena weard   þā wīsestan
snūde tō sionoðe,   þā þe snyttro cræft
þurh fyrnġewrito   ġefriġen hæfdon,
hēoldon hiġeþancum   hæleða rǣdas.
Ðā þæs friċġġan ongan   folces aldor,
siġerōf cyning,   ofer sīd weorod,
wǣre þǣr ǣniġ   yldra oððe ġingra
þe him tō sōðe   seċġġan meahte,
galdrum cȳðan,   hwæt sē god wǣre,
boldes brytta,   "þe þis his bēacen wæs
þe mē swā lēoht oðȳwde   ond mīne lēode ġenerede
tācna torhtost,   ond mē tīr forġeaf,
wīġspēd wið wrāðum,   þurh þæt wlitiġe trēo."
Hīo him ondsware   ǣniġe ne meahton
āġifan tōġēnes,   nē ful ġeare cūðon
sweotole ġeseċġġan   be þām siġebēacne.
Þā þā wīsestan   wordum cwǣdon
for þām heremæġene   þæt hit heofoncyninges
tācen wǣre,   ond þæs twēo nǣre.
Þā þæt ġefrugnon   þā þurh fulwihte
lǣrde wǣron,   him wæs lēoht sefa,
ferhð ġefēonde,   þēah hira fēa wǣron,
ðæt hie for þām cāsere   cȳðan mōston
godspelles ġife,   hū sē gāsta helm,
in þrȳnesse   þrymme ġeweorðad,
ācenned wearð,   cyninga wuldor,
ond hū on galgan wearð   Godes āgen bearn
āhangen for herġum   heardum wītum;
ālȳsde lēoda bearn   of locan dēofla,
ġẹōmre gāstas,   ond him ġife sealde

þurh þā ilcan ġesċeaft   þe him ġeȳwed wearð
sylfum on ġesyhðe,   sigores tācen,
wið þēoda þræce;   ond hū ðȳ þriddan dæġe
of byrġenne   beorna wuldor
of dēaðe ārās,   dryhten ealra
hæleða cynnes,   ond tō heofonum āstāh.
    Ðus glēawlīċe   gāstġerȳnum
sæġdon siġerōfum,   swā fram Siluestre
lǣrde wǣron.   Æt þām sē lēodfruma
fulwihte onfēng   ond þæt forð ġehēold
on his dagana tīd,   dryhtne tō willan.

12. *VAINGLORY*

The source of the poem *Vainglory* in the Exeter Book is either the initial chapter of the so-called enlarged *Regula canonicorum* 'Rule for Canons' of Chrodegang of Metz (d. 766), of which an Old English translation is to be found in a Cambridge manuscript, or (as argued by Trahern 1975) the source used by Chrodegang, a Latin sermon for monks by Caesarius of Arles (d. 542). At the start of the *Regula* is quoted Luke 18:14 about how the one who exalts himself will be humbled, and the one who abases himself will be raised up (corresponding to ll. 52–6 of the poem). Chrodegang then calls the proud man the devil's child and the humble man God's own son, a contrast which the poet takes as his controlling theme. The poem is remarkable for how it transforms this unpromising sententious material into a composition in high heroic style, with boasting of wine-emboldened warriors, all couched in frequently exotic diction.

Hwæt, mē frōd wita   on fyrndagum
sæġde, snottor ār,   sundorwundra fela.
Wordhord onwrēah   wītgan lārum
beorn bōca glēaw,   bodan ǣrcwide,
þæt iċ sōðlīċe   siþþan meahte
onġitan bī þām ġealdre   Godes āgen bearn,
wilġest on wīcum,   ond þone wācran swā some,
sċyldum besċyredne,   on ġesċẹād witan.
Þæt mæġ ǣġhwylċ mon   ēaþe ġeþenċan,
sē þe hine ne lǣteð   on þās lǣnan tīd
āmyrran his ġemyndum   mōdes gǣlsan
ond on his dæġrīme   druncen tō rīċe,
þonne moniġe bēoð   mæþelhēġendra,
wlonce wīġsmiþas   wīnburgum in,
sittaþ æt symble,   sōðġied wrecað,
wordum wrixlað,   witan fundiaþ
hwylċ æsċstede   inne in ræċede
mid werum wuniġe,   þonne wīn hweteð
beornes brēostsefan.   Breahtem stīġeð,
ċirm on corþre,   cwide sċralletaþ
missenlīċe.   Swā bēoþ mōdsefan
dālum ġedǣled,   sindon dryhtguman
unġelīċe.   Sum on oferhyġdo
þrymme þrinġeð;   þrinteð him in innan
unġemedemad mōd;   sindan tō moniġe þæt.
Bið þæt æfþonca   eal ġefylled

fēondes fliġepīlum,   fācensearwum;
breodað hē ond bælċeð,   bōð his sylfes
swīþor micle   þonne sē sella mon,
þenċeð þæt his wīse   welhwām þinċe
eal unforcūþ.   Biþ þæs ōþer swiċe,
þonne hē þæs fācnes   fintan sċēawað.
Wrenċeþ hē ond blenċeþ,   worn ġeþenċeþ
hinderhōca,   hyġegār lēteð,
sċūrum sċēoteþ.   Hē þā sċylde ne wāt
fæhþe ġefremede,   fēoþ his betran,
eorl fore æfstum,   lǣteð inwitflān
brecan þone burgweal,   þe him bebēad meotud
þæt hē þæt wīġsteal   werġan sċęalde,
siteþ symbelwlonc,   searwum lǣteð,
wīne ġewǣġed,   word ūt faran,
þræfte þringan,   þrymme ġebyrmed,
æfæstum onǣled,   oferhyġda ful,
nīþum, nearowrenċum.   Nū þū cunnan meaht,
ġif þū þyslicne   þeġn ġemittest
wunian in wīcum,   wite þē be þissum
fēawum forðspellum   þæt þæt biþ fēondes bearn
flǣsċe bifongen,   hafað frǣte līf,
grundfūsne gǣst   Gode orfeormne,
wuldorcyninge.   Þæt sē wītga song,
ġearowyrdiġ guma,   ond þæt ġyd āwræc:
    "Sē þe hine sylfne   in þā slīþnan tīd
þurh oferhyġda   up āhlǣneð,
āhefeð hēahmōdne,   sē sċeal hēan wesan
æfter nēosīþum,   niþer ġebīġed,
wunian wītum fæst,   wyrmum beþrungen."
    Þæt wæs ġęāra iū   in Godes rīċe
þætte mid englum   oferhyġd āstāg,
wīdmǣre ġewin.   Wrōht āhōfan,
heardne heresīþ,   heofon wīdledan,
forsāwan hyra sellan,   þā hī tō swiċe þōhton
ond þrymcyning   þēodenstōles
rīcne berȳfan,   swā hit ryht ne wæs,
ond þonne ġesettan   on hyra sylfra dōm
wuldres wynlond.   Þæt him wīġe forstōd
fæder frumsċeafta;   wearð him sēo feohte tō grim.

Ðonne bið þām ōþrum ungelīċe
sē þe hēr on eorþan ēaðmōd leofað,
ond wiþ ġesibbra ġehwone simle healdeð
frēode on folce ond his fēond lufað,
þēah þe hē him ābylġnesse oft ġefremede
willum in þisse worulde. Sē mōt wuldres drēam
in hāliġra hyht heonan āstīgan
on engla eard. Ne biþ þām ōþrum swā,
sē þe on ofermēdum eargum dǣdum
leofaþ in leahtrum; ne bēoð þā lēan ġelīċ
mid wuldorcyning. Wite þē be þissum,
ġif þū ēaðmōdne eorl ġemēte,
þeġn on þēode, þām bið simle
gǣst ġegæderad, Godes āgen bearn,
wilsum in worlde, ġif mē sē wītega ne lēag.
Forþon wē sċulon ā hyċġende hǣlo rǣdes
ġemunan in mōde mǣla ġehwylcum
þone sēlestan sigora waldend.
Amen.

13. *Soul and Body II*

A recurrent motif in medieval literature is of the condemned soul returning to berate its moldering corpse. It occurs in homilies in both the Vercelli and Blickling collections and in some Latin sermons going back to early times (see Calder & Allen 1976: 40–50), as well as in later medieval literature. It was deemed weighty enough to merit versification in the form of the present poem, found in the Exeter Book. Another copy, *Soul and Body I*, diverging in many details from this one and appending the fragmentary, grateful address of a saved soul to its body, appears in the Vercelli Book.

Hūru, ðæs behōfaþ   hæleþa ǣġhwylċ
þæt hē his sāwle sīð   sylfa bewitiġe,
hū þæt bið dēopliċ   þonne sē dēað cymeð,
āsundrað þā sibbe,   þā þe ǣr somud wǣron,
līċ ond sāwle.   Long bið siþþan
þæt sē gǣst nimeð   æt Gode sylfum
swā wīte swā wuldor,   swā him in worulde ǣr
efne þæt eorðfæt   ǣr ġeworhte.
Sċeal sē gǣst cuman   ġehþum hrēmiġ,
symle ymb seofonniht   sāwle findan
þone līċhoman   þe hēo ǣr longe wæġ,
þrēo hund wintra,
būtan ǣr wyrċe   ēċe dryhten,
ælmihtiġ God,   ende worlde.
Cleopað þonne swā ċearful   caldan reorde,
spriċeð grimlīċe   gǣst tō þām dūste:
"Hwæt druge þū, drēorga?   Tō hwon dreahtest þū mē?
Eorþan fȳlnes   eal forweornast,
lāmes ġelīcnes.   Lȳt þū ġeþōhtes
tō won þīnre sāwle sīð   siþþan wurde,
siþþan hēo of līċhoman   lǣded wǣre.
Hwæt, wite þū mē, werġa.   Hwæt, þū hūru wyrma ġifl
lȳt ġeþōhtes,   hū þis is long hider,
ond þē þurh enġel   ufan of roderum
sāwle onsende   þurh his sylfes hond
meotud ælmihtiġ,   of his mæġenþrymme,
ond þē þā ġebohte   blōde þȳ hālgan,
ond þū mē þȳ heardan   hungre ġebunde
ond ġehæftnadest   helle wītum.

Eardode iċ þē in innan. Nō iċ þē of meahte,
flǣsċe bifongen, ond mē firenlustas
þīne ġeþrungon, þæt mē þūhte ful oft
þæt wǣre þrītiġ þūsend wintra
tō þīnum dēaðdæġe. Hwæt, iċ uncres ġedāles bād
earfoðlīċe. Nis nū sē ende tō gōd.
　Wǣre þū þē wiste wlonc ond wīnes sæd,
þrymful þunedest, ond iċ ofþyrsted wæs
Godes līċhoman, gǣstes drinċes.
Þǣr þū þonne hogode hēr on līfe,
þenden iċ þē in worulde wunian sċẹolde,
þæt þū wǣre þurh flǣsċ ond þurh firenlustas
stronge ġestȳred ond ġestaþelad þurh meċ,
ond iċ wæs gǣst on þē from Gode sended,
nǣfre þū mē swā heardra helle wīta
nēd ġearwode þurh þīnra nēoda lust.
Sċealt þū nū hwæþre mīnra ġesċenta sċome þrōwian
on þām miclan dæġe, þonne monna cynn
sē āncenda ealle ġegædrað.
　Ne eart þū nū þon lēofre nǣngum lifġendra,
menn tō ġemæċċan, nē medder nē fæder,
nē nǣngum ġesibbra, þonne sē swearta hrefn,
siþþan iċ āna of þē ūt sīþade
þurh þæs sylfes hond þe iċ ǣr onsended wæs.
Ne magon þē nū heonan ādōn hyrste þā rēadan,
nē gold nē sylfor nē þīnra gōda nān,
ac hēr sċulon ābīdan bān birēafod,
besliten seonwum, ond þē þīn sāwl sċeal
mīnum unwillan oft ġesēċan,
wemman mid wordum, swā þū worhtest tō mē.
Eart þū dumb ond dēaf, ne sindan þīne drēamas wiht.
Sċeal iċ þē nihtes seþēah nȳde ġesēċan,
synnum ġesārgad, ond eft sōna from ðē
hweorfan on honcrēd, þonne hāleġe menn
Gode lifġendum lofsong dōð,
sēċan þā hāmas þe þū mē ǣr sċrife,
ond þā ārlēasan eardungstōwe,
ond þē sċulon moldwyrmas moniġe ċēowan,
seonowum beslītan swearte wihte,
ġīfre ond grǣdġe. Ne sindon þīne ġeahþe wiht,

þā þū hēr on moldan   monnum ēawdest.
Forþon þē wǣre selle   swīþe micle
þonne þē wǣran ealle   eorþan spēde,
būtan þū hȳ ġedǣlde   dryhtne sylfum,
þǣr þū wurde æt frumsċeafte fugel   oþþe fisċ on sǣ,
oððe eorþan nēat   ǣtes tiolode,
feldgongende   feoh būtan snyttro,
ġe on wēstenne   wildra dēora
þæt grimmeste,   þǣr swā God wolde,
ġe þēah þū wǣre wyrmcynna   þæt wyrreste,
þonne þū ǣfre on moldan   mon ġewurde,
oþþe ǣfre fulwihte   onfōn sċẹolde,
þonne þū for unc bū   ondwyrdan sċealt
on þām miclan dæġe,   þonne eallum monnum bēoð
wunde onwriġene,   þā þe in worulde ǣr
firenfulle menn   fyrn ġeworhton.
Đonne wile dryhten sylf   dǣda ġehȳran
æt ealra monna ġehwām   mūþes reorde,
wunde, wiþerlēan.   Ac hwæt wilt þū þǣr
on dōmdæġe   dryhtne seċġan?
Þonne ne bið nǣniġ tō þæs lȳtel lið   on lime ġeweaxen,
þæt þū ne sċyle for ǣġhwylċ   ānra onsundran
ryht āġieldan,   ðonne rēþe bið
dryhten æt dōme.   Ac hwæt dō wit unc,
þonne hē unc hafað ġeedbyrded   ōþre sīþe?
Sċulon wit þonne ætsomne   siþþan brūcan
swylcra yrmþa   swā þū unc ǣr sċrife."
    Firenaþ þus þæt flǣsċhord,   sċeal þonne fēran on weġ,
sēċan helle grund,   nales heofondrēamas,
dǣdum ġedrēfed.   Liġeð dūst þǣr hit wæs,
ne mæġ him ondsware   ǣniġe seċġan,
nē þǣr ēðringe   ǣnġe ġehātan
gǣste ġẹōmrum,   ġēoce oþþe frōfre.
Biþ þæt hēafod tōhliden,   honda tōleoþode,
ġeaflas tōġinene,   gōman tōslitene,
seonwe bēoð āsogene,   swēora bicowen;
rib rēafiað   rēþe wyrmas,
drincað hlōþum hrā,   heolfres þurstġe.
Bið sēo tunge tōtogen   on tȳn healfe
hungrum tō hrōþor.   Forþon hēo ne mæġ horsċlīċe

wordum wrixlan wið þone werġan gǣst.
Ġīfer hātte sē wyrm, þām þā ġeaflas bēoð
nǣdle sċearpran. Sē ġenēþeð tō
ǣrest ealra on þām eorðsċræfe;
hē þā tungan tōtȳhð ond þā tōþas þurhsmȳhð,
ond þā ēagan þurhiteð ufon on þæt hēafod
ond tō ǣtwelan ōþrum ġerȳmeð,
wyrmum tō wiste, þonne biþ þæt werġe
līċ ācōlad þæt hē longe ǣr
werede mid wǣdum. Bið þonne wyrmes ġiefl,
ǣt on eorþan. Þæt mæġ ǣġhwylcum
men tō ġemyndum mōdsnotterra.

14. A Selection of Riddles from the Exeter Book

Latin *aenigmata* were a standard part of the monastic curriculum, in part as a way to teach Latin metrics. Aldhelm (639–709) composed a hundred in imitation of the Latin *aenigmata* of Symphosius, and several Englishmen followed suit. Although most of these Anglo-Latin compositions are of a devout nature, some are of a sort to entertain students, being devoted to ordinary objects and fantastic creatures. Nearly all the vernacular riddles, which are anonymous, are contained in the Exeter Book. They are plainly inspired by Latin models, and two (35 and 40) are in fact translations of Aldhelm's riddles. But the riddles in Old English have a character all their own, most with no known Latin parallels, and occasionally suggesting a ribald solution as a way to distract the solver from the actual one. No solutions are provided in the manuscript, though in some cases a rune suggesting the first letter of the solution is to be found adjacent to a riddle. As a consequence, the correct solution in many instances must remain in doubt. For each riddle below, the most probable solution is indicated in the notes. The riddle numbers are those assigned by Krapp & Dobbie 1931–53.

5.

Iċ eom ānhaga   īserne wund,
bille ġebennad,   beadoweorca sæd,
eċġum wēriġ.   Oft iċ wīġ sēo,
frēcne feohtan.   Frōfre ne wēne,
þæt mē ġēoc cyme   gūðġewinnes,
ǣr iċ mid ældum   eal forwurðe,
ac meċ hnossiað   homera lāfe,
heardeċġ, heorosċearp,   hondweorc smiþa,
bītað in burgum;   iċ ābīdan sċeal
lāþra ġemōtes.   Nǣfre lǣċecynn
on folcstede   findan meahte,
þāra þe mid wyrtum   wunde ġehǣlde,
ac mē eċġa dolg   ēacen weorðað
þurh dēaðsleġe   dagum ond nihtum.

6.

Meċ ġesette sōð   sigora waldend
Crīst tō compe.   Oft iċ cwice bærne,
unrīmu cyn   eorþan ġetenġe,
nǣte mid nīþe,   swā iċ him nō hrīne,
þonne meċ mīn frēa   feohtan hāteþ.

Hwīlum iċ moniġra   mōd ārēte,
hwīlum iċ frēfre   þā iċ ǣr winne on
feorran swīþe;   hī þæs fēlað þēah,
swylċe þæs ōþres,   þonne iċ eft hyra
ofer dēop ġedrēag   drohtað bēte.

7.

Hræġl mīn swīgað   þonne iċ hrūsan trede,
oþþe þā wīċ būġe,   oþþe wado drēfe.
Hwīlum meċ āhebbað   ofer hæleþa byht
hyrste mīne,   ond þēos hēa lyft,
ond meċ þonne wīde   wolcna strenġu
ofer folc byreð.   Frætwe mīne
swōgað hlūde   ond swinsiað,
torhte singað,   þonne iċ ġetenġe ne bēom
flōde ond foldan,   fērende gǣst.

8.

Iċ þurh mūþ sprece   mongum reordum,
wrenċum singe,   wrixle ġeneahhe
hēafodwōþe,   hlūde ċirme,
healde mīne wīsan,   hlēoþre ne mīþe,
eald ǣfensċẹop,   eorlum brinġe
blisse in burgum,   þonne iċ būgendre
stefne styrme;   stille on wīcum
sittað swīgende.   Saga hwæt iċ hātte,
þe swā sċireniġe   sċēawendwīsan
hlūde onhyrġe,   hæleþum bodiġe
wilcumena fela   wōþe mīnre.

9.

Meċ on þissum dagum   dēadne ofġēafun
fæder ond mōdor;   ne wæs mē feorh þā ġēn,
ealdor in innan.   Þā meċ ān ongon,
welhold mēġe,   wēdum þeċċan,
hēold ond freoþode,   hlēosċeorpe wrāh
swē ārlīċe   swā hire āgen bearn,
oþ þæt iċ under sċēate,   swā mīn ġesċeapu wǣron,

ungesibbum wearð   ēacen gǣste.
Meċ sēo frīþe mǣġ   fēdde siþþan,
oþ þæt iċ āwēox,   widdor meahte
sīþas āsettan.   Hēo hæfde swǣsra þȳ lǣs
suna ond dohtra,   þȳ hēo swā dyde.

10.

Neb wæs mīn on nearwe,   ond iċ neoþan wætre,
flōde underflōwen,   firġenstrēamum
swīþe besuncen,   ond on sunde āwōx
ufan ȳþum þeaht,   ānum ġetenġe
līþendum wuda   līċe mīne.
Hæfde feorh cwico   þā iċ of fæðmum cwōm
brimes ond bēames   on blacum hræġle;
sume wǣron hwīte   hyrste mīne,
þā meċ lifġende   lyft upp āhōf,
wind of wǣġe,   siþþan wīde bær
ofer seolhbaþo.   Saga hwæt iċ hātte.

12.

Fōtum iċ fēre,   foldan slīte,
grēne wongas,   þenden iċ gǣst bere.
Ġif mē feorh losað,   fæste binde
swearte Wēalas,   hwīlum sellan men.
Hwīlum iċ dēorum   drincan selle
beorne of bōsme,   hwīlum meċ brȳd triedeð
felawlonc fōtum,   hwīlum feorran brōht
wonfeax Wāle   weġeð ond þȳð,
dol druncmennen   deorcum nihtum,
wǣteð in wætre,   wyrmeð hwīlum
fæġre tō fȳre;   mē on fæðme sticaþ
hyġegālan hond,   hwyrfeð ġeneahhe,
swīfeð mē ġeond sweartne.   Saga hwæt iċ hātte,
þe iċ lifġende   lond rēafiġe,
ond æfter dēaþe   dryhtum þeowiġe.

13.

Iċ seah turf tredan,   .x. wǣron ealra,
.vi. ġebrōþor   ond hyra sweostor mid;

hæfdon feorg cwico. Fell hongedon
sweotol ond ġesȳne on seles wǣġe
ānra ġehwylċes. Ne wæs hyra ǣngum þȳ wyrs,
nē sīde þȳ sārra, þēah hȳ swā sċẹoldon
rēafe birofene, rodra weardes
meahtum āweahte, mūþum slītan
haswe blēde. Hræġl bið ġenīwad
þām þe ǣr forðcymene frætwe lēton
liċġan on lāste, ġewitan lond tredan.

14.

Iċ wæs wǣpenwiga. Nū meċ wlonc þeċeð
ġẹong hagostealdmon golde ond sylfore,
wōum wīrbogum. Hwīlum weras cyssað,
hwīlum iċ tō hilde hlēoþre bonne
wilġehlēþan, hwīlum wyċġ byreþ
meċ ofer mearce, hwīlum merehenġest
fereð ofer flōdas frætwum beorhtne,
hwīlum mæġða sum mīnne ġefylleð
bōsm bēaghroden. Hwīlum iċ on bordum sċeal,
heard, hēafodlēas, behlyþed liċġan,
hwīlum hongiġe hyrstum frætwed,
wlitiġ on wāge, þǣr weras drincað,
frēoliċ fyrdsċeorp. Hwīlum folcwigan
on wiċġe wegað, þonne iċ winde sċeal
sinċfāg swelgan of sumes bōsme;
hwīlum iċ ġereordum rincas laðiġe
wlonce tō wīne; hwīlum wrāþum sċeal
stefne mīnre forstolen hreddan,
flȳman fēondsċẹaþan. Friġe hwæt iċ hātte.

16.

Oft iċ sċeal wiþ wǣġe winnan ond wiþ winde feohtan,
somod wið þām sæċċe fremman, þonne iċ sēċan ġewīte
eorþan ȳþum þeaht; mē biþ sē ēþel fremde.
Iċ bēom strong þæs ġewinnes ġif iċ stille weorþe;
ġif mē þæs tōsǣleð, hī bēoð swīþran þonne iċ,
ond meċ slītende sōna flȳmað,
willað oþferġan þæt iċ friþian sċeal.

Ic him þæt forstonde   ġif mīn steort þolað
ond meċ stīþne wiþ   stānas mōton
fæste ġehabban.   Friġe hwæt iċ hātte.

21.

Neb is mīn niþerweard;   nēol iċ fēre
ond be grunde græfe,   ġẹonge swā mē wīsað
hār holtes fēond,   ond hlāford mīn
wōh færeð,   weard æt steorte,
wrigaþ on wonge,   weġeð meċ ond þȳð,
sāweþ on swæð mīn.   Iċ snyþiġe forð,
brungen of bearwe,   bunden cræfte,
weġen on wæġne,   hæbbe wundra fela;
mē biþ gongendre   grēne on healfe
ond mīn swæð sweotol   sweart on ōþre.
Mē þurh hryċġ wrecen   hongaþ under
ān orþoncpīl,   ōþer on hēafde,
fæst ond forðweard.   Fealleþ on sīdan
þæt iċ tōþum tere,   ġif mē teala þēnaþ
hindeweardre,   þæt biþ hlāford mīn.

23.

Agof is mīn noma   eft onhwyrfed;
iċ eom wrǣtliċ wiht   on ġewin sċeapen.
Þonne iċ onbūge,   ond mē on bōsme fareð
ǣtren onga,   iċ bēom eall ġearo
þæt iċ mē þæt feorhbealo   feor āswāpe.
Siþþan mē sē waldend,   sē mē þæt wīte ġesċōp,
leoþo forlǣteð,   iċ bēo lengre þonne ǣr,
oþ þæt iċ spǣte,   spilde ġeblonden,
ealfelo āttor   þæt iċ ǣror ġēap.
Ne tōgongeð þæs   gumena hwylcum,
ǣnigum ēaþe   þæt iċ þǣr ymb spriċe,
ġif hine hrīneð   þæt mē of hrife flēogeð,
þæt þone māndrinċ   mæġne ġeċēapaþ,
fullwer fæste   fēore sīne.
Nelle iċ unbunden   ǣnigum hȳran
nymþe searosǣled.   Saga hwæt iċ hātte.

24.

Iċ eom wunderlicu wiht,   wræsne mīne stefne,
hwīlum beorce swā hund,   hwīlum blǣte swā gāt,
hwīlum grǣde swā gōs,   hwīlum ġielle swā hafoc,
hwīlum iċ onhyrġe   þone haswan earn,
gūðfugles hlēoþor,   hwīlum glīdan reorde
mūþe ġemǣne,   hwīlum mǣwes song,
þǣr iċ glado sitte.   · ᚷ · meċ nemnað,
swylċe · ᚫ · ond · ᚱ ·   ᚩ · fullesteð,
· ᚻ · ond · ᛁ ·.   Nū iċ hāten eom
swā þā siex stafas   sweotule bēcnaþ.

25.

Iċ eom wunderlicu wiht,   wīfum on hyhte,
nēahbūendum nyt;   nǣngum sċeþþe
burgsittendra,   nymþe bonan ānum.
Stapol mīn is stēaphēah;   stonde iċ on bedde,
neoþan rūh nāthwǣr.   Nēþeð hwīlum
ful cyrtenu   ċeorles dohtor,
mōdwlonc mēowle,   þæt hēo on meċ grīpeð,
rǣseð meċ on rēodne,   rēafað mīn hēafod,
fēġeð meċ on fæsten.   Fēleþ sōna
mīnes ġemōtes,   sēo þe meċ nearwað,
wīf wundenlocc.   Wǣt bið þæt ēage.

26.

Meċ fēonda sum   fēore besnyþede,
woruldstrenġa binom,   wǣtte siþþan,
dȳfde on wætre,   dyde eft þonan,
sette on sunnan,   þǣr iċ swīþe belēas
hērum þām þe iċ hæfde.   Heard meċ siþþan
snāð seaxses eċġ,   sindrum begrunden;
fingras fēoldan,   ond meċ fugles wyn
ġẹondstrēd dropum,   spyrede ġeneahhe,
ofer brūnne brerd   bēamtelġe swealg,
strēames dǣle,   stōp eft on meċ,
sīþade sweartlāst.   Meċ siþþan wrāh
hæleð hlēobordum,   hȳde beþenede,

ġierede meċ mid golde;   forþon mē glīwedon
wrǣtliċ weorc smiþa,   wīre bifongen.
Nū þā ġerēno   ond sē rēada telġ
ond þā wuldorġesteald   wīde mǣre
dryhtfolca helm,   nales dol wīte.
Ġif mīn bearn wera   brūcan willað,
hȳ bēoð þȳ ġesundran   ond þȳ siġefæstran,
heortum þȳ hwætran   ond þȳ hyġeblīþran,
ferþe þȳ frōdran,   habbaþ frēonda þȳ mā,
swǣsra ond ġesibbra,   sōþra ond gōdra,
tilra ond ġetrēowra,   þā hyra tȳr ond ēad
ēstum ȳċað   ond hȳ ārstafum,
lissum bileċġað   ond hī lufan fæþmum
fæste clyppað.   Friġe hwæt iċ hātte,
niþþum tō nytte.   Nama mīn is mǣre,
hæleþum ġifre   ond hāliġ sylf.

27.

Iċ eom weorð werum,   wīde funden,
brungen of bearwum   ond of beorghleoþum,
of denum ond of dūnum.   Dæġes meċ wǣgun
feþre on lifte,   feredon mid liste
under hrōfes hlēo.   Hæleð meċ siþþan
baþedan in bydene.   Nū iċ eom bindere
ond swingere,   sōna weorpe
esne tō eorþan,   hwīlum ealdne ċeorl.
Sōna þæt onfindeð,   sē þe meċ fēhð onġēan,
ond wið mæġenþisan   mīnre ġenǣsteð,
þæt hē hryċġe sċeal   hrūsan sēċan,
ġif hē unrǣdes   ǣr ne ġeswīceð,
strenġo bistolen,   strong on sprǣċe,
mæġene binumen;   nāh his mōdes ġeweald,
fōta nē folma.   Friġe hwæt iċ hātte,
ðe on eorþan swā   esnas binde,
dole æfter dyntum   be dæġes lēohte.

29.

Iċ wiht ġeseah   wundorlīċe
hornum bitwēonum   hūþe lǣdan,

lyftfæt lēohtliċ, listum ġeġierwed,
hūþe tō þām hāme of þām heresīþe;
walde hyre on þǣre byriġ būr ātimbran,
searwum āsettan, ġif hit swā meahte.
Ðā cwōm wundorlicu wiht ofer wealles hrōf,
sēo is eallum cūð eorðbūendum,
āhredde þā þā hūþe ond tō hām bedrāf
wreċċan ofer willan, ġewāt hyre west þonan
fǣhþum fēran, forð ōnette.
Dūst stonc tō heofonum, dēaw fēol on eorþan,
niht forð ġewāt. Nǣniġ siþþan
wera ġewiste þǣre wihte sīð.

31.

Is þēs middanġeard missenlīcum
wīsum ġewlitegad, wrǣttum ġefrætwad.
Iċ seah selliċ þinġ singan on ræċede;
wiht wæs nōwer werum on ġemonge
sīo hæfde wæstum wundorlīcran.
Niþerweard wæs neb hyre,
fēt ond folme fugele ġelīċe;
nō hwæþre flēogan mæġ nē fela gongan,
hwæþre fēþeġēorn fremman onġinneð,
ġecoren cræftum, ċyrreð ġeneahhe
oft ond ġelōme eorlum on ġemonge,
siteð æt symble, sǣles bīdeþ,
hwonne ǣrest hēo cræft hyre cȳþan mōte
werum on wonge. Nē hēo þǣr wiht þiġeð
þæs þe him æt blisse beornas habbað.
Dēor dōmes ġeorn, hīo dumb wunað;
hwæþre hyre is on fōte fæġer hlēoþor,
wynlicu wōðġiefu. Wrǣtliċ mē þinċeð
hū sēo wiht mæġe wordum lācan
þurh fōt neoþan, frætwed hyrstum.
Hafað hyre on halse, þonne hīo hord warað,
baru, bēagum deall, brōþor sīne,
mǣġ mid mæġne. Miċel is tō hyċġenne
wīsum wōðboran, hwæt sīo wiht sie.

33.

Wiht cwōm æfter wēġe   wrǣtlicu līþan,
cȳmliċ from ċēole   cleopode tō londe,
hlinsade hlūde;   hleahtor wæs gryreliċ,
eġesful on earde,   eċġe wǣron sċearpe.
Wæs hīo hetegrim   hilde tō sǣwe,
biter beadoweorca;   bordweallas grōf,
heardhīþende,   heterūne onbond,
sæġde searocræftiġ   ymb hyre sylfre ġesċeaft:
“Is mīn mōdor   mæġða cynnes
þæs dēorestan,   þæt is dohtor mīn,
ēacen up loden,   swā þæt is ældum cūþ,
fīrum on folce,   þæt sēo on foldan sċeal
on ealra londa ġehwām   lissum stondan.”

34.

Iċ wiht ġeseah   in wera burgum,
sēo þæt feoh fēdeð.   Hafað fela tōþa;
nebb biþ hyre æt nytte,   niþerweard gongeð,
hīþeð holdlīċe   ond tō hām tȳhð,
wǣþeð ġẹond weallas,   wyrte sēċeð;
aa hēo þā findeð,   þā þe fæst ne biþ;
lǣteð hīo þā wlitigan,   wyrtum fæste,
stille stondan   on staþolwonge,
beorhte blīcan,   blōwan ond grōwan.

35.

Meċ sē wǣta wong,   wundrum frēoriġ,
of his innaþe   ǣrist cende.
Ne wāt iċ meċ beworhtne   wulle flȳsum,
hǣrum þurh hēahcræft,   hyġeþoncum mīn.
Wundene mē ne bēoð wefle,   nē iċ wearp hafu,
nē þurh þrēata ġeþræcu   þrǣd mē ne hlimmeð,
nē æt mē hrūtende   hrīsil sċrīþeð,
nē meċ ōhwonan   sċeal ām cnyssan.
Wyrmas meċ ne āwǣfan   wyrda cræftum,
þā þe ġeolo godwebb   ġeatwum frætwað.
Wile meċ mon hwæþre seþēah   wīde ofer eorþan

hātan for hæleþum hyhtliċ ġewǣde.
Saga sōðcwidum, searoþoncum glēaw,
wordum wīsfæst, hwæt þis ġewǣde sȳ.

36.

Iċ wiht ġeseah on weġe fēran,
sēo wæs wrǣtlīċe wundrum ġeġierwed.
Hæfde fēowere fēt under wombe
ond ehtuwe
monn · h · w · M · wiif · m · x · l · kf wf · hors · qxxs ·
ufon on hryċġe;
hæfde tū fiþru ond twelf ēagan
ond siex hēafdu. Saga hwæt hīo wǣre.
Fōr flōdwegas; ne wæs þæt nā fugul āna,
ac þǣr wæs ǣġhwylċes ānra ġelīcnes
horses ond monnes, hundes ond fugles,
ond ēac wīfes wlite. Þū wāst, ġif þū const,
tō ġeseċġanne þæt wē sōð witan,
hū þǣre wihte wīse gonge.

38.

Iċ þā wiht ġeseah wǣpnedcynnes,
ġeoguðmyrþe grǣdiġ; him on gafol forlēt
ferðfriþende fēower wellan
sċīre sċēotan, on ġesċeap þēotan.
Mon maþelade, sē þe mē ġesæġde:
“Sēo wiht, ġif hīo ġedȳġeð, dūna briċeð;
ġif hē tōbirsteð, bindeð cwice.”

42.

Iċ seah wyhte wrǣtliċe twā
undearnunga ūte plegan
hǣmedlāces; hwītloc anfēng,
wlanc under wǣdum, ġif þæs weorces spēow,
fǣmne fyllo. Iċ on flette mæġ
þurh rūnstafas rincum seċġan,
þām þe bēċ witan, bēġa ætsomne
naman þāra wihta. Þær sċeal Nȳd wesan

twēġa ōþer ond sē torhta Æsċ
ān an līnan, Ācas twēġen,
Hæġelas swā some. Hwylċ þæs hordgates
cǣġan cræfte þā clamme onlēac,
þe þā rǣdellan wið rȳnemenn
hyġefæste hēold, heortan bewriġene
orþoncbendum? Nū is undyrne
werum æt wīne hū þā wihte mid ūs,
hēanmōde twā, hātne sindon.

44.

Wrǣtliċ hongað bī weres þēo,
frēan under sċēate. Foran is þȳrel.
Bið stīþ ond heard, stede hafað gōdne;
þonne sē esne his āgen hræġl
ofer cnēo hefeð, wile þæt cūþe hol
mid his hangellan hēafde grētan
þæt hē efenlang ǣr oft ġefylde.

45.

Iċ on wincle ġefræġn weaxan nāthwæt,
þindan ond þunian, þeċene hebban;
on þæt bānlēase brȳd grāpode,
hyġewlonc hondum, hræġle þeahte
þrindende þinġ þēodnes dohtor.

46.

Wær sæt æt wīne mid his wīfum twām
ond his twēġen suno ond his twā dohtor,
swāse ġesweostor, ond hyra suno twēġen,
frēolico frumbearn; fæder wæs þǣrinne
þāra æþelinga ǣġhwæðres mid,
ēam ond nefa. Ealra wǣron fīfe
eorla ond idesa insittendra.

47.

Moððe word frǣt. Mē þæt þūhte
wrǣtlicu wyrd, þā iċ þæt wundor ġefræġn,

þæt sē wyrm forswealg wera ġied sumes,
þēof in þȳstro, þrymfæstne cwide
ond þæs strangan staþol. Stælġiest ne wæs
wihte þȳ glēawra þē hē þam wordum swealg.

50.

Wiga is on eorþan wundrum ācenned
dryhtum tō nytte, of dumbum twām
torht ātyhted, þone on tēon wiġeð
fēond his fēonde. Forstrangne oft
wīf hine wrīð; hē him wel hēreð,
þēowaþ him ġeþwǣre, ġif him þeġniað
mæġeð ond mæċġas mid ġemete ryhte,
fēdað hine fæġre; hē him fremum stēpeð
līfe on lissum. Lēanað grimme
þe hine wloncne weorþan lǣteð.

51.

Iċ seah wrǣtliċe wuhte fēower
samed sīþian; swearte wǣran lāstas,
swaþu swīþe blacu. Swift wæs on fōre,
fuglum framra; flēag on lyfte,
dēaf under ȳþe. Drēag unstille
winnende wiga sē him wægas tǣcneþ
ofer fǣted gold fēower eallum.

15. *Dream of the Rood*

This poem is highly original in a variety of ways. It is the earliest European vernacular dream vision, a genre that was not widely popular until the fourteenth century, although several dream visions are recorded in the Anglo-Saxon period, notably that of Leofric (reading selection 6), along with several Latin ones, including those in Bede. The poem also shares with the later Middle Ages a particular veneration for the mother of Christ (see lines 92–4) that is not prominent in the Anglo-Saxon period. Its form is striking, as well, with passages alternately in normal and hypermetric verse measures. Its depiction of Christ as stripping himself and ascending the cross of his own will is only the most obvious of the ways he is turned into a figure consonant with the heroes of native legend, with the cross as his retainer. The depiction of the cross as alternately bejeweled and suffused with blood (lines 14–23) reinforces the theme of how the cross represents both an instrument of torture and the means of salvation. Ornate precious crosses are known from this period, most notably those devised as reliquaries, and especially to house fragments of Christ's cross, such as the Brussels Cross.

Possibly the latter half of the poem (lines 78–156), which contains just one hypermetric line, was appended sometime after the poem's original composition, but if that is so, it is remarkable how the addition lends the poem a familiar form, one that may be compared to that of *The Wanderer* (reading selection 16): a narrator sets the scene and introduces a speaker who recounts a tale of harsh personal experience, from which he derives wisdom presented in sententious form to prove the value of enduring hardship. The narrator returns with his own moralizing maxims and closes the poem with an eschatological passage looking toward heaven and the afterlife.

A version of certain passages in the poem (lines 39–49, 56–64) is inscribed in runes on a monumental cross preserved at Ruthwell in Dumfriesshire, southwestern Scotland, The inscription, of the eighth or ninth century, is fragmentary and partly obliterated, due to mishandling of the cross during the Puritan era, but it is plain that it is excerpted from a longer composition such as this. A transliteration of the inscription is given in Appendix B on page 124.

Hwæt, iċ swefna cyst   seċġan wylle,
hwæt mē ġemǣtte   tō midre nihte,
syðþan reordberend   reste wunedon.
Þūhte mē þæt iċ ġesāwe   syllicre trēow
on lyft lēodan,   lēohte bewunden,
bēama beorhtost.   Eall þæt bēacen wæs
begoten mid golde.   Ġimmas stōdon
fæġere æt foldan sċēatum;   swylċe þǣr fīfe wǣron
uppe on þām eaxlġespanne   —behēoldon þǣr enġeldryhte—
fæġere þurh forðġesceaft.   Ne wæs ðǣr hūru fracodes ġealga,
ac hine þǣr behēoldon   hāliġe gāstas,

men ofer moldan, ond eall þēos mǣre ġesceaft.
Sylliċ wæs sē siġebēam, ond iċ synnum fāh,
forwunded mid wommum. Ġesēah iċ wuldres trēow,
wǣdum ġeweorðode, wynnum sċīnan,
ġeġyred mid golde; ġimmas hæfdon
bewriġen weorðlīċe wealdendes trēow.
Hwæðre iċ þurh þæt gold onġytan meahte
earmra ǣrġewin, þæt hit ǣrest ongan
swǣtan on þā swīðran healfe. Eall ic wæs mid sorgum ġedrēfed;
forht iċ wæs for þǣre fæġran ġesyhðe. Ġeseah iċ þæt fūse bēacen
wendan wǣdum ond blēom; hwīlum hit wæs mid wǣtan bestēmed,
beswyled mid swātes gange, hwīlum mid sinċe ġeġyrwed.
Hwæðre iċ þǣr liċġende lange hwīle
behēold hrēowċeariġ hǣlendes trēow,
oð ðæt iċ ġehȳrde þæt hit hlēoðrode.
Ongan þā word sprecan wudu sēlesta:
"Þæt wæs ġẹāra iū— iċ þæt ġȳta ġeman—
þæt iċ wæs āhēawen holtes on ende,
āstyred of stefne mīnum. Ġenāman mē ðǣr strange fēondas,
ġeworhton him þǣr tō wǣfersȳne, hēton mē heora wergas hebban.
Bǣron mē ðǣr beornas on eaxlum, oð ðæt hie mē on beorg āsetton,
ġefæstnodon mē þǣr fēondas ġenōge. Ġeseah iċ þā frēan mancynnes
efstan elne mycle, þæt hē mē wolde on ġestīgan.
Þǣr iċ þā ne dorste ofer dryhtnes word
būgan oððe berstan, þā iċ bifian ġeseah
eorðan sċēatas. Ealle ic mihte
fēondas ġefyllan, hwæðre iċ fæste stōd.
Onġyrede hine þā ġẹong hæleð, þæt wæs God ælmihtiġ,
strang ond stīðmōd. Ġestāh hē on ġealgan hēanne,
mōdiġ on maniġra ġesyhðe, þā hē wolde mancyn lȳsan.
Bifode iċ þā mē sē beorn ymbclypte. Ne dorste iċ hwæðre būgan tō eorðan,
feallan tō foldan sċēatum, ac iċ sċẹolde fæste standan.
Rōd wæs iċ ārǣred. Āhōf iċ rīcne cyning,
heofona hlāford; hyldan mē ne dorste.
Þurhdrifan hī mē mid deorcan næġlum. On mē syndon þā dolg ġesīene,
opene inwidhlemmas. Ne dorste iċ hira ǣnigum sċeððan.
Bysmeredon hie unc būtū ætgædere. Eall iċ wæs mid blōde bestēmed,
begoten of þæs guman sīdan, siððan hē hæfde his gāst onsended.
Feala iċ on þām beorge gebiden hæbbe
wrāðra wyrda. Ġeseah iċ weruda God

þearle þenian.   Þȳstro hæfdon
bewriġen mid wolcnum   wealdendes hrǣw,
sċīrne sċīman,   sċęadu forð ēode,
wann under wolcnum.   Wēop eal ġesċeaft,
cwīðdon cyninges fyll.   Crīst wæs on rōde.
“Hwæðere þǣr fūse   feorran cwōman
tō þām æðelinge.   Iċ þæt eall behēold.
Sāre iċ wæs mid sorgum ġedrēfed,   hnāg iċ hwæðre þām seċġum tō handa,
ēaðmōd elne mycle.   Ġenāmon hie þǣr ælmihtiġne God,
āhōfon hine of ðām hefian wīte.   Forlēton mē þā hilderincas
standan stēame bedrifenne;   eall iċ wæs mid strǣlum forwundod.
Ālēdon hie ðǣr limwēriġne,   ġestōdon him æt his līċes hēafdum;
behēoldon hie ðǣr heofenes dryhten,   ond hē hine ðǣr hwīle reste,
mēðe æfter ðām miclan ġewinne.   Ongunnon him þa moldern wyrċan
beornas on banan ġesyhðe;   curfon hie ðæt of beorhtan stāne,
ġesetton hie ðǣron sigora wealdend.   Ongunnon him þā sorhlēoð galan,
earme on þā ǣfentīde,   þā hie woldon eft sīðian,
mēðe fram þām mǣran þēodne.   Reste hē ðǣr mǣte weorode.
Hwæðere wē ðǣr grēotende   gōde hwīle
stōdon on staðole;   stefn up ġewāt
hilderinca.   Hrǣw cōlode,
fǣġer feorgbold.   Þā ūs man fyllan ongan
ealle tō eorðan.   Þæt wæs eġesliċ wyrd.
Bedealf ūs man on dēopan sēaþe.   Hwæðre mē þǣr dryhtnes þeġnas,
frēondas ġefrūnon   * * * * *
onġyredon mē   golde ond seolfre.
“Nū ðū miht ġehȳran,   hæleð mīn sē lēofa,
þæt iċ bealuwa weorc   ġebiden hæbbe,
sārra sorga.   Is nū sǣl cumen
þæt mē weorðiað   wīde ond sīde
menn ofer moldan,   ond eall þēos mǣre ġesċeaft,
ġebiddaþ him tō þyssum bēacne.   On mē bearn Godes
þrōwode hwīle.   Forþan iċ þrymfæst nū
hlīfiġe under heofenum,   ond iċ hǣlan mæġ
ǣġhwylcne ānra,   þāra þe him bið eġesa tō mē.
Iū iċ wæs ġeworden   wīta heardost,
lēodum lāðost,   ǣr þan iċ him līfes weġ
rihtne ġerȳmde,   reordberendum.
Hwæt, mē þā ġeweorðode   wuldres ealdor
ofer holtwudu,   heofonrīċes weard,

swylċe swā hē his mōdor ēac,   Mārian sylfe,
ælmihtiġ God   for ealle menn
ġeweorðode   ofer eall wīfa cynn.
“Nū iċ þē hāte,   hæleð mīn sē lēofa,
þæt ðū þās ġesyhðe   seċġe mannum,
onwrēoh wordum   þæt hit is wuldres bēam,
sē ðe ælmihtiġ God   on þrōwode
for mancynnes   manegum synnum
ond Ādomes   ealdġewyrhtum.
Dēað hē þǣr byriġde,   hwæðere eft dryhten ārās
mid his miclan mihte   mannum tō helpe.
Hē ðā on heofenas āstāg.   Hider eft fundaþ
on þysne middanġeard   mancynn sēċan
on dōmdæġe   dryhten sylfa,
ælmihtiġ God,   ond his englas mid,
þæt hē þonne wile dēman,   sē āh dōmes ġeweald,
ānra ġehwylcum   swā hē him ǣrur hēr
on þyssum lǣnum   līfe ġeearnaþ.
Ne mæġ þǣr ǣniġ   unforht wesan
for þām worde   þe sē wealdend cwyð.
Frīneð hē for þǣre mæniġe   hwǣr sē man sie,
sē ðe for dryhtnes naman   dēaðes wolde
biteres onbyriġan,   swā hē ǣr on ðām bēame dyde.
Ac hie þonne forhtiað,   ond fēa þenċaþ
hwæt hie tō Crīste   cweðan onġinnen.
Ne þearf ðǣr þonne ǣniġ   anforht wesan
þe him ǣr in brēostum bereð   bēacna sēlest,
ac ðurh ðā rōde sċeal   rīċe ġesēċan
of eorðweġe   ǣġhwylċ sāwl,
sēo þe mid wealdende   wunian þenċeð.”
Ġebæd iċ mē þā tō þan bēame   blīðe mōde,
elne mycle,   þǣr iċ āna wæs
mǣte werede.   Wæs mōdsefa
āfȳsed on forðweġe,   feala ealra ġebād
langunghwīla.   Is mē nū līfes hyht
þæt iċ þone siġebēam   sēċan mōte
āna oftor   þonne ealle men,
well weorþian.   Mē is willa tō ðām
myċel on mōde,   ond mīn mundbyrd is
ġeriht tō þǣre rōde.   Nāh iċ rīcra feala

frēonda on foldan,   ac hie forð heonon
ġewiton of worulde drēamum,   sōhton him wuldres cyning,
lifiaþ nū on heofenum   mid hēahfædere,
wuniaþ on wuldre,   ond iċ wēne mē
daga ġehwylċe   hwænne mē dryhtnes rōd,
þe iċ hēr on eorðan   ǣr sċēawode,
on þysson lǣnan   līfe ġefetiġe
ond mē þonne ġebrinġe   þǣr is blis myċel,
drēam on heofonum,   þǣr is dryhtnes folc
ġeseted tō symle,   þǣr is singāl blis,
ond mē þonne āsette   þǣr iċ syþþan mōt
wunian on wuldre,   well mid þām hālgum
drēames brūcan.   Sī mē dryhten frēond,
sē ðe hēr on eorþan   ǣr þrōwode
on þām ġealgtrēowe   for guman synnum.
Hē ūs onlȳsde   ond ūs līf forġeaf,
heofonlicne hām.   Hiht wæs ġenīwad
mid blēdum ond mid blisse   þām þe þǣr bryne þolodan.
Sē sunu wæs sigorfæst   on þām sīðfate,
mihtiġ ond spēdiġ,   þā hē mid maniġẹo cōm,
gāsta weorode,   on Godes rīċe,
anwealda ælmihtiġ,   englum tō blisse
ond eallum ðām hālgum   þām þe on heofonum ǣr
wunedon on wuldre,   þā heora wealdend cwōm,
ælmihtiġ God,   þǣr his ēðel wæs.

16. *The Wanderer*

The Wanderer, in the Exeter Book, is perhaps the most iconic of a class of lyrics and poetic passages in Old English often referred to as "elegies." Its tale of inner turmoil and outer desolation appeals to modern sensibilities like nothing else in Old English except perhaps *The Seafarer*, also in the Exeter Book, a poem with a similar theme but a more explicitly pious intent. Certain difficulties of interpretation are glossed over by the application of modern punctuation: the obscure lines 51–7, for example, might be punctuated a number of different ways, and since the beginnings and ends of quoted speeches are sometimes difficult to pinpoint, no quotation marks have been supplied in the present edition. Notes on the text begin on p. 249.

Oft him ānhaga   āre ġebīdeð,
metudes miltse,   þēah þe hē mōdċeariġ
ġęond lagulāde   longe sċęolde
hrēran mid hondum   hrīmċealde sǣ,
wadan wræclāstas.   Wyrd bið ful ārę̄d.
  Swā cwæð eardstapa,   earfeþa ġemyndiġ,
wrāþra wælsleahta,   winemǣga hryre:
  Oft iċ sċęolde āna   ūhtna ġehwylċe
mīne ċeare cwīþan.   Nis nū cwicra nān
þe iċ him mōdsefan   mīnne durre
sweotule āseċġan.   Iċ tō sōþe wāt
þæt biþ in eorle   indryhten þēaw,
þæt hē his ferðlocan   fæste binde,
healde his hordcofan,   hyċġe swā hē wille.
Ne mæġ wēriġ mōd   wyrde wiðstondan,
nē sē hrēo hyġe   helpe ġefremman.
Forðon dōmġeorne   drēoriġne oft
in hyra brēostcofan   bindað fæste,
swā iċ mōdsefan   mīnne sċęolde,
oft earmċeariġ,   ēðle bidǣled,
frēomǣgum feor   feterum sǣlan,
siþþan ġeāra iū   goldwine mīnne
hrūsan heolstre biwrāh,   ond iċ hēan þonan
wōd winterċeariġ   ofer waþema ġebind,
sōhte seledrēoriġ   sinċes bryttan,
hwǣr iċ feor oþþe nēah   findan meahte
þone þe in meoduhealle   mīne wisse,

oþþe meċ frēondlēasne   frēfran wolde,
wēman mid wynnum.   Wāt sē þe cunnað
hū slīþen bið   sorg tō ġefēran
þām þe him lȳt hafað   lēofra ġeholena.
Warað hine wræclāst,   nales wunden gold,
ferðloca frēoriġ,   nalæs foldan blǣd.
Ġemon hē selesecġas   ond sinċþeġe,
hū hine on ġęoguðe   his goldwine
wenede tō wiste.   Wyn eal ġedrēas.
    Forþon wāt sē þe sċeal   his winedryhtnes
lēofes lārcwidum   longe forþolian,
ðonne sorg ond slǣp   somod ætgædre
earmne ānhogan   oft ġebindað.
Þinċeð him on mōde   þæt hē his mondryhten
clyppe ond cysse,   ond on cnēo leċġe
honda ond hēafod,   swā hē hwīlum ǣr
in ġeārdagum   ġiefstōlas brēac.
Ðonne onwæcneð eft   winelēas guma,
ġesihð him biforan   fealwe wēgas,
baþian brimfuglas,   brǣdan feþra,
hrēosan hrīm ond snāw,   hagle ġemenġed.
Þonne bēoð þȳ hefiġran   heortan benne,
sāre æfter swǣsne.   Sorg bið ġenīwad.
Þonne māga ġemynd   mōd ġęondhweorfeð—
grēteð glīwstafum,   ġeorne ġęondsċēawað—
secġa ġeseldan   swimmað oft on weġ,
flēotendra ferð.   Nō þǣr fela brinġeð
cūðra cwideġiedda   —cearo bið ġenīwad—
þām þe sendan sċeal   swīþe ġeneahhe
ofer waþema ġebind   wēriġne sefan.
    Forþon iċ ġeþenċan ne mæġ   ġęond þās woruld
for hwan mōdsefa   mīn ne ġesweorce,
þonne iċ eorla līf   eal ġęondþenċe,
hū hī fǣrlīċe   flet ofġēafon,
mōdġe maguþeġnas.   Swā þēs middanġeard
ealra dōgra ġehwām   drēoseð ond fealleþ;
forþon ne mæġ weorþan wīs wer   ǣr hē āge wintra dǣl
in woruldrīċe.   Wita sċeal ġeþyldiġ,
nē sċeal nō tō hātheort   nē tō hrǣdwyrde,
nē tō wāc wīga   nē tō wanhȳdiġ,

nē tō forht nē tō fæġen, nē tō feohġīfre
nē næfre ġielpes tō ġeorn, ǣr hē ġeare cunne.
Beorn sċeal ġebīdan, þonne hē bēot spriċeð,
oþ þæt collenferð cunne ġearwe
hwider hreþra ġehyġd hweorfan wille.
Onġietan sċeal glēaw hæle hū gǣstliċ bið,
þonne ealre þisse worulde wela wēste stondeð,
swā nū missenlīċe ġeond þisne middanġeard
winde biwāune weallas stondaþ,
hrīme bihrorene, hrȳðġe þā ederas.
Weorniað þā wīnsalo, waldend liċgað
drēame bidrorene, duguþ eal ġecrong,
wlonc bī wealle. Sume wīġ fornom,
ferede in forðweġe: sumne fugel oþbær
ofer hēanne holm, sumne sē hāra wulf
dēaðe ġedǣlde, sumne drēoriġhlēor
in eorðsċræfe eorl ġehȳdde.
Ȳþde swā þisne eardġeard ælda sċyppend
oþ þæt burgwara breahtma lēase
eald enta ġeweorc īdlu stōdon.
Sē þonne þisne wealsteal wīse ġeþōhte
ond þis deorce līf dēope ġeondþenċeð,
frōd in ferðe, feor oft ġemon
wælsleahta worn, ond þās word ācwið:
Hwǣr cwōm mearg? Hwǣr cwōm mago? Hwǣr cwōm māþþumġyfa?
Hwǣr cwōm symbla ġesetu? Hwǣr sindon seledrēamas?
Ēalā beorht bune! Ēalā byrnwiga!
Ēalā þēodnes þrym! Hū sēo þrāg ġewāt,
ġenāp under nihthelm, swā hēo nō wǣre!
Stondeð nū on lāste lēofre duguþe
weal wundrum hēah, wyrmlīcum fāh.
Eorlas fornōman asca þrȳþe,
wǣpen wælġīfru, wyrd sēo mǣre,
ond þās stānhleoþu stormas cnyssað,
hrīð hrēosende hrūsan bindeð,
wintres wōma, þonne won cymeð,
nīpeð nihtsċua, norþan onsendeð
hrēo hæġlfare hæleþum on andan.
Eall is earfoðlīċ eorþan rīċe,
onwendeð wyrda ġesċeaft weoruld under heofonum.

Hēr bið feoh lǣne, hēr bið frēond lǣne,
hēr bið mon lǣne, hēr bið mǣġ lǣne;
eal þis eorþan ġesteal īdel weorþeð.
Swā cwæð snottor on mōde, ġesæt him sundor æt rūne.
Til biþ sē þe his trēowe ġehealdeþ; ne sċeal nǣfre his torn tō rycene
beorn of his brēostum ācȳþan, nemþe hē ǣr þā bōte cunne,
eorl mid elne ġefremman. Wel bið þām þe him āre sēċeð,
frōfre tō fæder on heofonum, þǣr ūs eal sēo fæstnung stondeð.

NOTES ON THE TEXTS

1. TWO SELECTIONS FROM THE OLD ENGLISH BEDE

The text of selection A is based on Cambridge Univ. Library, MS. Kk. 3. 18 (Ca), with variants from Cambridge, Corpus Christi Coll., MS. 41 (C), up to *sticode* 57; thereafter begins the text of the superior manuscript Oxford, Bodleian Library, MS. Tanner 10 (T), on which the remainder is based, as well as selection B.

4 hī] hi *C*, he *Ca* 15 þæt] *so C,* ond þæt *Ca* 22 hī] hi *C*, he *Ca* 34] suna, þæs fæder wæs Witta hāten] *so C,* suna *Ca* 50 forhereġeode wǣron] *so C,* wæs forhergiende *Ca* hruran ond] *so C,* hrusan a *Ca* 51 sācerdas ond] *so C,* sacerdas *Ca* 90 sċalde] sealde *T,* sceoldan *Ca* 116 Gode wyrðes] *so Ca,* godes wordes *T* 162 ne wǣre] *so Ca,* wære *T* 181 onhylde] *so Ca,* ohhylde *T*

A. THE ARRIVAL OF THE ANGLO-SAXONS IN BRITAIN

1. The selection begins after the Britons, for their sins against God, have been attacked by Picts from the north.

5–6. ġeċȳġdon ond ġelaðedon. Here and at some other places in this text, the *-on* ending on verbs must stand for *-en*, showing early coalescence of the indicative and subjunctive endings (§126). Similarly, *-an* may appear for *-on*, as in ll. 15, 17, 21, etc.

6. ġestihtad shows the typical Anglian use of *-ad-* where West Saxon has *-od-* in verbs of the second weak class. The passage contains a number of Anglianisms, some of them specifically Mercian. They include verb forms without West Saxon syncope (e.g. **hāteð** for WS *hāt(t)* 28), **nēh** 50 (with Anglian smoothing of the diphthong *ēa*), **wībedum** 52 (= WS *wēofodum*), **forġēfe** 58 (with Anglian *ē* for WS *ēa*), **dēaglum** 63 (= EWS *dīeġlum*), **ġeċēġde** 69 (with *ē* for EWS *īe*), **ġeheht** 69 (= WS *ġehēt*), **ġēr** 71 (= WS *ġēar*), **Beadonescan** 71 (with *ea* for WS *a*), and Anglian vocabulary like **nemne** 43 (Mercian) and **nǣniġ** 46.

7. sweotoliċe shows simplification of *-ll-* after an unstressed vowel.

12. Seaxna depends upon an understood *þēod* (abstracted from *Angelþēod*), and the singular verb shows that with a compound subject, the verb often agrees with just one of the compounded elements.

15, 16. hī (the subject of *compedon*) = the Saxons; **hī** (the object of *onherġedon*) = the Britons.

21. sealdan ond gēafan. It is characteristic of OE translations from Latin that they will provide two translations of a single word, perhaps because many translations must have relied on interlinear glosses, in which alternative translations are often provided, as in the glosses in Appendix B, pp. 124–6.

22. hǣlo. A not inconsiderable number of feminine nouns ending in *-u* or *-o* and with front mutation of the root vowel are indeclinable in all cases except the genitive and dative plural. These originally had stems ending in **-īn-*, but analogical processes set in at an early date. Nouns of this type include *bieldu* 'boldness', *brǣdu* 'breadth', *bysgu* 'trouble', *enġu* 'strait', *fyllu* 'fullness', *hǣlu* 'health', *hǣtu* 'heat', *hyldu* 'homage', *ieldu* 'age', *lenġu* 'length', *meniġu* 'multitude', *ofermēdu* 'pride', *snyttru* 'wisdom', *strenġu* 'strength, *þīestru* 'darkness', *wæstmbǣru* 'fertility', *wlenċu* 'grandeur', and *wyrþu* 'honor'.

25. Germānīe is Latin gen.sg., showing typical medieval *-e* for classical *-ae*.

26. Ġēatum. Bede's Latin calls them *Iutae* 'Jutes' (originally from Jutland, in what is now Denmark); the translator (or a scribe) has taken the English equivalent of *Iutae* to be the name of Beowulf's people, who lived in what is now south-central Sweden. The etymologically proper form would be *Ēotum*. Compare the use of *Gotland* 7.75 in reference to Jutland.

28. mon is an indefinite pronoun equivalent to French *on*, German *man* 'one', used to form impersonal constructions. Clauses containing it are usually best translated in the passive voice, as here: 'which is called Saxony'. Similarly in 57: 'in exchange for their being given sustenance'.

28. Ealdseaxan is an ethnic name rather than a georgaphical one, but the two types of terminology are interchangeable in Old English. Cf. the mixture of the two types in **of Seaxum ond of Angle and of Ġēatum** above (25–6); cf. also **Ābūlīa þǣre þēode** 7.285.

29. The **Middelengle** occupied a large part of the central Midlands, between East Anglia and the home of the **Myrċe** 'Mercians' (literally 'Border-people'), who occupied the West Midlands. **Angulus** is Angeln, in Schleswig-Holstein.

35. Wihta is indeclinable. The god **Wōden** also apppears in most of the Anglo-Saxon royal genealogies.

39. wǣron on myclum eġe 'were a great terror' (*essent terrori*).

41. ġeweredon . . . wið misconstrues *inito . . . foedere cum* 'entered into a compact with'.

47. þām ðe 'that in which' or 'that when'.

48. cynelico ġetimbro somod ond ānlīpie = *aedifica puplica simul et privata.*

71. þǣre Beadonescan dūne renders Bede's *Badonici montis* 'of Mount Badon', an unidentified place.

B. The story of Cædmon

75. The abbess alluded to here is Hild (614–79), the founding abbess of the monastery at Whitby (OE *Strēoneshealh*, founded about 650). A niece of Edwin, king of Northumbria, she was baptized in 627 by the missionary Paulinus when the king was converted to Christianity. As with the preceding selection, the passage contains numerous Anglianisms, including **ðeosse** 74 (WS *þisse*), **inbryrd-** 78 (WS *onbryrd-*), uncontracted **ġeseted** 88 (WS *ġeset(t)*), **nēalēċan** 91

(WS *nēalǣċan*), **gongende** 94 (WS *gānde*), **neahte** 94 (WS *nihte*), **ġeseġen** 122 (WS *ġesewen*), **ānforlēte** 130 (WS *ānforlǣte*), **ġehwerfde** 135 (EWS *ġehwierfde*), **seolf-** 136, 187 (EWS *self-*), **wreoton** 137 (WS *writon*), **ġēmde** 148 (EWS *ġīemde*), and **Teala** 179 (WS *tela*).

80. ġeglængde shows the frequent spelling <æ> for <e> before a nasal consonant. See §111(c).

82. ġeþēodnisse here must mean 'longing'. The translator seems to have taken *appetitum* in the more literal sense of the past participle of *appetere* 'approach' (hence, *appetitum* = 'nearness').

87. efne þā ān þā ðe 'just those things alone which' (*ea tantummodo quae*).

88. his þā ǣfęstan tungan: the use of the demonstrative with a possessive pronoun is primarily an Anglian trait; there is another example in 137. The character *ę* ('*e* caudata') is equivalent to *æ*.

89. ġelȳfdre 'infirm', though the Latin says only that he was advanced in age.

91. sċalde (a Mercianism) = *sċolden*. See the note on **mǣre** 14.26.16.

95–6. him . . . beboden 'entrusted to his care'.

97. him . . . æt 'by him' (postposed preposition).

98. Cedmon is a Celtic name, derived from British **Catumanos*. Therefore, presumably, the initial consonant was not affricated, though admittedly, the name has been anglicized sufficiently that *a* has changed to *o* before *n*.

101–2. þū mē āht singan = *mihi cantare habes*. Thus, *āht* must be an older form of *āhst* (to *āgan*). Alternatively, *meaht* could be read for *mē āht*, but this would leave Latin *mihi* untranslated.

103–4. þǣre endebyrdnesse (gen. sg.) is not strictly grammatical and is altered in some manuscripts of the work. The clause renders *quorum iste est sensus* 'of which (words) this is the sense'.

105–13. In manuscripts of the Latin text, the OE poem is added only in the margin or at the end of the work, with a prose summary in Latin at this place. The OE translator substitutes the OE poem for that summary. Omission of the pronoun *wē* with **sċulon** 106 (Lat. *debemus* 'we ought') is apparently an archaism.

120. him ondweardan means 'in their presence', though the construction is more literally absolute, '(with) them (being) present' (§90).

121. þæt ealra heora dōme ġecoren wǣre 'so that it might be determined by the judgment of all of them'.

122. ġeseġen is an Anglian past/passive participle of *sēon*; cf. WS *ġesewen*.

126. onfongne. Note that the past participle agrees in number with *wīsan*; except in relatively early texts such as this one, the past participle, if predicative, most commonly is uninflected. **cwōm** is an Anglian preterite of *cuman*.

131. mid his gōdum translates *cum omnibus suis*, which Bede instead intended to mean 'with all her people'.

132. lǣran, like many OE infinitives, must be understood to have passive import.

134. mid hine ġemyndgade = *rememorando secum* 'memorizing it', an excessively literal translation. Use of the accusative after *mid* is an Anglianism. **clǣne nēten:** a clean (i.e. consumable) beast under Mosaic law chews the cud and has split hooves (see Lev. 11 and Deut. 14).

137. wreoton (Anglian) = WS *writon* (pret. pl. of *wrītan*); the ending *-u* on *wynsmumu* (line 54) is also an Anglianism, or an early feature. Bede says nothing about writing down the poems.

141. canōnes bōca 'of canonical books'.

145. heofonlecan. The form *-lecan* (for *-lican*, with *e* due to depalatalization of *c* by the following back vowel; similarly in **regollecum** 151) is found only in relatively early texts.

154–5. ðǣre tīde nēalǣcte 'it came near the time'; *tīde* is dative. There are similar constructions in 167–8 and 177. In regard to **þā wæs hē fēowertȳnum dagum ǣr**, in Modern English it would be said that *it* was fourteen days before.

160. gongende wæs = *erat exiturus* 'was about to depart'.

166. neaht for *ni(e)ht* is due to early substitution of *ō*- for *i*-stem endings.

184. þēode 'he had served' (inf. *þēowan*), with dative object.

186. hē is for expected *hēo*, in reference to *sēo tunge*. In actuality, the translator has taken *illaque lingua* for a nominative rather than an ablative; hence, *sēo tunga* should be *mid þǣre tungan*.

2. King Alfred's Preface to the Pastoral Care

The manuscript is Oxford, Bodleian Library, MS. Hatton 20.

1–3. As the letter explains, a copy of the book is to be sent to each bishop in Alfred's realm. The present copy is addressed to Wærferth, bishop of Worcester. As was standard in Anglo-Saxon letters, the letter begins formally in the third person, but it soon changes to first person. (Third person address in addition probably indicates dictation to a scribe.) The form **hāteð** is also formal, being Anglian (cf. WS *hǣt*); subsequently, verbs are syncopated (as with **ðyncð** in line 43). The form **wiotan** (like **siodo** 7) shows Anglian back mutation. It should be noted that this word, like many others in the selection (including *ġiond* 3), contains *io* (elsewhere both long and short), whereas WS usually has *eo* instead. Note also EWS **hwelċe** 2, usually later *hwylċe*.

6. on ðām dagum is added in a later hand that N.R. Ker has identified as probably that of the homilist Wulfstan.

11–12. In the golden age of Anglo-Saxon Christendom (late seventh century to early ninth), England and Ireland had been the most important centers of learning in northern Europe. The eighth century in particular had been the period of the ascendancy of Northumbria for its great scholars, most notably Bede and Alcuin. The form **hieder** 12 shows the occasional confusion of *i* and *ie* in EWS; similarly **hiene** 22, **siendon** 71.

21. tō ðǣm . . . ðæt 'to this end, that' (or possibly 'to such an extent that'); **swǣ . . . oftost** 'as often as'.

22–3. ðǣr ðǣr 'wherever'; **hwelċ wītu** refers to the depredations of Vikings, perceived as divine retribution for English sins: cf. reading selection 8.

28. miċel meniġeo is nominative for expected genitive (parallel to *māðma ond bōca*).

41. For ðǣre wilnunga 'Intentionally'.

42. mā is normally an adverb, but it may be used as in indeclinable pronoun, as here: 'the more wisdom . . . the more (of) languages'.

58. hīeran is comparative of *hēah*. The allusion is to preparing students for the priesthood.

64–6. Plegmund was a Mercian, Asser a Welshman; Grimbold came from St. Bertin at Saint-Omer (near Calais), and John was a continental Saxon.

67. swǣ . . . andġitfullīcost 'as sensibly as'.

68. An **æstel** (probably from late Lat. *hastella*, diminutive of *hasta* 'spear') was likely used to point to words on the page during reading. It may also have been used as a bookmark, though other interpretations have been offered: see the *DOE*. It is possible that the handle of one of Alfred's *æstellas* is an artifact of gold, enamel, and quartz that is now in the Ashmolean Museum, Oxford, called the Alfred Jewel (illustrated on the cover of this book) because an inscription on it reads *AELFRED MEC HEHT GEWYRCAN* 'Alfred had me made.'

69. on fiftegum mancessan 'worth fifty mancuses'.

70. The sense 'it being' may be assumed before **uncūð**.

74. ōðre bī wrīte 'write another by means of it', i.e. copy it.

3. Selections from the Parker Chronicle for 892–900

The manuscript is Cambridge, Corpus Christi Coll., MS. 173 (A), with variants from London, British Library, Cotton MS. Tiberius B. i (C) and Oxford, Bodleian Library, MS. Laud. Misc. 636 (E).

4 þridde healf hund] *so E,* ccl hund *A* 5 miclan] miclam *A,* mycclan *E,* ilcan *C* 22 hī] him *A,* hi *C* 59 Bēam-] bleam *A,* beam *C* 60 ġeworht] ge ge worc[t] *A,* geworht *C* 108 Ond] On *A,* Ond *C* 136 wīċġerēfa] *so C,* wicgefera *A*

1. sē micla here. A large force of Vikings had invaded in 879 but did not remain, crossing the Channel and harrying among the Franks before being defeated in 891. It returned to England the following year.

2. The **ēastrīċe** is East Francia, the eastern Frankish kingdom.

3. āsettan him . . . ofer, i.e. crossed the English Channel.

4. Limene. The Lympne ([lɪm]), west of Folkestone in Kent, was a larger and more important waterway in Anglo-Saxon times than at the present day. **þridde healf hund** = 250.

5. Andred is the Weald, which extended from Kent into Hampshire. It is named after the Roman fort Anderidos (Pevensey) and shows the usual effect of initial placement of the accent in Old English.

7. tugon up hiora sċipu 'rowed their ships up'.

8. fram þǣm mūþan ūteweardum, i.e. from the entrance of the estuary.

10. Hǣstēn (ON *Hásteinn*) was a Viking leader with the forces in Francia from 866.

13–14. on þǣm ēastrīċe ġeweorc ġeworht hæfdon. The reference is to a fort at Leuven (in modern Belgium) occupied by the Danes between their defeat and their departure for England.

15. foreġīsla are presumably hostages taken while the terms of the treaty were still under negotiation.

17. on heora healfe. It is uncertain whether *heora* refers to the armies of the invading Danes or to the Northumbrians and East Angles (i.e. the Scandinavians already settled in those areas).

18–19. þǣr þǣr hē nīehst rȳmet hæfde for wudufæstenne ond for wæterfæstenne. The sense is probably that Alfred camped where he could easily reach the Danish fort in the woods (Appledore) and the one on the Thames (Milton Regis), which were some forty km. apart. **ǣġþerne** refers to either army, since it agrees with *here* instead of *fæstenn.*

20. feld sēċan refers to the Vikings' exposing themselves to pitched battle in the open, something they tended to avoid.

21. efes. An inflectionless construction like this, which is common with words related to place (cf. **hām** 24), is usually called an "'endingless locative," patterned after actual locatives (a PIE case) from which the inflection was lost in prehistoric times.

29. The second **þā** is the object of **ferian**.

33. ānne iġġað. According to Alfred's descendant Æthelweard (d. ca. 998), whose *Chronicon* is a Latin translation of the Anglo-Saxon Chronicle, with additions, the island was Thorney in Buckinghamshire, about ten km. northeast of Windsor.

34. hæfdon . . . stemn gesetenne 'had completed their tour of duty'.

44. ġewaldenum 'manageable', i.e. not of much account.

51. his cumpæder in the present context means 'his son's godfather'.

61. Sealwudu 'Selwood' was a forest in Somerset.

78. freten. The verb *fretan* is usually reserved to mean 'eat' (it is a derivative of *etan*) with subjects other than humans.

106. tugon: see the note on l. 7.

116. þǣre ēas: note the instance of the masc. inflection on the fem. noun, a rare occurrence early in the period.

128. Godes þonces is adverbial: 'God be thanked'.

143–4. on Frēsisc . . . on Denisc 'on the Frisian (Danish) model'.

148. faran mid nigonum tō þāra nīwena scipa: *tō* is an adverb 'to that place'; *scipa* depends upon *nigonum.*

150. æt ufeweardum þǣm mūðan 'above the estuary', i.e. where the estuary becomes a river.

152. æt ðǣm mūðan ūteweardum: see the note on l. 8.

154. forðȳ . . . ðe 'because'; **ðāra ōþerra** refers to the English, as does **Þā** at the start of the next sentence.

174. Aþulfing 'son of Æþelwulf'; **ealra hāliġra mæssan** 'Allhallows', i.e. the feast of all saints (Nov. 1).

4. Ælfric on the Three Estates

The manuscript is London, British Library, Cotton MS. Julius E. vii (J), with variants from Cambridge, Corpus Christi Coll. MS 198 (C).

15 ġesewenlīċe feohtað] *so C,* feohtað *J* 25 ēgiptisca] *so C,* egiptisc *J*

22. Julian the Apostate, nephew of Constantine I, reigned as emperor 361–363 CE and attempted to restore paganism as the official religion of the empire. He was not a systematic persecutor of Christians.

43. his sċyppende tō tēonan 'as an insult to his creator'.

5. *The Vision of Leofric*

The unique manuscript is Cambridge, Corpus Christi Coll., MS. 367.

23–4 his druncennysse] is drucennysse 26 ċyrċward] cyrward 28 þām] þa 33 mæsserēafe] mæsse 38 wurdon] wurðen 39 swīðor] þæt swiðor 41 þæs þe hē ǣrost wēnde] þe he ærost 50 ðæt] ð 58 þone] þonne 70 agene] agenne 76 þone] þonne

15. Hwæt sċeoll þǣs fūla mann 'Why is this unclean person'.

18. The first **ġebyr(d)tīd** is delivery from the womb and the second baptism. At the time of all three births one's soul is as immaculate as a newborn's.

21. Crīstes ċyriċan is Christ Church (Cathedral), Canterbury.

26. ofer eall 'in spite of everything', i.e. despite the noise made by Leofric.

22. on ǣfen is an endlingless locative: see the note on **efes** 3.21.

42. swā lengre swā hlūddre 'the louder the longer (it continued)'. To **lengre** compare *lenġ* in the same construction four sentences below. Wulfstan's expression *hit is on worolde aa swā lenġ swā wyrse* in his *Sermo Lupi ad Anglos* (reading selection 8 below, line 4) shows that the comparative after the first *swā* might be an adverb even if that after the second was an adjective.

51. swylċe hit tō ġewitnessæ wǣre 'as if it were in witness (of it)', i.e. as if the boy had been caused to stay awake to lend credence to Leofric's account.

57. hē þā inn ēode refers to Leofric.

62. gōd hande brād, i.e. of a good hand's breadth, literally 'good by a hand broad'.

71. An inflection on **lang** was apparently thought unnecessary after **smale**.

6. ÆLFRIC'S *PASSION OF SAINT AGATHA*

The unique manuscript is London, British Library, Cotton MS. Julius E. vii.

45 bēo] be 75 godas] godes 150 mīnne] mine 184 oð] of

12. hēo refers to Agatha.

14. Unlike Gk. *Ἀφροδάσια*, the accent in the Old English name falls, unusually enough, on the second syllable, as revealed by the alliteration in lines 14 and 25.

19. Ēower is genitive of *ġē;* similarly **ūre** 55, to *wē*.

42–3. Cf. the Bollandist text: *Cur moribus te servilem personam ostendis?* 'Why to you present yourself by your manners in the character of a servant?'

57. cwæð is for *cweð*.

64. Note that **Uenus** alliterates on [f], and it was probably pronounced with initial [f], since, etymologically, Old English had no sound [v] at the beginning of a word (though initial [f] became [v] in some southwestern dialects, thus accounting for MnE *vat* and *vixen*, OE *fæt* and *fyxe*, fem. of *fox*). In any case, [f] and [v] were allophones in Old English, and so they did not contrast.

74. ġeeuenlǣċenne is a Latinate spelling for *ġeefenlǣċenne*, like **byuiġende** 174.

75–6. Cf. the *Acta*: *Si enim veri dii sunt, bonum tibi optavi* 'If they are true gods, then I've only wished you good'. **wit cweðaþ þonne ān** renders *mecum sentis* 'you feel the way I do'.

77–9. Cf. the *Acta: Dic ergo eos tam pessimos esse, tamque sordidissimos, vt qui maledicere voluerit aliquem, talem illum optet esse, qualis fuit execrabilis vita eorum* 'Therefore, call them so wicked and filthy that whoever wishes to curse someone may wish him to be just as their execrable life was'.

101. Crīst mē is for hǣle. Cf. the *Acta: Salus mea Christus est* 'Christ is my well-being'.

112. The object **līfe** remains in the dative case when *beorgan* is passivized.

137. The Greek versions identify this **apostol** as St. Peter.

172. In the *Acta* the two **rǣdboran** are named Silvanus and Falconius, and the latter is described only as Silvanus's friend. **þæs stuntan** 170 refers to Quintianus.

200. Though **āwritene** modifies *marmstān*, emendation to *āwritenne* is unnecessary, as participles in phrases very often do not agree with the nouns they modify, especially late in the period: see Mitchell 1985: §42(2).

201. spontaneam is the reading of some manuscripts of the *Acta*, but the better ones have *spontaneum*, modifying *honorem*. Ælfric's translation, too, makes better sense this way.

202. eardes ālȳsednyss 'deliverance to her native country', i.e. heaven.

203. In the *Acta* this **enċġel**, who to this point has been called only a *juvenis* 'youth', is said never to have been seen before *or after* this incident, and this is why the Catanians decide he must have been an angel.

234. A formula: *cui est honor et gloria et potestas in saecula saeculorum.*

7. Three Selections from the Old English Orosius

The manuscript is London, British Library, MS. Additional 47967 (T), known as the Tollemache Orosius, with variants from London, British Library, Cotton MS. Tiberius B. i (C). The latter serves as the sole witness to the text from *bið* 31 to *winter* 134, due to the loss of a gathering from T.

3 þæt þæt] *so C*, þæt *T*   29 hors-] *so C*, horsc *T*   68 þone] þonne *C*   75 siððan] siðða *C*   98 Estlande] eastlande *C*   101 Estland] eastland *C*   112 þe hī] hi *C*   120 swiftoste] swifte *C*   131 Estum] eastum *C*   140 ōðer] oðer *C*, *erased in T*   172 *Amazanas*] *so C*, amazasanas *T*   206 ġefeohte sōhte] *so C*, gefeohten *T*   207 bemurcniað] bemurciað *C*   wyrs sie] *so C*, wyrsie *T*   212 landes æt] *so C*, æt *T*   227 þēatra] þeatra *C*, þreata *T*   230 būton] buton *C*, buto *T*   250 Mæcedonie] mæcedonie *C*, mæcedemonie *T*   253 hiene] hie *T*, hine *C*   254 begongende] *so C*, begonde *T*   his godas] *so C*, his *T*   255 þā] þa *C*, and þa *T*   272 þon] þonne *TC*   293 swā swīðe slēande] swa swiðe sleande *C*, sleande *T*   296 þāra] þa *T*, þæra *C*   299 berendes] *so C*, beren *T*

A. The Voyages of Ohthere and Wulfstan

17. There is no consensus about which river is meant by **ān miċel ēa;** the likeliest candidate is probably the Varzuga, which empties into the White Sea on the southern shore of the Kola Peninsula.

19. ēas. See the note on 3.116.

23. There is no general agreement about the identification of the Biarmians, but they must have been inhabitants of the Kola Peninsula north of the White Sea, part of Murmansk Oblast in what is now the extreme northwest of Russia.

26. ymb hie ūtan 'around them'; cf. *ymbūtan* in the Glossary.

27. hwæt þæs sōþes wæs, lit. 'what was of the truth'.

34. hē . . . syxa sum 'he (as) one of six', i.e. with five companions.

53–4. swā norðor swā smælre 'the farther north the narrower'.

70–1. on þæt stēorbord him bið ǣrest Īra land. No entirely satisfactory explanation has been devised to account for why Ireland should be the first land to loom on the starboard on a voyage from Norway to Denmark. It has been suggested that **Īra land** refers to what is now Scotland, given the Irish presence there in this period (cf. the frequent references to Ireland as *Sċotta land* in Alfredian literature), but such a usage is unparalleled, and it raises difficulties in regard to explaining the islands that are subsequently said to lie between **Īra land** and

England. Whatever the meaning of the reference to Ireland may be, Ōhthere seems to be thinking in terms of large distances across the North Sea when he says that Ireland and England are on the starboard on a southward voyage from Hålogaland before arrival off **Scīringes heal** in Norway.

75–6. Sillende apparently refers not to Zealand but to an area north of the Eider in Schleswig-Holstein. The great sea referred to here is the Baltic.

78. æt Hǣþum. Hedeby, on the Baltic in the south of the Jutland Peninsula, flourished as a Danish trading center from the eighth to the eleventh centuries. The preposition **æt** is occasionally used with place names in Old English for an expected nominative or accusative, the way various prepositions are used with place-names in Old Norse to indicate which preposition is conventionally employed with this place-name.

85. Trūsō is generally thought to be Drużno, a lake south of Elbląg (Elbing) in what is now Poland.

89. þā refers to **Burgenda** 'the Burgundians', i.e. residents of Bornholm. Note the shift to first-person narrative beginning with **ūs.**

91. ēġ is an Anglian spelling, as are **fīftēne** 96 and **hafað** 120. Also Anglian is vocabulary like **in** for *on* in 96, 97, **þēowan** for **þēowas** 104, **nǣniġ** 105, possibly **fǣtels** for **fǣtelsas** 133; and the unsyncopated verbs in 94, 96, 99, etc.

131. þæt 'such that'.

133. fǣtels is normally masc., but since both it and **full** are uninflected here, in this instance they would appear to be neuter. On the other hand, **twēġen** is a masc. form, though possibly an Anglian neuter. But if **fǣtels** is neuter, **twēġen** may be an expansion of *.ii.* in the exemplar, put into masculine form by the scribe because the noun is normally masculine.

B. The Amazons

This and the following selection from the Old English Orosius are typical of the translator's method: they are both relatively faithful to the Latin, though in both instances some final, moralizing material about the folly of attributing Rome's ills to Christian belief has been left untranslated.

136–7. The Latin says instead that Vesozes attempted to subdue regions widely separated. On **sċęolden** 140 see the note on **mæġe** 189.

158. on hiora mōde. When an attribute is said to be had by two or more persons, the attribute is usually in the singular.

163. on him fultum hæfden 'would have support from them'. The preterite subjunctive is timeless when it expresses unreal or unfulfilled conditions (§44) and thus may indicate a condition that lies in the future from the point of time of narration.

189. mæġe. Auxiliaries are frequently used without a main verb, the sense of which must be supplied. Here the sense "be contained" may be assumed.

192. þæt wǣron. As in some other Germanic languages, the verb commonly agrees in number with the subject complement (or "predicate nominative") rather than the dummy subject.

202. hie hit folnēah tō nānum fācne nē tō nānum lāðe næfdon 'they almost considered it no evil and no injury'. The Latin says rather that the troubles of the times were not due to people's foibles, in keeping with Orosius's theme of showing that Christianity was not to blame for Romans' troubles.

206. On subjunctive plural **sōhte** see the note on **mǣre** 14.26.16.

210–11. 'and on account of their strength and on account of their valor they could have control of you yourselves against your will' (**habban** w. gen. object).

219. The masc. pronoun **hē** is peculiar (the antecedent, **þēod**, is fem.) but not uncharacteristic.

222–3. Hū wēne ġē hwelċe sibbe þā weras hæfden 'What kind of peace do you suppose those men had?'.

C. Pyrrhus's Wars with Rome

231–2. sume him wið fēo ġesealdon 'some ransomed themselves in exchange for money'. This is a misconstrual of the Latin, which says that they were sold into slavery.

238. þæt wǣron. See the note on 192 above.

240. þæt hie ðā ne forluren þe þǣr ūt fōre, hæfde bearn sē þe mehte 'that they not lose those who went out there (on campaign), regardless of having children (literally "he who could might have children")'. That is, circumstances were dire enough that ensuring victory was the first concern. The change of number between **ðā** and **fōre** is due to **þe**, treated as grammatically singular.

261. nē seċġan ne hīrdon 'nor had heard say of'.

268. sċęoldon. See the note on **mæġe** 189. **.iiii. .x. .m.** 'fourteen thousand'.

296. wæs ġefaren 'had died'.

318. hī refers to the Romans.

8. *Sermo Lupi ad Anglos*

The manuscript is London, British Library, Cotton MS. Nero A. i (I), containing corrections in a hand that is probably Wulfstan's, with variants from Oxford, Bodleian Library, MS. Hatton 113 (E).

8 spǣcan] spæcan *E,* swæcan *I* 19 manna] *so E,* mana *I* 47 ūs] us *E, omitted I* 49 ġetrȳwða] getrywða *E,* getryða *I* 51 ne fadode] nefadode *E,* fadode *I* 67 wille] *After this word I adds* Eac we witan georne hwær seo yrmð gewearð. *later marked for deletion (cf. lines 73–4)* 79 ġecnāwe] gecnawe *E,* gecnewe *I* 82 hwylċ] hwylc *E,* wylc *I* 100 worold-] woruld *E,* wolod *I* 114 þurh *(second)*] *so E,* þur *I* 120 oftost on] *so E,* oftost *I* 124 -fyrhte] fyrhte *E,* fyhte *I*

130 heora misdǣda] heora misdæda *E*, heo *I*, *w.* re misdæda *added in margin*
150 fordōn] fordon *E*, fordom *I* 165 miclan] *so E*, miclam *I*

1–2. 'The sermon of Wolf to the English when the Danes persecuted them most, which was in the year 1014 from the incarnation of our lord Jesus Christ.' Although the manuscripts disagree about the date, 1014 seems likeliest, in part because that is when the country was in the greatest turmoil. King Æthelred II was expelled in favor of the Dane Swein Forkbeard and departed for Normandy after Christmas in 1013; the new year (1014) was reckoned to begin Dec. 25.

4. swā lenġ swā wyrse 'the worse the longer (it goes on)'. Cf. the note on 5.42.

7. dēofol. Wulfstan often uses this word without the demonstrative.

17. On **sċeal** without a main verb, see the note on **mæġe** 7.189.

19–20. Godes ġerihta include the payment of tithes and Peter's pence.

24. inne and ūte. Wulfstan is thinking not only of the spoliation of churches (to pay Danegeld: see the note on 47) but of the alienation of church properties such as farmland. Some churches were also sacked by rapacious nobles.

34–5. The selling of persons abroad was of particular concern because the purpose was often to provide human victims for heathen sacrifice.

40. ġecnāwe sē ðe cunne is literally 'let him perceive who knows how', i.e. whoever can understand.

47. unġylda. One reason for King Æthelred's unpopularity was his policy of buying off the Danish invaders, necessitating enormous taxes (Danegeld).

56–7. dō māre ġif hē mæġe is literally 'let him do more if he can', i.e. without restraint or compunction.

62. Ēadweard is King Edward II, known as the Martyr, son of King Edgar. He reigned briefly from 975 and was murdered under obscure circumstances in 978 or 979. Cremation of the dead violated Church practice.

66. mǣþe witan 'show respect'.

70–1. ġemǣne modifies **cwenan. ġeliccast** is analogical to compar. *ġeliccra.*

75–6. On the construction with plural verb **syndan** and singular subject **þæt**, see the note on 7.192.

85. liċġe ǣġylde ealre his mǣġðe 'he would lie (sj.) without payment of compensation to all his family'.

86. þeġenġylde. The ending, unusual for the acc., is most likely due to borrowing of the word, a *hapax legomenon* in OE; cf. ON *þegngildi*. Wulfstan's writings contain many words apparently borrowed from Norse—unsurprisingly, given the Scandinavian presence in York. This explains, for instance, **fēseð** (92) for expected *fȳseð* or *fȳst;* cf. ON *feysa.*

96–7. wyrcð him tō þrǣle 'makes (him) his slave'; **him** is dat. of possession.

115–16. forloren and forlogen. See the note on **onfongne** 1.126.

120. on þā þing 'in regard to those things'.

121. is nū ġeworden wīde and sīde tō ful yfelan ġewunan 'it has now come far and wide to a very bad practice', i.e., a very bad practice has arisen.

147. Gildas, a sixth-century British cleric. In his *De excidio Britanniae* 'On the Overthrow of Britain' he documents the post-Roman period in Britain and, like Wulfstan in this sermon, rails against his countrymen's sins.

153. clumedan is usually rendered 'mumbled', but cf. ME *clum* 'silence'.

166. sċulon. See the note on **mæġe** 7.189.

9. WULFSTAN, *DE FALSIS DIES*

The unique manuscript is E, as in selection 8.

13 godas] godes   28 fēngon] fenge   49 god] gód

32. macode heora līf tō lyre sōna on ġęogoðe 'brought their lives to a close prematurely in youth'.

39. æfter hǣðensċype ġeteald 'accounted in paganism', i.e. in the opinion of pagans.

55–7. Mercury (Odin as identified by the *interpretatio Romana*) was worshipped at crossroads because one of his offices was patron of travelers. It is Odin (OE *Wōden*) rather than Mercury whose worship was associated with hills. The Romans identified Jove with Thor (OE *Þunor* 'Thunder') rather than Odin because Thor was originally the chief god and, like Jupiter, the god of thunder.

72. heom tō lage sylfum 'as a law for themselves'.

77. waldend. This Anglian (hence elevated) spelling is especially common in verse, but it is not foreign to prose in solemn contexts.

78. in ealra worulda woruld ā būtan ende. See the note on 6.234.

10. BOETHIUS AND THEODORIC

The unique manuscript for the prose is Oxford, Bodleian Library, MS. Bodley 180 (2079). The manuscript for the verse is Oxford, Bodleian Library, MS. Junius 12 (J), the unique transcript of now-destroyed portions of London, British Library, Cotton MS. Otho A. vi.

23 ārwyrða] arwyrða wæs   61 þām] þan   81 Gotena] Gotene *J*   88 ealle] ealla *J*   114 Gotena] Godena *J*   149 carcernes] carcerne *J*

1–5. This first sentence lacks a principal clause. Radagaisus (d. 406) was a Gothic king who invaded Italy in 405 with the intent of obliterating the city of Rome. Alaric (370–410), king of the Visigoths, on his third attempt succeeded in entering and sacking Rome in 410.

5. Theodoric (stressed illogically on the first *o*, as if from Greek *θεός* 'God'; also spelt *Theoderic*) was king of the Ostrogoths 471–526 and ruler of Italy 493–526. It was his aim to restore the glory of Rome, and his reign provided much-needed stability in Italy. He grew increasingly suspicious over the course of his reign, however, and a number of prominent Romans suffered as a result.

6. The Ostrogoths were followers of the teachings of the early fourth-century Egyptian Arius, who preached the subordination of Christ to God the Father, in opposition to their coequality in traditional Trinitarian belief.

9–10. John I was pope 523–526. He died in prison, having incurred the suspicion of Theodoric that he was conspiring with the Eastern emperor. He was not beheaded, as claimed in line 119.

15–20. There is no evidence that Boethius actually conspired in the way described here.

29. ġecōpliċe 'fitting (words)'. Alternatively, the word could be an adverb.

32–3. þā ðā iċ him ǣfre betst truwode 'those in which I always had most trust': **him** in a sense lends dat. case to **þā ðā** (see §35). On sg. **bæc** see 7.158 note.

37. On **cōm** as auxiliary, see §58. **Wīsdōm,** characterized as masculine (but cf. **hyre** 153), corresponds to *Philosophia* in the Latin, though as yet unnamed there. In regard to **þæt mīn murnende mōd,** see the note on 1.88. The construction here demonstrates another aspect of Mercian influence on EWS. The verb *murnan* (similarly *spurnan*), though of the third class, has *u* in the present because it is a so-called aorist present, a type of strong verb with a weak ablaut grade in the present. This anomaly also (ultimately) explains the appearance of *ū* rather than *ēo* in the present of some verbs of the second class (§86), as well as some other irregularities in strong verbs: see Hogg & Fulk 2011: §6.36.

38. hū may be equivalent to Lat. *nonne*, introducing a direct question, and is thus not to be translated.

46. þæt Mōd corresponds to Boethius himself in the translator's rather loose treatment. The OE work is less a translation than an adaptation.

51–2. þǣr þǣr hī teohhodon þæt hī hine eallne habban sċẹoldon 'wherever they had determined that they should have all of him'.

60. sē Wīsdōm and **sēo Ġesċẹādwīsnes** correspond to one person, *Philosophia*, in the Latin.

64. On the construction with plural verb **sint** and singular subject **þis,** see the note on 7.192.

66. þæt agrees with **þis,** both neuter.

76. siġeþēoda twā refers to Visigoths and Ostrogoths, whose homelands on the Pontic littoral were divided by the Dniester.

80. Muntġịop may be an error (for *-ġịow*), since *p* and *ƿ* (*wynn*) are similarly confused elsewhere: see, e.g., the textual variants on 8.8.

85. Hī ġelǣstan swuā 'They did just that'.

87. sǣstrēamum in. The postposition of normally prepositive prepositions is a characteristic of poetic style.

97. Wæs ġehwæðeres waa 'There was misery on both accounts', i.e. over ceding their wealth and pledging fealty.

100. Stōd þrāge on ðām '(Things) stood for a while in that (condition)'.

113. lēofre. Although a subject complement (predicate nominative) usually agrees with the subject in case, number, and gender, exceptions like this do occur.

117. gōdra ġehwilcum 'against all good (practices)'.

131–2. listum ymbe ðenċẹan þearflīċe, hū 'cunningly to think with care about how'.

144. eġe from ðām eorle. That is, Theodoric was afraid of Boethius.

165. uncūðre ǣr hwīlum fond 'at times formerly (I) arranged unfamiliar (discourse: dsf.)'.

169–70. The antecedent of **þe** is **heora; him** goes with **þe,** making it dative, the object of **truwian:** 'which I was always best accustomed to trusting in'.

11. Constantine Goes to Battle, from Cynewulf's *Elene*

The unique manuscript is Vercelli, Biblioteca Capitolare cxvii, known as the Vercelli Book.

11 lindhwata lēodġeborga] leod hwata lind ge borga 12 Æðelinges] æðelnges 14 -weard] wearð 21 Hūgas] hunas 26 eal sib] eal 49 þonne] þone 58 sċēawede] sceawedon 68 hie] he 90 ġeglenġed] gelenged 119 heoru-] heora 124 swēorum] sweotolū 126 here-] hera 151 -bold sēċan] bord stenan 184 tācen] tacne

2–3. The Latin says rather that it was in the two hundred thirty-third year after the *passion* of Christ, but even that is incorrect, as Constantine reigned 306–37.

16. hrōðer is an *s*-stem noun with an etymologically correct endingless dative.

20. Hūna. The Latin mentions no specific peoples, and Huns are an impossibility, as they did not arrive in Europe until ca. 370.

21–2. Hūgas is more plausible than *Hūnas* (as in the manuscript) both because the Huns have just been mentioned in the preceding line and because *Hūgas* is elsewhere used in conjunction with references to the Franks, of whom they seem to have comprised a subgroup, if the name is not simply an epithet for Franks in general. Line 22 is defective, and it is more likely a scribal insertion than a result of some omission (of a verse), since it is metrically uncharacteristic of Cynewulf, with the light initial syllable of **weras** abnormally following the resolved pair of syllables in **hwate** 22, the repetition of which from 21 is clumsy.

24–5. Wordum ond bordum hōfon herecombol 'With speeches and shields they raised the war-banner'.

27–30. The collocation of certain animals in anticipation of receiving their fill of the coming slaughter recurs frequently enough in poetry to merit a term, the "beasts of battle topos." See also 52–3 and 110–13. **Ūriġfeðera** is inflected weak either because adjectives may be so inflected in verse even in indefinite constructions or because it is substantivized, as an appositive to **earn**.

31. burg enta 'fastness of giants' (i.e. mountains?) is written as one word in the manuscript. It may be corrupt, but none of the proposed emendations is persuasive.

32. herġum 'in battalions'. **swylċe,** on which **ymsittendra** depends, is in apposition to **beaduþrēata mǣst** unless **sċynde** is transitive, in which event it is its object. The Huns did drive other ethnic groups into the Roman Empire, but they also formed alliances with Rome's enemies.

45. beran ūt 'to be brought out' (?): see §58 on passive rendering of infinitives.

50. rōfne refers to Constantine.

56. cāfe, though in apposition to **mæġen,** disagrees with it in number; likewise **elþēodiġe** and **here** 57–8, where the implied subject is Constantine.

62. rīċes ne wēnde, i.e., he did not expect victory.

71. siġerōfum ġeseġen is parallel to **sylfum ætȳwed þām cāsere**, though in regard to **siġerōfum**, referring to Constantine, the dative expresses agency.

84. hreðerlocan onspēon. Although in another of Cynewulf's poems (*Juliana* 79) he uses a phrase similar to this one to mean (probably) 'spoke', here it seems to mean that Constantine opened his heart to the approaching revelation. Possibly, however, the phrase is a parenthesis meaning 'he (the angel) had spoken'.

88. friðowebba is in other contexts used only in reference to a bride given with the aim of securing peace between peoples.

99. The poem is divided into fifteen fitts, though no number is inserted before the first.

114–15. Cynewulf occasionally employs rhyme without abandoning the alliterative scheme.

118. ġeolorand. The shield is more likely yellow because it is made of lindenwood than because it is decorated with gold.

125. grīma. For an example of a masked helmet, see Fig. 5 in Fulk, Bjork, & Niles 2009. The Sutton Hoo helmet is also masked.

145. Constantīnō bears a Latin dative ending.

162. boldes brytta shows the poetic tradition in an evolving state. The original meaning of **brytta** is 'breaker' or 'divider', hence 'dispenser', the sense in which the *Beowulf* poet uses the word, as in *sinċes brytta* 'dispenser of treasure' in *The Wanderer* (16.25), always in reference to a lord, whereas for Cynewulf the word has simply become synonymous with 'lord'.

190. Silvester I, who was pope 314–35, oversaw Constantine's conversion. **þām** 191 refers to him.

193. dryhtne tō willan 'as the lord wished'.

12. *Vainglory*

The unique manuscript is Exeter, Dean and Chapter MS. 3501, known as the Exeter Book.

3 onwrēah] onwearh 8 witan] witon 10 hine ne] hine 12 druncen] drucen 13 -hēġendra] hergendra 24 þrinġeð] þringe 36 fēoð] feoh 60 -ledan] lædan 70 feond] freond

8. sċyldum besċyredne 'cut off by his offenses'; **on ġesċẹād witan** 'distinguish' or 'differentiate'.

11. This appears to be the only instance of **āmyrran** with a dative object.

12. druncen tō rīċe (parallel to **gǣlsan** as object of **lǣteð**) 'excessive drinking'.

16–18. witan fundiaþ hwylċ æsċstede inne in ræċede mid werum wuniġe. The sense of this appears to be that they wish to determine which of them (**hwylċ**) will be left occupying the metaphorical field of battle (**æsċstede**, where *æsċ* = 'spear') when they have finished exchanging words. Possibly **fundiaþ** is an error for *fandiaþ* 'attempt', as the combination of **witan** and **fundiaþ** is unusual.

35–6. Hē þā sċylde ne wāt fǣhþe ġefremede 'He does not recognize the offense(s) caused by feuding'.

64. on hyra sylfra dōm 'at their own discretion'. Cf. ON *sjálfdœmi* 'self-judgment', an arrangement whereby the offended party in a lawsuit is authorized to set the penalty.

72–3. Although **āstīgan** is normally intransitive, here it appears to take **drēam** as its direct object.

77. mid wuldorcyning. Use of the accusative with *mid* is an Anglian dialect feature.

79–81. þām bið simle gǣst ġegæderad, Godes āgen bearn, wilsum in worlde 'a devoted spirit is always associated with him in the world: God's own child'.

82. hǣlo rǣdes 'of the benefit of salvation'.

13. *Soul and Body II*

The manuscript is Exeter, Cathedral 3501, known as the Exeter Book.

17 druge þū] druguþu 30 Eardode iċ] ic 42 stronge] strong 45 nēd] ne 101 ēðringe] edringe 103 tōleoþode] tohleoþode 115–16] *These lines transposed, 116 before 115* 116 ēagan] eaxan

7–8. swā him in worulde ǣr efne þæt eorðfæt ǣr ġeworhte 'in proportion as that very body had earlier gained for itself in the world'.

10. sawle is probably genitive, dependent on **gǣst**.

12. A verse is missing here also from the version in the Vercelli Book.

20. tō won þīnre sāwle sīð siþþan wurde 'what the fate of your soul would later amount to'.

50. menn tō ġemæċċan 'as a spouse to a person'.

56. bān birēafod '(your) stripped bones' is the subject of **sċulon**.

59. swā þū worhtest tō mē 'as you have deserved from me'.

65. The faulty alliteration can be explained if **ǣr** is an error for *hēr*, i.e. on earth. Infinitives in scansion are occasionally treated like finite verbs.

73. būtan þū hȳ ġedǣlde dryhtne sylfum. Giving valuables to the Church is a virtue frequently mentioned in OE pious poems.

74. **ǣtes tiolode** 'provided with fodder'. **tiolode** is weak because **nēat** is definite, being modified by **eorþan**.

82. bū is neuter because the body (neut., like *līċ* and *hrā*; see **lēofre** 49) and soul (fem., like *sāwl*) are different genders (see p. 47).

88. wunde, wiþerlēan are perhaps best construed as objects of **ġehȳran**, parallel to **dǣda**. 'Requital' is not, strictly speaking, something God ought to 'hear', but the logic of OE verse is not infrequently associative rather than consistent, especially when, as here, the rhetorical effect is telling.

90. nǣniġ tō þæs lȳtel lið 'no member so small'.

93. hwæt dō wit unc 'what will we do for ourselves'.

109. On dat. sg. **hrōþor**, see the note on **hrōðer** 11.16.

112. nǣdle. 'Than' in comparisons may be expressed by the dative case.

115–16. The reversal of these two lines follows the Vercelli version.

120. Þæt mæġ ǣġhwylcum men tō ġemyndum mōdsnotterra 'It can be a reminder to every one of the wise'.

14. A Selection of Riddles from the Exeter Book

5.5 mē] mec 5.6 forwurðe] for wurde 5.8 hond-] ⁊ 5.10 lāðra] laðran 6.10 bēte] betan 8.8 sittað swīgende] siteð nigende 8.9 þe] þa 9.1 ofġeafun] ofgeafum 9.3 meċ ān] mec 9.4 þeċċan] weccan 9.6 swē ārlīċe] snearlice 10.7 hræġle] hrægl 12.6 beorne] beorn 14.9 on bordum] bordum 14.14 on wiċġe] wicge 14.17 wrāþum] wraþþum 16.2 sæcce fremman] sæcce 21.7 bearwe] bearme 23.3 on] of 23.9 ǣror] ǣr 24.7 · ᚷ ·] · x · 25.4 stapol] staþol 25.10 sēo] se 26.6 eċġ] ecge 26.8 ġeondstrēd] ġeond sped 26.12 hȳde] hyþe 26.27 niþþum] niþum 27.2 beorg-] burg 27.7 weorpe] weorpere *27.8* esne] efne 29.2 hornum bitwēonum] horna abitweonū 29.4 hāme] ham 29.5 ātimbran] atimbram 29.9 bedrāf] bedræf 29.11 ōnette] o netteð 31.4 nōwer] on 31.6 -weard] wearð 31.13 ǣrest] ær 31.15 habbað] habbad 31.22 baru] bær 31.24 sīo wiht] wiht 33.3 hleahtor] leahtor 33.5 sǣwe] sæne 33.7 onbond] bond 33.9 mæġða] mæg da 33.11 loden] liden 35.8 ām] amas 35.14 ġewǣde] ge wædu 38.2 -myrþe] myrwe 39.4 māran] maram 39.10 folme] folm 39.11 ēagena] eage ne 42.4 spēow] speop 42.11 þæs] wæs 44.7 efenlang] efe lang 45.1 weaxan] weax 46.3 hyra] hyre 50.4 for-] fer 51.4 flēag on] fleotgan

5. The solution is agreed to be "shield."

5.7. homera lāfe 'what is left by hammers' after forging, i.e. swords.

5.8. heorosċearp is likely an error for *heorosċeorp* 'battle equipment'.

6. The solution is agreed to be "sun."

6.10. ofer dēop ġedrēag is mysterious, perhaps 'after profound disruption'.

7. The solution is agreed to be "swan."

8. The speaker is agreed to be a songbird, most likely a nightingale.

8.9. sittað swīgende has as its subject an assumed "they," in reference to **eorlum** 5. The manuscript reading *nigende* is metrically admissible if to *hnigian* 'bow', since *nigende* for metrically disruptive *nigiende* is an Anglian form, but for the sake of grammar and sense in this context the verb would demand a modifier such as *mid hēafdum* or *tō me*.

8.11. Nightingales are 'welcome guests' inasmuch as they produce elaborate songs for a few weeks after their arrival in northern Europe in the spring.

9. The solution is agreed to be "cuckoo." The bird lays an egg in the nest of a different species, which hatches and feeds the chick, only to have its own young pushed out of the nest by the growing cuckoo.

9.7–8. oþ þæt iċ under sċēate, swā mīn ġesċeapu wǣron, unġesibbum wearð ēacen gǣste 'until, under a covering unrelated (to me), such was my fortune, I was endowed with a spirit'.

10. The solution is agreed to be "barnacle goose," a bird believed to originate as a barnacle rather than an egg.

10.4–5. ānum ġetenġe līþendum wuda līċe mīne is an absolute construction (§90), with **ānum** modifying **wuda**, and with **līċe** in the instrumental case.

12. The solution is agreed to be "ox."

12.3–4. The ox's hide would be fashioned into fetters for binding captives. Britons, frequently enslaved in the early period, are **swearte** because they do not have Saxons' light-colored hair. **dēorum** modifies **beorne**. These and the following lines allude to a horn made into a drinking vessel and a woman's leather shoes.

12.8. þȳð derives from **þūhiþ*, the metrical value of which is retained here.

12.9. druncmennen is usually interpreted to mean 'drunken maidservant', but this is rather questionable, and not simply because tolerating household slaves' drunkenness is hard to credit. Although *druncen-* is not infrequent as the first constituent of a compound, **drunc-** never appears elsewhere, and so its correct meaning cannot be determined with certainty; it may in fact be a variant of (or an error for) *drynċ*.

12.12. hyġegālan. On the use of the weak adjective, see the note on **Ūrigfeðera** 11.29.

12.13. swīfeð mē ġeond sweartne 'the hand moves all over me, (who am) dark'. Due to limited attestation, it is impossible to know whether OE *swīfan* ever had the meaning 'copulate' that its Middle English reflex did; the *double entendre* would be characteristic of the riddles, but even without that possibility, the passage is obviously meant to be sexually suggestive. The action described is of the maidservant washing the drinking horn. Both **mē** and **ġęond** are unstressed, as is not infrequent with a preposition governing a pronominal object.

12.14. þe iċ 'I who'

13. The best solution proposed is "ten chickens."

13.1–2. The reference may be to *tēn ċīccenu* 'ten chickens', a Northumbrian spelling with six consonants (brothers) and four vowels (sisters).

13.3 feorg. On the singular **feorg** with multiple possession, see the note on 7.158. The **Fell** are apparently the inner membranes still clinging to the shells ('halls') of the eggs from which the chicks have hatched.

13.5–6. Ne wæs hyra ǣngum þȳ wyrs, nē sīde þȳ sārra is grammatically difficult and is usually emended, though unconvincingly. It may be best to retain the manuscript reading and assume the meaning 'It was no worse for any of them (i.e., none of them was any the worse for having lost their **fell**), nor (was any) amply (i.e. considerably) the more harmed'.

13.11. On the auxiliary function of pret. **ġewitan** here, see §58. Similarly in 14.16.2.

14. The solution is agreed to be "horn."

14.1. The horn was a **wǣpenwiga** in the sense that while attached to the animal it was a weapon, though not literally a 'weaponed warrior'. But some OE compounds are head-initial, such as *eardlufu* 'dear home' and *glēdeġesa* 'dreadful flame' in *Beowulf*, and so the meaning may be 'fighting weapon' or, if not head-initial, 'warrior in the form of a weapon'.

14.10. hēafodlēas. European drinking horns of the Middle Ages not infrequently had caps or lids on them, but 'headless' may also describe a horn never fitted with such a cover. The meaning of **behlyþed** can only be conjectured, but the root vowel, if long, as usually assumed, would spoil the meter. One possibility, then, is that it means 'laid on my side' (cf. *hlið* 'slope, hillside').

16. The solution is agreed to be "anchor."

16.2. fremman. Though this word is not in the manuscript, both sense and meter (the first four lines of the riddle being hypermetric) demand the addition of a verb. On the use of **ġewīte** as an auxiliary, see §58.

16.4. Iċ bēom strong þæs ġewinnes 'I have the upper hand in that contest'.

16.9–10. ond meċ stīþne wiþ stānas mōton fæste ġehabban 'and if stones can hold firm against me (who am) firm'.

21. The solution is agreed to be "plow."

21.2. ġęonge for WS *gange* is an Anglian form, with transferrence of initial *ġ-* from the pret. *ġēong* to the present.

21.3. The **hār holtes fēond** is the ox.

21.7. The plow is **brungen of bearwe** inasmuch as the frame is of wood.

21.8. weġen on wæġne appears to indicate that the plow is the wheeled type.

21.9. mē biþ gongendre grēne on healfe 'it is green on one side of me as I go'. The speaker is feminine (cf. **gongendre**, likewise **hindeweardre** 15) either because the word for 'plow' in OE (which is unrecorded) was feminine or (more likely) because the speaker is assumed to be a *wiht* (fem.).

21.11. Mē þurh hryċġ wrecen 'Driven through my back'

21.12. One **orþoncpīl** is the colter, the other the plowshare.

23. The solution is agreed to be "bow."

23.1. Agof is a scribe's attempt to modernize the spelling of *agob*, which he did not recognize to be *boga* 'bow' backwards. Examples of the spelling *b* for the

Gmc. voiced labial fricative do not occur in final position after the middle of the eighth century. The sound was later spelt *f*.

23.6. It is a **wīte** to the bow to have such a deadly thing near it.

23.8. oþ þæt here is best rendered 'once' or 'after'.

23.10. tōgongeð appears here to be used impersonally, with genitive of thing parted from and dative of person: 'each and any of men does not easily part from that which I speak of there'. That is, once struck by an arrow, no one recovers easily from its effect.

23.14. fullwer 'full wergild', the monetary equivalent of a person's life, according to social rank, to be paid in compensation; i.e., he 'strictly pays full compensation with his life', with **fullwer** parallel to **māndrinċ** as a second object of **ġeċēapaþ**. But the construction is clumsy, demanding two different meanings for the verb, and *wer* is not otherwise used in verse with the meaning 'wergild'. The passage may be corrupt, but none of the emendations proposed is compelling.

24. The solution is agreed to be "magpie" or "jay" (the precise meaning of OE *higore* being difficult to ascertain).

24.6. mūþe ġemǣne 'by a mouth held in common', that is to say, with the same sound.

24.7–9. The runes, in order of presentation, are *ġyfu, æsċ, rād, ōs, hæġl,* and *īs*. They may be arranged in three groups to spell out *g, æro* and *hi*, which may be transposed to *higoræ*, meaning 'female magpie'or 'female jay'. The ending *-æ* is feminine (like **glado** 24.7), an early spelling corresponding to later *-e* on feminine weak nouns. Both magpies and jays are mimics, and they appear to be confused in the OE records.

25. The solution is agreed to be "onion," with a sexual *double entendre.*

25.3. nymþe bonan ānum 'except my destroyer alone'.

26. The speaker is agreed to be a book, apparently a bible.

26.2–5. To make parchment, hides were washed in water and then soaked for several days in water mixed with lime to loosen the hair.

26.7. fugles wyn is the quill.

26.8. ġe̜ondstrēd. The emendation, one of several possibilities, is necessary because **ġe̜ond** takes an accusative object, which cannot be **meċ**, as then **ġe̜ond** would have to receive stress.

26.9. The **brerd** is the brim of the inkhorn. **bēamtelġe.** Ink was made from oak galls, deformities on oaks caused by gall wasps.

26.12. hȳde beþenede 'covered me with hide'. Book covers were wooden boards with hide stretched over them. Precious ornamentation was added to books of especial importance, usually ones which would be seen on the altar.

26.13. ġierede shows loss of *w* before *i* in WGmc. **ʒarwid-*, with analogical extension of the root diphthong in OE from forms that retained *w*. **glīwedon.** The emendation to *glisedon* 'glittered' that has sometimes been advocated makes the sense clearer, since *glīwian* is not otherwise attested in the sense 'adorn'. But *glisedon* would disrupt the meter.

26.16. wuldorġesteald 'glorious habitations' refers to the precious binding in which the manuscript resides. **mǣre** is a plural subjunctive. Such subjunctive forms without final *-n* are to be found in early texts, though they are far commoner in the preterite: see Hogg & Fulk 2011: §6.24.

26.17. nales dol wīte 'let no fool find fault'.

27. The solution is agreed to be "mead." In the first part of the poem, the speaker is in the form of pollen brought to the hive to make honey, the key ingredient of mead.

29. The solution is usually thought to be "moon and sun," less often "bird and wind."

29.2. hūðe. This 'plunder' is usually believed to be the dimly illuminated surface between the horns of the crescent moon lit by earthlight (sunlight reflected off the earth). But this is rather abstract, and there is no known tradition about earthlight in medieval England, whereas there is a traditional folktale, recorded several centuries later in Middle English, of the Man in the Moon as bearing a burden of thorns (i.e. plant stems, parts of hedges) on his fork (i.e. between the points of the crescent moon), in some versions of which he has stolen the thorns. See Menner 1949. Thorns might be used to construct a primitive **būr** 5 (but 'nest' if the solution is "bird and wind"), whereas other kinds of 'plunder' seem less appropriate. The fem. **hyre** 5 need not rule out the supposition that the riddle alludes to something similar, since its antecedent is the fem. **wiht** 1; cf. the use of **hīo** 14.38.6 in reference to a beast already identified as male.

29.6. ġif hit swā meahte 'if it could (be) so'.

29.7. wealles hrōf 'wall's roof'. The context suggests the meaning 'horizon', but the kenning is better understandable if it means 'sky'. In poetry, *weall* sometimes refers metaphorically to the ocean shore; it might similarly here denote the edge of land, i.e. the horizon.

29.11. fǣhþum probably 'harboring hostility', i.e. contemplating revenge.

29.12. Dūst perhaps here refers metaphorically to vapor, i.e. fog.

31. The solution is thought by most to be "bagpipe."

31.4–5. wiht wæs nōwer werum on ġemonge sīo hæfde wæstum wundorlīcran 'there was no creature anywhere in the company of men that had a more amazing form'. The emendation of manuscript *on* to *nōwer* is based on the assumption that *-wer* was omitted because it was immediately followed by another *wer* (and thus subject to deletion either by haplography or by the mistaken perception that it was an error due to dittography), and the letters of the remaining *no* were later transposed.

31.6. The line is corrupt, containing too few syllables to form two verses, but the meaning is plain.

31.17. fǣġer. As shown by the poetic meter, this word occasionally has a long vowel in verse, a non-WS regionalism.

31.19. wordum lācan is metaphorically 'play notes'.

31.21–3. The **hord** is the supply of air in the inflated bag. The **wiht** herself appears to be the chanter (pipe with stops) plus the bag, her 'brothers' the drones. **mǣġ** refers to the **wiht**.

33. The solution is agreed to be "iceberg," or possibly "river ice."

33.2. from ċēole is literally 'from a ship', possibly with 'ship' as a metaphor for any floating object.

33.5. hilde tō sǣwe 'in regard to battle at sea'. The manuscript reading *hilde tō sǣne* 'too slack in battle' makes for strained sense in context and has often been emended. **sǣwe** is a specifically Anglian and poetic (and therefore perhaps unfamiliar, to a WS scribe) dative of *sǣ*, and the similarity of *n* and *ƿ* (*wynn*) may have led to the posited change.

33.6. The **bordweallas** appear to be the sides of a ship, or perhaps lines of shields hung on them.

33.7. heterūne. OE *rūn* never means 'rune', though it is often interpreted that way. The proper meaning is 'secret', and in poetic compounds it appears to mean 'hidden intent' (as here, and at *Beowulf* 501: *onband beadurūne* 'revealed a combative intent'), or 'forewarning' (i.e., 'hidden knowledge'; cf. **wælrūne** 11.28).

33.9–11. Is mīn mōdor mæġða cynnes þæs dēorestan, þæt is dohtor mīn, ēacen up loden 'My mother is of the noblest race of women, that is my daughter, grown up pregnant'. Water is both the mother and the daughter of ice, always prepared to give birth to ice.

34. The solution is agreed to be "rake."

35. The solution is agreed to be "coat of mail." It is a translation of Aldhelm's Riddle 33, "Lorica." A Northumbrian version of the translation, *The Leiden Riddle*, composed probably in the eighth century, is preserved elsewhere. (The text of it is given on p. 123.) The present riddle seems to have been copied from an archaic exemplar, given the retention of the unstressed high vowels (rather than lowering to *e*) in **ǣrist** 2, **hrīsil** 7.

35.4. hyġeþoncum mīn depends upon **wāt**: 'in my thoughts' (more literally 'thoughts of me').

35.5. mē 'for me'. **hafu** is an Anglian form for WS *hæbbe.*

35.6. nē þurh þrēata ġeþræcu þrǣd mē ne hlimmeð 'nor through the force of throngs does thread resound in me'. This renders Aldhelm's *nec garrula fila resultant* 'nor do threads vibrate with vocal sound'. The allusion is to the vibration of taut threads on the loom as the shuttle moves through them.

35.8. The reed or sley is used to beat up the weft, making a more compact fabric.

35.9. wyrda cræftum, corresponding to nothing in Aldhelm's poem, is a mere cheville if it is not a learned allusion to the *Parcae* 'Fates' of Roman mythology, who spin and cut the thread of life. But **wyrda** is probably unoriginal, corresponding to gen. sg. *wyrdi* in *The Leiden Riddle*, and *wyrd* is not often personified this way.

36. There is no consensual solution. Most recent editors accept "ship," but with little agreement about how to make all the enumerated organs and appendages add up. The four feet under the belly (3) are oars, and the eight on its back (4–6) are those of a man, a woman, and a horse. The two wings (7) are sails, and the dog and bird (11) are carved figureheads. This solution does not account for the six heads (8). That there is a ship involved would be more plausible if **weġe** 1 could be read as *wēġe* 'wave', but the meter forbids this. **flōdwegas** 9 would seem to confirm it, but it has been proposed to emend this to *foldwegas* 'ways across the land'. Quite possibly lines 9–14 are intended to be a separate riddle.

36.4–6. ehtuwe is a Northumbrian form, equivalent to *eahta*, which would spoil the meter. It is plain that lines 4 and 6 belong together as a single line, into which a scribe has inserted line 5, which is a cryptogram, undoubtedly originally a marginal notation explaining the eight feet. It consists of three English words and their Latin equivalents, in the latter of which each vowel has been replaced by the letter that follows it in the alphabet, hence *b, f, k, p, x* for *a, e, i, o, u*, a common monastic cipher. The encrypted words have been somewhat garbled: the first *p* in *hpmp*, for instance, has been mistaken for *ƿ* (= *w*) and the second omitted. The line must have been meant to stand for *monn homo wiif mulier hors equus*.

36.14. hū þǣre wihte wīse gonge, literally 'how the manner of that creature may turn out', i.e. what its nature turns out to be.

38. The solution is agreed to be "bull calf." The riddle bears certain similarities to *aenigmata* by Aldhelm and Eusebius with the same solution.

38.2. ġeoguðmyrþe is a kenning for 'milk'.

38.2. The **ferðfriþende** (an Anglian form for *-friþiende:* see no. 14d in Appendix B, p. 120) is the mother cow; the **wellan** are her teats.

38.4. on ġesċeap 'to (his) delight' (?). **þēotan** refers to the sound of suckling.

38.7. ġif hē tōbirsteð, bindeð cwice 'if he goes to pieces, he will bind the living', i.e. his leather will be used to bind captives. Lines 6–7 are a fairly close translation of the conclusion of Eusebius's poem. The final three lines of the OE riddle seem like an addition, not least because four of the six verses are metrically irregular, though the riddles as a rule scan well.

42. The solution is agreed to be "cock and hen."

42.5 on flette 'in the hall'. A *flett* is one side of the floor in a hall. The poet presents himself as a *sċop* performing in the hall, despite the acknowledgement in line 7 of the scholarly character of interpreting runes.

42.8–11. In runes, the solution is spelt with two instances of *nȳd* (*n*), one of *æsċ* (*æ*), two of *āc* (*a*), and two of *hæġl* (*h*). The characters can be rearranged to spell *hana* 'cock' and *hæn* 'hen'. **twēġa ōþer** 'one of two'.

42.14. heortan, parallel to **rǣdellan** as object of **hēold,** refers to the riddle's secret, i.e. its solution.

44. The solution is agreed to be "key," with a ribald *double entendre*.

45. The solution is agreed to be "dough," with a ribald *double entendre*.

45.2. þeċene refers to a cloth placed over the rising dough.

46. The solution is agreed to be "Lot and his family." The solution hangs on the story of Lot's incest with his daughters, as related in the reading selection in Chap. VIII above.

46.6. ēam ond nefa refers to Lot's two (grand)sons in relation to each other.

47. The solution is agreed to be "bookworm." There is a rather different *aenigma* with the same solution by Symphosius, the earliest composer of Latin riddles.

47.5. staþol refers to the parchment. Indeed, in manuscript studies "support" is the term for the material on which a text is inscribed.

50. The solution is agreed to be "fire."

50.2. The 'two dumb things' are the flint and steel used to generate the spark.

50.5. wrīð is for Anglian *wrīðeð*, which would mend the defective meter. It could also be a contracted form of *wrēon* 'cover' standing metrically for an uncontracted one, an archaism common in early poetry, though that would make for less transparent sense. **him** refers to neuter **wīf**.

50.8–9. hē him fremum stēpeð līfe on lissum 'it supports them with benefits in improvement to their lives'.

51. This one is for you to figure out.

15. *Dream of the Rood*

The unique manuscript is Vercelli, Biblioteca Capitolare cxvii, known as the Vercelli Book.

2 hwæt] hæt 5 lēodan] lǣdan 9 eaxl-] eaxle dryhte] dryht nes ealle
15 ġeweorðod] geweor ðode 17 bewriġen] be wrigene wealdendes] wealdes
20 sorgum] surgum 47 ǣnigum] nænigum 59 mid sorgum] mid
70 grēotende] reotende 71 stefn] syððan 77 onġyredon] gyredon
79 bealuwa] bealuwara 91 holt-] holm 117 anforht] unforht 142 mē] he

4. syllicre 'exceedingly rare', probably used in imitation of similar comparative constructions in Latin.

8. The five gems correspond to Christ's five wounds (hands, feet, and side). Since the gems symbolize blood, it is natural that they should also lie on the ground at the foot of the cross.

16. On the loss of *w* in **ġegyred**, see the note on **ġierede** 14.26.13; likewise for **Onġyrede** 39, **onġyredon** 77; *w* is restored analogically in **ġeġyrwed** 23.

19. earmra ǣrġewin 'ancient effort of wretches', i.e. either the doings of Christ's tormentors or the suffering of Christ and his disciples.

20. swǣtan literally means 'sweat', but because blood is conventionally referred to in verse by the kenning **hildeswāt** 'battle-sweat', the verb here takes on the meaning 'bleed'; similarly **swātes** 'of sweat (i.e. blood)' 23. **on þā swīðran healfe.** Post-biblical tradition had it that it was on the right side that the centurion's lance pierced Christ (John 19:34).

22. blēom. Uncontracted *blēoum* would improve the meter.

30. fēondas (for LWS *fȳnd*) is an Anglianism.

31. him 'for themselves'. **wergas** shows Anglian smoothing (WS *weargas*): see no. 12 in Appendix B.

34. Placed after its object **mē**, the preposition **on** receives stress, as shown by the alliteration.

36–7. The earth trembled at the crucifixion (Matthew 27:51).

40. hēanne for EWS *hēane* shows analogical restoration of *-h-* followed by assimilation of *-hn-* to *-nn-*.

47. inwidhlemmas. The usual compounded form is *inwit-* 'evil'; **inwid-** is due to the influence of *inwidda* 'adversary'.

48. būtū is neuter, since Christ and the cross are different genders (*rōd* fem.): see p. 47.

52. þenian. The original form is *þennan*, but in WS, light-stemmed verbs of the first weak class with a stem ending in a sonorant or a fricative were commonly re-formed after the pattern of the second class or of first-class verbs like *nerian*. Such verbs include *āsċillan* 'divide', *behellan* 'conceal', *beððan* 'warm', *cnyssan* 'knock', *fremman* 'do', *gremman* 'provoke', *hrissan* 'shake', *lemman* 'lame', *syllan* 'give', *temman* 'tame', *trymman* 'fortify', and *wennan* 'accustom'.

62. strǣlum is used as a metaphor for 'nails'.

63. hēafdum is a locatival dative singular, used only with **æt**. See Hogg & Fulk 2011: §2.17 n. 4.

69. mǣte weorode 'with small company', i.e., by litotes, 'alone'.

71–2. On sg. **stefn** with pl. **hilderinca,** see the note on **on hiora mōde** 7.158.

73. fǣġer. On the long vowel, see the note on 14.31.17.

75–6. The poet seems poised to tell of the Invention of the Cross by the empress Helena (see the headnote to reading selection 11) when there occurs a lacuna, though there is no gap in the manuscript. When the tale resumes in line 77 there is an allusion to Helena's adornment of the cross.

79. weorc, on which both **bealuwa** and **sārra sorga** depend, is likely a scribal substitution for Anglian *wærc* 'pain', not an uncommon occurrence in poetic manuscripts.

101–6. These verses derive from the Nicene Creed: *Et resurrexit tertia die, secundum Scripturas, et ascendit in cælum, sedet ad dexteram Patris. Et iterum venturus est cum gloria, iudicare vivos et mortuos* 'And on the third day he arose again from the dead, according to Scripture, and ascended into heaven and sits at the right hand of the Father. And he will come again in glory to judge the living and the dead'.

111. for þām worde. The verse may be corrupt, since light verses (see Appendix C) normally occur only at the start of a clause. **cwyð** is syncopated, just as it is in Mercian, where other verbs are not generally syncopated. **ġeriht** 131 (*ġerihted* would be the Mercian form) is the only other relevant syncopated verb in the poem.

130. mundbyrd is here used in the sense 'hope of protection'.

146. guman is only dubitably used in the sense 'of humankind' in OE. It may be an error for *gumena*, or a compound *gumsynnum* 'men's sins' may have been intended.

148–57. These lines allude to the Harrowing of Hell, a post-biblical tradition according to which Christ, in the three days between his death and resurrection, in conquering majesty entered hell and took the souls of the righteous with him to heaven. The identity of **eallum ðām hālgum þām þe on heofonum ǣr wunedon on wuldre** is uncertain, since no human souls but those of the good thief, Enoch, and Elijah are supposed to have entered heaven before the Harrowing.

16. *The Wanderer*

The unique manuscript is Exeter, Cathedral 3501, known as the Exeter Book.

14 healde] healdne 22 mīnne] mine 24 waþema] waþena 28 -lēasne] lease 59 -sefa] sefan 64 weorþan] wearþan 74 ealre] ealle 78 weorniað] weoriað *with* e *erased* 102 hrūsan] hruse

5. ārę̄d = Anglian *arǣded*, the form required by the meter. On *e caudata*, see the note on **ǣfęstan** 1.88.

14. hordcofan is used as a metaphor for 'thoughts'.

17. drēoriġne, which appears not to modify anything, is best understood as anticipating **mōdsefan** 19.

24. waþema ġebind is a kenning for 'sea'.

26. hwǣr. OE indefinites in *hw-* may contain their antecedents, hence 'a place where'.

27. mīne wisse 'might know of mine', i.e. know of my people. Several emendations have been proposed.

29. wēman here appears to have the unusual meaning 'please'. It has sometimes been emended.

51–7. Since the scene portrayed in these lines is of immense interest, it is disappointing that they are so hard to interpret. There is any number of ways they might be punctuated, but the punctuation applied here reflects the following interpretation: 'As often as (*Đonne . . . oft*) the memory of kin pervades his mind—he greets them gladly, eagerly gazes at them—the companions of men swim away, the spirits of floating ones. They never bring many familiar accents—care is renewed—to one who is accustomed to sending his weary spirit very often over the confinement of waves (i.e. the sea).' The companions of men appear to be remembered kin, their images perhaps superimposed on the sea birds the speaker has been watching. On sg. **ferð** with pl. **flēotendra**, see the note on **on hiora mōde** 7.158.

65. sċeal. On the use of the auxiliary without a main verb, see the note on **mæġe** 7.189.

69–72. Here the poet alludes to the practice of heroes to pronounce a vow to undertake an accomplishment, as a way to instill self-resolve, since shame will result if the vow goes unfulfilled. The wanderer warns against over-hasty vows.

77. bihrorene is pp. of **behrēosan**, which usually means 'fall', though once the past participle means 'deprived (of)', implying transitive usage. The usual interpretation is that **hrīme bihrorene** here means 'covered with frost'. But since one function of *be-* is to transitivize verbs (as with the semantically parallel **bidrorene** 79), possibly the phrase means 'toppled by frost'; **weal wundrum hēah** 98 need not have the same referent.

80–4. On the beasts of battle topos, see the note on 11.27–30. **dēaðe ġedǣlde** 'handed over to death'.

86. burgwara breahtma lēase 'emptied of the clamor of inhabitants'.

88. Sē here probably means 'he who'.

91. ācwið. See the note on *cwyð* 15.111.

92. Hwǣr cwōm 'where is?' or 'what has become of?'.

98. wyrmlīcum fāh probably denotes a Roman frieze or decorative design.

111. Swā cwæð snottor on mōde, not 'Thus spoke the one wise in mind' but 'Thus in his heart spoke the wise one', i.e. to himself, as prescribed in lines 11–21; **sundor æt rūne** 'apart in secret', i.e. in solitude.

113. nemþe is an Anglian word; *nemne*, on the other hand, is specifically Mercian.

GLOSSARY

Abbreviations are listed on pp. ix–x. For the purpose of alphabetization, the prefix *ġe-*, when word-initial, is disregarded in all parts of speech. Words that may or may not appear with this prefix are marked ±; those that always, or nearly always, take the prefix are marked +. Words alternately spelt with *a* or *o* before a nasal consonant in Early West Saxon are spelt with *a* in the first headword. Since *ae* and *æ* are interchangeable in some texts, *æ* is alphabetized after *ad*, but *þ/ð* follows *t*.

Strong verbs are assigned an arabic numeral (1, 2, etc.) indicating verb class (as explained in Chaps. XI–XIV), and weak verbs are assigned a roman numeral (I, II, III: see Chaps. XV–XVII). For strong verbs of class 7, the preterite vocalism is given in parentheses. For irregular verbs, the principal parts are given in parentheses before the class indicator, or reference is offered to the section in the Grammar where the conjugation is provided. Unstressed prefixes are separated from the stem by a hyphen. The numbers after a cited form indicate where the form appears in the Anthology: for example, "**bēom** 13.7.8" refers to reading selection 13 (The Exeter Riddles), Riddle 7, line 8. Such cited forms are usually supplied only when they stray in some way from the expected; relatively few forms that are perfectly regular are cited this way.

Nouns and adjectives should be assumed to be *a-* or *ō*-stems unless otherwise marked. The one exception is the *n*-stems: in the nominative singular, all masculine nouns ending in *-a* are weak and all feminines in *-e*. Adjectives ending in *-e* are *ja*-stems. Abbreviations like *m.* and *ja.* are run together: thus, for example, *mni.* means "masculine or neuter *i*-stem." In an expression like *nsn.*, the case comes first and the gender last; hence, the meaning is "nominative singular neuter."

Prepositions marked with an obelus (†) generally take the accusative with objects in motion and the dative with those at rest (see §36). Words that are chiefly or exclusively poetic (instances in Anglian and Anglian-derived texts excluded), or have a different meaning in poetry, are marked ° before the headword.

ā adv. *ever, always, eternally;* **aa** 8.4, 14.34.6

ā-bannan (ēo) 7 *summon*

abbod m. *abbot*

abbudisse f. *abbess*

ā-bēodan 2 *declare, announce; invite, instruct, command*

ā-bīdan 1 (w. gen.) *await, experience, survive*

ā-bisgian II *make busy, occupy*

ā-blāwan (ē, ēo) 7 *blow, throw*

ā-blendan I *blind;* pret. pl. **āblendan** 10.30

ā-brecan 4 *break, break into, storm, capture, destroy*

ā-brēoðan 2 *fall away*

ābylġ- = **ǣbylġ-**

ac conj. *but*

āc m. (orig. fc.) *oak; the rune* ᚪ

ā-cennan I *deliver (a child), bear, give birth to*

ā-ċeorfan 3 *carve, cut (off);* pp. npn. **ācorfene** 7.325

°+**āclod** adj. (pp.) *frightened, cowed;* **ġeāclad** 11.57

ā-cōlian II *grow cool;* pp. **ācōlad** 13.118

ā-cræftan I *contrive*
ācsian = **āscian**
ā-cwelan 4 *die off*
ā-cwellan, pret. **ācwealde** I *kill* (§116); pp. **ācwealde** 1.55
ā-cwenċan I *extinguish*
ā-cweðan 5 *utter, speak;* pres. 3 sg. **ācwið** 16.91
ā-cȳðan I *reveal*
ād m. *pyre*
ā-dīlegian II *destroy, devastate, wipe out*
ādl fn. *disease, infirmity*
ā-dōn anom. (§134) *take away*
ā-drǣdan (ē) 7 *fear, dread, have fear*
ā-drēogan 2 *engage in, commit*
ā-drīfan 1 *drive (away);* pret. pl. **ādrifan** 1.42
ā-drȳġan I *dry, wipe dry;* pret. 3 sg. **ādrīġde** 10.45
ā-dūn adv. *down*
ā-dwǣsċan I *extinguish, obliterate*
ǣ, ǣw fi. *law, Scripture*
ǣalā = **ēalā**
ā-ebbian II *ebb;* pp. **āhebbad** 3.157
ǣbylġnes(s) fjō. *anger, offense*
ǣbylġð f. *outrage, injury*
ǣfæst, ǣfest adj. *pious, devout*
ǣfæstnes(s), ǣfest- fjō. *piety, religion*
ǣfen(n) mnja. *evening, eve;* ds. **ǣfen** 5.22
°**ǣfensċęop** m. *'evening-poet', twilight-singer*
ǣfentīd fi. *eventide, evening*
æfest mf. *envy, spite;* dp. **æfstum** 12.37, **æfæstum** 12.43
æfestful(l) adj. *full of envy*
æfestiġ adj. *envious*
ǣfnung f. *evening*
ǣfre adv. *ever, continuously, always*
æft = **eft**
æftan adv. *from behind, in the back*
æfter prep. w. dat., adv. *after, along, among, through, behind, in pursuit of, in accordance with, about; afterward*
æfter-folgian II *pursue*
æfter-spyrian I *follow the track of* [cf. **spor**]
æfþanca, -þonca m. *spite, disdain, envy, malice*
ǣġhwǣr adv. *everywhere, anywhere;* **āhwār** 8.157, 9.3, 4, **āwer** 11.33
ǣġhwæðer, ǣġðer conj., adj., pron. *either, both, one;* **ǣġhwæðer (ġe) . . . ġe** *both . . . and;* **ǣġþær** 7.158
ǣġhwanan adv. *from everywhere*
ǣġhwilċ, ǣġhwylċ pron. *each;* dsm. **ǣġhwylcan** 8.30
ǣġielde, ǣġylde adj. *uncompensated, without payment of wergild*
ǣġðer = **ǣġhwæðer**
ǣġwern adv. *everywhere*
ǣht fi. (usu. pl.) *possession*
ǣlċ adj., pron. *each, any, a single, every(one);* dsm. **ǣlcon** 7.281, 291, dsf. **ǣlċere** 7.102
æld- = **ield-**
°**ælfylċe, el-** nja. *foreign nation*
æll = **eall**
ǣlmesriht n. *right (of the poor) to alms, charitable obligation;* **ǣlmæs-** 8.38
ælmihtiġ adj. *almighty, omnipotent;* dsm. **ælmihtegum** 2.18
±**ǣm(e)tian** II (often reflex.) *release oneself, be at leisure; empty*
ǣmettiġ adj. *empty, vacant*
ænde, ængl- = **ende, engl-**
ǣniġ adj., pron. *any;* nsf. **ǣnegu** 7.217, 218

ǣnne, āēode see **ān, āgān**

ǣr adv., conj., prep. w. dat. *before, earlier, ago;* superl. **ǣrest, ǣrost** *first;* **ǣr þon (ðe)** conj. *before;* **on ǣr** adv. *beforehand*

ærċebisċop, -bisċep m. *archbishop*

°**ǣrcwide** mi. *old saying*

°**ǣrdæġ** m. *predawn*

ǣrendġewrit n. *letter, communication, written message*

ǣrendraca m. *messenger;* ap. **ǣrenddracan** 1.18, dp. **ǣrendwrecum** 2.6

ǣrest, ǣrost adj., adv. *first;* **ǣrist** 14.35.2

°**ǣrġewin(n)** n. *former struggle, strife of old*

ærnan I *cause to run, ride, gallop;* (+) *reach by riding;* pres. 3 sg. **ġeærneð** 7.123

ǣrnemerġen(n) m. *dawn, daybreak*

ǣror compar. adv. *earlier, before;* **ǣrur** 15.108

ǣrra compar. adj. *former, earlier*

ǣrwacol adj. *early risen*

æsċ m. *ash tree, spear (made of ash wood); the rune* ᚨ; gp. **asca** 16.99

æsċ m. *warship* [ON *askr*]

°**æsċstede** mi. *'ash-place', battlefield* (?)

æstel(l) m. *pointer, bookmark*

ǣswiċ m. *deceit*

æt prep.† *at; from; toward, to;* **et** 7.227

ǣt m. *food, sustenance, fodder*

æt-breġdan 3 *carry off, snatch away, deprive of*

æt-ēowan = æt-īewan

æt-foran prep. w. dat. *before, in front of*

æt-gædere adv. *together*

æt-hlēapan (ēo) 7 *escape, run away* (*from*, w. dat.)

æt-īewan, -ȳwan, -ēowan I (orig. III) *show, represent; appear*

ǣtren adj. *venomous, deadly*

æt-sacan 6 *deny*

æt-samne, -somne adv. *togther, in company, as a group*

æt-standan 6 *stay, remain, stop, halt, stand still*

°**ǣtwela** m. *abundance of food, feast*

æt-windan 3 *escape, avoid*

æt-ȳwan = æt-īewan

æðelboren adj. *of noble birth, aristocratic*

æðelborennes(s) fjō. *nobility (of birth or nature)*

æðele adj. *noble, aristocratic, excellent, splendid*

æþeling m. *man of royal blood, prince, chief, nobleman*

ǣwbryċe mi. *adultery*

ā-fǣran I *frighten*

ā-faran 6 *leave, go away*

ā-feallan (ēo) 7 *decline*

ā-fēdan I *feed, nourish*

ā-fiellan, ā-fyllan I *fell, cut down, break down, kill*

ā-fierran I *rid* (*of*, w. dat.); inf. **āferran** 10.17

ā-fiersian II *remove, dispel*

ā-findan 3 *find, discover;* pp. nsn. **āfundan** 6.212

ā-flīeman, ā-flȳman I *put to flight, drive out, expel*

ā-fȳlan I *defile, dirty*

ā-fyllan I *fill*

āfyllan see also **āfiellan**

ā-fyrhtan I *frighten;* pp. **āfyrhted** 11.56, **āfyrht** 5.30, 6.178

ā-fȳsan I *whet, impel, drive, urge*

ā-gǣlan I *hinder*

°**ā-galan** 6 *recite, intone, sing*

āgan, pret. **āhte** pret.-pres. *own, ought, must;* pres. 1 sg. **āh** 15.107, **nāh** (= **ne āh**) 15.131, 2 sg. **āht** 1.100, 3 sg. **nāh** 14.27.14; sj. pres. sg. **āge** 16.64

ā-gān anom. (§134) *go (away); turn out, happen;* pret. 3 sg. **āēode** 5.77; pp. npm. **āgāne** 3.151

°**ā-gangan,** pret. **āġēong** 7 *go (away), pass*

āgen adj. *own;* **āhgen** 10.57

ā-ġiefan 5 *give, deliver, give in return, restore;* inf. **āġifan** 11.167; pret. 3 sg. **āġef** 3.59

ā-ġieldan 3 *pay, repay, render*

ā-ġinnan 3 *begin;* pret. pl. **āgunnan** 9.16; sj. pres. pl. **āġinnan** 8.140

agof m. *wob*

ā-grāpian II *grasp tightly*

ā-hēawan (ēo) 7 *cut down*

āhebbad see **ā-ebbian**

ā-hebban 6 *lift, exalt;* pret. 3 sg. **āhōf** 11.17, 29, 112, etc., pl. **āhōfen** 6.225, **āhōfon** 10.2, 15.61, **āhōfan** 12.59; pp. ns. **āhefen** 10.119, **āhæfen** 11.10, np. **āhafene** 10.69

āhgen = **āgen**

ā-hlǣnan I *cause to lean, turn, raise*

ā-hōn, pret. **āhēng** 7 (§132) *hang;* pp. **āhangen** 11.180

ā-hreddan I *rescue, recover*

āht = **āwiht**; see also **āgan**

āhwæðer, āþer adv., conj. *either;* **āþer (oððe) . . . oððe** *either . . . or*

āhwār = **ǣġhwǣr**

āhwonan, ōhwonan adv. *from anywhere*

°**ā-hȳðan** I *plunder*

ā-lǣdan I *lead away*

aldor = **ealdor**

ā-leċġan I *lay out;* pret. pl. **ālēdon** 15.63; pp. **ālēd** 7.116

ā-lēogan 2 *be false to, leave unfulfilled*

ā-līefan I *permit*

ā-līesan, -lȳsan I *redeem, release; cede, give up;* inf. **ālēsan** 7.140

ā-līesednes(s), ālȳsednys(s) fjō. *redemption, deliverance*

all(-) = **eall(-)**

ām m. *reed or slay of a loom*

ā-mǣrian II *drive out, exterminate*

amber m. *measure;* gp. **ambra** 7.46

ambyr adj. *favorable*

ā-mierran, ā-myrran I (w. dat.) *mar, spoil*

an = **on**

ān adj., num. *one, a certain, (a)lone;* asm. **ǣ̆nne, enne, ă̆nne**; asn. **ān** *one and the same thing* 6.76; **būton þǣm ānum, þe** *except for this only, that* 7.253; dsm. **ānan** (= **ānum**) 5.30

āna adj., adv. (indecl.) *alone, only*

āncenda m. *only-begotten* (*one,* in ref. to Christ)

and, ond conj. *and*

anda m. *enmity, spite*

āndaga m. *appointed day*

andefn f. *quantity, amount*

andetnys(s) fjō. *confession; praise, thanksgiving*

±**andettan** I *confess, acknowledge, praise*

andġiet n. *sense, meaning, understanding;* as. **andġit** 2.62, 6.125

andġietful(l) adj. *sensible, intelligent;* adv. superl. **andġitfullīcost** 2.66

andġietlēas adj. *senseless;* nsm.wk. **andġitlēasa** 6.155

andlyfen, andlifen f. *sustenance, wages*
±andswarian, ±ond- II *answer, reply;* pret. 3 sg. **ondswarede** 1.98, **ondswarade** 1.174, **andsworode** 10.64, pl. **ondswaredon** 1.179
andswaru, ond- f. *reply, answer*
±andweard, ±ond- adj. *present*
andweardnys(s) fjō. *presence*
andwlita m. *face*
±andwyrdan, ±ond- I *answer, reply, respond*
andwyrde nja. *reply*
ānfealdlīċe adv. *simply*
anfēng, anfindan = onfēng, onfindan
anforht adj. *very frightened*
ānforlǣtan (e) 7 *abandon;* pres. 3 sg. **ānforlǣteð** 10.180; sj. 3 pres. sg. **ānforlēte** 1.130
anga, onga m. *goad, sting*
angan see also **onġinnan**
anġēan = onġēan
angrisliċ adj. *grisly, terrible*
°**ānhaga** m. *recluse, solitary, loner;* as. **ānhogan** 16.40
ānliċ adj. *unique, beautiful*
anlīcnys(s) fjō. *likeness, image*
ānlīepiġ, ānlēp adj. *private, individual, single*
ānmōd adj. *unanimous, universal*
ānnys(s) fjō. *unity*
ānrǣdlīċe adv. *resolutely*
ānrǣdne(s) f. *resolve, determination, unanimity*
ānstreces adv. *continually*
ansund adj. *whole, healthy, unscathed*
anw(e)ald(-) = onweald(-)
ānwilnes(s) fjō. *obstinacy;* as. **ānwylnysse** 6.112
apostata m. *apostate*
apostol m. *apostle, disciple*
ār f. *favor, honor, property, prosperity, mercy*
ār f. *oar*
°**ār** m. *messenger, herald*
ār n. *ore, brass, copper*
ā-rǣdan (ē) 7 or I (pret. **-rǣdde**) *interpret, guess, read, fix, determine;* pp. **ārę̄d** 16.5
ā-ræfnian II *endure*
ā-rǣran I *rear, raise, lift up; perform*
ardlīċe, arodlīċe adv. *quickly, at once, promptly*
ā-reċċan, pret. **-re(a)hte** I (§116) *narrate, tell, interpret, translate*
ā-redian II *make ready, devise, arrange*
ā-rēodian II *redden, blush*
ā-rētan I *cheer, gladden*
ārfæst adj. *honor-bound, honorable, virtuous*
ārfæstnes(s) fjō. *virtue, honor, kindness*
±ārian II *be merciful to, show favor to*
ā-riht adv. *correctly*
ā-rīsan 1 *arise*
ārlēas adj. *dishonorable, wicked, merciless, unforgiving*
ārlēasnes(s) fjō. *wickedness, cruelty, dishonor*
ārlīċe adv. *becomingly, kindly*
arn see **irnan**
arriānisċ adj. *Arian*
°**ārstæf** m. *kindness, benefit*
ārweorð, ārwurð adj. *venerable, revered;* nsm. **ārwurðe** 9.58, wk. **ārwyrða** 10.23
ārweorðian, ārwurðian II *revere, show honor to*
ārweorðliċ, ārwurðliċ adj. *honorable, venerable, worthy of reverence*

ārweorðnes(s), ārwurðnys(s) fjō. *honor, reverence*
ā-sānian II *flag, dim*
asca = **æsca**
āscian, ācsian, āxian II *ask;* (+) *discover, learn of;* pret. 3 sg. **āscade** 7.254, pl. **ġeācsedan** 7.232, 313, 321
ā-sċūfan 2 *shove off, launch, float*
ā-seċġan III (§121) *tell, explain, describe*
ā-sendan I *send (away), send out*
ā-settan I *set, pose, direct, erect;* pret. pl. **āsettan** 3.3
ā-singan 3 *sing through;* pret. 3 sg. **āsong** 1.127
ā-sittan 5 *run aground*
ā-slēan 6 *strike;* pret. 3 sg. **āslōh** 4.39
ā-smēaġan, pret. **āsmēade** II *study, ponder*
ā-smēaġung f. *contemplation, study, scrutiny*
āsogen see **āsūgan**
ā-solcennes(s) fjō. *sloth, laziness*
ā-spendan I *exhaust, use up, spend*
ā-sprenġan I *cause to spring, fling;* pret. 3 sg. **āsprencde** 6.211
ā-stellan, pret. **-stealde** I (§116) *ordain, establish*
ā-stīeran, ā-stȳran I *guide, direct*
ā-stīgan 1 *climb, ascend;* pret. 3 sg. **āstāh** 11.188, **āstāg** 12.58, 15.103
ā-streċċan, pret. **ā-stre(a)hte** I (§116) *stretch out, prostrate*
ā-styrian I *stir up, rouse, pluck*
ā-sūgan 2 *suck out, consume*
ā-sundrian II *part, put asunder*
ā-swāpan (ēo) 7 *sweep away*
ā-tēon 2 (§132) *lead away, entice; protract;* sj. pret. 3 sg. **ātuge** 1.148
ā-timbran I *build, construct*
ātor, āttor n. *poison, venom*
ā-tyhtan I *entice, allure;* pp. **ātyhted** 10.80
āþ m. *oath*
āðbryċe mi. *breach of oath, perjury;* ap. **-briċas** 8.115
ā-þenċan I *devise*
ā-þennan I *stretch out*
āþer = **āhwæðer**
āþum m. (*prospective*) *son-in-law*
ā-þwēan 6 *wash (off)*
ā-wacan 6 *awake, arise*
ā-weaxan (ō, ēo) 6, 7 *grow up, mature, ripen*
ā-weċċan, pret. **āwe(a)hte** I (§116) *waken, rouse, raise up, incite, bring to life*
ā-wefan 5 *weave;* pret. pl. **āwǣfan** 14.35.9
ā-weġ adv. *away;* **āwæġ** 6.148
ā-wendan I *change, turn, render; turn aside, avert*
ā-weorpan, -wurpan 3 *cast aside, throw down*
āwer = **ǣġhwǣr**
ā-wēstan I *lay waste, ravage;* pret. pl. **āwēstan** 7.146, **-on** 7.198
ā-wierġan I *(ac)curse;* pp. nsf. **āwirġede** 10.42
āwiht, āht ni. *aught, anything;* **tō āhte** *at all*
°**ā-wrecan** 5 *utter, recite*
ā-wrītan 1 *write (down, out, upon)*
āwurpan, āxian = **āweorpan, āscian**

bæc n. *back;* ap. **bacu** 10.171
bæcbord n. *larboard, port side*
bæd see **biddan**
bæftan prep. w. dat. *after, behind* [**beæftan**]

°**bælċan** I *shout, boast* (?)
bær adj. *bare, unadorned;* nsf. **baru** 14.31.22
±**bærnan** I *burn* (trans.)
bǣtan I *bait, hunt, worry*
bæð n. *bath*
bæðstede mi. *(Roman-style) bath, bathing place*
bān n. *bone, ivory*
bana, bona m. *killer, destroyer*
bānlēas adj. *boneless*
±**bannan (ēo)** 7 *summon*
barn, baru see **birnan, bær**
baþian II *bathe;* pret. pl. **baþedan** 14.27.6
be, bī prep. w. dat. *about, concerning; by, beside, near; in accordance with, from, on the basis of; along*
bēacn, bēacen n. *sign, token*
Beadonisċ adj. *pertaining to Mt. Badon*
°**beadoweorc** n. *martial deed, military accomplishment*
°**beadu** fwō. *battle, fight*
°**beadurinċ** m. *'battle-man', fighter*
°**beadurōf** adj. *'battle-vigorous', valiant*
°**beaduþrēat** m. *'battle-throng', army*
be-æftan adv., prep. w. dat. *(left) behind, remaining*
°**bēag** m. *ring, band, bracelet, collar, ornament*
bēag see also **būgan**
°**bēagġifa** m. *'ring-giver', lord*
°**bēaghroden** adj. (pp.) *'ring-adorned', wearing jewelry*
°**bealu** nwa. *evil, malice, hardship;* gp. **bealuwa** 15.79
bēam m. *tree* (often in ref. to Christ's cross), *wood*
°**bēamtielġ** mi. *'tree-dye', ink;* ds. **-telġ** 14.26.9
bearh see **beorgan**
bearn n. *child, descendant*
bearnmyrðra m. or **bearnmyrðre** f. *child-killer, infanticide;* np. **bearnmyrðran** 8.136
bearu mwa. *grove, wood*
±**bēatan (ēo)** 7 *beat*
be-bēodan 2 *command, commend* (w. acc., dat.); 1 sg. pres. **bebīode** 2.20, 69; pret. 3 sg. **bibēad** 1.163
be-biddan 5 *ask, request*
be-bod n. *command, directive*
be-byrġan I *bury, inter;* pret. 3 sg. **bebyriġde** 6.195
be-byriġnys(s) fjō. *burial*
bēċ see **bōc**
°**be-ċēowan** 2 *chew away, gnaw to pieces;* pp. **bicowen** 13.105
bēcn- see **bīecn-**
be-cuman, pret. **be-c(w)ōm** 4 *arrive (at), come (to), meet with, go; befall, amount (to)*
±**bed** n. *prayer;* ap. **ġebedo** 5.27
be-dǣlan, bi- II *deprive, separate*
bed(d) nja. *bed, plot*
be-delfan 3 *bury*
be-dīeġlian II *conceal*
°**be-drēosan** 2 *bereave, deprive* (*of,* w. dat.); pp. np. **bidrorene** 16.79
be-drīfan 1 *drive, beat upon; drench* (?)
be-ebbian II *strand;* pp. **-ebbade** 3.158
be-fæstan I *secure, attach, entrust, commit, apply*
be-fēolan 3 (§132) *apply, devote, dedicate*
be-fōn 7 *seize on; encompass, comprehend, contain;* **befōn on** *have to do*

with; pp. **bifongen** 12.48, 13.31, 14.26.14

be-foran, bi-foran adv. and prep.† *before, in front (of), ahead*

be-frīnan 1 *question, interrogate, ask*

be-gangan, -gongan, pret. **be-ġēong** 7 *engage in, practice*

bēġen, bā, bū adj., pron. (§59) *both;* g. **bēġa** 14.42.7

be-ġẹondan prep. w. dat. *beyond, on the other side of;* **beġịondan** 2.16

be-ġēotan 2 *cover, suffuse, drench;* pp. **begoten** 15.7, 49

be-ġietan 5 *obtain, acquire;* inf. **be-ġitan** 6.8, pret. pl. **beġēton** 3.128

be-grindan 3 (w. dat.) *grind away*

be-gyrdan I *gird*

be-hātan (ē) 7 *promise, threaten*

be-hēafdian II *behead*

be-hēafdung f. *decapitation*

be-healdan (ēo) 7 *see, observe, look at, examine;* inf. **behaldan** 5.49

be-hēawan (ēo) 7 *deprive* (s.o., acc.) *of* (sthg., dat.), *cut off;* inf. **behēawon** 10.115

be-heonan, be-hionan prep. w. dat. *on this side of*

be-hindan adv. *behind*

°**be-hlyþed** adj. (pp.) *robbed, stripped* (?); *laid on its side* (?)

be-hōfian II *have need* (*of,* w. gen.)

be-hrēosan 2 *cover* (?); *topple* (?); pp. np. **bihrorene** 16.77

be-hȳdan I *conceal, sheathe*

be-innan, binnan adv., prep. w. dat. *within, inside*

be-leċġan, bi- I *cover, envelop*

be-lēosan 2 (w. dat.) *lose, shed*

±**belgan** 3 (reflex.) *swell with anger, become enraged*

be-līfan 1 *remain, be left over*

be-limpan 3 *belong, be appropriate;* pres. 3 sg. **belimpeð** 7. 94; pret. pl. **belumpen** 1.76

be-lūcan 2 *enclose, lock up*

be-murcnian II *complain, lament*

bēn fi. *prayer, request*

be-nǣman I *deprive* (*of,* w. gen.)

bend mja. *bond, chain, fetter*

be-neoðan adv., prep. w. dat. *beneath, below*

be-niman 4 *deprive* (*of,* w. acc. or gen.); pret. 3 sg. **binom** 14.26.2; pp. **binumen** 14.27.14

°**ben(n)** fjō. *wound*

°±**bennian** II *wound;* pp. **ġebennad** 14.5.2

bēod m. *table, bowl, dish*

±**bēodan** 2 *offer; command, enjoin, urge*

bēon, wæs, wǣron anom. (§52) *be, exist;* inf. **bīon** 7.54, pres. 1 sg. **eom** 1.175, 6.40, 44, etc., **eam** 7.278, 2 sg. **eart** 1.169, 10.38, 13.49, pl. **synd** 4.2, 3, 4, etc., **syn** 8.57, 58, 87, etc., **sint** 7.62, 10.64, 68, **synt** 10.174, **syndon** 1.26, 6.19, 15.46, **siendon** 2.71, **syndan** 8.25, 31, 32, etc., **seondan** 10.69, **sindan** 12.25, 13.60; pret. 3 sg. **nes** 6.204, **næs** 4.46, 6.212, 7.271, etc., pl. **wǣran** 6.172, 8.8, 162, etc., **nǣron** 2.30, 3.143; fut. and consue. 1 & 3 sg. **bēo** 6.45, 64, 65, etc. (also 1 sg. **bēom** 14.7.8, 14.16.4, 14.23.4, etc.); sj. pres. sg. **sie** 2.18, 73, 14.31.24, etc., **sȳ** 4.14, 6.43, 234, etc., **sēo** 5.12, **sī** 15.144, pl. **sien** 2.50, 54, 71, etc., fut. and consue. sg. **bēo** 6.45, 79, 112, pl. **bēon** 4.19, pret. sg. **nǣre** 5.67, 10.67, 11.171, pl.

wǣron 1.65, **wǣran** 13.72, **nǣren** 2.16
+**bēor** m. *guest, drinking-companion*
beorcan 3 *bark*
beorg m. *hill, mound, mountain*
±**beorgan** 3 (w. dat.) *save, protect (against*, w. acc.), *provide protection; seek a cure for*
°**beorghliþ** n. *mountain slope;* dp. **-hleoþum** 14.27.2
beorht adj. *bright;* adv. **beorhte**
beorhtnes(s) fjō. *brightness, brilliance*
beorn m. (orig. mu.) *man*
±**bēorsċipe** mi. *banquet, feast;* ds. **-sċype** 6.96
bēot n. *vow, boast*
bēotung f. *threat*
be-pǣċan, pret. **be-pǣhte** I (§116) *deceive, seduce*
bera m. *bear*
±**beran** 4 *bear, carry;* pres. 3 sg. **byrð** 7.125, **byreð** 14.7.6, 14.14.5; act. part. gsn. **berendes** *pregnant* 7.299
be-rēafian, bi- II *rob, deprive, strip*
be-rēafiend mc. *robber, depriver, plunderer*
beren(n) adj. *made of bearskin*
be-rēofan 2 *deprive, rob* (*of*, w. dat.); pp. np. **birofene** 14.13.7
°**be-rīefan, -rȳfan** I *deprive, dispossess* (*of*, w. gen.)
be-rōwan (ēo) 7 *row past*
±**berstan** 3 *burst, break; escape*
be-rȳpan I *despoil (of), strip, deprive, rob*
be-sċierian I *deprive, cut off;* pp. asm. **besċyredne** 12.8
be-sēon 5 (§132) *look*
be-sierwan, -syrwan I *ensnare, defraud*
be-sincan 3 (trans.) *sink, submerge*
be-sittan 5 *surround, besiege*
°**be-slītan** 1 *slit, tear, separate (from*, w. dat.)
be-smītan 1 *defile, soil, dishonor*
°**be-snyþþan** I *rob, deprive* (*of*, w. dat.)
be-sorgian II *regret, rue, have sorrow over*
be-sprecan 5 *talk about (it)*
be-stelan, bi- 4 *move stealthily, steal (upon); deprive*
°**be-stīeman** I *suffuse, bespatter;* pp. **bestēmed** 15.22, 48
be-strīpan I *strip, plunder;* pp. apn. **bestrȳpte** 8.32
be-styrman I *agitate, wrack with storms*
be-swīcan 1 *betray, deceive, overcome by stratagem*
be-swīcend mc. *deceiver*
be-swincan 3 *produce by labor*
°**be-swillan, -swyllan** I *wash, drench*
besyrw- see **besierwan**
bet adv. (compar. of **wel**) *better;* superl. **betst**
be-tǣċan, pret. **betǣhte, betāhte** I (§116) *entrust, hand over (to), appoint, reserve*
±**bētan** I *atone (for), compensate (for), make amends (for), improve;* sj. pres. pl. **bētan** 8.130
bet(e)ra adj. (compar. of **gōd**) *better*
betst, best adj. superl. *best*
be-twēonan, be-twēonum, bi- prep. w. dat. *between, among*
be-twīh, be-twȳh, be-t(w)uh prep. w. dat. *between, among*
be-twux, be-tweox, be-twyx prep. w. dat., acc. *between, among, within*
be-tȳnan I *close*

be-þeċċan, pret. **beþeahte** I (§116) *cover, wrap*

be-þenċan I (often reflex.) *consider, reflect (on),call to mind, think (of,* often w. gen.)

°**be-þennan** I *stretch upon* or *over, cover*

°**be-þringan** 3 *beset, oppress*

be-þyddan I *thrust;* pret. pl. **beþyddan** 7.289

be-wǣfan I *wrap, clothe*

°**be-wāwan (ēo)** 7 *blow against, beat;* np. **biwāune** 16.76

be-wendan I (often reflex.) *turn (around)*

be-werian I *defend, protect*

be-windan 3 *wrap*

be-witiġan II *observe, attend to*

be-wrēon 1 (§132) *conceal, cover;* pret. 1 sg. **bewrāh** 16.23; pp. **bewriġen** 15.53, asf. **bewriġene** 14.42.14

be-wyrċan, pret. **beworhte** I (§116) *work, construct, make*

bī adv. *by it, from it, on the basis of it*

bi-, bī, biċġ-, bīcn- = be-, be, byċġ-, bīecn-

±**bīdan** 1 *wait, remain;* (w. gen., acc.; may be reflex.) *await, experience, endure, live through*

±**biddan** 5 (often reflex.) *pray, ask, bid, command, instruct* (w. gen. of thing asked for; w. **æt** *of* or *from*)

±**bīecnan,** ±**bīcnan,** I *indicate, reveal, signify;* pres. pl. **bēcnaþ** 14.24.10

±**bīeġan,** ±**bīġan** I *cause to bend, compel to submit, abase; commit (oneself)*

°±**bieldan** I *embolden, encourage, hearten*

bīeme, bȳme f. *trumpet*

±**bierian,** ±**byrian** I *taste;* pret. 3 sg. **byriġde** 15.101

°+**bierman,** +**byrman** I *ferment, leaven, swell up*

bifian II *tremble, shake, quake;* act. part. **byuiġende** 6.174

bīġan see **bīeġan, būgan**

bīgenġ(ę)a m. *inhabitant, cultivator, worshiper;* ap. **biġgenċġas** 6.55

bīhð see **bīeġan, būgan**

bīleofa m. *sustenance, support;* as. **biġleafan** 4.4, **biġleofan** 4.8

bil(e)wit adj. *innocent, honest*

°**bil(l)** n. *sword, blade*

+**bind** n. *fastening, band, confinement*

±**bindan** 3 *bind, put in fetters*

bindere mja. *binder, one who fetters*

binnan = be-innan

birnan 3 (intrans.) *burn*

bisċ(ę)op, bisċep m. *bishop*

bisċ(ę)ophād m. *episcopate, office of bishop*

bisċ(ę)oprīċe n. *bishopric, episcopal diocese*

bisċ(e)opstōl, bisċepstōl m. *cathedra, episcopal see, bishopric*

bisgu, bysgu f. *occupation, business*

bisiġ, bysiġ adj. *busy, occupied*

bismerian I, III *insult, mock, revile*

bismor, bismer, bysmor n. *disgrace;* **tō bysmore** *disgracefully;* gp. **bysmara** 8.12

bismorful(l), bismer-, bysmor- adj. *disgraceful, shameful*

±**bītan** 1 *bite, pierce*

bit(t)er adj. *bitter, cutting, cruel;* adv. **bitere**

bitw- = betw-

blāc adj. *bright, brilliant*

blācern n. *lamp, light*

blācernlēoht n. *lamplight*
blæc adj. *black;* npn. **blacu** 14.51.3, dp. **blacum** 14.10.7
°**blǣd** m. *vital spirit, joy, glory;* gp. **blēdum** 15.149
blǣtan I *bleat*
±**blandan (ēo)** 7 *blend, mix;* pp. **ġeblonden** 14.23.8
°**blēd** fi. *shoot, leaf, foliage*
blēd see also **blǣd**
°**blenċan** I *deceive, cheat*
blēo nja. *color, appearance, form;* dp. **blēom** 15.22
±**blētsian** II *consecrate, bless, make a sign of blessing*
°**blīcan** 1 *gleam*
blind adj. *blind* (*to*, w. gen.), *dark*
blindlīċe adv. *blindly, ignorantly*
blis(s) fjō. *merriment, merrymaking, enjoyment, happiness;* ds. **blysse** 6.117
±**blissian** II *exult, rejoice*
±**blīðe** adj. *cheerful, in good spirits, well-disposed;* adv. **blīðe, blīðelīċe**
°**blīðemōd** adj. *contented*
blōd n. *blood*
blōdgyte mi. *bloodshed*
blond- = **bland-**
±**blōwan (ēo)** 7 *blossom, flourish*
bōc, pl. **bēċ** fc. *book;* ns. **booc** 1.139
bōcċiest f. *book chest*
bōccræft m. *study of books, learning, scholarship*
bōcere mja. *scholar*
bōcliċ adj. *scholarly, pertaining to books*
bōcstæf m. *alphabetic character, letter*
boda m. *messenger, announcer*
boden see **bēodan**
bodi(ġ)an II *announce, proclaim*
boga m. *bow*
bōġan II *boast* (*of*, w. gen.); pres. 3 sg. **bōð** 12.28
bold n. *hall*
bolster m. *cushion, bolster*
bona, bonne = **bana, banne**
bord n. *board, plank; side of a ship; shield; table*
°**bordhreða** m. *phalanx, shield-wall, protective formation*
°**bordweal(l)** m. *wooden wall*
borgen see **beorgan**
bōsm m. *bosom, interior*
bōt f. *remedy, amends, atonement*
bōð see **bōġan**
brād adj. *broad, wide;* compar. nsn. wk. **brǣdre** 7.54, **brādre** 7.55
+**bræc** n. *crash;* **ġebrec** 11.114
±**brǣdan** I *spread*
brēac see **brūcan**
breaht(e)m m. *cry, clamor*
+**brec** = +**bræc**
±**brecan** 4 *break, transgress (against);* pres. 3 sg. **briċeð** 14.38.6; pret. pl. **brǣcan** 8.43, 160, **brǣcon** 11.122
°**breodian** II *cry out* (?)
brēost n. (usu. pl.) *breast*
°**brēostcofa** m. *recesses of the breast*
°**brēostsefa** m. *spirit, mind, temperament*
±**brēowan** 2 *brew*
brerd m. *brim*
briċe, briċeð, briċġ see **bryċe, brecan, bryċġ**
°**brim** n. *ocean*
°**brimfugol** m. *sea bird*
±**bringan,** ±**brenġan,** pret. ±**brōhte** 3, I (§116) *bring;* pres. 3 sg. **ġebrinġeð** 8.128; pp. **brungen** 14.21.7, 14.27.2
±**broc** n. *affliction, adversity*

±brocian II *crush, injure;* pp. np. **ġebrocede** 3.129

brōðor mc. (pl. ±; §82) *brother;* np. **ġebrōðra** 1.33, **brōðor** 1.174, 178, **ġebrōþor** 14.13.2, ap. **brōðra** 9.35, **brōþor** 14.31.22

±brūcan 2 (w. gen.) *use, enjoy, possess, experience*

brūn adj. *brown, bright*

bryċe mi. *breach, fracture, infringement, offense*

bryċe ni. *use, enjoyment;* ds. **briċe** 9.20

bryċġ fjō. *bridge;* as. **briċġe** 5.3, 5

°**brȳd** fi. *bride, wife, woman*

°**brȳdbed(d)** nja. *nuptial bed*

brȳdġifta fp. *betrothal, espousal*

bryne mi. *burning, flame, conflagration*

°**brytta** m. *dispenser, lord*

bū see **bēgen**

būan 7, III (?; wk. pret. **būde**) *reside, live, settle, inhabit;* pres. 1. sg. **būġe** 14.7.2, pl. **būġęað** 3.39; pp. **ġebūn** 7.19, **ġebūd** 7.23, asn.wk. **bȳne** 7.53, dp. **bȳnum** 7.52

bufan prep. w. dat. or acc. *above, upstream from* [**be-ufan**]

±būgan 2 *bow, turn, submit; modulate* 3 sg. **bīhð** 4.40; act. part. dsf. **būgendre** 14.8.6

būge see **būan**

būġ- see **būan**

°**bune** f. *cup, beaker*

būr n. *chamber, room*

burg, burh fc. *fortification, town;* gs., ds., ap. **byr(i)ġ;** as. **burg** 7.209, **buriġ** 10.3, ap. **burga** 3.25, 4.6

burglēod mi. *townsman, citizen*

burgon see **beorgan**

°**burgsittend** mc. *city-dweller*

burgwaru, burh- f. *resident* or *populace of a town*

burgweal(l) m. *fortification*

°**burgwīġend** mc. *'fortress-fighter', soldier*

būtan, būton adv., prep. w. dat. *outside, beyond; but, except for, without* [**be-ūtan**]

būtan, būton conj. *unless, except; but*

būte conj. *but, rather* [**be-ūte**]

butere f. *butter*

būtū pron. n. dual *both*

±byċġan, pret. **bohte** I (§116) *buy, purchase, redeem*

bydel m. *beadle, preacher*

byden f. *vat, tub*

°**byht** fi. (?) *settlement, habitation*

bȳme = **bīeme**

bȳn- see **būan**

±byrd ni. (often pl.) *birth, lineage, social rank, class*

byrde adj. *well-born, noble*

+byr(d)tīd fi. *time of birth*

byreð see **beran, byrian**

byrġen(n) fjō. (orig. fi.) *sepulcher;* ds. **byrġennæ** 5.38, **byrġene** 6.224, 225

±byrian I (w. dat.) *befit, belong*

byriġ- see also **bierian**

+byrman see **+bierman**

byrnan, be(o)rnan 3 *burn* (intrans.)

°**byrnwiga** m. *fighter in mail, armed warrior*

byrst mi. *loss, calamity*

byrtīd = **byrdtīd**

byrð see **beran, byrian**

bȳsn, bȳsen f. *example*

bysmor- = **bismor-**

+bytlu np. *complex of buildings, fine estate*

byuiġ- = **bifi-**

cǣġe f. *key*
cāf adj. *strenuous, bold*
cald = **ċeald**
±**camp** m. *combat, battle*
±**campian, compian** II *do battle, fight;* pret. pl. **compedon** 1.15
°**campwudu** mu. *'battle-wood', shield*
canōn m. *canon, rule*
carcern n. *prison*
caru, cearu, cearo f. *care, trouble, sorrow;* as. **ċeare** 16.9
cāserdōm m. *reign as emperor, imperium, empiry*
cāsere, kāsere mja. *emperor, Caesar*
ċeaflas mp. *jaws*
ċeald adj. *cold;* dsf.wk. **caldan** 13.15
ċealf nc. (§82) *calf*
ċēap m. *cattle; purchase, bargain;* **ġemǣnum ċēape** *as a joint purchase* 8.70
±**ċēapian** II *buy, purchase, pay for* (*with*, w. dat. or instr.)
ċeare, cearo see **caru**
ċearful(l) adj. *full of care*
ċēas f. *strife, contention*
ċeaster f. *town, city*
ċeaster(ġe)waru f. *resident of a town, citizen*
ċēġan = **ċīeġan**
cēling f. *ability to cool, coolness;* as. **cēlincge** 6.24
±**cennan** I (§114) *conceive, give birth (to);* pret. pl. **cendon** 7.169
°**ċēol** m. *ship*
ċeorfæx f. *axe;* dp. **-æxsum** 7.325
±**ċeorfan** 3 *carve, cut*
ċeorl m. *peasant; man, husband*
±**ċēosan** 2 (w. acc. or gen.) *choose;* pret. pl. **ġecuran** 9.72; sj. pret. sg. **ġecure** 6.60, pp. nsn. **ġecoren** 1.121
±**ċēowan** 2 *chew*
±**ċīeġan** I *call, summon;* pret. pl. sj. **(ġe)ċȳġdon** 1.5, 40, pp. **ġeċīġed** 6.1, 10
ċiele, ċyle mi. *cold, chill, coolness, frost*
ċierlisċ, ċirlisċ, ċeorlisċ adj. *common, low-born*
ċierm, ċirm mi. *cry, shouting, outcry*
ċierr mi. *turn, occasion;* ds. **ċirre** 3.146, 7.6
±**ċierran, ċyrran** I *turn, turn aside;* pret. pl. **tōgædere ġeċirdon** *banded together* 7.164
ċīġ- see **ċīeġ-**
ċild ns. *child*
ċildhād m. *childhood;* **ċyld-** 6.184
ċir- see also **ċier-**
ċiriċe, ċyrċe f. *church;* as. **ċyrċan** 5.48, gs. 5.28, ds. **ċyrċęan** 5.36, 43
ċiriċhata, ċyriċ- m. *persecutor of the Church*
ċiriċweard m. *church-warden, sexton;* as. **ċyrċward** 5.22, 26
Ċirīnisċ adj. *Cyrenaican, pertaining to Cyrene*
ċirm = **ċierm**
ċirre see **ċierr**
clǣne adj. *clean, pure;* adv. **clǣne** *fully, completely*
±**clǣnsian** II *cleanse, purify*
°**clam(m)** m. *bond, fetter, fastening*
clawu fwō. *claw, instrument of torture*
cleof-, cleop- = **clif-, clip-**
cleric m. *clergyman (secular, as opposed to a monk)*
clif n. *cliff, rock;* dp. **cleofum** 1.59 (see §119)
clipian, clypian, cleopian II *cry out, call, summon, utter*
clūdiġ adj. *stony*

clumian II *keep the mouth shut;* pret. pl. **clumedan** 8.153
clūster n. *confinement*
°**clynnan** I *resound, ring*
clypian = **clipian**
±**clyppan** I *embrace, welcome*
cnapa, cnafa m. *child, boy, servant;* dp. **cnapan** 5.37
±**cnāwan (ē, ēo)** 7 *know, understand, recognize*
±**cnedan** 5 *knead*
±**cneordnes(s)** fjō. *accomplishment*
cnēo(w) nwa. *knee;* as. **cnēo** 16.42
±**cnĕ̄owian** II *kneel*
cniht m. *boy, young man*
±**cnōdan (ēo)** 7 *dedicate, commit*
±**cnucian** II *knock;* pret. 3 sg. **cnucede** 5.24
±**cnyllan** I *strike, knock*
±**cnyssan** I *strike, dash against, press, beat*
±**cnyttan** I *bind*
cōlian II *grow cold*
°**collenferhð** adj. *stout-hearted*
comp(-), con(st) *see* **camp(-), cunnan**
+**cōpliċ** adj. *fitting*
cops, cosp m. *fetter, bond*
coren, corfen see **ċēosan, ċeorfan**
corn n. *grain, crops*
°**corðor** f. *troop, multitude, retinue, company*
cradolċild nc. *'cradle-child', infant, young child*
cræft m. *skill, art, artifice, strength, might*
cræftiġ adj. *mighty, powerful;* nsm.wk. **cræftega** 7.205
Crēcisċ n. *the Greek language*
°**crinġ, grinġ** m. (?) *fall, slaughter*
°±**cringan, ±gringan** 3 *succumb*
cristen adj. *Christian;* npf. **cristnæ** 2.47
cristendōm m. *Christianity, Christendom;* **cristenan-** 10.13
crūc m. *cross*
cuma m. *stranger, guest*
cuman (c(w)ōm, c(w)ōmon, cumen) 4 *come;* pres. 3 sg. **cymeð** 7.96, 120; pret. pl. **cōman** 1.29, 37, 5.14, etc., **cwōman** 15.57; sj. pres. sg. **cyme** 14.5.5
cumpæder m. *'co-father', i.e. a man whose relationship to a man or woman is that one of them sponsored the other's child at baptism*
±**cunnan**, pret. **cūðe** pret.-pres. *know, know how, be acquainted with, recognize* (§123); pres. 1s. **con** 1.98, 2 sg. **const** 14.36.12
±**cunnian** II *investigate, try, test*
cure, curon see **ċēosan**
curfon see **ċeorfan**
cūð adj. *known, plain, familiar*
cūð- see also **cunnan**
cwalu f. *murder*
cwealmbǣre adj. *murderous, deadly, bloodthirsty*
cweartern n. *prison*
±**cweċċan,** pret. **cwe(a)hte** I (§116) *shake*
cwellere mja. *killer*
±**cwēman** I (w. dat.) *please*
±**cwēmlīċe** adv. *graciously, amiably*
cwēn fi. *queen, princess, woman*
cwene f. *woman*
cweðan 5 *say, state;* pres. 3 sg. **cwyð** 15.111; pret. pl. **cwǣdan** 8.114; imp. sg. **cwæð** 6.57
cwicu, cwico adj. (*u*-stem) *living, alive;* gp. **cwicra** 16.9

cwide mi. *saying, statement, speech, remark, observation,* np. **cwide** 12.20

°**cwideġied(d)** nja. *saying, utterance, remark*

cwield, cwild mi. *pestilence, disease*

cwielman, cwylman I *afflict, destroy, kill*

°**cwīðan** I *bewail, lament*

cwyð see **cweðan**

ċȳġ-, ċyld(-), ċyle = **ċīeġ-, ċild(-), ċiele**

cyme mi. *arrival, appearance, presence*

cȳmliċ adj. *'comely', lovely, splendid*

±**cynd** ni. *nature, birth;* ds. **ġecynde** *by birth, by right*

cynehelm m. *crown, garland;* as. **kynehelm** 6.150

cyneliċ adj. *royal*

cynerīċe, kynerīċe nja. *kingdom, realm*

cynesetl n. *throne*

°**cynestōl** m. *royal seat, throne*

cyning, kyning, cyng, cing, kyng m. *king;* ns. **cynincg** 7.102, **cining** 11.49, as. **cyningc** 7.36

cyningcyn(n) nja. *royal line, dynasty*

cyn(n) nja. *kind, family, kin, sex, race, people*

ċyr(i)ċ-, ċyrran = **ċiriċ-, ċierran**

cyrtel, kyrtel m. *man's tunic, coat*

cyrten adj. *attractive*

±**cyssan** I *kiss*

°**cyst** fi. *paragon, the choicest (example), the best*

cȳst see **cȳðan**

±**cȳðan** I *show, reveal, make known, relate;* 2 sg. **cȳst** 6.70

dǣd fi. *deed, action*

dǣdbōt f. *penance, penitence*

dæġ, pl. **dagas** m. *day;* gs. **dæġes** *by day;* gp. **dagana** 11.193, dp. **dagan** 7.77, as adv. **dagum** *by day* 14.5.14

dæġhwāmlīċe adv. *daily, every day*

°**dæġrīm** n. *count of days, lifetime*

°**dæġweorc** n. *day's work*

dǣl mi. *portion, share, part, region, extent;* **be ǣnigum dǣle** *to any extent*

±**dǣlan** I *divide, distribute, pay out; be at odds*

±**dafenian** II (impers. w. dat.) *befit;* pret. 3 sg. **ġedeofanade** 1.87

+**dafenliċ** adj. *suitable, appropriate*

±**dāl** n. *division, difference, separation, quarreling*

°**daroðæsċ** n. *spear with shaft of ash*

°**daroðlācend, deareð-** mc. *'spear-tosser', soldier*

dēad adj. *dead*

dēaf adj. *deaf*

dēaf see also **dūfan**

dēagol = **dīegol**

deal(l) adj. *proud*

dear see **durran**

deareð- = **daroð-**

dearnunga adv. *secretly, stealthily*

dēað m. *death*

°**dēaðdæġ** m. *final day*

°**dēaðsleġe** mi. *mortal blow*

dēaw mwa. *dew*

dēġel- = **dīegol-**

dēma m. *judge*

±**dēman** I *judge, consider*

dene mi. *valley*

Denisċ adj. *Danish;* gp. **Deniscena** 3.161

deofan- see **dafenian**

dēofolliċ adj. *diabolical, fiendish;* asn. **dēofliċ** 6.89

dēofol m., n. *devil, demon, fiend;* apn. **dēofla** 4.13

dēofolġield n. *heathen worship;* **-ġeld** 7.253

dēop n. *channel, deep part of the estuary*

dēope adv. *profoundly*

dēopliċ adj. *profound*

dēor adj. *bold*

dēor n. *animal, beast, creature*

dēor- see also **dīere**

deorc adj. *dark;* dp. **deorcan** 15.46

dēorwierðe adj. *precious, costly*

derian I *damage, injure, cause damage (to)*

deriġendlīċ adj. *injurious, harmful*

dīacon m. *deacon, minister*

°**+dīeġan, +dȳġan** I *survive*

dīegol, dēagol adj. *secret, hidden, private;* dp. **dīhlum** 5.21

±dīegollīċe adv. *secretly;* **dīġellīċe** 10.18, **dēġelīċe** 10.136

dīegolnes(s) fjō. *secret*

dīere, dēore adj. *dear, prized, valuable, excellent;* adv. **dēore**

dīhlum see **dīegol**

±dihtan I *appoint, direct, dictate*

dihtnere mja. *steward*

°**dim(m)** adj. *dim, dark*

°**dōgor** mc. *day*

dohte see **dugan**

dohtor fc. (pl. ±; §82) *daughter;* np. **dohtra** 9.39, **dohtor** 14.46.2

dol adj. *foolish, silly;* as sb. *fool*

dolg n. *wound*

dōm m. *judgment, decree, penalty, renown, glory*

dōmdæġ m. *Judgment Day*

°**dōmġeorn** adj. *eager for praise*

°**dōmweorðung** f. *glory, renown*

±dōn anom. (§134) *place, put, position, take; make, cause; do, act, present; lead (a life);* **wiþ dōn** *treat;* pres. pl. **dō** 13.93 (§79); pret. pl. **(ġe)dydan** 7.230, 8.15; pret. pl. **ġedydon** *arrived* 3.69, 87, 110, etc.

dorst-, dræht see **durran, dreċċan**

drāf f. *drove, band*

°**+drēag** n. *host, tumult*

drēam m. *gladness, delight*

±dreċċan, pret. **dre(a)hte** I (§116) *afflict, oppress;* pret. pl. **ġedrehtan** 8.47, pp. **ġedræht** 5.5

±drēfan II *disturb, trouble, distress*

±drēfednes(s) fjō. *distress, emotional turmoil*

drenċ mi. *drowning*

°**±drēogan** 2 *perform, do, be engaged in, persist; endure, suffer;* pres. 3 sg. **drīġð** 10.55

drēoriġ adj. *bloody, cruel, dreary*

°**drēoriġhlēor** adj. *'sorrowful-cheeked', sad-faced*

°**±drēosan** 2 *perish, fail, decline*

±drīfan 1 *drive*

drīġð see **drēogan**

drihten, drinċ = **dryhten, drynċ**

drinca m. *drink*

drincan 3 *drink*

°**drohtað** m. *conduct, way of living, condition*

drohtnung f. *way of life, conduct, reputation*

dropa m. *drop*

drug- see **drēogan**

druncen n. *consumption of drink, drinking*

druncennes(s) fjō. *drunkenness*

°**druncmennen(n)** fjō. *'drink-maidservant', slave assigned to* *duties associated with the dispensing of drink, dishwasher* (?)

drȳġe adj. *dry;* **on drȳġum** *on dry land* 3.150

°±**dryht** fi. *host, troop, multitude*

dryhten, drihten m. *lord* (often in ref. to God); gs. **drihtnes** 1.6, 10; ds. **drihtene** 5.29

°**dryhtfolc** m. *multitude, host*

°**dryhtguma** m. *member of a lord's company, retainer, follower, man*

±**drynċ,** ±**drinċ** mi. *drink, drinking*

±**dūfan** 2 *dive, plunge;* pret. pl. **dufan** 11.122

dugan, pret. **dohte** pret.-pres. (§123) *avail, be of use, thrive, be well*

duguþ f. *excellent quality, nobility, virtue, strength, power, host;* as. **dugeþe** 8.149

dumb adj. *dumb, without speech*

dūn f. *mountain, hill*

durran, pret. **dorste** pret.-pres. (§123) *dare, venture*

duru fu. *door;* ds. **duru** 5.28, **dure** 7.276

dūst n. *powder, dust*

dwǣs adj. *stupid, ignorant;* dp. as sb. **dwǣsan** 8.131

±**dwelian** II *go astray, be in error; lead astray, delude*

±**dwi(e)ld,** ±**dwyld** nja. *folly, delusion, error*

±**dwola** m. *heresy, error, folly*

+**dwolgod** m. *false god, idol;* dp. **dwolgodan** 8.23

±**dwollīċe** adv. *ignorantly, foolishly*

dwyld = **dwield**

dyd- see **dōn**

±**dȳfan** I *immerse, plunge*

dȳġan see **dīeġan**

°**dynian** I, II *resound;* pret. 3 sg. **dynede** 11.50

dynt mi. *blow*

dȳr- = **dīer-**

±**dyrstiġ** adj. *bold, presumptuous*

dysiġ adj. *foolish;* as sb. *fool;* asm. **dysīne** 10.167

dysiġ n. *foolishness, error*

dyslīċe adv. *foolishly*

ēa fc. *river;* as. **ēa** 7.17, gs. **ē** 3.76, 79, **ēas** 3.116, 7.19, ds. **ēæ** 3.114, **ēa** 7.18, **īe** 7.147, 258

ēac adv. *also, in addition, too*

ēac prep. w. dat. *in addition to*

ēaca m. *addition, reinforcement, increase*

ēacen adj. (pp.) *increased, enlarged, endowed, mighty, pregnant*

±**ēacnian** II *increase, be enlarged; be pregnant, bear a child*

°**ēad** n. *prosperity, good fortune, well-being, contentment*

ēadiġ adj. *blessed, saintly*

ēage n.wk. *eye*

eahta num. *eight;* **ehtuwe** 14.36.4

eahtatiġ num. *eighty*

eahtoða, eahteða num. *eighth*

ēalā interj. *alas, oh;* **ǣala** 10.176

ēaland, īeġland n. *island;* ns. **ēġlond** 10. 88, as. **īġland** 3.101, gs. **ēalondes** 1.13, ds. **īġlande** 9.31, 36, **ēalonde** 10.4, np. **īġland** 7.71, 84, gp. **īġlanda** 7.82

ealað see **ealu**

eald adj. *old, ancient;* comp. **ieldra**

°**ealdġewyrht** fi. *deed of old*

ealdhlāford m. *hereditary lord, dynast*

ealdhlāfordcyn(n) nja. *hereditary dynasty*

±ealdian II *grow old*
(e)aldor m. *leader, commander*
°**(e)aldor** n. *life*
ealdorman(n) mc. *earl, chief officer of a shire, prince, ruler, superior*
ealdriht n. *right of old, ancestral right*
°**ealfelo** adj. (*u*-stem?) *very harmful, dire, deadly*
eal(l) adj., pron. *all;* **ealles** *entirely, completely, all, fully;* **mid ealle** *altogether, completely, in all;* gp. as adv. **ealra** *in all, all told* 14.13.1, 14.46.6; asm. **ealne** 7.8, 20, asf. **ealle** 10.84, npm. **alle** 7.206, apf. **eallæ** 2.37, gp. **ealra** 7.1, 13.87
eal(l) adv. *all, entirely;* **æll** 6.171
eal(l)birnende adj. *all-consuming*
eallinga, eallunga adv. *completely, exclusively*
eallnīewe adj. *entirely new;* dsf. **eallnīwere** 6.196
eal(l)swā adv., conj. *just as*
ealneġ adv. *always* [**ealne weġ**]
ealu, ealo nc. *ale;* gs. **ealað** 7.133
ēam m. *maternal uncle*
eard m(u). *(native) country, region, land*
°**eardġeard** m. *enclosed plot of ground, settlement, region*
±eardian II *reside, make one's home*
°**eardstapa** m. *wanderer*
eardungstōw f. *settlement, dwelling place, residence*
ēare n.wk. *ear*
earfoðe adj. *hard, difficult*
earfoþe nja. *hardship, trouble;* gp. **earfeþa** 16.6
earfoðlīċ adj. *difficult, full of hardship;* adv. **-līċe** *with difficulty, impatiently*
earg adj. *unmanly, cowardly*
°**earhfaru** f. *flight of arrows*
earhlīċ adj. *cowardly, timid, shameful*
earm adj. *poor, wretched, miserable*
earm m. *arm;* ds. **earmæ** 5.45
°**earmċeariġ** adj. *miserably sad, sorely distressed*
earming m. *wretch;* **-ingc** 6.93
earmlīċ adj. *low, pitiable, wretched;* adv. **-līċe**
earn m. *eagle*
±earnian II (w. gen.) *earn, merit;* inf. **ernian** 8.13; pret. pl. **ġeearnedan** 8.14
±earnung f. *merit, accomplishment;* dp. **earnungan** 8.14, 15
eart see **bēon**
ēast adv. *eastward, to the east*
ēastan adv. *from the east;* **be ēastan** *to the east of* (w. dat.); **wið ēastan** *to the east*
ēastdǣl m. *eastern region, the East*
ēastende mja. *east end*
ēasteweard adj. *eastern*
ēasteweard(es) adv. *eastward, in the east*
ēasthealf f. *east side*
ēastlang adj. *extending to the east*
ēastnorðerne adj. *(coming from the) northeast*
°**ēastrēam, ēġ-** m. *river current, streaming river*
ēastrīċe nja. *eastern kingdom*
ēastrihte adv. *to the east, in an easterly direction;* **-ryhte** 7.11
ēastsǣ mfi. *east sea*
ēaþe, ēaðelīċe adv. *easily, readily;* compar. **ēð**
ēaðmōd adj. *humble;* adv. **-līċe**
ēaw- see **īew-**
eaxl f. *shoulder*

°**eaxlġespan(n)** n. *'shoulder-yoke'*, i.e. either *cross-beam* or *intersection* (i.e., *cross*)
°**eaxlġestealla** m. *'shoulder-companion', comrade*
Ebrēisċġeðēode nja. *the Hebrew language*
ēċe adj. *eternal, everlasting;* ds. **ēċere** 6.234
eċġ fjō. *edge, blade, weapon*
+**edbyrdan** I *regenerate, revivify, bring back to life*
eder, eodor m. *enclosure, settlement, residence*
edlēan n. *reward, recompense*
±**edlǣċan,** I *renew, repeat;* pres. 2 sg. **ġeedlēcst** 6.71
±**ednīwian** II *renew*
±**edstaðolian** II *reestablish, restore;* pret. 3 sg. **ġeedstaðelode** 6.159, pp. **ġeedstaðelod** 6.143
edwīt n. *disgrace, abuse*
efenēhð f. *direction* (?)
±**efenlǣċan** I *emulate, imitate, compare oneself to;* **ġeeuen-** 6.74
efenlang adj. *of the same length*
efes f. *side, edge*
±**efestan, efstan** I *hurry, hasten*
efne adv. *even, just, precisely*
efne interj. *truly, indeed, behold*
efstan I *hasten, hurry* [cf. **ofost**]
eft adv. *again, in turn, back, in reverse; afterward;* **æft** 10.137
eġe ni. *awe, fear, terror*
°**eġ(e)sa** m. *fear, terror, awe, reverence*
eġ(e)si(ġ)an II *threaten, terrify*
eġesful(l) adj. *awe-inspiring, intimidating*
eġesliċ adj. *terrible, dire, frightful*
Ēgiptisċ adj. *Egyptian*
ēġlond, ēġstrēam = **ēaland, ēastrēam**
ēhtan I *pursue, harass*
ēhtere mja. *persecutor*
ēhtnys(s) fjō. *persecution*
ehtuwe = **eahta**
elcung f. *delay*
eldra = **ieldra**
ele mni. *oil*
°**ellen** n. *valor, determination;* is. **elne** 15.34, 60, 16.114
ellenwōdnis(s) fjō. *fury, indignation*
elles adv., pron. (indecl.) *otherwise, else, besides; anything else*
eln f. *forearm, ell (about two feet)*
elpend m. *elephant;* as. **elpent** 7.262, dp. **elpendon** 7.267
elþēod f. *foreign nation*
elþēodiġ adj. *foreign, alien, exiled*
emb(e) = **ymb(e)**
emnlange, efn- prep. w. dat. *alongside*
em(n)sāriġ, efn- adj. *as pained, as sorrowful* (*as*, w. dat.)
ende, ænde mja. *end, part, edge, border*
endebyrdnes(s) fjō. *order, sequence, succession, estate*
endemes adv. *likewise, at the same time*
±**endian** II *end, finish, come to an end, bring to an end;* pret. 3 sg. **ġeendade** 1.153, 182, 7.183; pp. **ġeendad** 7.298
±**endung** f. *end, ending*
enġel m. *angel;* **enċġel** 6.197, 203, ap. **ænglas** 6.86
°**enġeldryht** fi. *host of angels*
Englisċ adj. *English*
Englisċ n. *the English language*
Englisċġereord n. *the English language*
enlefan, endlefan num. *eleven*

enne see **ān**
ent mi. *giant*
ēode, ēodon see **gān**
eodorcian II *ruminate, chew the cud;* act. part. nsn. **eodorcende** 1.135
°**eofurcumbol** n. *boar-banner, ensign*
eom see **bēon**
°**ēoredċiest** f. *mounted company, cavalry;* dp. **-cestum** 11.36
°**eorl** m. *nobleman, earl, officer;* (in poetry) *man, warrior*
eornost f. *earnest*
°**eorðbūend** mc. *earthling, human*
eorþe f. *ground, soil*
°**eorðfæt** n. *earthly vessel, body*
eorðsċræf n. *cavern, sepulcher*
eorðstyrung f. *earthquake*
°**eorðweġ** m. *earthly way*
ēow see **ġē**
ēower adj., pron. *your, yours (pl.);* as. **īowre** 7.209, gs. **ēoweres** 7.211, gp. **īowra** 7.210
erian I *till, plough*
ernian = **earnian**
esne mja. *laborer, workman*
ēst mfi. *delicacy, favor, grace, bounty*
et = **æt**
±**etan** (pret. **ǣt**) 5 *eat*
ettan I *graze, use as pasture*
ēð see **ēaþe**
°**ēðel** m. *(native) country, territory, (dry) land*
°**ēþelweard** m. *custodian of the country, leader*
ēðnes(s) fjō. *ease, comfort*
ēðring f. *amelioration* [cf. **ēaþe**]

fāc(e)n n. *crime, treachery, evil*
fāc(e)nful(l) adj. *deceitful, crafty, treacherous*
°**fāc(e)nsearu** nwa. *treacherous device, malicious wiles*
±**fadian** II *arrange, conduct*
fæc n. *while, interval, period of time*
fæder mc. (§82) *father*
fæderliċ adj. *paternal, fatherly*
°**fǣġe** adj. *doomed*
°**fæġen** adj. *glad, cheerful*
fæġer adj. *beautiful, fine, pleasing, elegant, admirable;* nsn. **fǣġer** 14.31.17, 15.73; adv. **fæġ(e)re**
fæġernes(s) fjō. *beauty*
±**fæġnian** II *rejoice*
°**fǣhð(o)** f. *feud, enmity, vendetta*
°**fǣle** adj. *true, good*
fǣmne f. *virgin, unmarried woman;* gs. **fēmnan** 6.25, 228
±**fær** n. *movement, expedition, passage, journey*
fære see also **faru**
færeld n. *track, course*
færeð see **faran**
fǣringa adv. *suddenly;* **fǣrincga** 5.28
fǣrliċ adj. *sudden, unexpected, quick, rapid;* adv. **-līċe**
fǣrrǣdenne see **fērrǣden(n)**
fæst adj. *fixed, secure, bound, made fast*
±**fæstan** I *fast*
fæste adv. *firmly, fixedly, fast, securely, strictly, speedily*
fæsten(n) nja. *fortress, stronghold, fortified place, enclosed place, refuge;* ds. **fæstene** 10.151
fæstenbryċe mi. *nonobservance or breaking of fasts*
±**fæstnian** II *affix, apply, inflict*
fæstnung f. *stability*
fæstrǣd adj. *determined, firmly fixed, resolute*

°**fǣted** adj. (pp.) *flattened, made into plate or foil*

fǣtels n. *vessel*

fǣt(t) adj. *fat, fatted*

fæðm m. *protection, embrace, bosom, lap; interior*

°**fāg, fāh** adj. *stained, painted, decorated, laden*

fald, falod m. *cattle-pen, fold*

fana m. *banner, pennon*

±**fandian** II *try, attempt, test, find out*

fang- see **fōn**

faran 6 (often reflex., may be trans., as at 14.36.9) *go, travel;* **faran on** *attack;* pres. 3 sg. **færeð** 14.21.4, **fareð** 14.23.3; pret. pl. **fōran** 7.236, 290

+**faran** 6 *experience, suffer; turn out; die; attack, invade;* pret. pl. **ġefōran** 7.154

faru, acc. **fære** f. *way, journey, motion, passage*

fēa adj., pron. (nom. pl. **fēawa, fēawe**) *(a) few;* np. **fēa** 11.174, 15.115

+**fēa** m.wk. *joy, happiness*

+**feah** see +**fēon**

feala = **fela**

±**fealdan (ēo)** 7 *fold;* pret. pl. **fēoldan** 14.26.7

feall see **fēolan**

±**feallan (ēo)** 7 *fall, fail, penetrate;* pres. 3 sg. **fylð** 7.74; pret. 3 sg. **fēol** 6.170, 10.153, 14.29.12, pl. **fēollan** 1.50

°**fealu** adj. (*wa*-stem) *fallow* (i.e. *desolate*); apm. **fealwe** 16.46

feċċan see **fetian**

±**fēdan** I *feed, nourish;* pres. 3 sg. **fēdeð** 9.19

±**fēġ(ẹ)an** I *compose, fix, confine, wedge*

fela pron. (indecl., w. gen.), adj. (indecl.) *many, much;* **feala** 15.50, 125, 131

±**fēlan** I (w. gen.) *feel, perceive*

°**felawlanc** adj. *very stately*

feld mu. *field, open country, battlefield;* ds. **felde** 5.7

feldgangende adj. *roaming the fields*

fel(l) n. *fell, skin, hide, pelt*

fēmn- see **fǣmn-**

fenland, -lond n. *fenland, marsh*

fen(n) nja. *fen, marsh*

±**fēoġan** II *hate;* pres. 3 sg. **fēoþ** 12.36

feoh, ds. **fēo** n. (§133) *ox, cow, beast; property, money, capital, thing of value*

°**feohġīfre** adj. *greedy for wealth, avaricious, acquisitive*

feohlēas adj. *without property*

±**feoht** n. *fighting, warfare, battle*

±**feohtan** 3 *fight*

feohte f. = **feoht**

±**fēolan** 3 (§131; reflex. w. dat.) *betake (oneself), remove;* pret. 3 sg. **ġefeall** 5.30

+**fēon** 5 (§132) *rejoice* (*in,* w. gen.), *be glad;* pret. 3 sg. **ġefeah** 11.110; act. part. **ġefēonde** 1.164, 11.174

fēond mc. *enemy, adversary, fiend, devil;* np. **fȳnd** 4.18, **fēondas** 15.30, 33, ap. **fȳnd** 4.9, 11, 43, etc., **fēondas** 15.38

°**fēondsċẹaða** m. *enemy marauder*

°**feorh** mn. *life, soul* (§131); as. **feorg** 14.13.3, ds. **fĕ̄ore** 11.134, 14.23.14, 14.26.1

°**feorhbealo** nwa. *'life-harm', noxious thing*

°**feorhbold, feorg-** n. *'soul-hall', body*

feorm f. *profit, benefit*

feor(r) adj., adv. *far (from*, w. dat.); *from far back;* superl. **fi(e)rrest**

feorran adv. *at a distance, afar, from afar*

fēos, fēoþ see **feoh, fēoġan**

fēower num. *four*

fēowertiġ num. *forty*

fēowertīene, -tȳne num. *fourteen*

+**fēra** m. *companion, comrade, associate*

fēran I (may be reflex.) *go, depart, come, move, journey;* sj. pret. pl. **fērdon** 4.33

°**ferhð** mn. *life, spirit, mind;* ns. **ferð** 16.54; ds. **ferþe** 14.26.21, 16.90

°**ferhðfriþiende** adj. (act. part.) *life-preserving;* as sb. ns. **ferðfriþende** 14.38.3

°**ferhðloca** m. *'spirit-enclosure', breast, thoughts, feelings;* **ferð-** 16.13, 33

°**ferhðsefa** m. *spirit, mind;* **fyrhð-** 11.98

±**ferian** I *convey, bring, transport, move;* pres. 3 sg. **fereð** 14.14.7

±**fērrǣden(n)** fjō. *company, fellowship;* ds. **-rǣdene** 5.16

fers n. *verse*

fersċ adj. *freshwater*

ferþ(-) = **ferhþ(-)**

fēs- = **fȳs-**

feter f. *fetter, shackle, restraint*

±**feti(ġ)an, feċċan** (pret. **fetode, fette**) I, II, III *fetch, bring;* pret. pl. **ġefetedon** 3.121

fēþa m. *foot soldier, infantryman*

°**fēþeġeorn** adj. *anxious to go*

feðer f. *feather, wing;* np. **feþre** 14.27.4, ap. **feþra** 16.47, gp. **feðra** 7.46, dp. **feðerum** 7.43

fiell, fyll mi. *fall*

±**fiellan, fyllan** I *fell, take down*

fierd, fird fi. *defensive force, home defense, levy, conscripted force; campaign*

°**fierdhwæt** adj. *keen to campaign;* np. **fyrdhwate** 11.21

±**fierdian** II *campaign;* pret. pl. **fyrdedon** 9.50

fierdlēas adj. *without a defensive force, undefended*

°**fierdlēoð** n. *battle-song*

°**fierdsċeorp, fyrd-** n. *'campaign-equipment', war gear*

fierrest see **feor(r)**

fīf num. *five*

°**fīfel** n. *giant*

fīfta num. *fifth*

fīftīene, -tȳne num. *fifteen;* **-tēne** 7.149

fīftiġ num. *fifty*

±**findan** (also wk. pret. **funde**) 3 *find, recover, devise, arrange;* pres. 2 sg. **findest** 11.84, 3 sg. **fint** 6.116, **findeð** 7.130; pret. 1 sg. **fond** 10.165

finger m. *finger*

°**finta** m. *tail; consequence, result*

fiorm = **feorm**

°**fīras** mp. *humans, souls* [cf. **feorh**]

fird(-) = **fierd(-)**

firenful(l) adj. *sinful, wicked*

±**firenian** II *revile*

firenlust m. *sinful desire*

°**firġenstrēam** m. *mountainous stream, ocean current*

firrest see **feorr**

first, fyrst m. *(period of) time, interval*

fisċ m. *fish*

fisċere mja. *fisherman*

fisċ(n)oð m. *fishing;* ds. **fisċaþe** 7.5

fiþere nja. *wing;* ap. **fiþru** 14.36.7

flǣsċ ni. *meat, flesh*
°**flǣsċhord** n. *'flesh-treasure', soul*
flǣsċlīċ adj. *fleshly, corporeal*
flān m. *arrow*
flēag, flēah see **flēogan** and **flēon**
flēam m. *flight, retreat*
flēogan 2 *fly*
±**flēon** 2 (§132) *flee, escape, fly*
flēotan 2 *float, drift*
flet(t) nja. *floor (of a hall)*
flex n. *flax*
±**flīeman,** ±**flȳman** I *put to flight*
flīes, flȳs ni. *fleece*
fliġepīl = **flyġepīl**
floc(c) m. *company, group*
flocrād f. *mounted company*
flōd m(u). *flood, rising tide, water*
°**flōdweġ** m. *way across the flood, course at sea*
flōr f(u). *floor;* as. **flōr** 6.166, **flōre** 10.153, gs. **flōre** 5.32
°**flotman(n)** mc. *sailor, pirate*
flugon, flȳman, flȳsum see **flēon, flīeman, flīes**
°**flyġepīl, fliġe-** m. *'flying spike', missile, arrow, javelin*
foca m. *cake (baked on the hearth)*
fōdrere mja. *foraging animal*
folc n. *people, nation, troop, congregation*
°**folcġesīð** m. *officer*
°**folcġewin(n)** n. *combat*
folclagu f. *public law*
°**folcstede** m. *battlefield*
°**folcwiga** m. *fighter, soldier*
°**folde** f. *earth, ground, the world*
°**folm** f. *palm, hand*
fol-nēah = **ful-nēah**
±**fōn**, pret. **fēng** 7 (§132) *seize, grasp, take, catch, capture, reach; begin;* **fōn on** *begin;* **fōn onġēan** *struggle against;* **fōn tō rīċe** *come to power, ascend to the throne;* pres. pl. **fōð** 7.38; pp. np. **fanggene** 1.56, **ġefongne** 7.230
for prep. w. dat., acc. *for, on account of, in respect to; before, in front of;* as conj. (= **forþām þe**) *for, because* 5.27
fōr f. *passage, course, journey*
foran adv., prep. w. dat. *before, in front*
for-bærnan I (trans.) *burn up, consume by fire, cremate*
for-beran 4 *bear, endure*
for-birnan 3 (intrans.) *burn up, be consumed by fire*
for-ċeorfan 3 *cut off;* pret. 2 sg. **forcurfe** 6.159
ford mu. *ford, shallow river crossing*
for-dēman I *sentence, doom, condemn*
for-dīlgian II *destroy, rub out*
for-dōn anom. (§134) *undo, ruin, destroy*
for-drenċan I *intoxicate*
foreġīsl m. *preliminary hostage*
forehūs n. *porch, vestibule*
fore-sæġd, -sǣd adj. *aforesaid*
fore-seċġan III *foretell, predict;* pret. 3 sg. **-sǣde** 5.76; pp. dp. **-sǣdum** 6.54
forespeca m. *advocate, sponsor*
fore-sprecen adj. (pp.) *aforesaid;* dp. **foresprecenan** 10.4
foreþingung f. *intercession*
for-faran 6 *blockade; ruin, do away with*
for-fēran I *perish*
for-flēon 2 (§132) *flee from, evade*
for-ġiefan 5 *give, bestow, grant, pay, give in marriage;* pret. pl. **forġēafen**

1.23; sj. pret. 3 sg. **forġēfe** 1.58; pp. nsf. **forġifen** 1.123

for-ġīeman, -ġӯman I *neglect*

for-ġietan 5 (w. acc., gen.) *forget;* pres. 3 sg. **forġet** 10.56, **forġit** 10.181; pp. **forġiten** 10.40

for-healdan (ēo) 7 *withhold*

for-heriġan, -hereġan, -hergian I, II *plunder entirely, lay waste, ravage;* pp. np. **forhereġeode** 1.50

for-hogdnis(s) fjō. *contempt*

forht adj. *frightened, fearful*

forhtian II *fear, be in terror*

forhtnæs(s) fjō. *fright, fear*

forhwæga, -hwega adv. *somewhere, approximately*

for-hwām conj. *why*

for-ierman, -yrman I *impoverish*

for-lǣdan I *mislead, lead astray*

for-lǣtan (ē) 7 *abandon, leave behind, release, let go, permit, allow; lose, neglect;* pres. 3 sg. **forlǣt** 4.41; pret. pl. **forlētan** 10.31

for-lēogan 2 *lie, commit perjury, perjure (oneself)*

for-lēosan 2 *lose;* sj. pret. pl. **forluren** 7.240; pp. **forloren** 8.115

for-liċġan 5 (§127) *commit fornication or adultery;* pp. np. **forleġene** *adulterous* 8.136

for-lidennes(s) fjō. *shipwreck*

forliġer n. *fornication*

for-līðan (-lāð, -lidon, -liden) 1 *suffer shipwreck*

forma num. *first*

for-meltan 3 (intrans.) *melt away*

for-nēah adv. *almost, nearly*

for-nīedan, -nӯdan I *force, compel*

for-niman 4 *carry off, waste, consume, overpower, seize, destroy, abrogate;* pret. 3 sg. **fornom** 16.80, pl. **fornāman** 1.48, **fornōman** 16.99

for-oft adv. *very often*

for-rǣdan (ē) 7 or I (pret. **rǣdde**) *betray;* **of līfe forrǣde** *kill by treachery* 8.61

for-rīdan 1 *intercept by riding*

forsċyldiġ adj. *wicked*

for-sēon 5 *spurn, scorn, reject;* pres. 2 sg. **forsihst** 6.109; pret. pl. **forsāwan** 12.61; sj. pres. sg. **forsēo** 6.55; pp. npf. **forsawene** (or w. ā?) 8.39

for-spendan I *exhaust, use up, spend*

forspenning f. *incitement, seduction;* as. **forspenningcgæ** 6.13

for-spillan I *destroy, kill*

for-standan, -stondan pret. **-stōd** 6 *understand; withstand, prevent*

for-stelan 4 *steal, capture;* pp. asn. **forstolen** *something captured* 14.14.18

forstrang adj. *exceedingly strong*

for-swelgan 3 *swallow, gobble down*

for-swerian 6 (§127) *forswear, swear falsely*

for-swīgan I *conceal by silence*

forswīðe adv. *utterly, very much*

for-syngian II *ruin by sin, corrupt;* pp. dsf. wk. **forsyngodon** 8.141

for-tendan I *sear, burn away;* pret. pl. **fortendun** 7.171

fortruwung f. *presumption*

forð adv. *forth;* **tō forð** *too much*

for-þām (þe), for-ðǣm (þe), for-þon (þe), for-þan (þe), for-þӯ (þe) conj., adv. *because; therefore*

forþ-bringan, pret. **-brohte** I (§116) *produce, effect*

forð-cuman 4 *come forth, emerge;* pp. np. **forðcymene** 14.13.10

forðearle adv. *exceedingly*

for-þenċan, pret. **-þōhte** I *despair*

forð-fēran I *depart, pass away*

forðfōr f. *going forth, death*

forðgang m. *progress, success*

°**forðġesċeaft** f. *preordained condition, eternal decree*

forþōht see **forþenċan**

for-þolian II (w. dat.) *lack, do without*

for-þryċċan I *oppress;* pp. npm. **for-þrycte** 10.68

forðsīð m. *departure, decease*

°**forðspel(l)** n. *account, description*

forð-tēon (-tēah, -tugon, -togen) 2 *bring forth, produce*

forðweard adj. *advanced, progressing, pointed forward*

°**forðweġ** m. *way forth, the hereafter*

forþȳ = **forþām**

for-wandian II *hesitate*

for-weornian II *dry up, wither, decay*

for-weorðan 3 *perish;* pret. pl. **for-wurdan** 8.64, 155; sj. pres. sg. **for-wurðe** 14.5.6, pl. **forweorðan** 8.146

for-wiernan I (w. gen. of thing and dat. of pers.) *deny, withhold from, prevent*

for-witan, fore- pret.-pres. (§123) *know beforehand*

for-wundian II *wound gievously;* pp. **forwunded** 15.14

forwurð- = **forweorð-**

for-wyrċan I *obstruct; commit wrong, sin; ruin, spoil, condemn;* pret. pl. **forworhtan** 8.155; sj. pres. pl. **for-wyrċan** 8.129

forwyrd fi. *annihilation, ruin*

for-yrman = **for-ierman**

fōstormōdor fc. *foster mother;* **fōster-** 10.46

fōt mc. *foot* (§82); ap. **fēt** 14.36.3

fracod, fraced adj. *vile;* as sb. *villain, criminal*

frǣt see **fretan**

°**frǣte** adj. *obstinate, wilful*

±**fræt(e)w(i)an** I, II *adorn, apparel;* pres. pl. **frætwað** 14.35.10; pp. **frætwed** 14.14.11, 14.31.20, **ġe-frætwad** 14.31.2

°**frætwa** fp. *trappings, ornaments, adornments*

°**fram** adj. *vigorous, active*

fram, from prep. w. dat. *by, from, after, since, of, on account of*

°**frēa**, gen. **frēan** m.wk. *lord*

frēċednys(s) fjō. *danger*

°**frēcne** adj. *dangerous, perilous*

±**frēfran** I *console, cheer, comfort*

fremde adj. *foreign, alien, strange, un-related;* as sb. *foreigner, stranger;* ds. **fremdan** 8.50, np. **ðā fremdan** *those strangers* 7.128

±**fremman,** ±**fremian** I, II *advance, support* (w. dat.); *act, perform, do, cause, perpetrate*

fremsumnes(s) fjō. *benefit, kindness*

fremu f. *advantage, gain, benefit*

frēo adj. *free;* gp. **frīora** 2.53

frēod f. *peace, friendship, good will*

frēodōm m. *freedom*

°**frēoliċ** adj. *stately, noble*

frēolsbryċe mi. *nonobservance of church festivals;* ap. **-briċas** 8.116

°**frēomǣġ** mf. *noble kins(wo)man;* dp. **-mǣgum** 16.21

frēond mc. *friend;* np. **frīend** 10.34

frēondlēas adj. *friendless*

frēondlīċe adv. *kindly, with good will*

frēondsċipe mi. *friendship, good will*

°**frēoriġ** adj. *frosty, cold*

frēoriht n. *rights of freemen*
freoþ- = **friþ-**
Frēsisċ adj. *Frisian*
±**fretan** (pret. **fræt**) 5 *devour* [**fra-etan**]
frettan I *consume, devour*
friċċa m. *herald, crier*
±**friċġan** 5 (§127) *ask* (*about*, w. gen.); *learn, figure out;* inf. **friċġġan** 11.157; imp. 2 sg. **friġe** 14.14.19, 14.16.10, 14.27.15, etc.; pp. **ġefriġen** 11.155
frīend see **frēond**
±**friġnan** 3 (§§111, 127) *ask, inquire; learn (of), hear of;* pret. pl. **ġefrūnon** 15.76
±**frīnan** 1 *ask, inquire*
frīo = **frēo**
friþ m. *peace, truce;* **friþ niman** *make peace*
°**frīþ** adj. *stately, beautiful*
friðelēas adj. *offering no peace, savage*
±**friþian, freoþian** II *protect, defend*
°**friðowebba** m. *'peace-weaver', peace-maker*
°**frōd** adj. *wise, old*
frōfor fmn. *solace, aid, comfort*
from = **fram**
fruma m. *origin, beginning*
°**frumbearn** n. *first-born*
frumsċeaft m. *origin, genesis, creation, beginning*
fug(e)lere mja. *fowler, bird-catcher*
fugol, fugel m. *bird;* **fugul** 14.36.9
fūl adj. *foul, ugly, unclean, corrupt, impure, vile;* as sb. apm. **fūle** *foul sorts* 9.72
fūlian II *decay, rot, decompose*
ful(l) adj. *full;* adv. **ful(l)** *full, quite, very*
fulla m. *fulness, completion;* **be fullan** *completely, in full*
fullǣstan II *help, lend support;* pres. 3 sg. **fullesteð** 14.24.8
ful(l)-gān, pret. **full-ēode** anom. (§134) *accomplish, fulfill, satisfy;* pret. pl. **-ēodan** 9.30
±**fullian** II *baptize, perfect*
fullīċe adv. *fully*
fūllīċe adv. *foully, basely;* **fūlīċe** 9.70
fulluht, fulwiht mfni. *baptism*
fulluhtþēaw m. *rite of baptism*
fullwer m. *full wergild* (see the comment on 14.23.14)
ful-nēah, fol-nēah adv. *very nearly*
fultum, fultom m. *aid, help, support, reinforcements*
±**fultumian** II *aid, help;* sj. pret. 3 sg. **ġefultumede** 10.21; pp. nsm. **ġe-fultumed** 1.85
fūlness, fulwiht = **fȳlness, fulluht**
funde see **findan**
fundian II *set out, wish for, strive after*
furlang n. *furlong, length of a furrow*
furðum adv. *even, so much as, just;* **furþon** 4.51
furður, furðor adv. compar. *farther, further*
°**fūs** adj. *ready, willing, undaunted*
±**fylġ(ę)an** I (w. dat. or acc.) *follow;* pret. pl. **fyliġdan** 6.198
fyll see also **fiell**
±**fyllan** I *fill, fulfill, satisfy;* pp. npf. **ġefyldæ** 2.28
fyllo f. (indecl.) *fulfillment, satiety, impregnation*
fȳlnes(s), fūl- fjo. *foulness, filth*
±**fylstan** II *support, aid*
fylð see **feallan**
fȳlþ f. *filth*

fȳnd see **fēond**
fȳr n. *fire*
fyrd- = **fierd-**
fyrhtu f. (indecl. or ō-stem) *fright, terror*
fyrhð- = **ferhð-**
fyrmest adj. (superl. of **forma**) *foremost, most prominent;* adv. *first*
±**fyrn** adv. *formerly, earlier, long ago*
°**fyrndagas** mp. *days past, times of old*
°**fyrnġewrit** n. *ancient record;* ap. **-ġewrito** 11.155
fyrst adj., num. *first, foremost, principal*
fyrst see also **first**
±**fyrðrian** II *promote, benefit, further*
°±**fȳsan** I (or ±**fȳsian** II) *drive away, put to flight;* pres. 3 sg. **fēseð** 8.92

±**gaderian,** ±**gæd(e)rian** II *gather, call up; unite, associate;* pret. 3 sg. **ġegaderade** 3.17
gǣlsa m. *wantonness, depravity;* as. **gǣlsan** 12.11
gǣst see **gāst**
gǣstliċ adj. *ghostly, spectral*
gafol n. *tribute, debt, (what is) due*
gāl adj. *perverse*
°±**galan** 6 *sing, cry*
galdor, galga = **ġealdor, ġealga**
gālnes(s), -nys(s) fjō. *perversity, wantonness, lust*
gamenian II *joke, make sport*
±**gān**, pret. **ēode** anom. (§134) *walk, go, proceed* (often reflexive); (+) *overrun, conquer*
gang m. *course, flow*
°±**gangan,** ±**gongan (ēo)** 7 *go, walk; turn out;* (+) *overrun, conquer;* pres. 1 sg. **ġẹonge** 14.21.2
gangdæġ m. *Rogation day (on which processions are held);* dp. **gangdagan** 5.9
gangehere mja. *foot soldiers, infantry*
°**gār** m. *spear*
gāst, gǣst m. (orig. *s*-stem) *spirit, soul, ghost, being, individual, creature*
°**gāstġerȳne** nja. *spiritual mystery*
gāstliċ adj. *spiritual;* adv. **-līċe**
gāt fc. *goat*
ġe conj. *and;* **ġe . . . ġe** *both . . . and* or *whether . . . or*
ġē, ēow, ēower pron. pl. (§38) *you;* gen. **īower** 7.209, dat. **īow** 2.49
ġeador adv. *together*
°**ġeaflas** mp. *jaws*
ġēaf- see **ġiefan**
ġeahþ- = **ġehð-**
ġealdor, galdor n. *song, incanation, occult art*
°**ġealga, galga** m. *gallows(-tree), hanging tree*
ġealgtrēo(w) nwa. *gallows-tree*
ġēap see **ġēopan**
ġēar n. *year;* as. **ġēr** 1.71, ds. **ġēre** 3.126, 171, is. 3.95, 105, 108, etc., ap. **ġēr** 3.106, 125
ġẹāra adv. *of yore, formerly, once;* **ġẹāra iū** *in former times, long ago*
±**ġearcian** II *prepare, dress*
°**ġẹārdagas** mp. *days of yore, old times*
ġeare, ġearwe adv. *readily, for sure*
ġēarmǣlum adv. *year by year*
ġearo, ġearu adj. (*wa*-stem) *ready, prepared;* np. **ġearwe** 11.23
ġearo also = **ġeare**
°**ġearowyrdiġ** adj. *eloquent*
ġearwe see **ġeare, ġearo**
±**ġearwian** II *prepare, cause*
ġeat n. *gate*

ġeatwe fwō. pl. *arms, trappings, ornaments*

ġed = **ġiedd**

°**ġehþu** f. *care, anxiety;* np. **ġeahþe** 13.69

ġeld-, ġēman = **ġield-, ġīeman**

ġęō, iū, ġịū adv. *once, formerly, long ago*

°**ġēoc** f. *help, support*

ġeocsa m. *sob*

ġeocsian II *sob;* act. part. **ġisciende** 10.30

ġęogoð, iuguþ, ġịoguð f. *youth, young person(s);* ds. **iugoðe** 6.105, **ġęoguðe** 16.35

°**ġęoguðmyrþ** f. *joy of youth*

ġeolo adj. *yellow*

°**ġeolorand** m. *yellow shield* (i.e. the color of linden wood)

°**ġęōmor** adj. *despondent, grief-stricken;* **ġịōmor** 10.159

ġęōmrian II *lament*

ġęond prep. w. acc. *throughout, through, in the course of;* **ġịond** 2.4, 5, 27, etc., **ġynd** 8.11, 37, 63, etc.

°**ġęond-hweorfan** 3 *pass through, rove through*

ġęond-sċēawian II *survey, gaze at*

ġęond-streġdan 3 *bestrew, besprinkle;* pret. 3 sg. **ġęondstrēd** 14.26.8

°**ġęond-þenċan** I *consider thoroughly, contemplate*

ġęong adj. *young;* compar. np. as sb. **ġingran** *pupils* 10.50

ġęong-, ġēong see also **gangan**

°**ġēopan** 2 *take in, ingest*

ġeorn adj. *scrupulous, assiduous, conscientious, fond, desirous*

ġeorne, ġiorne adv. *assiduously, conscientiously, intently, closely, gladly, eagerly, for certain;* compar. **ġeornor**; superl. **swā ġeornost** *as assiduously as*

ġeornfulnes(s) fjō. *diligence, eagerness*

ġeornlīċe adv. *earnestly, diligently*

ġēr = **ġēar**

ġied(d), ġyd(d) nja. *song, tale, account, speech;* ap. **ġed** 10.161

±**ġieddian, ġyddian** II *recite, sing*

ġiefan 5 *give;* pret. pl. **ġēafan** 1.21

°**ġi(e)fl** n. *food, morsel*

°**ġiefstōl** m. *'gift-seat', throne (from which gifts are dispensed); ceremony of gift-giving*

ġiefu, ġifu, ġyfu f. *gift, grace*

±**ġieldan,** ±**ġyldan** 3 *deliver, pay, repay;* inf. **ġeldan** 6.99, **ġyldan** 7.45, pres. 3 sg. **ġylt** 7.45, pl. **ġyldað** 7.43; pret. pl. **guldon** 7.148; sj. pres. sg. **ġylde** 8.86

ġiellan 3 *yell, scream*

ġielp, ġylp, ġilp m. *pride, arrogance; vow*

ġīeman, ġȳman I (w. gen.) *observe, take care, heed, have regard for, take notice of, have to do with;* pret. 3 sg. **ġēmde** 1.149

±**ġier(e)la, ġyrla** m. *garment*

±**ġiernan** (w. gen.) I *desire, yearn (for), court*

±**ġierwan,** ±**ġyrwan** I *prepare, furnish, decorate, provide;* pret. 3 sg. **ġierede** 14.26.13; pp. **ġeġyr(w)ed** 15.16, 23

ġiesthūs n. *lodging for guests*

ġiestrandæġ adv. *yesterday*

ġīet, ġȳt, ġȳta adv. *still, yet, further;* **þā ġīet** *yet;* **ġīt** 6.163, 8.76

ġiddian = **ġieddian**

ġif, ġyf conj. *if*

ġife = **ġiefe**

°**ġīfer** m. *glutton*
ġīfernes(s) fjō. *greed, covetousness*
ġifl = **ġiefl**
°**ġifre** adj. *useful*
°**ġīfre** adj. *ravenous, gluttonous*
ġift nf. *gift;* pl. *nuptials, marriage*
ġiftliċ adj. *nuptial, marriageable*
ġifu(m) = **ġiefu(m)**
ġilp- = **ġielp-**
ġim(m), ġym(m) mja. *gem, jewel, precious stone*
ġingra adj. (compar. of **ġẹong**) *younger;* gp. **ġingra** 11.159; np. as sb. **ġingran** *pupils* 10.50
ġịoguð = **ġẹogoð**
°**ġịōman(n), -mon(n)** mc. *person of old, forebear, ancestor*
ġịōmor, ġịond, ġiorn-, ġiscian = **ġẹōmor, ġẹond, ġeorn-, ġeocsian**
ġīsl m. *hostage*
ġit pron. dual (§38) *you (two)*
ġīt = **ġīet**
ġītsere mja. *miser*
ġītsung f. *avarice*
glæd adj. *cheerful, pleasant;* nsf. **glado** 14.24.7
glædlīċe adv. *happily*
glēaw adj. *bright, clever, wise, learned, clear-sighted, brilliant;* adv. **-līċe**
glēd fi. *glowing coal*
±**glenġan** I *adorn, compose;* pret. 3 sg. **ġeglængde** 1.79
±**glēowian, glīwian** II *be sociable, enjoy oneself; adorn;* pret. pl. **glīwedon** 14.26.13
glīda m. *kite, vulture*
°**glīwstafas** mp. *signs of joy*
gnornung f. *sorrow, discontent*
god, God m., n. *god, God;* as. **Godd** 9.74
gōd adj. *good;* compar. **bet(e)ra,** superl. **bet(e)st, betost**
gōd n. *goods, property, wealth; good (thing), goodness, well-being*
godbearn n. *godchild*
godcund adj. *divine;* adv. **-līċe**
gōddǣd fi. *good deed, beneficent work;* dp. **-dǣdan** 8.122
godfyrht adj. *godfearing*
±**gōdian** II *endow, provide with goods; improve*
gōdnys(s) fjō. *goodness, beneficence*
godsib(b) mja. *sponsor, godparent*
godspel(l) n. *gospel* [**gōd-spell**]
godsunu mu. *godson*
godweb(b) nja. *fine cloth*
gōl see **galan**
gold n. *gold*
goldhord n. *treasury, gold-hoard*
°**goldwine** mi. *'gold-friend', patron, lord*
gōma m. *inside of mouth*
gongan = **gangan**
gōs fc. *goose*
grǣdan I *cry out, honk*
grǣdiġ adj. *greedy, rapacious, insatiable, desirous (of,* w. gen.)
græft m. *graven image, sculpture*
grafan 6 *dig, delve, carve;* pres. 1 sg. **græfe** 14.21.2
°**gram** adj. *fierce, hostile*
grama m. *anger, rage*
gramliċ adj. *wrathful, fierce;* adv. **-līċe**
±**grāpian** II *lay hold*
grēat adj. *great, thick*
±**gremman** I *provoke, enrage;* pret. pl. **ġegremedan** 7.306, **ġegræmedan** 8.148
grēne adj. *green*
°**grēotan** 2 *cry, lament*

±grētan *greet, address, meet, approach, attack*
°**grīma** m. *mask, (masked) helmet*
grimliċ adj. *terrible, severe;* adv. **-līċe**
grim(m) adj. *grim, cruel, fierce;* adv. **grimme**
gring(-) = **cring(-)**
±grīpan 1 *grip, grasp, lay hold* (*of,* **on** w. acc.)
grið n. *sanctuary*
±griðian II *protect*
griðlēas adj. *unprotected, vulnerable*
grōf see **grafan**
±grōwan (ēo) 7 *grow*
grund m. *ground, bottom, abyss, pit*
°**grundfūs** adj. *hellbound*
grundlēas adj. *bottomless*
±grundstaþelian II *establish firmly*
grungon see **cringan**
°**gryreliċ** adj. *terrible, gruesome*
°**guma** m. *man*
°**gūþ** f. *war*
°**gūðfana, -fona** m. *gonfanon, war-banner, ensign, standard*
°**gūðfugol** m. *war-bird*
°**gūðġelǣċa** m. *warrior;* ap. **-lǣċan** 11.43
°**gūðġewin(n)** n. *'war-struggle', battle*
°**gūðweard** m. *protector in warfare, military bulwark*
gyden(n) fjō. *goddess;* np. **gydena** 9.68
ġydd-, ġyf, ġyld- = **ġiedd-, ġif, ġield-**
gylden adj. *golden*
ġylt, ġȳm-, ġylp- = **ġielt, ġīem-, ġielp-**
ġym(m), ġynd, ġyrla = **gim(m), ġeond, ġierela**
ġyrwan, ġȳt(a) = **ġierwan, ġīet(a)**

habban III *have, esteem, consider* (§121; w. acc. or gen.); 1 sg. **habbe** 6.124, **hafu** 14.35.5, 3 sg. **hæfeð** 5.13, **hafað** 7.120, 10.161, 12.48, etc., pl. **næbbe** 6.47 (§79), **nabbað** 9.61; pret. 3 sg. **næfde** 3.128, 7.40, pl. **hæfdan** 9.28, 10.78, **næfdon** 7.202; imp. sg. **hafa** 7.276
hād m(u). *degree, order, rank, condition, person*
hādbryċe mi. *injury to one in holy orders*
±hādian II *consecrate, ordain;* pp. np. as sb. **ġehādode** *ecclesiastics* 8.52
±hæftan I *detain, arrest, imprison*
hæftling m. *captive, prisoner*
hæftnīēd fi. *captivity, bondage;* ds. **-nēde** 6.50
±hæftnian II *imprison, take captive;* pret. 2 sg. **ġehæftnadest** 13.29
hæġ(e)l, hagol m. *hail; the rune* ᚻ
°**hæġlfaru** f. *shower of hail, hailstorm*
±hǣlan I *heal, redeem;* pp. np. **ġehǣlede** 6.144
°**hæle, hæleð** mc. *hero, soldier, man;* np. **hæleð** 14.27.5, gp. **hæleða** 11.73, 156, dp. **hæleþum** 14.35.12, 16.105
hǣlend mc. *'healer', savior, redeemer* (in ref. to Christ)
hǣlo, hǣlu f. (usu. indecl. in sg.) *health, safety, prosperity, well-being, salvation;* ds. **hǣle** 6.101
±hǣman I *have sexual intercourse, couple, cohabit* [cf. **hām**]
hǣmedlāc n. *love play, sexual intercourse*
hǣr n. *hair;* dp. **hērum** 14.26.5
hærfest m. *autumn* as. **-fæst** 3.112
hærliċ = **herliċ**
hǣs fi. *bidding, command, behest*
hǣt see **hātan**
hǣte f. *heat*

hǣþen adj. *heathen, pagan*
hǣðena m. *heathen, pagan; Viking*
hǣðenġield, -ġyld ni. *heathen worship, pagan sacrifice*
hǣðenġielda, -ġylda m. *worshiper of heathen gods, pagan*
hǣðensċipe, -sċype mi. *paganism, idolatry, heathen belief*
hafoc m. *hawk*
hagl- = **hæġl-**
hagostealdman(n), -mon(n) mc. *bachelor, young man*
hāl adj. *well, healthy, hale, whole, healed, sound*
±hālettan I *greet, address, say "wes hāl" to*
hālga m., **hālġe** f. *saint*
±hālgian II *consecrate, anoint*
hāliġ adj. *holy, sacred, saintly;* np. **hāleġe** 13.63
hāliġnes(s) fjō. *sanctuary*
hals = **heals**
hālwend, hālwendlīċ adj. *healing, salutary, wholesome*
hām m. *home, residence, precinct;* dat. sg. **hām** beside **hāme** (see the comment on 3.21); as adv. **hām** *home(ward)*, orig. a locative form
hamor, homer m. *hammer*
hāmweard(es) adv. *homeward (bound)*
hancrēd, hon- mi. *cock-crow*
hand, hond fu. *hand;* ds. **hande** 5.62
°**handġeswinġ** n. *dexterity, swordplay, delivery of blows*
handtam adj. *tame, submissive to handling*
handweorc, hond- n. *handiwork, manufacture, hand-made product*
hangelle f. *hanging thing, dangler*
±hangian, ±hongi(ġ)an II *hang, be suspended;* pret. pl. **hongedon** 14.13.3
hār adj. *hoary, grey, old*
hārwenġe adj. *hoary, aged*
°**hasu** adj. (*wa*-stem) *dusky, grey, ashen;* asm. **haswan** 14.24.4, apf. **haswe** 14.13.9
±hāt n. *promise, vow*
±hātan (ē) 7 *command, direct; promise, vow; call, be called, name*; pass. **hātte** *is/was called* (§102); 3 sg. pres. **hāteð** 2.1, 14.6.5, **hǣt** 7.68, 100; pret. 3 sg. **(ġe)heht** 1.69, 119, 132, etc., pl. **ġehētan** 8.161
±hātheort, ±hāthyrt adj. *hot-hearted, rash, angry*
+hātland n. *promised land*
±hāwian II *observe, reconnoiter*
hē, hēo, hit pron. *he, she, it* (§41); nsf. **hīo** 2.13, 73, 7.93, etc., nsn. **hyt** 7.116, asm. **hiene** 2.22, 7.144, 253, etc., **hyne** 5.7, asf. **hī** 5.25, 6.9, 32, etc., asn. **hyt** 7.123, gsm. **hys** 7.123, 125, 126, etc., gsf. **hyre** 6.26, 39, 142, etc., **hiere** 7.182, 217, dsm. **hym** 7.83, dsf. **hiere** 7.181, 193, 217, etc., np. **hēo** 1.61, 62, 63, etc., **hī** 1.15, 25, 34, etc., **hiġ** 5.57, **hȳ** 1.171, 7.64, 119, etc., **hīo** 11.166, ap. **hēo** 1.68, **hī** 1.14, 16, 4.24, etc., **hȳ** 7.62, 13.73, 8.129, etc., gp. **hiora** 2.7, 8, 17, etc., **hiera** 7.26, 168, 178, etc., **hyra** 7.110, 12.61, 64, etc., dp. **heom** 9.52, 55, 72
hēafod n. *head;* ds. **hēafde** 6.199, 14.44.6, **hēafdum** 15.63 (see note), np. **hēafda** 7.325, ap. **hēafdu** 14.36.8
hēafodlēas adj. *headless, lacking a cover*

°**hēafodwōþ** f. *'head-sound', voice*
hēah adj. (§133) *high, tall, steep, deep;* nsf.wk. **hēa** 14.7.4; asm. **hēanne** 15.40, 16.82, dp. **hēan** 1.59, **hēagum** 9.57, compar. dsm. **hīeran** 2.57, np. 3.143
hēahburg fc. *capital*
°**hēahcræft** m. *intricate skill*
hēahfæder mc. *father on high*
°**hēahmōd** adj. *haughty*
hēahðungen adj. (pp.) *of high rank, eminent*
±**healdan (ēo)** 7 *hold, keep, persist in, maintain, arrange, guard, confine; observe;* inf. **healdon** 10.143; pres. 3 sg. **healdeð** 12.69; pret. pl. **(ġe)hīoldon** 2.8, 32, **hēoldan** 8.53; infl. inf. **tō healdonne** 7.179
healf adj. *half*
healf f. *half, side, part, direction, sake;* **on heora healfe** *on their own behalf* 3.17; **mē on healfe** *on one side of me* 14.21.9; **ōþrum healfum** *one and a half* 3.176
healfcwic(u) adj. (orig. *u*-stem) *barely living, half dead*
healfslǣpende adj. (act. part.) *half-awake, drowsy;* dsm. **-slāpendon** 5.2
healh, ds. **hēale** m. (§131) *corner, nook*
hēaliċ, hēah- adj. *exalted, profound;* nsf. **hēaliċ** 9.39 (see §54), dsn. **hēalicon** 9.71
hēalīċe, hēah- adv. *loftily, to high rank*
heal(l) f. *hall, palace*
heals m. *neck;* ds. **halse** 14.31.21
hēan adj. *lowly, abject*
hēan see also **hēah**
hēanliċ adj. *low, shameful, ignominious*
hēanmōd adj. *humble*
hēanne see **hēah**
hēap m. *host, company*
hēapmǣlum adv. *in droves, en masse*
heard adj. *hard*
°**heardecġ** adj. *hard of edge, keen-bladed*
°**heardhȳðende** adj. (act. part.) *'hard-plundering', aggressive*
°**hearding** m. *bold man, hero*
hearpe f. *lyre*
hearpenæġl m. *plectrum*
hearpestrenġ mi. *lyre-string*
hearpian II *harp, play the lyre*
°**heaðofremmend** mc. *warmaker, fighter*
±**hēawan (ēo)** 7 *hack, strike, stab*
±**hebban** 6 (§127; also weak pret. **hefde** in LWS) *raise, lift up;* pres. 3 sg. **hefeð** 14.44.5; pret. sg. **hefde** 6.210, pl. **hōfon** 11.25
±**hefgian** II *encumber, weigh down*
hefiġ adj. *heavy, burdensome, oppressive;* dsn.wk. **hefian** 15.61
heht see **hātan**
hel(l) fjō. *hell*
helm m. *protection, helmet*
help f. *help, assistance*
±**helpan** 3 (w. gen.) *help*
+**hende** adj., adv. *near, nearby*
hēng see **hōn**
henġen fjō. *rack, instrument of torture;* ds. **henċġene** 6.110, 113, 121
hēo see **hē, hīw**
hēofian II *lament*
heofon, heofen m. (often pl.) *sky, heaven*
heofoncund adj. *heavenly, celestial;* **heofen-** 10.37
°**heofoncyning** m. *king of heaven*

°**heofondrēam** m. *joy of heaven*
heofonliċ adj. *heavenly;* gsn. wk. **heofonlecan** 1.145, isn. 1.176
heofonrīċe n. *the heavenly kingdom*
°**heolfor** n. *gore, blood*
heolstor m. *concealment, darkness*
heonan adv. *hence, from here*
heonanforð adv. *hereafter*
heord f. *care, custody, management*
°**heorosċearp** adj. *'sword-sharp', very keen*
hēorsum- = **hīersum-**
heorte f. *heart*
heorðbacen adj. *baked on the hearth*
°**heorucumbul** n. *'sword-pennon', battle standard*
°**heorugrim(m)** adj. *'sword-grim', fierce*
hēr adv. *here*
hēran, hēr- = **hīeran, hǣr-**
here, np. **herġas** mja. *(predatory) army, host, multitude; war, devastation;* **mid ealle heriġe** *in full force* 3.16; gs. **heres** 7.178, 180, 294, etc., gp. **heria** 11.101, **herġa** 11.115, **heriġa** 11.148
°**herecumbl, -combol** n. *standard, military banner*
°**herefeld** mu. *field of battle*
herehȳð fi. *plunder, loot*
°**heremæġen** n. *military force, multitude*
herenes(s) fjō. *praise*
°**hererinċ** m. *'army-man', soldier, man*
°**heresīð** m. *campaign, expedition, military exploit*
°**heretēma** m. *plunderer, general, ruler*
heretoga m. *commander, military leader; official;* **heretoha** 10.11
hergaþ m. *raid, looting expedition*
±**hergian, herġ(ę)an** I, II *plunder, ravage, harry;* pret. pl. **hergedon** 1.46
hergung f. *invasion, plunder*
herian, heriġęan I *praise, commend;* inf. **hereġįan** 8.127
her(i)ġ- see also **here**
herliċ adj. *noble;* nsf. **hærliċ** 10.115
hērtōēacan adv. *in addition to this*
hērum = **hǣrum**
hete m. *hostility*
°**hetegrim** adj. *fierce, cruel*
heteliċe adv. *violently*
hetend, hettend mc. *enemy;* np. **hetend** 11.119
°**heterūn** f. *hidden hostility, hostile intent*
hetol adj. *fierce, violent, implacable;* nsm.wk. **hetula** 9.62
hī see **hē**
hider adv. *to here, hither;* **hieder** 2.12
±**hieldan, ±hyldan** I (trans.) *lean, incline, bend down*
±**hīenan, ±hȳnan** I *afflict, oppress, abase, humiliate*
hīer- see also **hēah**
±**hīeran, ±hȳran** I *hear, listen to* (w. acc.); *obey, comply with* (w. dat); **hīeran in (on)** *belong to, be subject to* (w. acc. or dat., likewise **hīeran tō** w. dat.); inf. **hēran** 10.103, pres. 3 sg. **hēreð** 14.50.5; pret. pl. **hīrdon** 7.261, **ġehȳrdan** 8.157
±**hierdan** I *harden*
hierdebōc fc. *pastoral book*
±**hīernes(s), ±hȳr-** fjō. *obedience*
±**hīersum, ±hȳr-** adj. *compliant, obedient*
±**hīersumian, ±hȳr-** II *obey, serve, comply, conform;* inf. **hēorsumian** 10.66; pret. pl. **hȳrsumedon** 2.6

±hierwan, ±hyrwan I *abuse, deride;* pres. 3 sg. **hyrweð** 8.124, 126
hiġe(-), hiht = **hyġe(-), hyht**
hild fjō. *war, battle*
°**hildeġesa** m. *terror of warfare*
°**hildenǣdre** f. *'war-adder', missile, arrow, javelin*
°**hilderinċ** m. *fighter, soldier*
°**hildfruma** m. *leader in battle, commander, leader*
hindan adv. *from behind*
°**hinderhōc** m. *'hook in the back', treachery*
hindeweard adj. *wrong end forward, from behind*
hīold- = **hēold-**
hīred, hȳred m. *household, retinue*
hīredman(n) mc. *household servant, member of a retinue*
hīþ- = **hȳð-**
hīw nja. *appearance, form;* as. **hēo** 11.6
°**hīwbeorht** adj. *radiant of hue*
hīwcūð adj. *domestic, household*
±hīwian II *feign, pretend*
hlǣfdiġe f. *lady, mistress (over servants)*
+hlæstan I *lade, load with cargo*
hlāf m. *bread, loaf*
hlāford m. *lord; husband*
hlāfordswica m. *traitor*
hlāfordswiċe mi. *treachery, treason*
hleahtor m. *laughter*
hlēapan (ēo) 7 *leap, run, race*
hlēo nwa. *refuge, protection*
°**hlēobord** n. *protective board*
hlēor n. *cheek*
°**hlēosċeorp** n. *protective clothing*
hlēoþor n. *noise, sound*
hlēoðrian II *sound, make a noise, speak*
°**+hlēða** m. *companion, denizen*
hliehhan 6 (§127) *laugh*
hlīfi(ġ)an II *tower*
°**hlimman** I *resound;* pres. 3 sg. **hlimmeð** 14.35.6
hlin- = **hlyn-**
hlīsa m. *fame, glory*
hlōþ f. *troop, band, crowd*
hlūd adj. *loud;* compar. nsn. **hluddre** 5.42; adv. **hlūde**
hlūt(t)or adj. *pure, clear, bright*
±(h)lȳd ni. *noise, disturbance*
±hlȳdan I *make noise, yammer*
°**hlynsian** II *resound;* pret. sg. **hlinsade** 14.33.3
°**+(h)nǣstan** I *contend;* pres. 3 sg. **nǣsteð** 14.27.10
±hnescian, ±hnexian II *grow soft, become pliable, relent*
hnīgan 1 *bend down, bow*
°**hnossian** II *strike*
hocor, hocer n. *derision*
hocorwyrde adj. *derisive*
hōf-, hogod- see **hebban, hyċġan**
hol n. *hole, den*
hōl n. *malice* (?), *envy* (?)
+hola m. *confidant, friend*
hold adj. *loyal, faithful* (**on** *to*, w. acc.); adv. **-līċe**
°**holm** m. *wave*
holt n. *forest*
°**holtwudu** mu. *trees of the forest*
homera = **hamora**
±hōn, pret. **hēng** 7 *hang* (trans.)
honcrēd, hond, hong- = **hancrēd, hand, hang-**
hord n. *hoard, treasure*
°**hordcofa** m. *'treasure-chest'*
°**hordġeat** m. *door to a treasury;* gs. **-gates** 14.42.11

horiġ adj. *foul, filthy*
hōring m. *fornicator*
horn m. *horn*
hornbora m. *horn-bearer, trumpeter*
hors n. *horse;* dp. **horsan** 7.42
horsċlīċe adv. *readily*
horshwæl m. *walrus;* dp. **-hwælum** 7.29
±horsod, ±horsed adj. (pp.) *mounted*
horsþeġn m. *marshal*
hrā, hrāw, hrǣ(w) nwa. (orig. *s*-stem) *corpse, carcass*
(h)ræd adj. *brief, rapid, concise*
(h)ræding f. *haste;* **on hrædinge** *quickly, readily*
(h)rædliċ adj. *quick, brief;* adv. **-līċe**
(h)rædnes(s) fjō. *quickness*
°**hrædwyrde** adj. *quick to speak, rash of tongue*
hræġl n. *apparel, garb, covering*
hrǣw = **hrā**
hrān m. *reindeer*
(h)raðe, hræðe, hreðe adv. *quickly, soon, at once, precipitously*
hrēam m. *outcry, noise, infamy, offense*
hreddan I *rescue, recover*
href(e)n m. (or mi?) *raven*
hrēmiġ adj. *crying out (about,* w. dat.), *boasting, exulting (in)* [cf. **hrēam**]
hrēoh adj. (§133) *angry, tempestuous;* nsm.wk. **hrēo** 16.16, asf. 16.105
hrēop- see **hrōpan**
±hrēosan 2 *fall, crumble;* pret. pl. **hruran** 1.50
°**hrēowċearig** adj. *in rueful mood, regretful*
(h)rēowlīċe adv. *grievously, cruelly*
(h)rēownes(s), hrēohness fjō. *rough weather, storm*
±hrēowsian II *grieve, be sad*
±hrēran I *move, agitate*
°**hreþer** m. *breast, heart*
°**hreðerloca** m. *breast, heart*
±hrīeman, ±hrȳman I *cry out (to,* w. dat.), *shout*
±hrif n. *belly, womb*
hrīm m. *rime, frost*
°**hrīmċeald** adj. *frost-cold*
±hrīnan 1 (w. dat. or acc.) *touch*
(h)rinġ m. *ring*
hrīsel f. (?) *shuttle;* ns. **hrīsil**
°**hrīþ** f. *snowstorm*
hrīðer n. (orig. *s*-stem) *head of cattle, bull, cow;* gp. **hrȳðera** 7.41
°**hrīðiġ** adj. *snow-covered* (?), *storm-beaten* (?)
hrōf m. *roof, ceiling*
hrōpan (ēo) 7 *shout, cry out;* pret. pl. **hrēopan** 11.54
hrōr adj. *able-bodied*
°**hrōðor** mc. *solace, comfort, benefit;* ds. **hrōðer** 11.16, **hrōþor** 13.109
hruran see **hrēosan**
°**hrūse** f. *earth, ground*
hrūtan 2 *snore, make a noise, whir*
hryċġ mja. *back*
hrȳman = **hrīeman**
hryre mi. *fall, destruction*
hrȳðer- hrȳðġe = **hrīðer-, hrīðġe**
hū adv. *how*
hund m. *dog*
hund num. (neut.) *hundred;* dp. **hunde** 7.135, 225
hundeahtatiġ num. *eighty*
hundred num. (neut.) *hundred; century (of Roman soldiers);* **hundredes ealdor** *centurion* 4.29
hundtwelftiġ num. *one hundred twenty*

hungor, hunger m. *hunger*
huniġ n. *honey*
hunta m. *hunter, huntsman*
huntoð m. *hunting*
hūru adv. *about, approximately; surely, certainly, truly*
hūs n. *building, house*
hūsl n. *Eucharist*
hūð f. *plunder*
hwā, hwæt pron. (§77) *who, what; someone, each one;* **tō hwon** (also **for hwon, for hwan**) *why;* **swā hwæt swā** *whatever;* is. **won** 13.20
+hwā, +hwæt pron. *each, every*
±hwǣde adj. *young, small, scant*
hwæl m. *whale;* gs. **hwales** 7.44, **hwæles** 7.44, np. **hwalas** 7.32
hwælhunta m. *whaler*
hwælhuntað m. *whaling*
hwænne = hwonne
hwǣr adv., pron. *where, somewhere, a place where*
+hwǣr adv. *everywhere*
hwæt adj. *keen, vigorous, valiant;* npm. **hwate** 11.22, superl. apm.wk. **hwatestan** 7.197, dp. 7.204
hwæt interj. *well, why, now*
hwæt pron., n. of **hwā**, q.v.
hwǣte mja. *wheat*
hwæthwugu, -hwega pron., adv. *something, a little, somewhat*
hwætsċipe mi. *vigor, boldness, bravery*
hwæðer conj. *whether;* **hweðer** 5.69
hwæðer pron. *which (of two);* **swā hwæðer swā** *whichever;* dsf. **hwaþerre** 3.21
+hwæðer pron. *both (of two)*
hwæð(e)re adv., conj. *however, nevertheless, though*
hwal- see **hwæl**
hwanon, hwonon adv. *from where, whence, on what account*
hwat-, hwaþ- see **hwæþ-, hwæt** adj.
hwearfian II *wave, stream*
hwelċ = hwilċ, ġehwilċ
hwēne adv. *somewhat, a little*
hweorfan 3 *turn*
hwerf-, hwī = hwierf-, hwȳ
±hwettan I *hwet, incite*
hweðer, hwī = hwæðer, hwȳ
hwider interr. adv. *where to, whither*
±hwierfan, hwyrfan I (trans.) *turn, convert;* pret. 3 sg. **ġehwerfde** 1.135
hwīl f. *while, period of time;* as. **hwīle** *for a time;* **þā hwīle þe** *for the while that;* see also **hwīlum**
hwilċ, hwylċ, hwelċ adj., pron. *which, what, how, a certain; some one;* **swā hwilċ swā** *whichever*
+hwilċ, +hwylċ indef. pron. and adj. *each, every, all;* **hwelċ** 10.53
hwīlum adv. *sometimes, at times;* **hwīlon** 6.16, **hwȳlum** 7.114
hwīt adj. *white*
°**hwītloc(c)** adj. *fair-haired*
hwōn adv. *somewhat, a little, hardly at all*
hwon(e) see **hwā**
hwōnlīċe adv. *little*
hwonne, hwænne adv., pron. *when, the time when*
hwonon = hwanon
hwōpan (ēo) 7 *threaten;* sj. pres. pl. **hwōpan** 11.82
hwoðerian II *roar* (?)
hwȳ, hwī adv. *why*
hwylċ, hwȳl- = hwilċ, hwīl-
hwyrf- see also **hwierf-**
±hwyrft mi. *circuit, course, passage;* **ġēara hwyrftum** *in course of years*

±hyċġan, pret. **hogode** III (§121; w. gen.) *meditate, think (of), consider, remember*
hȳd fi. *hide, pelt*
±hȳdan I *hide, put away*
+hyġd fni. *thought, intention*
°**hyġe, hiġe** mi. *thought*
°**hyġeblīþe** adj. *happy, contented*
°**hyġefæste** adv. *resolutely*
°**hyġegāl** adj. *wanton, lascivious*
°**hyġegār** m. *'mind-spear', psychic assault*
°**hyġeþanc, hiġe-** m. *thought;* dp. **hyġeþoncum** 14.35.4
°**hyġewlanc, -wlonc** adj. *proud, dignified*
hyht, hiht mi. *exultation, desire, hope;* **on hyhte** *hoped-for, desirable*
±hyhtan I *hope*
hyhtliċ adj. *desirable*
hyldan, hȳn- = **hieldan, hīen-**
hȳr- = **hīer-, hīr-**
°**hyrst** fi. *trapping, ornament, treasure, armor*
hyrw- = **hierw-**
hyseċild nc. (§82) *boy, male child*
hȳðan I *plunder, ravage;* pres. 3 sg. **hīþeð** 14.34.4

iċ, mē, meċ, mīn pron. (§38) *I, me, of me*
īdel adj. *vain, foolish, frivolous, idle, empty;* dp. **īdelan** 8.130
īdelnes(s) fjō. *foolishness, nonsense;* as. **ȳdelnysse** 6.103
°**ides(s)** fjō. *lady, woman*
īe see **ēa**
±īeċan, ±ȳċan I *increase, augment;* pret. 3 sg. **īhte** 8.10
±ieldan I *delay, put off*
ielde mi. pl. *ancestors, humans;* gp. **ælda** 16.85, dp. **ældum** 14.5.6, 14.33.11
ielding, ylding f. *delay*
ieldra compar. of **eald** (§128)
ieldra, yldra m. *elder, forebear, ancestor;* np. **eldran** 10.130, gp. **yldra** 11.159
ieldu, yldo f. (usu. indecl.) *age, old age*
±ierġan, ±yrġan I *cow, dishearten*
ierġþo, yrġþo, yrhðo f. *cowardice*
ierliċ adj. *angry*
ierming, yrming m. *person of no account, wretch*
iermð, yrmð f. *misery, wretchedness, crime*
ierre, yrre, irre adj. *angry, enraged*
ierre, yrre, irre nja. *anger*
±iersian, ±yrsian II *be angry, rage*
ierðling, yrðling m. *farmer*
±īeðan, ±ȳðan I *devastate, lay waste*
±īewan, ±ȳwan, ±ēawan I *show, reveal, display*
iġġað m. *ait, eyot, river islet*
īġland = **ēaland**
īhte see **īeċan**
ilca, ylca adj. *same, very*
in adv., prep.† *in, into, on, onto*
inbryrdnis(s) fjō. *inspiration, ardor*
inca m. *scruple, doubt, grievance*
incundnes(s) fjō. *inward conviction, sincerity;* ds. **incunnesse** 9.25
incyme mi. *entry, admission*
indryhten adj. *noble, excellent*
ingang, ingong m. *entrance, entry*
inġehyġd n. *meaning, sense*
inġeþanc m. *mind, conscience*
in-lǣdan I *admit, conduct, lead in;* inf. **inlǣdon** 1.158
inn adv. *in, inside*

innan adv., prep.† *within, inside;* **him in innan** *within him* 12.24 (sim. 13.30, 14.9.2–3)
innanbordes adv. *at home*
inne adv. *inside, within, in the house, indoors*
+innian II *restore*
innoþ mf. *inside, interior, womb;* ds. **innaþe** 14.35.2
±in-seġlian II *seal*
insittende adj. *sitting within*
instæpes adv. *directly*
intinga m. *reason, cause*
intō prep. w. dat. *into*
inwe(a)rdlīċe adv. *inwardly, privately, silently*
°**inwitflān** m. *treacherous shaft*
°**inwidhlem(m)** mja. *malicious injury*
īow(-) see **ġē, ēower**
±irnan, ±iernan, ±yrnan 3 *run, go;* pret. 3 sg. **arn** 5.3
irre = ierre
īsen adj. *iron, made of iron*
īsen, n. *iron;* **īsern** 14.1.53
iū = ġę̄ō

lā interj. *'lo', indeed, truly*
lāc n. *sacrifice, offering*
lācan (ēo) 7 *play (music,* w. dat.)
±lācnian II *heal, treat, tend to*
±læċċan, lǣhte, lǣht I *take, seize, grasp, catch*
lǣċe mja. *physician*
lǣċecræft m. *'leechcraft', medicine;* gs. **lǣċecræftas** 6.133
°**lǣċecyn(n)** nja. *profession of healers*
±lǣdan I *lead, bring, derive;* pp. **lǣded** 13.21
Lǣden n. *Latin*
Lǣdenġeðēode nja. *the Latin language*
±lǣfan I *permit, grant, leave, bequeath*
lǣhte see **læċċan**
lǣn n. *loan;* **tō lǣne** *on loan*
lǣne adj. *lent, temporary, transitory*
+lǣran I *teach, instruct*
+lǣred adj. (pp.) *skilled, learned*
lǣringmæġden n. *female student*
lǣs adv. (compar. of **lȳtle**) *less, fewer;* **þȳ/þē lǣs (þe)** *lest;* **lǣs þe** *fewer than* 3.176, **þȳ lǣs** *the fewer* 7.273, 14.9.11
lǣssa adj. (compar. of **lȳtel**) *smaller*
lǣsta adj. (superl. of **lȳtel**) *smallest*
±lǣstan I *perform, carry out, keep one's word about, maintain; serve, follow;* pret. pl. **ġelǣstan** 7.145, 10.85
±lǣtan (ē) 7 *allow, let, leave, let loose; consider, regard;* pres. 3 sg. **lǣteð** 12.10, 37, 40, etc., **lēteð** 12.34; pret. 3 sg. **lǣt** 8.94; sj. sg. **lēte** 5.23
+lǣte nja. *crossing, junction*
lǣw f. *injury;* ap. **lēwe** 8.131
lǣwede adj. *lay, secular;* as sb. *layperson*
±lǣwian II *injure;* pp. **ġelēwede** 8.133
lāf f. *remnant, remainder, legacy*
±lagian II *ordain*
°**lagostrēam** m. *watery current*
°**lagulād** f. *waterway, sea route*
lagbryċe, lahbryċe mi. *breach of law*
laglīċe, lahlīċe adv. *lawfully*
lām n. *loam, soil, clay, earth*
land, lond n. *land, country;* adv. **landes** *in the world*
landbīgenġ(ę)a m. *native, countryman;* dp. **-genġan** 1.39
landlēode, lond- fi.pl. *native people*
lang, long adj. *long, lasting, eternal;* compar. **lengra**; npm. **lang** 5.71

lange, longe adv. *long, for a long time;* compar. **lenġ**, superl. **lenġest**; compar. **lenġċ** 5.48
langsċip n. *longship*
langsumlīċe adv. *at length, for a long time*
°**langunghwīl** f. *period of longing*
lār f. *'lore', learning, instruction, teaching; story, news*
°**lārcwide** mi. *instructive talk, counsel, advice*
lārēow m. *teacher, master* [**lār-þēow**]
lāst m. *track, trail;* prep. **on lāste** (w. dat.) *behind, following*
±**latian** II (w. gen.) *delay, be slow about*
lāt(t)ēow m. *leader, guide* [**lād-þēow**]
lāð adj. *hated, despised, detestable, inimical;* gp. as sb. **lāðra** *of enemies* 14.5.10
lāð n. *harm, injury*
lāðettan I *loathe*
±**laði(ġ)an** II *invite, urge;* pret. pl. sj. **(ġe)laðedon** 1.5, 40
lēad n. *lead, soft metal*
±**lēaf** f. *permission, leave*
±**lēafa** m. *belief, faith*
±**lēafful(l)** adj. *believing, of the faith, devout, orthodox*
leahtor m. *vice, sin*
±**leahtrian** II *revile, reprove;* pres. 3 sg. **lehtreð** 8.124
lēan n. *repayment, reward*
±**lēanian** II *reward, repay*
lēas adj. *lacking, wanting, without*
lēasbreġd m. *deceit, trickery*
lēasung f. *deceit, fraudulence*
±**leċġan** I *lay, place, put down*
lēf-, leġ = **līef-, læġ**
leġer n. *lying, keeping unburied*
legie f. *legion;* gp. (or gs.?) **legian** 7.319
leht- = **leaht-**
±**lendan** I *land, go*
lenġ, lenġest see **lange**
°**lēodan** 2 *grow, spring up*
lēod fi. (usu. pl.) *people, nation;* gs. **lēode** 8.151; np. **lēoda** 9.46
°**lēodfruma** m. *leader*
°**lēodġeborga** m. *protector of the people, national hero*
lēodhata m. *tyrant, despot*
lēodsċipe mi. *nation, people, citizenry*
leof- see **libban**
lēof adj. *beloved, dear, valued;* (when used alone in addressing a man) *sir, sire;* compar. **lēofra** *preferable*
±**lēogan** 2 *lie, deceive, mislead, be in error*
lēoht adj. *light, radiant, bright, easy;* adv. **lēohte**
lēoht n. *light, daylight*
lēohtbora m. *light-bearer*
lēohtfæt n. *lamp, lantern, torch*
lēohtian II *shine, be bright*
lēohtliċ adj. *bright, radiant*
leom- see **lim**
leornere mja. *student*
±**leorni(ġ)an** II *learn, study;* pret. 3 sg. **(ġe)leornade** 1.84, 89, pret. pl. **ġe-liornodon** 2.44, 45, pp. **ġeleornad** 7.287
leornung, liornung f. *learning, study*
lēoð n. *song, poem;* ap. **līoð** 10.28
lēoðcræft m. *poetic skill*
leoþo = **liþu**
°**lēoþsang, -song** m. *song, poem*
lēt- = **læt-**
±**lettan** I *hinder, impede;* pres. 2 sg. **ġeletest** 11.94

lēw- = **lǣw-**

libban, lybban (Anglian **lifian, lifġan**) III (§121) *live;* pres. 3 sg. **leofað** 6.108 12.68, 76, pl. **lifiaþ** 15.134; pret. pl. **leofedon** 9.30, **leofodon** 9.70, **lyfedan** 9.73; act. part. nsm. **lifġende** *living, (while) alive* 14.12.14, asm. **lifiendne** 8.61, asf. **lifġende** 14.10.9, dsm. **lifġendum** 13.64, gp. (as sb.) **lifġendra** 13.49

līċ n. *body, corpse*

+līċ adj. (w. dat. complement) *like;* superl. **ġelīcost** 5.40, **ġeliccast** 8.71

+līca m. *equal, match*

+līċe adv. *in like fashion*

±liċġan 5 (§127) *lie, remain, harbor; flow;* **liċġan ūt** *issue;* **liċġan in** *flow into;* 3 sg. **līð** 3.7, 6.37, 7.50, etc., **liġeð** 7.99, 13.99; pret. 3 sg. **leġ** 5.53, pl. **lāgon** 4.32

līċhama, -homa m. *body, person, corpse*

līċhamlīċ, -homlīċ adj. *bodily, physical*

±līcian (impers. w. dat.) II *please;* pret. 3 sg. **ġelīcade** 7.275

±līcnys(s), -nes(s) fjō. *likeness, similarity, image*

±līefan I *allow;* pret. pl. **lēfdon**

±līefan, ±lȳfan I *believe, trust*

+līefed, +lȳfed adj. *believing, of the faith*

līeġ, līġ, lȳġ mi. *fire, flame*

±līesan, ±lȳsan I *deliver, redeem*

līf n. *life;* **tō līfe** *alive*

lifi-, lifġ- = **libb-**

lifte = **lyfte**

līhtan I *light up, illuminate, throw light*

lim n. *limb;* ap. **leomu** 1.95

+limp n. *occurrence, misfortune*

±limpan 3 *happen* (*to*, w. dat), *occur, befall;* pret. 3 sg. **ġelomp** 10.23

+limpliċ adj. *suitable, fitting*

°**limwērig** adj. *weary of limb, spent*

°**lindhwæt** adj. *'linden-keen', shield-brave, bold in battle*

°**lindweorod** n. *shield-troop;* **-wered** 11.142

°**lindwīġend** mc. *'linden-warmaker', fighter with a shield*

līne f. *series, row*

liorn-, līoð = **leorn-, lēoð**

līra m. *muscle, fleshy part*

liss fjō. *grace, kindness, favor, alleviation, improvement;* dp. as adv. **lissum** *graciously*

list m. *art, cleverness, cunning;* dp. **listum** *cunningly* 10.131, 14.29.3

littl- see **lȳtel**

lið n. *limb, member, joint;* ap. **leoþo** 14.23.7

līð see **liċġan**

±līþan 1 *travel, sail, float*

līþe adj. *gentle, mild, calm*

līxan I *gleam;* pret. pl. **līxtan** 11.23, 90, 125

loca m. *stronghold*

±lōcian II *look;* pret. 3 sg. **lōcade** 11.87

loden see **lēodan**

lof n. *praise, honor*

loflāc n. *worshipful offering*

lofsang, -song m. *song of praise, hymn, psalm*

±lōgian II *lodge, place*

+lōme adv. *often, repeatedly*

+lōmliċ adj. *frequent, continual*

lond(-), long(-) = **land(-), lang(-)**

losian II *perish, be lost*

lufe, lufan see **lufu**

±lufian II *love, care for, cherish, delight in;* pret. 3 sg. **lufude** 9.52
lufiend mc. *lover*
luflīċe adv. *amiably, kindly*
lufu or **lufe** f. *love, amity, favor*
lungre adv. *soon, quickly*
lust m. *desire, appetite, pleasure, lust;* **on luste** *pleased, exultant*
lustbǣrlīċe adv. *pleasantly*
lustbǣrnes(s) fjō. *enjoyment, happiness, pleasure*
lustful(l) adj. *pleasurable, delightful*
±lustfulli(ġ)an II *delight, take pleasure, rejoice*
lustlīċe adv. *willingly, gladly*
lybban = **libban**
+lȳd see **hlȳd**
lȳf- see also **līef-**
+lȳfed adj. *weak, feeble, sickly*
lyfedan see **libban**
lyft fi. *air, atmosphere;* ds. **lifte** 14.27.4
°**lyftfæt** n. *airborne vessel*
lyre mi. *loss, destruction*
lȳsan = **līesan**
±lystan I *please, give pleasure to, make desirous of;* pp. **ġelysted** *desirous of* 10.81
lȳt adj. and sb. (indecl.) *little, few*
lȳtel, lȳttel adj., pron. *little, slight;* adv. **lȳtle**; dsm.wk. **littlan** 5.72
lȳthwōn adv. and sb. (indecl.) *very little, precious few*
lȳðre adj. *wicked, corrupt, base*

mā adv. *more* (compar. of **micle**; on use as a sb., see the note to 2.42); **þē mā þe** *any more than* 8.50
macian II *make, cause, arrange;* pret. pl. **macedon** 9.55
+mæċċa m. *spouse, mate*
°**mæċg** mja. *man*
mǣden = **mæġden**
mǣġ f. *kinswoman, wife, woman*
mǣġ, pl. **māgas** m. *relative, family member, kinsman;* ds. **mēġe** 14.9.4
mæġden, mǣden n. *girl, maiden, virgin, unmarried woman*
mæġdenċild, mǣden- nc. (§82) *girl, female child*
mæġen n. *power, strength, force, host;* **mid mæġne** *forcefully*
°**mæġenþrym(m)** mja. *glorious host*
°**mæġenþyse, -þise** f. *force of strength*
mæġ(e)ð fc. *girl, young woman;* np. **mæġeð** 14.50.7
mǣġrǣs m. *assault on kin*
mǣġslaga m. *kin-killer*
mǣġþ f. *family, kin group, nation, line;* as. **mēġðe** 6.213
mæġðhād m. *virginity, chastity*
mǣl n. *time, occasion*
mæn- see also **men-**
±mǣne adj. *common* (*to*, w.dat.), *in common, communal, public, general, between, shared* (*by*, w. dat)
mæniġ(-) = **maniġ(-), meniġ-**
±mǣran I *honor, glorify;* sj. pres. pl. **mǣre** 14.26.16
mǣre adj. *distinguished, excellent, famous, glorious*
±mǣrsian II *celebrate, exalt; mark out, bound;* pp. **ġemǣrsad** 7.246
mǣrð(u) f. *distinction, glory, honor*
mæsse f. *mass, liturgy of the Eucharist, religious feast*
mæsseǣfen(n) mnja. *eve of a festival*
mæssehacele f. *mass-vestment, cope, chasuble*
mæssepreōst m. *clergyman;* ds. **-prīoste** 2.64

mæsserbana m. *priest-killer*
mæsserēaf n. *mass-vestments*
±**mæssian** II *celebrate mass*
mǣst adj. (superl. of **miċel**) *most, largest, greatest*
mǣst adv. (superl of **micle**) *most, almost, nearly*
±**mǣtan** I (impers. w. dat. of pers.) *dream*
mǣte adj. *small, limited*
mǣþ fi. *reverence, respect*
°**mæþelhēġend** mc. *deliberator, councillor, disputant*
mǣw m. *mew, seagull*
māg- see **mǣġ**
magan, pret. **meahte, mihte** pret.-pres. (§123) *be able, can;* pres. pl. **magan** 8.132, 141, 145; pret. 3 sg. **mehte** 3.19, 88, 100, etc., pl. **mehton** 3.38, 91, 96, etc.; sj. pret. pl. **mehten** 7.164, 186, 221, etc.
°**magorinċ** m. *young man*
magu, mago mu. *son, young man*
°**maguþeġn** m. *young thegn*
+**māhliċ** adj. *shameless;* nsn. **ġemāliċ** 7.142
man, mon pron. *one, they* (see note to 1.28)
+**man** see **munan**
mān n. *crime, sin*
mancus(s) m. *mancus, a gold coin worth thirty silver pence, one eighth of a pound;* dp. **mancessan** 2.68
mancwealm, mon- m. *mortality, human deaths*
mancyn(n) = **manncyn(n)**
māndǣd fi. *wicked deed, sin*
°**māndrynċ, -drinċ** mi. *evil drink*
°**mandryhten, mon-** m. *lord*
manēaca, mon- m. *increase, offspring*
mānful(l) adj. *wicked, sinful, vicious*
+**mang,** +**mong** n. *congregation, company, throng*
+**mang,** +**mong** prep. w. dat. *among;* conj. **gemong þǣm þe** *while* 7.317
manian, monian II *admonish, exhort, advise; recover*
maniġ, moniġ, mæniġ adj. *many (a);* np. **moneġe** 7.214, **maneġe** 8.58, 64, 69, etc., ap. **moneġe** 7.177, **monega** 7.242, **maneġe** 8.11, 128, **mæneġe** 8.33, dp. **monegum** 1.141, **manegum** 11.15
maniġẹo = **meniġu**
maniġfeald, moniġ-, mæniġ- adj. *varied, various, numerous, manifold;* npn. **monīfeald** 10.52, compar. nsn. **meniġfealdre** 5.42
man(n), mon(n) mc. *person, man, woman;* as. **mannan** 6.73, ds. **menn** 6.183, 13.50, np. **menn** 2.40, 4.32, 5.14, etc., **mænn** 8.107
man(n)cynn, mon(n)- nja. *humankind*
mannslaga m. *manslayer, homicide*
mannsylen f. *selling of persons (into slavery)*
manslyht mi. *manslaughter*
mānswora m. *perjurer*
māra adj. *more, larger, greater* (compar. of **miċel**)
marmstān m. *marble slab*
°**maþelian** II *make a speech, speak;* pret. 3 sg. **maþelade** 14.38.5
māðum, māððum m. *treasure, ornament*
°**māþþumġiefa, -ġyfa** m. *giver of treasure, lord*
meaht- = **miht-**
mearc f. *boundary, region*

°**mearh** m. (§131) *horse, steed;* **mearg** 16.92
mearð m. *marten*
meċ see **iċ**
medder see **mōdor**
medmiċel, -myċel adj. *moderate, of middling size, small, brief*
medu, medo mu. *mead*
°**meduheal(l), meodu-** m. *mead-hall*
mēġe, mēġðe = **mǣġ, mǣġðe**
meht- = **miht-** (to **magan**)
±**menġan** I *mix, combine, mingle, join*
meniġ(-) see also **maniġ(-)**
meniġu, menio, meniġẹo f. (usu. indecl. in sg.) *company, group, multitude, a number;* as. **mæniġo** 10.101, **mæniġe** 15.112, ds. **mani-ġẹo** 15.151
menniscnys(s) fjō. *incarnation*
meodu- = **medu-**
meolc f. *milk*
°**meotod, me(o)tud** m. *dispenser, provisioner, ruler* (usu. in ref. to God)
°**mēowle** f. *maiden, virgin, woman*
meox n. *filth, dirt, dung*
mere mi. *lake, sea*
°**merehenġest** m. *'sea-steed', ship*
merġen = **morgen**
+**met** n. *measure, meter, moderation*
±**mētan** I *find, meet, encounter;* pres. 2 sg. **ġemittest** 12.45
mete mi. *food, provisions*
metelīest f. *famine, starvation*
+**metfæst** adj. *moderate, modest, discreet*
+**metlīċe** adv. *moderately, mildly*
metud- = **meotod-**
°**mēðe** adj. *weary, spent*
miċel, myċel adj. *large, great, much;* dsm. **micclum** 6.73, **myclum** 1.39, **mycclum** 4.30, **miclan** 8.17, isn. **mycle** 15.60, ap. **myċele** 5.8, dp. **myclum** 1.13, **miclan** 8.14, **miċelan** 8.15, as adv. **mic(c)lum** *greatly* 6.72, 7.130
miċel, myċel pron. *much, a great deal, many*
micle, mycle adv. *much*
±**miclian** II *increase, grow large*
mid adv. *too, in addition; with him, with it, with them*
mid prep. w. dat. or instr. *with, by means of, among, by;* **mid þām (þe)** or **mid þȳ (þe)** *when, as soon as, while, after*
mid(d) adj. *mid, in the middle of*
middanġeard m. *earth, the world;* as. **middaneard** 9.68
midde f. *middle;* **on middan** *in the middle*
middeweard adv. *in the middle*
mīere, mȳre f. *mare*
miht, meaht fi. *ability, power, might;* **be his mihte** *to the best of his ability*
miht- see also **magan**
mihtelīċe adv. *mightily, powerfully*
mihtiġ adj. *mighty, powerful*
mīl f. *mile*
milde adj. *merciful, kind*
mildheortnes(s) fjō. *mercy, kindness*
milts fjō. *mercy*
±**miltsian, mildsian** (w. dat.) II *pity, show mercy to*
miltsiend mc. *pitier*
mīn adj., pron. *my, mine*
mis-bēodan 2 *mistreat, ill-use*
mis-ċierran, -ċyrran I *pervert, addle, misapply*
misdǣd fi. *misdeed;* dp. **-dǣdan** 8.123
mis-faran 6 *go astray, go ill*

mis-fōn 7 (w. gen.) *fail of, be at a loss for*
mis-hīeran, -hȳran I *disregard, disobey*
mislīċ, mistlīċ adj. *various, manifold;* adv. **-līċe**
mis-līcian II (w. dat.) *displease*
mis-limpan 3 (impers. w. dat.) *go wrong; suffer setbacks*
mis-rǣdan (ē) 7 or I (pret. **-rǣdde**) *misinterpret*
missenlīċ adj. *various;* **-līċe** adv. *variously, on all sides*
mistlīċ = **mislīċ**
mis-þynċan I (impers. w. dat.) *be mistaken*
mittest see **mētan**
mīðan 1 *conceal*
mōd n. *feelings, heart, mind, spirit(s), will, wilfulness, fellow-feeling*
°**mōdċeariġ** adj. *full of care, sad, dejected*
mōdġeþanc m. *thought, plan*
mōdiġ adj. *courageous*
mōdor fc. (§82) *mother;* ds. **medder** 13.50
mōdren adj. *maternal, pertaining to a mother, motherly*
°**mōdsefa** m. *mind, heart, temperament*
°**mōdsnottor** adj. *wise of mind*
°**mōdsorg** f. *sorrow, anxiety*
°**mōdwlanc, -wlonc** adj. *proud, dismissive*
°**moldærn, moldern** n. *'earth-hall', sepulcher*
molde f. *dust, soil, earth*
moldwyrm mi. *earthworm*
mon(-) = **man(-)**; see also **munan**
mōna m. *moon*
mōnaþ mc. *month;* ds. **mōnðe** 7.69, nap. **mōnað** 3.13, 93, 7.107, etc.
+mong = **+mang**
mōr m. *moor, heath, bog, wasteland*
morgen(n), merġen(n) m.(ja.?) *morning, morrow;* ds. **morgenne** 1.118, 128
morgenġiefu f. *bride-price, gift made to a bride the morning after the wedding*
morðdǣd fi. *act of murder*
morþorwyrhta m. *murderer, homicide*
±**mōt** n. *council, assembly, meeting, encounter, union*
mōtan, pret. **mōste** pret.-pres. (§123) *must, might, be allowed;* pres. pl. **mōtan** 7.123, 8.14, **mōte** 8.13; pret. pl. **mōstan** 10.7
moððe f. *moth*
+**mun** adj. (w. gen.) *mindful (of), accustomed (to)*
+**munan**, pret. +**munde** pret.-pres. (§123; w. acc., gen.) *recall, consider, be aware of;* pres. 3 sg. **ġemon** 16.34, 90
mund f. *protection, security*
mundbyrd fi. *protection*
munt m. *mountain*
munuc m. *monk;* ap. **munecas** 4.24, gp. **muneca** 4.12, 5.41
munuchād m. *monastic orders, the monastic life*
murcnung f. *grief*
murnan, pret. **mearn** 3 *mourn*
mūþ m. *mouth*
mūþa m. *mouth (of a river), estuary*
myċel-, mycl- = **miċel-, micl-**
myltestre f. *harlot, prostitute*
±**mynd** fi. *memory, recollection. thought, reminder*

±myndiġ adj. *mindful*
±myn(e)gian, ±myndgian II *remind, recall, mention;* pret. 3 sg. **ġemyndgade** 1.134
mynster n. *monastery, nunnery; minster, cathedral*
mynsterhata m. *persecutor of monasteries*
mȳre = mīere
myrhð f. *happiness, pleasure, joy*

nā, nō adv. *not at all, by no means*
nabbað = ne habbað
nacod adj. *naked*
næbbe = ne hæbbe
nǣdl f. *needle*
næf- = ne hæf- (to **habban**)
nǣfre adv. *never*
næġl m. *nail*
°**nǣniġ** adj., pron. *no, none, not any, no one*
nǣnne see **nān**
nǣre(n), nǣron = ne wǣre(n), ne wǣron
næs adv. *not;* **næs nā** *by no means*
næs, nǣst- = ne wæs, hnǣst-
±nǣtan I *annoy, afflict, oppress*
nafela m. *navel*
nāh see **āgan**
nāht, nōht adv. *not at all, by no means*
nāht, nāuht, nōht n. *nothing*
nāhtliċ adj. *of nought, worthless*
nāhwǣr adv. *nowhere, not at all;* **nōwer** 14.31.4
nales adv. *by no means, not at all;* **nales þæt ān þæt** *it is not only the case that* 7.220
nama, noma m. *name*
nāman see **niman**
±namian II *name, invoke*
nān adj., pron. (decl. like **ān**) *not any, no, none*
nānwiht, -(w)uht n. *nothing;* **nānuht berendes** *nothing pregnant* 7.299
nāp see **nīpan**
nāt = ne wāt (to **witan**)
nāteshwōn adv. *not at all, by no means*
°**nāthwǣr** adv. *'I-know-not-where', here and there*
°**nāthwæt** pron. *'I-know-not-what', something*
°**nāthwylċ** adj., pron. *'I-know-not-which', some one, a certain one*
nāþor, nāuht (nāwiht) = nāwðer, nāht
nāwðer, nāþor conj. *neither;* **nāwðer (. . .) nē . . . nē** conj. *neither . . . nor*
ne particle *not*
nē conj. *nor*
±nēadian II *compel, force*
nēah adj. *near;* superl. **nīehst, nȳhst** (**nēst** 5.38); **nēh** 5.75; **æt nȳhstan** see **nīehst**
nēah adv. *near, nearly;* compar. **nēar**; **nēh** 1.50, 5.38, 53
nēahbūend mc. *neighbor*
+**neahhe** adv. *abundantly, often*
neaht = niht
nēahþēod f. *neighboring nation*
±nēalǣċan, pret. **nēalǣcte, nēalǣhte** I *approach;* inf. **nēalēċan** 1.91
nēar see **nēah**
nearones(s) fjō. *strait, distress, confinement;* **neara-** 10.23
°**nearowrenċ** mi. *petty wile*
nearu fwō. *confinement*
±nearwian II *confine*
nēat n. *neat, ox, cow, animal, beast*
+**nēat** m. *follower, attendant lower than the rank of thegn*

nēawest f., *neighborhood, vicinity, proximity*

neb(b) nja. *bill, beak, nose, face*

nēd(-) = **nēð-, nīed(-)**

nefa m. *nephew*

nēh, nell- = **nēah, ne will-**

±nemnan I *name, invoke;* pret. 1 sg. **nemde** 3.137, 3 sg. 11.78

nemne, nefne conj. unless

±nemnian II = **±nemnan**

nemþe = **nymþe**

nēod f. *desire, earnestness, delight, pleasantry; necessity, business* (by confusion w. **nīed**)

nēol = **niwol**

±nēosan I (w. gen.) *visit*

°**nēosīþ** m. *'corpse-journey', death*

neoþan adv., prep. w. dat. *below, underneath*

neowol = **niwol**

±nerian I *save, preserve, redeem*

nes = **ne wæs**

nese interj. *no*

nēst see **nēah**

nēten = **nīeten**

±nēðan I *venture, risk;* pres. 3 sg. **nēþeð** 14.25.5; pret. 3 sg. **ġenēdde** 7.262

nīed, nȳd fi. *necessity, need, hardship; the rune* ᚾ; as. **nēd** 13.45, ds. **nēde** *by necessity, under compulsion* 5.3, **nȳde** 8.5, 17, 13.61

±nīedan I *compel, force (to submit)*

nīedbeþearf adj. *necessary*

nīedġield, nȳdġyld n. *forced payment*

nīedmāge f. *near kinswoman*

nīedþearf, nȳd- f. *need, necessity*

nīehst, nȳhst, nīhst adj. (superl. of **nēah**) *nearest, next, last;* **æt nīehstan** *at length, at last, next*

±nierw(i)an, ±nyrw(i)an I, II *restrict, confine, constrain*

nīeten n. *beast, cow, ox;* **nēten** 1.135

nīewe adj. *new;* nsm. **nīwe** 5.44, apf. **nīwu** 7.200, gp. **nīwena** 3.148; dp. as adv. **nīwan** *newly, recently* 5.17

±nīewian, ±nīwian II *renew, regenerate;* pp. **ġenīwad** 14.13.9, 15.148, 16.55, etc.

nigon num. *nine*

nīhst- = **nīehst-**

niht, neaht fc. *night;* gs. **nihtes** *by night;* ap. **nihte** 6.12, dp. **nihton** 5.76, **nihtum** *by night* 14.5.14

°**nihthelm** m. *cover of night*

nihtlang adj. *'night-long', the length of a night;* **nihtlanges** adv. *for the entire night*

°**nihtsċua** m. *shadow of night*

nillan = **ne willan**

±niman 4 *take;* pret. pl. **(ġe)nāman** 7.160, 15.30, **ġenāmon** 3.51, 90, 104, etc.

niowul = **niwol**

°**±nīpan** 1 *grow dark, vanish*

nis = **ne is**

nīþ m. *malice, attack, oppression, affliction*

niðer adv. *down, low*

±niðerian II *humble, make low, abase, humiliate*

niþerweard adj. *pointed downward*

°**niþ(þ)as** mpja. *humans*

nīw- = **nīew-**

niwol, niowul, neowol adv. *headlong, prone, prostrate;* **nēol** 14.21.1

nō = **nā**

+nōg, +nōh adj., adv. *enough, abundant, aplenty, rather*

nōht = **nāht**

nōhwæðer (**nē**) conj. *neither (nor)*
nold-, noma = **ne wold-, nama**
norþ adv. *north, northward, to the north, in the north*
norðan adv. *from the north;* prep. w. dat. **be norþan** *to the north of*
norðdǣl m. *northern region*
norðēasthyrne f. *northeast corner*
norðeweard adv. *in the north*
norðhealf f. *north side*
norþmest adv. *farthest north*
norþrihte adv. *to the north, in a northerly direction;* **-ryhte** 7.6, 10
norðþēod f. *northern people*
norþ(e)weard adj. *in the north*
norðweardes adv. *northward, to the north*
±notian II *use (up);* pp. asm. **ġe-notudne** 3.35
notu f. *use, employment*
nōwer = **nāhwǣr**
nū adv., conj. *now; now that*
nȳd(-) = **nīed(-)**
nȳhst(-) see **nēah** and **nīehst**
±nyhtsum adj. *abundant*
+nyhtsumian II *suffice*
°**nymþe, nemþe** conj., prep. (w. dat.) *unless; except for*
±nyrw- = **±nierw-**
nysse, nyste = **ne wisse, ne wiste** (to **witan**)
nyt(t) adj. *useful*
nyt(t) fjō. *use, advantage*
nytwierþe, -wyrðe adj. *useful*

of prep. w. dat. *from, out of, by*
of adv. *from it, off (of it)*
of-drǣd(d) adj. (pp.) *frightened*
of-dūne adv. *down*
ofer prep.† *over, despite, against, after*
ofer-brǣdan I *overspread, suffuse*
oferbrǣdels m. *cover*
ofer-cuman 4 *overpower, overcome, master*
ofere adv. *over, across, on the other side*
ofer-fēran I *pass over, traverse, cross*
oferfiel(l), -fyl(l) f. *gluttony*
ofer-fōn, pret. **-fēng** 7 *arrest*
ofer-froren adj. (pp.) *frozen over*
ofer-gān anom. (§134) *come over, possess*
ofer-gyldan I *gild, cover in gold plate or foil*
ofer-hergian II *overrun, ravage;* pret. pl. **oferhergedon** 7.209
oferhoga m. *despiser*
ofer-hogian II *scorn*
°**oferhyġd** fi. (also **-hyġdo** f., indecl.) *pride, arrogance*
oferlīċe adv. *excessively*
°**ofermæġen** n. *superior force*
ofermēde nja. *pride, arrogance*
ofer-rǣdan (**ē**) 7 and I *read over*
ofer-swīðan, -swȳðan I *overpower, defeat;* pres. 2 sg. **-swīðesð** 11.93
ofer-winnan 3 *conquer, defeat*
ofer-wlenċan I *excessively enrich*
of-faran 6 *overtake, intercept;* pret. pl. **offōron** 3.74, **offōran** 7.229
±offrian II *offer, make sacrifices, pray (to)*
ofġerād adj. *simple, straightforward*
of-ġiefan 5 *give up, abandon;* pret. pl. **ofġēafun** 14.9.1
of-hrēosan 2 *overwhelm, overthrow;* pp. npm. **ofhrorene** 4.32
ofost, ofst f. *haste, speed*
of-sċẹamian II *put to shame* (*for*, w. gen.)

of-slēan 6 *kill, slaughter;* pret. pl. **of-slōgan** 7.161
ofst- see also **ofost-**
of-stingan 3 *stab, pierce*
of-swingan 3 *scourge (to death)*
oft adv. *often;* compar. **oftor**
of-tēon 2 (§132; w. dat. of pers. and gen. of thing) *deprive*
oft-rǣdlīċe adv. *frequently, continually*
of-þynċan I *seem amiss, displease*
of-þyrsted adj. (pp.) *parched, made thirsty* (*for,* w. gen.)
of-weorpan 3 *stone (to death), kill with a stone*
ōhwonan = **āhwonan**
ōleċċan I *soothe, flatter*
ol(l) n. *contempt, scorn*
on prep.† *on, in, into, among, during;* **an** 7.245, 322, 14.42.10
on-ǣlan I *kindle, inflame*
on-bærnan I *inflame, set ablaze*
on-bierian, on-byr(i)ġan I (w. gen.) *taste*
on-bindan 3 *release, reveal;* pret. 3 sg. **onbond** 14.33.7
on-breġdan 3 *start up*
on-būgan 2 *bend*
on-ċierran, I *turn, influence, convince;* inf. **onċerran** 10.133
on-cnāwan (ēo) 7 *know, acknowledge, recognize*
ond(-) see **and(-)**
on-drǣdan (ē) 7 and I (w. acc. or gen., often w. reflex. dat.) *fear, dread*
on-eardian II *inhabit*
ōnettan I *rush, hasten, hurry*
on-findan 3 (occasional wk. pret. **onfunde**) *discover, learn;* pret. pl. **anfundan** 7.316
on-fōn, pret. **onfēng** 7 (usu. w. dat. obj.) *receive, take (up), accept;* (w. gen.) *stand sponsor for at baptism;* pret. 3 sg. **anfēng** 14.42.3; pp. asm. **onfongne** 1.126
on-foran prep. w. acc. *before*
on-fundennes(s) fjō. *explanation, solution*
onga = **anga**
on-ġēan adv., prep.† *back, again; against, toward, up to, opposite, in opposition to;* **onġēn** 3.141, 150, **anġēan** 7.302
onġēan-winnan 3 *resist, struggle against*
onġe-mang prep. w. dat. *among, amidst*
on-ġierwan, -ġyrwan I *disrobe, strip;* pret. 3 sg. **onġyrede** 15.39
on-ġietan, on-ġytan 5 *perceive, notice, learn (of), understand, grasp;* inf. **onġiotan** 2.30, **onġitan** 12.6; pret. 3 sg. **onġet** 3.118
on-ġinnan 3 *begin;* pret. 3 sg. **ongon** 1.102, 14.9.3, pl. **angunnan** 7.320
on-hergian II *attack, raid;* pret. pl. **onhergedon** 1.16
on-hieldan, -hyldan I *incline, bow*
on-hwierfan, -hwyrfan I *turn*
on-hyrian I *emulate, imitate;* pres. 1 sg. **onhyrġe** 14.8.10, 14.24.4
onlīċe adv. *similarly*
on-līesan, -lȳsan I *liberate, redeem*
on-lūcan 2 *unlock, open*
on-lūtan 2 *bend down, bow, incline oneself*
onsǣġe adj. *assailing, oppressive* (*to,* w. dat.)
on-sċunian II *avoid, despise*
onsċyte mi. *assault, attack;* dp. **onsċytan** 8.56, 130

on-sendan I *send, give up;* pret. pl. **onsendan** 11.120; pp. **onsended** 13.53, 15.49
on-sittan 5 (§127) *oppress*
on-slǣpan (ē) 7 and I *fall asleep, sleep;* pret. 3 sg. **onslēpte** 1.96, 181
on-spannan (ēo) 7 *unfasten, open, disclose*
onstal m. *supply, provision*
on-stellan, pret. **onstealde** I (§116) *establish*
on-sundran adv. *separately, individually*
ontendnys(s) fjō. *burning, fiery matter*
on-tȳnan I *open*
on-ufan adv., prep. w. dat. *above, on top (of)*
on-wæcnan 6 *awake*
onw(e)ald, anw(e)ald m. *authority, control, power*
onwealda, an- m. *ruler*
on-weġ adv. *away*
on-wendan I *change, turn, upend, overthrow*
on-winnan 3 *attack, invade*
on-wrēon 1, 2 (§132) *uncover, reveal;* imp. 2 sg. **onwrēoh** 15.97; pp. ap. **onwriġene** 13.84
open adj. *open*
±openian II *open;* pp. **ġeopenad** 5.29
openlīċe adv. *openly, in plain fashion*
°**ōr** n. *origin, beginning*
ord m. *point, tip, start*
orfcwealm m. *murrain*
°**orfeorme** adj. *devoid* (*of*, w. dat.)
ormōd adj. *hopeless, in despair*
ortrīewe adj. *without hope, in despair*
°**orþancbend** fjō. *ingenious bond, cunning band*
°**orþancpīl** m. *ingenious pointed object*
oð prep. w. acc. *until, up to*
oð, oð ðæt, oþ þe conj. *until*
oþ-beran 4 *bear off, carry away*
ōðer adj., num., pron. *second, other, one (of two or more); another; one of two things;* **ōðer . . . ōðer** *the one . . . the other;* dsm. **ōþran** 7.286, npf. **ōðræ** 2.47
oð-fæstan I *commit, entrust*
oð-feallan (ēo) 7 *decline, decay*
oð-ferian I *bear off, carry away;* inf. **oðferġan** 14.16.7
oð-īewan, -ȳwan I *show, reveal, indicate*
oð-rōwan (ēo) 7 *row off, escape by rowing*
oððe, oððon conj. *or;* **oððe . . . oððe** *either . . . or*
oð-windan 3 *escape*

pāpa m. *pope*
plega m. *sport; sporting gear*
plegan 5 *play* (*at*, w. gen.), *amuse oneself, exercise, engage in a sport; perform*
±plegian II = **plegan**
port m. *port, town*
prēost m. *priest*
prȳte f. *pride*
pund n. *pound* [Lat. *pondo*]

+rǣċan, pret. **+rāhte, +rǣhte** I (§116) *reach, attain, obtain, overtake*
°**ræċed, reċed** n. *hall*
rǣd m. *advice, plan, way forth, sense, reason, wisdom, benefit*
rǣdan (ē) 7 or I (pret. **rǣdde**; w. dat.) *advise, make plans, guide, read, interpret;* pres. 3 sg. **rēt** 5.10, pl. **rǣde** 9.3 (§79)

rǣdbora m. *adviser, counsellor*
rǣdehere mja. *mounted soldiers, cavalry*
rǣdelle f. *riddle*
rǣdels m. *riddle*
rǣdþeahtung f. *counsel, advice, planning*
±rǣran I *raise*
rǣsan I *attack, mount an assault* (*upon*, **on**)
ranc adj. *proud, brave*
°**rand** m. *(boss or rim of) shield*
raðe = **hraðe**
rēad adj. *red;* asm. **rēodne** 14.25.8
rēaf n. *garment, vestment, goods, plunder*
rēafere m. *robber, plunderer*
±rēafi(ġ)an II *seize, plunder, ravage, tear up*
rēaflāc n. *robbery, rapine, rapacity*
±reċċan, pret. **re(a)hte** I (§116) *relate, recount, narrate;* (+) *wield, control*
±reċċan, pret. **rōhte** I (§116) *heed, care about;* pret. pl. **rōhtan** 8.107
reċċ(e)lēas adj. *heedless, careless*
recene adv. *quickly, precipitously;* **rycene** 16.112
+rēfa m. *steward, reeve*
reġnsċūr m. *shower*
regol m. *(monastic) rule*
regolliċ adj. *canonical, regular, under monastic rule;* dp. **regollecum** 1.150
regollīċe adv. *according to rule, canonically*
reht- see **reċċan**
+rēne nja. *ornament*
rēod- = **rēad-**
±reord f. *food, sustenance; meal, feast*
°**±reord** f. *language, tongue, speech, voice*
°**reordberend** mc. *'speech-bearer', human;* np. **-berend** 15.3
°**±reordian** II *speak; refresh, entertain, feast*
±rest fjō. *rest, resting place, bed, couch*
±restan I *rest* (often reflex.); 3 sg. **restet** 5.77
rēt see **rǣdan**
rēðe adj. *fierce, violent, cruel, harsh*
rib(b) nja. *rib*
rīċe adj. *powerful, strong, overpowering;* as sb. *patrician;* asm. **rīcne** 15.44
rīċe nja. *kingdom, realm, empire, reign, power*
rīcsian, rīxian II *rule, prevail*
±rīdan 1 *ride;* pres. 3 sg. **rīdeð** 7.123
riht, ryht adj. *right, proper, correct, just;* adv. **rihte, rihtlīċe**
±riht, ±ryht n. *what is right, truth, justice, privilege, legal right, (what is) due;* **mid rihte** *properly*
±rihtan I *direct;* pp. **ġeriht** 15.131
°**rihtcyning** m. *just* or *rightful ruler*
rihtġelēafful(l), ryht- adj. *orthodox, Catholic*
rihtlagu f. *just law*
rihtnorþan, ryht- adv. *from due north*
rihtwīs adj. *righteous;* sb. **þā rihtwīsan** *the righteous* 10.68
±rihtwīsian II *justify, make righteous*
rīm n. *number*
±rīman I *count, enumerate*
°**rinċ** m. *hero, warrior, man*
±rīp n. *harvest*
±rīpan 1 *reap;* pret. pl. **ġerypon** 3.113
rīpian II *ripen, mature*
+risen n. *dignity, honor*
+risenliċ adj. *fitting, becoming, suitable*

rōd f. *rood(tree), cross, crucifix*
rodor m. *sky, heaven;* gp. **rodra** 14.13.7, dp. **roderum** 11.13, 13.24
°**rōf** adj. *vigorous, valiant*
rōht- see **reċċan**
Rōmānisċ adj. *Roman*
rōse f. *rose*
rōtlīċe adv. *cheerfully*
±**rōwan (ēo)** 7 *go by water, row*
rudu f. *red color, ruddy complexion*
rūh adj. *coarse, shaggy*
rūn f. *secret, private counsel;* **æt rūne** *in private* 16.111
rūnstæf m. *runic character*
rycene, ryht(-) = **recene, riht(-)**
±**rȳman** I *enlarge, extend, open up, make room*
rȳmet n. *room, space, access, benefit*
rȳneman(n) mc. *one skilled in mysteries, mystery-solver*
±**rȳpan** I *spoil, plunder, rob*
rȳpere mja. *robber, plunderer*
rypon see **rīpan**

sācerd m. *priest*
sacu f. *conflict*
sǣ mfi. (often indecl. except dp. **sǣ[wu]m** and masc. gs. **sǣs**) *sea;* ds. **sǣwe** 14.33.5
°**sæċ(ċ)** fjō. *strife, struggle*
sæd adj. *full* (*of,* w. gen.), *sated*
sǣd- see **seċgan**
sǣgon see **sēon**
sǣl mfi. *time, occasion; contentment, happiness*
sǣlan I *tie, bind, restrain, confine*
sǣliċ adj. *of the sea, maritime*
±**sǣliġ** adj. *happy, blessed, fortunate, excellent*
±**sǣliġlīċ** adj. *fortunate, blessed, happy*
±**sǣlliċ** = ±**sǣliġlīċ**
±**sǣlþa** fp. *blessings*
sǣman(n) mc. *seafarer;* np. **sǣmæn** 8.98
+**sǣne** = +**sīene**
sǣrima m. *coast, seashore*
°**sǣstrēam** m. *ocean current, sea lane*
saga see **seċġan**
sam conj. *whether, or;* **sam . . . sam** *whether . . . or*
sama, soma adj. *same*; **swǣ same** *in like manner, similarly,* **swā some swā** *in the same manner as*
±**samnian,** ±**somnian** II *assemble, gather* (trans. or intrans.); pret. pl. **somnedon** 1.1, **samnodan** 11.19
±**samnung,** ±**somnung** f. *assembly, community*
samod, somed, somud. samed adv. *together, simultaneously, too;* **samod ætgæd(e)re** *together, in unison*
sāmworht adj. (pp.) *half built, unfinished*
sang, song m. *song, singing*
sangcræft, song- m. *ability to compose songs*
sār adj. *sore, painful, wounded, harmed, grievous, sad*
sār n. *wound, pain, suffering, sorrow*
°**sārcwide** mi. *lament, tale of woe*
sāre adv. *sorely, grievously*
±**sārgian** II *wound;* pp. **ġesārgad** 13.62
sāriġ adj. *pained, sorry, sorrowful*
sāri(ġ)an II *lament, sorrow, suffer*
sārliċ adj. *sad, painful, tragic, lamentable*; adv. **sārlīċe**
sārnes(s) fjō. *sadness, sorrow, dejection*
±**sāwan (ēo)** 7 *sow;* pres. 3 sg. **sāweð** 14.21.6

sāw(o)l f. *soul;* as. **sāule** 8.59, **sāwle** 13.5; gs. (?) **sāwle** 13.10
sċæpen see **sċieppan**
sċamfæst adj. *modest*
sċamian, sċęamian II (impers. w. dat. or acc. of pers. and gen. of thing) *shame, embarrass, make ashamed (of)*
sċamlēas adj. *shameless, wicked*
sċamu, sċ(ę)omu f. *shame, modesty*
+sċęād n. *distinction, discernment*
±sċęādan (ē) 7 *discern, distinguish, decide, settle*
sċ(ę)adu fwō. *shadow*
+sċęādwīslīċe adv. *plainly, discerningly, intelligently*
+sċęadwīsnes(s) fjō. *discernment*
sċeaft m. *shaft, staff*
±sċeaft fi. *creation, creature, object, origin; workings, operation*
sċ(ę)andliċ, sċond- adj. *disgraceful, shameful;* dp. **-lican** 8.56
sċēap n. *sheep*
°**+sċeap** n. *creation, fortune, fate*
sċeapen see **sċieppan**
sċearp adj. *sharp, keen*
sċēat m. *sheet, covering, garment;* (in pl.) *surface*
sċęaþa m. *criminal, vandal, marauder*
sċēawendwīse f. *performer's song*
±sċēawian II *see, behold, observe;* pret. 3 sg. **sċēawede** 11.58
sċēawung f. *display, appearance, showing, examination, exploring*
sċeld- = **sċield-**
sċendan I *insult, disgrace, bring shame upon*
+sċento f. (usu. pl.) *confusion, ignominy*
sċęōp(-) see **sċieppan**
±sċēotan 2 *shoot, dispense;* **sċēotan tōgædere** *club together, pool one's money*
sċēotend mc. *'shooter', archer, bowman*
±sċeþþan 6 *injure, harm*
sċiċċels m. *cloak*
sċield, sċyld m. *shield;* ap. **sċeldas** 10.74
±sċieldan, ±sċyldan, ±sċildan I *shield, protect*
±sċieppan, ±sċyppan 6 (§127) *create, give form to;* pret. 2 sg. **ġescęōpe** 6.183, 3 sg. **sċęōp** 1.109; pp. nsm. **sċeapen** 14.23.2, npm. **ġesċæpene** 3.144
sċīete, sċȳte f. *linen cloth*
sċīma m. *brightness, effulgence*
sċīnan 1 *shine, gleam;* pret. 3 sg. **sċęān** 5.44, 6.145
sċip n. *ship;* ap. **sċypu** 7.63, **sċypa** 7.64, **sċipa** 7.228, dp. **sċypum** 1.13, **sċipun** 7.188
sċipen f. *stall, cattle-shed*
sċiphere mja. *fleet; naval fighters, marines*
±sċipian II *provide with ships*
sċiprāp m. *ship's rope, cable, line*
sċīr adj. *bright, resplendent;* adv. **sċīre**
sċīr, sċȳr f. *shire, county, district*
sċireniġe f. *actress, female jester*
scōl f. *school*
sċom-, sċond- = **sċam-, sċ(ę)and-**
sċōp see **sċieppan**
sċopġereord n. *poetic language*
±sċræf n. *cavern, cave*
°**sċrallettan** I *clamor, ring out;* pres. pl. **sċralletaþ** 12.20
±sċrīfan 1 *care about, feel regret over; prescribe, ordain, bring to pass*

sċrīðan 1 *go, move, glide*
sċrūd n. *clothing, garment*
±**sċrȳdan** I *clothe*
sċulan pret.-pres. (§123) *be obliged* or *accustomed, ought, shall;* pres. 3 sg. **sċeall** 4.45, 7.45, 116, etc., **sċeoll** 5.15, pl. **sċęolon** 4.16, 35, 7.117, etc., **sċęolan** 7.130; pret. sg. **sċęolde** 5.3, 6.68, 91, etc., pl. **sċ(ę)oldan** 1.15, 8.54, 153, etc.; sj. pres. sg. **sċyle** 13.91, pl. **sċylan** 8.13, pret. sg. **sċęalde** 12.39, pl. **sċalde** 1.90, **sċoldan** 8.27
sċūr m. *shower, downpour, rain*
±**sċyld** mfi. *offense, crime, sin, guilt*
±**sċyldan** = ±**sċieldan**
±**sċyndan** I *drive, impel; rush, race*
sċyppend m. *creator*
sċypu, sċȳr = **sċipu, sċīr**
±**sċyrdan** I *injure, destroy*
sċyte mi. *shot, shooting (with bow)*
sċȳte = **sċīete**
sē, sēo, þæt demonstr. (adj., pron.), rel. pron. (§41) *the, this, that, who, which, that which;* **þæs (þe)** *as;* **tō þǣm, tō þon** *to it, to such an extent;* **tō þon ðæt** *for the purpose that, because;* nsf. **sīo** 2.40, 43, 52, etc., asm. **þæne** 5.26, 7.116, 8.85, etc., dsf. **ðǣræ** 6.2, ism. **þē** 11.97, isn. **þan** 1.39, 7.123, 127, etc., **þē** 8.50, 11.97, etc., gp. **þǣra** 4.12, 14, 5.10, etc.
seald(e), sealdon see **sellan**
sealtstān m. *stone made of salt, pillar of salt*
searocræft m. *fraud, trickery;* **seara-** 8.112
°**searocræftiġ** adj. *fraudulent, treacherous*
°**searosǣled** adj. (pp.) *cleverly bound, ingeniously strung*
searoþanc, -þonc m. *cunning thought, clever idea*
searu nwa. *artifice, trickery;* as. **seara** 7.157, dp. (as adv.) **searwum** *craftily, deviously* 12.40
searwian, syrwian II *plot, lay traps, be deceitful*
sēað m. *hole, pit*
seax n. *knife, short sword;* gs. **seaxses** 14.26.6
±**sēċan**, pret. **sōhte** I (§116; may be reflex.) *search (for), seek, approach, attack;* sj. pret. pl. **sōhte** 7.206
°**seċġ** mja. *man*
±**seċġan** III *say, speak, tell* (§121); inf. **seġġan** 10.34, **(ġe)seċġġan** 11.160, 168; pret. 1 sg. **sǣde** 3.64, 2 sg. **sǣdest** 10.66, 3 sg. **sǣde** 4.31, 5.78, 7.1, etc., pl. **sǣdon** 1.43, 7.25, 150, etc.; sj. pres. sg. (as imp.) **seġe** 6.54; imp. sg. **saga** 14.8.8, 14.10.11, 14.12.13, etc.; pp. **(ġe)sǣd** 1.31, 7.271
°**sefa** m. *heart, mind, temper, spirit*
sēġe, seġen see **sēon**
seġl m. *sail*
±**seġlian** II *sail*
seġn m. *banner, ensign*
±**seġnian** II (usu. reflex.) *cross, make the sign of the cross*
sēl adj. (compar. **sēlra, sella**) *good, fitting, prosperous;* superl. asn. **sēlest** 15.118, gp. **sēlestena** 3.131
°+**selda** m. *companion, fellow retainer*
seldliċ, selliċ, sylliċ adj. *rare, strange*
°**sele** mi. (orig. *s*-stem) *hall, house*
°**seledrēam** m. *delight of the hall, conviviality*
°**seledrēoriġ** adj. *dejected for want of a hall, homesick*
°**selesecġ** mja. *'hall-man', comrade*

self, sylf pron. (non-reflex.) *self, own, very*; often w. dat. pron., e.g. **him self** *himself*; asm. **seolfne** 1.187, np.wk. **seolfan** 1.136

selflīċe nja. *vanity, egotism*

selfwille, sylf- adj. *spontaneous, voluntary*

sella adj. (compar. of **gōd**) *better*

±sellan, ±syllan, pret. **sealde** I (§116) *give, sell;* pret. pl. **sealdan** 1.21; sj. pret. pl. **sealdon** 1.44

selliċ = **seldliċ**

±sendan I *send;* pret. pl. **sendan** 1.18; pp. **sended** 13.43

+sēne = **+sīene**

sēo see **bēon, sē, sēon**

seofon num. *seven;* **syfan** 7.32, 86

seofonniht fc. *sennight, week*

seolf- see also **self**

seolfor, sylfor n. *silver*

seolh, gen. **sēoles** m. (§131) *seal;* gs. **sīoles** 7.48

°**seolhbæþ** n. *'seal-bath', sea, ocean*

±sēon 5 *see* (§132); inf. **ġesīon** 2.33, pres. 1 sg. **sēo** 14.5.3, 2 sg. **ġesihst** 10.68, 3 sg. **ġesihð** 6.115, 16.46; pret. 3 sg. **ġesæh** 5.1, **ġeseah** 5.8, 51, 6.25, etc., **ġeseh** 5.50, pl. **ġesāwan** 7.260, 306, **ġesǣgon** 11.68; sj. pret. sg. **ġesēġe** 11.75, **ġesāwe** 15.4; pp. ns. **ġeseġen** 1.122, 11.71

seond- see **bēon**

seonu fwō. *sinew;* dp. **seon(o)wum** 13.57, 68

sester m. *measure equal to about a pint* [Lat. *sextarius*]

±set n. *seat, encampment*

setl n. *seat, bench, throne*

±settan I *set, establish, appoint, compose, deliver, put, dispose of; settle, seat; set out; conclude;* pret. pl. **ġesettan** 9.72; pp. nsm. **ġeseted** 1.88, 15.141

se-þēah adv. (= **swā þēah**) *nonetheless*

+sewenliċ adj. *visible;* adv. **-līċe** *visibly*

sex = **siex**

+sib(b) adj. *related;* as sb. *kinsman, kinswoman;* ds. **ġesibban** 8.50

sib(b) fjō. *peace, tranquillity; kindred*

±sib(b)sum adj. *peaceable*

sibleġer n. *incest*

±sibling m. *relative, kins(wo)man*

siċċetung f. *sighing*

sīd adj. *wide, extensive, massive, ample;* adv. **sīde** *widely, far and wide, amply*

±sīde f. *side;* **on sīdan** *aside*

sidu, siodo mu. *custom, practice, good conduct, morality*

±si(e)hð see **sēon, +siht**

sie(n) see **bēon**

+sīene, +sȳne adj. *visible, evident, plain;* nsn. **ġesēne** 8.42, **ġesǣne** 8.105

siex, syx, six num. *six;* **sex** 3.146

siexta, syxta num. *sixth*

siextiġ, syxtiġ num. *sixty;* dp. **siextegum** 7.226

siġe mi. (orig. *s*-stem) *victory;* **siġe slēan** *claim victory, triumph*

°**siġebēacn** n. *triumphant sign*

°**siġebēam** m. *tree of triumph*

siġefæst adj. *triumphant*

siġelēas adj. *without victory, defeated*

°**siġelēoð** n. *victory cry*

°**siġerōf** adj. *victorious, triumphant*

°**siġeþēod** f. *triumphant nation*

±siġlan I *sail*

sigor m. (orig. *s*-stem) *victory, triumph*

sigorfæst adj. *triumphant*
+sihst, +sihð, +syhð see also **sēon**
+siht, +sihð, +syhð f. *sight, view, presence, vision*
simle, symle adv. *continually, always, forever*
sīn adj., reflex. pron. *one's own*
°**sinċ** n. *treasure, precious thing*
°**sinċfāg, -fāh** adj. *decorated with treasure, bejeweled*
°**sinċġiefa** m. *'treasure-giver', lord, ruler;* nsm. **-ġeofa** 10.122
°**sinċþegu** f. *receipt of valuables, treasure-giving;* as. **-þeġe** 16.34
sinder n. *cinder, impurity*
singāl adj. *ever-living, perpetual*
singāllīċe adv. *incessantly, time and again*
singan 3 *sing;* pret. 3 sg. **song** 1.114, 10.28, 12.50, **sanc** 10.158
±sinsċipe mi. *marriage*
sint see **bēon**
siodo = sidu
siofiġan, seofian II *sigh*
sīol-, sīon see **seolh, sēon**
si(o)noð f. *synod, council, assembly*
±sittan 5 (may be reflex.) *sit, remain, lodge*
sīð adv. *later, after(ward)*
sīþ m. *journey, wandering, undertaking, exploit, doings, experience, fate; time, occasion*
sīðfæt m. *expedition, undertaking;* ds. **-fate** 15.150
sīþian II *go, depart, pass, travel, wander;* pret. 1 sg. **sīþade** 13.52, 14.26.11
siððan, syððan conj., adv. *after, since, when, now that; afterward, then*
six = siex
slacian II *delay, put off*
slǣp m. *sleep*
±slǣpan (ē) 7 *sleep;* pret. 3 sg. **slǣp** 5.31, pl. **slǣpen** 5.20, **slēpon** 5.37, 52
±slēan, pret. **slōh,** pp. **slagen, slæġen** 6 (§132) *strike, kill, inflict; drive;* pret. pl. **(ġe)slōgan** 1.17, 46, pp. **ġesleġen** 3.82
slīefe, slȳfe f. *sleeve*
±slītan 1 *cut, tear up, lacerate*
slīþen adj. *cruel, hard*
smæl adj. *narrow, slender;* superl. **smalost;** asf. **smale** 5.3
±smēaġan, pret. **smēade** II (§133) *consider, contemplate, scrutinize, think (about);* sj. (imp.) sg. **smēaġe** 8.143
smearcian II *smile*
smedma m. *fine flour*
smīċ m. *smoke*
±smierwian II *anoint, salve, smear*
smiþ m. *smith, craftsman*
smolt adj. *mild, tranquil*
smylte adj. *mild, peaceful, calm*
smyltnes(s) fjō. *tranquillity, mildness*
snā(w) mwa. *snow*
snāwhwīt adj. *snow white*
snelnes(s) fjō. *agility*
±snīðan 1 *cut*
snot(t)or adj. *clever, wise;* asm. **snoterne** 6.73
snot(t)ornes(s) fjō. *wisdom, acumen, cleverness*
snot(t)orwyrde adj. *clever of speech, plausible*
snūde adv. *quickly, at once*
snyttro f. (indecl. in sg.) *wisdom, intelligence*
°**snyðian** II *sniff, snuffle, go with one's nose to the ground (like a dog)*

sōfte adj. *soft, mild, gentle*
som- = **sam-**
sōna adv. *immediately, at once, prematurely;* **sōna swā** *as soon as*
song(-) see **sang(-), singan**
sorg f. *sorrow, care, trouble*
sorgian II *sorrow, lament*
sorglēas adj. *free of care, cheerful*
°**sorglēoð, sorh-** n. *sorrowful song, elegy, dirge*
sōþ adj. *true*
sōþ n. *truth;* **tō sōðan** *for certain*
sōðcwide mi. *true tale, accurate explanation*
sōðe n.wk. *truth, fact*
sōðfæst adj. *true, just, righteous*
°**sōðġied(d)** nja. *true report*
sōðlīċe adv. *truly, in truth*
spǣcan see **sprecan**
spǣtan I *spit, spew*
spearn see **spurnan**
spēd fi. *success, prosperity, wealth, means, wherewithal*
spēdiġ adj. *wealthy, successful*
spel(l) n. *narrative, history, story*
spēow see **spōwan**
spild m(i?). *annihilation, ruin*
spor n. *spoor, trace, track*
±**spōwan (ēo)** 7 *profit, avail, help;* hence in impers. constructions *succeed, thrive* (*at,* w. gen.)
sprǣċ fjō. *talk, speech, discourse*
±**sprecan** 5 *speak;* pres. 1 sg. **spriċe** 14.23.11, 3 sg. **spriċeð** 13.16, 16.70, pl. **specað** 9.40; sj. pret. pl. **spǣcan** 8.8; infl. inf. **tō specenne** 8.68
±**spurnan** 3 *kick* (see note to 10.37)
±**spyrian** I *make tracks on* [cf. **spor**]
stæf m. *letter, character, writing;* np. **stafas** *characters, letters, literature*
°**stælġiest** mi. *surreptitious visitor*
stælhere mja. *troop moving covertly*
stælhrān m. *'stealth-reindeer', decoy*
stǣlwierþ, -wyrð adj. *serviceable*
stǣnen adj. *made of stone*
stǣr n. *history, narrative*
°**stærcedferhð** adj. *stout of heart, determined;* np. **-fyrhðe** 11.38
stæþ n. *shore, riverbank;* ds. **staþe** 3.75, 7.97, **stæðe** 11.38
staf-, stāh see **stæf, stīgan**
stalu f. *theft*
stān m. *stone*
stānclif n. *cliff, peak, stony waste*
±**standan,** ±**stondan,** pret. **stōd** 6 (often reflex.) *stand, arise;* pres. 3 sg. **stent** 7.78
°**stānhliþ** n. *rocky slope, stony declivity;* ap. **-hleoþu** 16.101
stapol m. *trunk, pillar, post, stalk*
starce see **stearc**
staðe see **stæþ**
staþol m. *base, foundation, support, ground*
±**staðolian** II *establish, found, confirm, keep stable;* pp. **ġestaþelad** 13.42
°**staþolwang, -wong** m. *fixed place*
±**steal(l)** mn. *position, state, condition*
stēam m. *vapor, moisture*
°**stēaphēah** adj. *lofty, projecting, erect*
stearc adj. *strong, firm, inflexible;* nsn.wk. **starce** 6.28
stede mi. *place, position, firmness*
stefn, stemn f. *voice, cry*
stefn, stemn mi. *stem, root; term of military service*
stenċ mi. *odor*
stēorbord n. *starboard*
steorfa m. *pestilence*
steorra m. *star*

steort m. *tail*
±stēpan I (w. dat.) *help, support*
±steppan, ±stæppan 6 (§127) *step, go;* pret. pl. **stōpon** 11.121
stiċċe- = **styċċe-**
stician II *stab, thrust*
sticung f. *pricking, goading*
±stīeran, ±stȳran I *direct, govern*
±stīgan 1 *climb, mount;* pres. 3 sg. **stīġeð** 12.19; pret. 3 sg. **ġestāh** 15.40
±stihtian II *arrange, ordain;* pp. **ġestihtad** 1.6
±stillan I *quiet, appease, restrain*
stille adj. *quiet, undisturbed, unmoving*
stilnes(s) fjō. *quiet, stillness, tranquillity, peace*
stincan 3 *reek; climb, rise;* pret. 3 sg. **stonc** 14.29.12
stīþ adj. *firm, rigid*
°**stīðhyġdiġ, -hȳdiġ** adj. *firm-minded, resolute;* npm. **-hīdiġe** 11.121
°**stīðmōd** adj. *firm-minded, resolute*
stond-, stōp- see **stand-, steppan**
storm m. *storm*
stōw f. *place, site*
stræc adj. *vehement, violent;* apm. **strece** 9.28
strǣl mf. *arrow*
strǣt f. *street*
strand n. *strand, shore*
strang, strong adj. *strong;* compar. **strengra**
strange, stronge adv. *strongly*
strēam m. *stream, flood, current*
strece see **stræc**
strengð(u) f. *strength, violence*
strenġu, -o f. (indecl. in sg.) *strength*
±strēon n. *property, thing of value, valuable, wealth;* **ġestrīon** 10.95
±stre(o)wian II *strew, scatter*
strīċ (or **striċ** ?) n. (?) *plague* (?), *sedition* (?)
±strīenan I (w. gen.) *beget*
strīend, strȳnd fjō. *stock, line of descent*
strīon, strong = **strēon, strang**
strūdung f. *spoliation, robbery*
stund f. *moment, hour;* adv. **stundum** *from time to time, at times*
stunt adj. *dull, stupid, foolish*
styċċemǣlum, stiċċe- adv. *gradually, bit by bit, piecemeal, here and there*
stȳpel m. *tower*
stȳran = **stīeran**
±styrian I *stir, move, foment, excite*
styrman I *rage, cry out*
sūcan 2 *suck*
sum adj., pron. *a certain (one), some, one;* dsm. **suman** 8.159, apm. **sume** 16.80, apf. **sumæ** 2.49
sumor, sumer mu. *summer;* ds. **sumere** 3.172
sund n. *swimming*
+sund adj. *uninjured, healthy, sound*
+sundfulnys(s) fjō. *health, security*
sundor adv. *apart*
sundorhālga m. *Pharisee*
°**sundorwundor** n. *special marvel*
sunnandæġ m. *Sunday*
sunne f. *sun*
sunu, suno mu. *son;* ns. **suna** 9.76, np. **suno** 14.46.2, 14.46.3
sutol-, sutel- = **sweotol-**
sūþ adj., adv. *south, southern; to the south, southward*
sūðan adv. *from the south;* prep. w. acc. **be sūðan** *to the south of;* **wið sūðan** *to the south of*
sūðdǣl m. *southern portion*

sūðeweard adj. *in the south;* **on sūðeweardum** *in the southern part of* 7.67

sūðhealf f. *south side*

sūþrihte adv. *due south;* **-ryhte** 7.15, 16

sūðrima m. *south coast*

sūðstæð n. *south coast*

sūðweardes adv. *southward*

sūðwesterne adj. *(from the) southwest*

swā, swǣ, swē adv., conj. *as, just as, so, thus, such as, in proportion as; if, as if; as soon as;* **swā swā** *just as, just how;* **swā . . . swā** *as . . . as,* also *either . . . or;* **swā hwæt swā** *whatever;* **swā same** *in like manner, similarly;* **swā . . . þæt(te)** *so* (w. adj.) . . . *that;* **swuā** 10.85

swæfel = **swefel**

±**swǣs** adj. *own, intimate, dear;* npf. **swāse** *dear* 14.46.3

°±**swǣtan** I *sweat, bleed*

swæð n. *footprint, track, vestige, wake;* np. **swaþu** 14.51.3

°**swāt** m. *sweat, blood*

sweart adj. *dark, swarthy, black*

°**sweartlāst** m. *dark track*

swefan 5 *sleep*

swefel m. *sulfur*

swefn n. *dream, vision*

swēġ mi. *sound, tune, music*

swēġcræft m. *musicianship, musical accomplishment*

°**sweġl** n. *heaven*

swelċ(-) = **swylċ(-)**

±**swelgan** 3 (w. acc., dat.) *swallow*

±**swenċan** I *trouble, afflict, torment*

swēora m. *neck*

±**sweorcan** 3 *darken*

sweord, swurd n. *sword*

sweostor, swyster fc. (pl. ±) *sister;* npf. **(ġe)sweostor** 7.192, 14.13.2, 14.46.3

°**swēot** n. *troop*

sweotol, swutol adj. *plain, clear;* adv. **swutole** 5.67, 70, **sweotele** 10.47, **sweotole** 11.168, **sweotule** 14.24.10

±**sweotolian,** ±**s(w)utolian** II *reveal, explain, make clear*

sweotollīċe adv. *plainly, clearly*

±**swerian, swōr, swōron, sworen** 6 (§127) *swear*

swēte adj. *sweet, pure;* dsm. **swētan** 5.8

swētnis(s) fjō. *sweetness*

±**swīcan** 1 *grow weaker, diminish; desist, cease from* (w. gen.)

swicdōm m. *betrayal, fraud*

swiċe mi. *fraud, offense, treachery, treason*

swician II *be treacherous, deceive, cheat, lay plots*

swicol adj. *guileful, false*

swīfan 1 *revolve, sweep*

swift, swyft adj. *swift, quick*

swiftnes(s) fjō. *swiftness*

swīġe f. *silence, hush*

±**swīġian,** ±**swugian** II *keep silence, be silent* (*about,* w. gen.); pret. pl. **ġeswugedan** 8.153; act. part. **swīgende** 14.8.8

swilċ = **swylċ**

±**swimman** 3 *swim, float*

swīn n. *pig, hog;* gp. **swȳna** 7.41

swincan 3 *labor, toil*

swingan 3 *strike, whip, scourge*

swingel(l) f. *whip, scourge;* ap. **swingla** 6.87, 88

swingere mja. *striker, scourger*

swinsian II *make music, sound melodiously*

swinsung f. *sound, melody*

swīþ, swȳð adj. *strong, powerful;* adv. **swīðlīċe**

swīðe, swȳðe adv. *much, very, greatly;* compar. **swīðor**, superl. **swīþost, -ust**; **tō þām swīðe** *to such an extent;* **swīðost** *mostly, usually, chiefly* 7.28, 126, 307

swīðliċ, swȳðliċ adj. *intense, excessive*

swīðra, swȳðra adj. (compar. of **swīþ**) *right, right-hand*

swōgan (ēo) 7 *make a sound, rustle*

swug- see **swǐgian**

swurd, swutol-, swyft- = sweord, sweotol-, swift-

swylċ, swelċ, swilċ adj., pron. *as, like, such (a);* dp. **swilcan** 8.156

swylċe, swelċe adv., conj. *(just) as, in like manner, likewise, resembling; as if;* **swylċe swā** *just as (if)*

swȳn-, swȳð(-), swyster, syfan = swīn-, swīð(-), sweostor, seofon

syhð, sylf(-), sylfor, syll-, sylliċ = siht, self(-), seolfor, sell-, seldliċ

symbel n. *feast;* ds. **symle** 15.141

°**symbelwlanc, -wlonc** adj. *'feast-proud', elated with feasting*

symle see **simle, symbel**

syn, synd(-) see **bēon**

syndriġlīċe adv. *specially*

+sȳne = +sīene

±syngian II *sin, transgress, err;* sj. pres. pl. **syngian** 8.129

synlēaw f. *injury caused by sin*

syn(n) fjō. *sin, offense, transgression;* dp. **synnan** 8.5, **synnum** 1.48, 8.92, 148, etc.

synnful(l) adj. *sinful, corrupt*

syrw- = searw-

syðþan, syx, syxta, syxtiġ = siððan, siex, siexta, siextiġ

±tācn, tācen n. *sign, symbol*

±tācnung f. *sign, proof*

±tǣċan, pret. **tǣhte** I (§116) *show, instruct, teach;* sj. pres. pl. **tǣċan** 8.131, 140

tǣcnan I *designate, mark out*

+tæl n. *series, course; estimation, opinion*

±tǣlan I *blame, censure, reproach, insult, taunt, say with impudence*

tam adj. *tame*

±tāwian II *harass, insult, mistreat;* pret. pl. **tāwedan** 7.230

teala = tela

teald(-) see **tellan**

tealt adj. *unstable, precarious*

tēam m. *family, company*

tēar m. *drop, tear*

teart adj. *sharp, severe, bitter*

tela, teala adv., interj. *well, good* [cf. **til**]

±teld n. *tent*

telġ = tielġ

±tellan, pret. **tealde** I (§116) *tell, account, consider; count, number;* pp. **ġeteled** 11.2

tempel n. *temple*

+tenġe adj. *near to, resting on*

±teohhian II *determine, intend, propose, judge*

±tēon, tēah, tugon, togen 2 (§132) *pull, draw; educate;* pres. 3 sg. **tȳhð** 14.34.4

±tēon, ±tēoġan II (§133) *arrange;* pret. 3 sg. **tēode** 1.112

tēon n. *injury, harm*

tēona m. *injury, reproach, insult, enmity*

tēoþung f. *tithe, tenth part*

±teran 4 *tear, rend*

tīedernes(s), tȳder- fjō. *frailty*

tīd fi. *time, hour, (rites of the) canonical hour*

tielġ mi. *dye;* ns. **telġ** 14.26.15

tīen, tȳn num. *ten;* acc. **tȳne** 8.92, 93

tigele f. *earthen vessel, pot*

tihtan I *urge, encourage*

tihting, tyhtung f. *allurement, instigation;* dp. **tihtincgum** 6.26

til adj. *good, virtuous*

±tilian, ±tiolian II *provide (with,* w. gen.)

tīma m. *time, time of life*

+timbre nja. *building, edifice;* np. **ġetimbro** 1.51, ap. 1.48

±timbr(i)an I, II *build, construct, found*

+tīmian II *happen, come to pass*

tintreġ n. *torment, torture*

±tintr(eg)ian II *torment, torture;* pret. pl. **tintredon** 7.203

tintreġlīċ adj. *full of torment*

tiol- see **til-**

°**tīr** m. *glory;* **tȳr** 14.26.23

°**tīrēadig** adj. *'glory-blessed', honored*

tīðian II (w. gen.) *bestow, grant*

tō adv. *too, excessively; to that, in addition; to that place, forth*

tō prep. w. dat., instr. *for, to, as, at;* **tō ðām, tō þon** *to such an extent, sufficiently;* **tō þon þæt** *for the purpose* (or *reason*) *that*

tō-berstan 3 *break into pieces, go to pieces;* pres. 3 sg. **tōbirsteð** 14.38.7

tō-brecan 4 *shatter, ruin, break (up, apart)*

tō-brȳsian II *shatter, crush, fragment;* pp. apf. **-brȳsede** 6.167

tō-cnāwan (ē, ēo) 7 *recognize, acknowledge*

tō-cwȳsan I *be crushed*

tōcyme m. *arrival*

tō-dæġ adv., n. *today*

tō-dǣlan I *divide, apportion*

tō-ēacan prep. w. dat. *in addition to*

tō-emnes prep. w. dat. *alongside*

tō-faran 6 *part ways, split up*

tō-fēran I *part ways, separate*

tō-gæd(e)re adv. *together;* **tōgedere** 5.41

tō-gangan, -gongan 7 *part with* (see comment on 14.23.10)

tō-ġēanes prep. w. dat. *against, in opposition to; toward, to meet, to;* **him . . . tōġēnes** *to him* 11.167

tō-ġīnan 1 *gape, yawn*

tō-glīdan 1 *slip away, vanish*

tō-hlīdan 1 *split, burst*

tō-leoþian II *disjoint, dismember* [cf. **lið**]

tō-liċġan 5 (§127) *divide, separate;* pres. 3 sg. **tōlīð** 7.93

tō-merġen adv. *tomorrow*

tō-niman 4 *divide*

top m. *spinning top*

torht adj. *bright, beautiful, splendid;* adv. **torhte**

torn n. *passion, anger*

tō-sǣlan I (impers. w. dat. of pers. and gen. of thing) *happen amiss* (*to* s.o.) *in respect* (*of* sthg.), *be unsuccessful, fail*

tō-samne, tō-somne adv. *together*

tōsċ̣ēād n. *distinction, difference, differentiation*

tō-slītan 1 *tear, cut apart*

tō-tēon 2 (§132) *pull apart, draw asunder;* pres. 3 sg. **tōtȳhð** 13.114; pp. **tōtogen** 13.108

tō-teran 4 *tear up, lacerate, shred*

tōþ mc. *tooth, tusk;* ap. **tēð** 7.30, **tōþas** 13.114
tōweard adj. *impending, future, to come*
tō-weard prep. w. gen. *toward*
tō-wendan I *destroy, subvert*
tō-weorpan 3 *cast down, break apart, destroy;* pret. pl. **tōwearpon** 7.199
tō-wrecan 5 *drive apart, scatter, dissipate*
tōwyrd fi. *opportunity, occasion*
±tredan 5 *tread, trample;* pres. 3 sg. **triedeð** 14.12.6
trēo(w) nwa. *tree, beam;* ap. **trĕ̄owu** 7.288
trēow fwō. *faith, pledge, compact, loyalty, allegiance*
trĕ̄owen adj. *made of wood*
±trīewe, ±trēowe adj. *true, faithful, trustworthy;* adv. **±trȳwlīċe** *faithfully, confidently*
+trīewþ, +trȳwð, +trēowð f. *truth, fidelity, honest dealing*
Trōiānisċ adj. *Trojan*
±truwian II (w. acc., dat.) *trust;* pret. 3 sg. **ġetruwade** 7.319
±trymman I *fortify, prepare; lend support (to,* w. dat.)
tug-, tog- see **tēon**
tūn m. *settlement, enclosed place, manor, village*
tunge f. *tongue*
tūnġerēfa m. *reeve, bailiff, steward*
tungol nm. *star, planet, constellation*
turf fc. *turf, soil*
tuw(w)a adv. *twice*
twēġen, twā, tū num. *two* (§59); **tū** *twice* 3.142
twelf num. *twelve;* acc. **twelfe** 8.92, 93
twēntiġ num. *twenty*
twēo m.wk. *doubt*
twēolīċe adv. *ambiguously, equivocally*
±twēonian II (impers. w. dat. subj. and gen. object) *doubt, be in doubt about*
twēonung f. *doubt, uncertainty*
tȳdernes(s) = tīedernes(s)
tyht mi. *progress, motion*
tȳhð see also **tēon**
±tȳn I *instruct, teach*
tȳne, tȳr = tīene, tīr

þā adv., conj. (§83; used in pret. clauses; cf. **þonne**) *then; when*
þæne, þænne = þone, þonne
þǣr adv. *there; where;* **þār** 7.130
þǣr conj. *if* 7.273, 13.39, 74, 78
þǣr-binnan adv. *therein, in it* [**be-innan**]
þǣr-in(ne) adv. *therein, in it*
þǣr-on adv. *thereon, therein, in(to) it, on(to) it*
þǣr-tō adv. *thereto, to that place; for that purpose*
þǣrtō-ēacan adv. *in addition to that*
þǣr-ūtan adv. *from outside of it, on the outside*
þæs adv. (to **sē**) *for that, therefore, afterward*
þæs (þe) conj. (to **sē**) *so that; as; after*
þæt conj. *that, so that, in order that*
þætte conj. *that* [**þæt-ðe**]
±þafian II *accept, consent to*
±þafung f. *consent, agreement, acceptance;* ds. **-unga** 6.33
+þāh see **+þiċġan**
±þanc, ±þonc m. *thought, intent, purpose; thanks*
±þancian, ±þoncian II (w. gen. of thing and dat. of pers.) *thank*

þanon, þonan adv. *thence, from there*

þār = **þǣr**

þe conj. *whether, either, or;* **þe . . . þe** *whether . . . or*

þe rel. pron. (indecl.) *who, whom, which, that; (s)he who, that which*

þē see **sē, þū, þȳ**

þēah, þēah þe adv., conj. *(al)though; yet, nevertheless, however;* **swā þēah** *yet, nonetheless;* **þēh** 3.15, 137, 162, etc.

þēah-hwæð(e)re adv. *nevertheless, all the same*

þeaht(-) see also **þeċċan**

±**þeahtian** II *deliberate, consider;* pret. pl. **þeahtedon** 1.1

þearf f. *need, necessity*

þearfa m. *beggar, pauper*

þearfende adj. (act. part.) *needy, miserable, in poverty*

þearfendlīċ adj. *poor, miserable*

þearflīċe adv. *with care, carefully*

þearl adj. *harsh, severe*

þearle adv. *exceedingly, very much, severely, grievously*

þēatrum n. *theater;* ds. **þēatra** 7.227

þēaw mwa. *practice, usage, custom, behavior*

±**þeċċan,** pret. **þe(a)hte** I (§116) *cover*

þeċen f. *thatch, roof, covering*

þeġenġield, -ġyld n. *the wergild (compensation) for a noble*

þeġn, þēn, þeġen m. *thegn (i.e. minister of the king), lord, official, attendant, follower, retainer, minister, noble;* dp. **þēnan** 8.26

±**þeġnian,** ±**þēnian** II (w. dat.) *serve, wait upon, tend, care for*

þeġnung, þēning f. *service, ministry*

þēh, þēn(-) = **þēah, þeġn(-)**

±**þenċan,** pret. **þōhte** I (§116) *think (of, up), consider, devise; intend;* inf. **ġeþenċęan** 7.216, pres. 3 sg. **(ġe)þenċeð** 12.30, 33; pret. 2 sg. **ġeþōhtes** 13.19, 23

þenden conj. *while, as long as*

±**þennan,** ±**þenian** I, II *extend, stretch out*

þēod f. *people, nation*

±**þēodan** I *join, unite*

þēode see also **þēowian**

+**þēode** nja. *language, tongue; nation*

þēoden m. *lord*

°**þēodenstōl** m. *lordly seat, throne*

þēodland, -lond n. *nation*

+**þēodnis(s)** fjō. *association, propinquity*

þēodsċipe mi. *community*

þēodwita m. *learned person, sage, historian*

þēof m. *thief*

þēoh, ds. **þēo** n. (§133) *thigh*

þēostro = **þīestru**

þēotan 2 *make a sound, murmur*

þēow adj. *servile, not free*

þēow m. *servant, slave*

þḗowa m. *servant*

þēowdōm m. *slavery, servitude, service*

þḗowetling m. *slave, servant;* **-lincg** 6.6

±**þḗowi(ġ)an** II *serve* (w. dat.); *press into servitude, enslave;* pret. 3 sg. **þēode** 1.184; pp. npn. **ġeþēowede** 8.36

þḗowotdōm, þı̆̄owot- m. *service, duty*

þēs, þēos, þis pron. (§60) *this, this one;* nsm. **þǣs** 5.15, nsf. **þīos** 10.160, asm. **ðysne** 9.48, 15.104, asf. **þysse** 8.77, gsf. **ðeosse** 1.74, gsn. **þyses** 1.13, **þysses** 1.18, **þises** 7.197, dsm. **þeossum** 1.99, **þiosan** 7.208, 224,

þysan 8.35, 48, 62, etc., dsf. **þysre** 4.1, **þysse** 8.30, 41, 43, etc., dsn. **þysum** 3.1, 171, 6.193, **þiosan** 7.213, **þysan** 8.14, 42, **þyssum** 15.83, 109, **þysson** 15.138, dp. **þisum** 6.114, **þysum** 6.200

þicce adv. *densely*

±**þiċġan,** pret. +**þāh** 5 (§127; w. gen.) *receive, partake of, accept*

þider adv. *to there, thither*

þiderweard(es) adv. *in that direction, thither, in transit to that place*

þīefþ, þȳfþ f. *theft*

þīestru, þȳstro f. (indecl. in sg.) *darkness;* as. **þīstro** 10.57, **þēostro** 10.76, **ðīostro** 10.182, ds. **þȳstro** 14.47.4

þiġeð see **þiċġan**

þīn adj., pron. *your, yours (sg.)*

þinċan = **þynċan**

þindan 3 *swell*

þīnen f. *serving woman, maidservant, handmaid*

þinġ, pl. **þing** n. *thing, sake, reason, circumstance;* adv. **nān þinġ** *not at all* 5.47

+**þingan** 3 *thrive, prosper*

°**þinġġemearc** n. *period of time*

±**þingian** II *intercede (for), pray, petition, speak*

þīod-, þī(o)stro, þīow(-) = **þēod-, þīestru, þēow(-)**

±**þōht** m. *thought, mind*

þōht- see also **þenċan**

±**þolian** II *suffer, endure, last, hold out, sustain, be guilty;* pret. pl. **þolodan** 15.149

þonan, þonc = **þanon, þanc**

þonne, þænne adv., conj. (§83; used in fut. and consue. clauses; cf. **þā**) *then, when*

þonne conj. *since; than*

þōðor, þōðer m. *ball*

°**þracu** f. *violence, attack*

±**þræc** n. *throng, violence;* ns. **ġeþrec** 11.114, ap. **ġeþræcu** 14.35.6

°**þræcheard** adj. *hardened by combat*

þrǣd mu. *thread*

°**þræft** n. *contentiousness*

þrǣl m. *thrall, slave*

þrǣlriht n. *rights of thralls*

°**þrāg** f. *(period of) time, while*

±**þrāwan (ē, ēo)** 7 *twist, rack*

þrēat m. *press, crowd, throng, host; violence, oppression, force*

þrec see **þræc**

þridda num. adj. *third;* **þridde healf** *two and a half*

þrie, þrēo num. (§59) *three;* nom. masc. **þrȳ** 8.98, 9.76, acc. masc. **þrȳ** 7.80, gen. **þrēora** 7.56, dat. **þrēom** 5.36, **þrym** 9.75

þriliġ adj. *woven with three threads*

±**þringan** 3 *throng, press forward (into), attack*

°**þrintan** 3 *swell;* act. part. **þrindende** 14.45.5

þrītiġ, þrittiġ num. *thirty*

±**þrōwi(ġ)an** II *suffer, undergo*

þrōwung f. *suffering, passion*

þrūh fc. *tomb;* ds. **þrȳh** 6.196, 200

þrȳ = **þrie**

þryċċan I *afflict, assail*

þrym see also **þrie**

°**þrymcyning** m. *king of glory*

°**þrymfæst** adj. *mighty, glorious*

°**þrymful(l)** adj. *full of majesty*

þrym(m) mja. *force, troop; glory, majesty, self-regard*

þrȳnes(s) fjō. *trinity*

°**þrȳþ** fi. (usu. pl.) *power, force*

°**þrȳðbold** n. *mighty hall*
þū, þē, þeċ, þīn pron. sg. (§38) *you, thou*
þūf m. *banner, standard*
þūht- see **þynċan**
þūma m. *thumb*
+**þungen** adj. (pp. to +**þingan**) *distinguished, prominent*
þungon see **þingan**
þunian II *stand out, be prominent; roar, thunder;* pret. 2 sg. **þunedest** 13.37
þunor m. *thunder, thunder-clap*
þurh prep. w. acc. *through*
þurh-drīfan 1 *pierce;* pret. pl. **-drifan** 15.46
þurh-etan 5 *eat through;* pres. 3 sg. **þurhiteð** 13.115
þurh-smūgan 2 *pierce, bore through*
þurh-wunian II *persist, remain*
þurstiġ adj. *thirsty* (*for*, w. gen.)
þus adv. *thus*
þūsend num. *thousand*
+**þwǣre** adj. *obedient*
þwēal n. *bath*
þwēan, pret. **þwōh** 6 (§132) *wash*
þȳ, þē adv., conj. (instr. sg. neut. of **sē**) *for that reason, because, for it (that)*
þyder, þȳfþ = **þider, þīefþ**
þȳġan I *urge, press;* pres. 3 sg. **þȳð** 14.12.8, 14.21.5
+**þyld** fi. *patience, endurance*
±**þyldiġ** adj. *patient*
þyllīċ, þyslīċ pron. *such (a)*
±**þynċan,** pret. **þūhte** I (impers. w. dat.; §§66, 116) *seem;* inf. **þinċan** 8.48, 108, 133, etc., pres. 3 sg. **þinċeð** 14.31.18, 16.41; sj. pres. sg. **þinċe** 12.30
þȳ̆rel adj. *pierced, with a hole in it*
þyslīċ, þȳstro = **þyllīċ, þīestru**

ufan, ufon adv. *above, up; from above*
ufeweard adj. *upper, top;* prep. w. dat. **æt ufeweardum** *at the upper end of,* **on ufeweardan** *on top of*
ūhte f. *early hours, period before dawn*
ūhtsang, -song m. *matins, nocturns*
unæðele adj. *common*
unārīmed adj. (pp.) *innumerable*
unbeboht adj. (pp.) *unsold*
un-bindan 3 *unbind, unstring*
unc see **wit**
uncer adj. dual *our (two);* gn. **uncres** 13.34
unclǣne adj. *unclean, sordid*
unclǣnnes(s) fjō. *impurity*
uncoþu f. *disease*
uncræft m. *deceitful practice;* dp. **uncræftan** 8.165
uncūð adj. *strange, unfamiliar, unknown*
undǣd fi. *misdeed*
undearnunga adv. *without concealment, for all to see*
under prep.† *under, in the course of*
under-bæc adv. *backward, back, behind*
under-flōwan (ēo) 7 *'under-flow', pass beneath*
under-fōn 7 *accept, receive, undergo;* pret. pl. **-fēngan** 8.162
under-standan, pret. **-stōd** 6 *understand; undertake*
under-þīedan, -þēodan I *subject, cause to conform, make subject, subjugate*
undierne, undyrne adj. *unconcealed, exposed*
un-dōn anom. (§134) *undo, open up*
unēaðe adv. *not easily, with difficulty, reluctantly*

unēðelīċe adv. *awkwardly, badly*
unfæderliċ adj. *unlike a father;* adv. **-līċe**
unforbærned adj. *uncremated, not reduced to ash*
unforcūð adj. *not despicable, admirable*
unforht adj. *unafraid, fearless*
unfor-wandiendlīċe adv. *unhesitatingly, forthrightly*
unfor-worht adj. (pp.) *guiltless, innocent*
unfriþ m. *enmity, threat of attack*
unġearu adj. *unprepared;* **on unġearwe** *unawares*
unġe-cnāwen adj. (pp.) *unfamiliar*
unġefōge adv. *uncommonly, immoderately*
unġelīċ adj. *unlike, dissimilar, at odds;* adv. **-līċe**
unġe-līefedlīċ adj. *incredible*
unġelimp n. *misfortune, mishap*
unġe-medemad adj. (pp.) *immoderate, measureless*
unġemetlīċe adv. *beyond measure, excessively*
unġerād adj. *rude, clumsy, discordant*
unġerīm = **unrīm**
unġerȳde, unġerȳdelīċ adj. *uneasy, rough, violent;* compar. nsn. **unġeryddre** 5.42
unġesǣliġ adj. *unfortunate*
unġesewenliċ adj. *invisible*
unġesibbe adj. *unrelated*
unġetrēow adj. *faithless, treacherous*
unġetrȳwþ f. *disloyalty, treachery*
unġeþwǣrnes(s) fjo. *disturbance*
unġewuneliċ adj. *unusual, strange*
unġielde, unġylde nja. *excessive tax;* np. **unġylda** 8.47
unīeðnes(s) fjō. *severity, harshness*
unlagu f. *crime, violation of law, abuse of law, injustice*
un-lūcan 2 *unlock;* pret. 3 sg. **unlēac** 4.28
unlȳtel adj. *aplenty*
±unnan, pret. **±ūðe** pret.pres. (§123) *grant, allow, bestow*
unofer-swīðendlīċ adj. *unconquerable, unopposable*
unofer-wunnen adj. (pp.) *undefeated*
unrǣd m. *folly*
unriht adj. *wrong, wicked, perverse*
unriht n. *injustice, vice;* **on unriht** *unjustly*
unrihthǣmere m. *fornicator, adulterer*
unrihtliċ adj. *unjust;* nsn. **unryhtliċ** 7.142
unrihtlīċe adv. *wrongly*
unrihtwīs adj. *unjust, unrighteous;* as sb. np. **þā unryhtwīsan** *the unrighteous* 10.69
unrīm, unġerīm n. *a countless number, multitude, profusion*
unrīme adj. *numberless, countless, innumerable*
unrōt adj. *dejected, sad, distraught*
unrōtnes(s) fjō. *dejection, disquiet*
unryht- see **unriht-**
unsǣliġ adj. *unfortunate*
unsċæþþiġnys(s) fjō. *innocence, purity*
unsċeaððiġ adj. *harmless, innocent*
un-sċrȳdan I *strip, disrobe, divest*
unsidu mu. *bad practice, vice*
unsōfte adv. *with difficulty, arduously, scarcely*
unspēdiġ adj. *poor*
unstille adj. *unquiet, restless;* adv. **-e**

untrēow f. *infidelity, faithlessness*
untrum adj. *infirm, sickly*
untrymnes(s) fjō. *infirmity*
untwēoġendlīċe adv. *unequivocally, without a doubt*
unþanc, unþonc m. *displeasure;* **ēoweres unþonces** *against your will* 7.211
unwær adj. *unaware, heedless;* m.wk. **unwara**
unwæstm m. *crop failure, spoilt harvest*
unwealt adj. *steady, stable*
unweder n. *storm, adverse season;* np. **unwedera** 8.47
unwilla m. *disinclination;* **mīnum unwillan** *against my will* 13.58
unwillum adv. *involuntarily*
unwīslīċe adv. *foolishly, unwisely*
upā-hebban 6 (§127) *raise, elevate, lift up*
upāstīġnes(s) fjō. *ascension*
up(p) adv. *up*
uppan adv., prep.† or w. gen. *upon;* **wið uppon** *above*
uppe adv. *up, above*
upweard, -ward adv. *upward*
ūre adj., pron. *our(s);* see also **wē**
°**ūriġfeðer** adj. *dewy-feathered*
urnon see **irnan**
ūt adv. *out, away*
utan = **wuton**
ūtan adv. *from outside, on the outside*
ūtanbordes adv. *from abroad*
ūte adv. *abroad, out, outdoors*
ūtermere mi. *outer sea, open sea*
ūteweard adj. *exterior, outer*
ūtgang, -gong m. *departure, exit, exodus*
uton = **wuton**
ūðe see **unnan**
ūðwita m. *sage, scholar*
uuā = **wā**

wā m. *woe;* ds. **uuā** 10.181
wāc adj. *weak, timid, pliable, irresolute*
wacian II *stay awake, keep watch*
±**wadan** 6 *move, travel, traverse*
°**wæd,** pl. **wado** n. *water, sea*
wǣd fi. *garment, covering;* dp. **wēdum** 14.9.4, **wǣdum** 15.15
+**wǣde** nja. *garment*
wǣdla m. *pauper, poor person*
wǣfels mn. *garment, cloak*
wǣfersīen fi. *spectacle;* ds. **wǣfersȳne** 15.31
wæġ see **wegan**
wǣġ m(i). *wave* ds. **wēġe** 14.33.1, ap. **wēgas** 16.46
wǣġ- see also **wāg**
±**wǣġan** I *afflict, trouble, oppress*
wægas = **wegas**
wæġn m. *carriage, wain, wagon, wheeled vehicle*
wæl n. *slaughter, casualties;* **wæl slēan** *wreak carnage*
wælcyrie f. *valkyrie, sorceress*
°**wælfel** adj. *greedy for carrion*
°**wælġīfre** adj. *greedy for slaughter, bloodthirsty*
°**wælhlenċe** f. *coat of mail*
wælhrēow adj. *cruel, bloodthirsty;* adv. **-līċe** *mercilessly*
wælhrēownes(s) fjō. *cruelty, bloodthirstiness*
°**wælrūn** f. *'slaughter-secret', premonition of bloodshed*
°**wælsleaht** nm. *deadly combat*
wǣn- = **wēn-**
wǣp(e)n n. *weapon;* ap. **wǣpna** 7.160

°**wǣpenþracu** f. *storm of weapons, battle*

°**wǣpenwiga** m. *'weapon-warrior', fighting weapon*

wǣpnedcyn(n) nja. *the male sex*

wǣpnedman(n) mc. *male*

wǣpnġewrixl n. *hostile encounter, exchange of blows*

wær = **wer**

wǣr f. *covenant, protection*

wærlīċe adv. *carefully, vigilantly*

wæst = **west**

wæstm m. *growth, stature, form;* as. **wæstum** 14.31.5

wæstmbǣrnys(s) fjō. *fruitfulness*

wǣt adj. *wet, moist*

wǣt n. *liquid, drink*

wǣta m. *liquid, moisture*

±**wǣtan** I *moisten, make wet*

wæter n. *water*

wæterfæsten(n) nja. *fortification near water* or *water providing natural fortification*

wǣþan I *wander, hunt*

wæx- = **weax-**

wāg m. *wall;* ds. **wāhe** 5.63, **wǣġe** 14.13.4, **wāge** 14.14.12

wāhræġl n. *tapestry, curtain* [**wāg-hræġl**]

wāhrift n. *tapestry, curtain*

wālā interj. *alas* (*for*, w. dat.)

wald- see **weald(-), willan**

wamb, womb f. *belly, stomach*

wam(m), wom(m) m. *blemish, iniquity*

wandǣd, won- fi. *misdeed*

wandian II *hesitate*

°**wanfeax, won-** adj. *dark-haired*

°**wang, wong** m. *field, plain, place, earth, world*

°**wanhyġdiġ, wonhȳdiġ** adj. *heedless, reckless, imprudent*

±**wanian** II *diminish, take away, expropriate, alienate; dwindle;* pret. pl. **wanedan** 8.29

wan(n), won(n) adj. *dark, dusky*

±**warian** II *guard, protect, occupy*

warnian = **wearnian**

warð see **weorðan**

wāst, wāt see **witan**

°**waþum** m. *wave;* gp. **waþema** 16.24, 57

wē, ūs, ūre, ūser pron. pl. (§38) *we, us, of us*

wēalāf f. *sad remainder, miserable remnant, wretched refuse, survivors*

+**wealc** n. *tossing, rolling*

weald mu. *forest;* ds. **wealde** 11.28

+**weald** n. *power, possession, control;* **tō ġewealde** *into the power of* (w. dat.)

±**wealdan (ēo)** 7 (w. gen., dat.) *control, rule; produce;* pret. pl. **wēoldan** 8.47, **wīoldon** 10.120

w(e)aldend mc. *wielder, controller, user; ruler, king* (usu. in ref. to God); np. **waldend** 16.78

wealhġerēfa m. *commander on the Welsh marches*

wealhstōd m. *translator, interpreter*

weal(l) m. *wall*

±**weallan (ēo)** 7 *surge, seethe*

°**weal(l)steal(l)** m. *'wall-stead', foundation*

weard m. *guard, guardian, protector, custodian, guide*

weardian II *guard, occupy, inhabit;* pret. pl. **weardedon** 11.135

wearg, wearh m. *criminal, outlaw;* ap. **wergas** 15.31

±wearnian II *take warning; guard against;* inf. **warnian** 8.156

wearoð, waroð m. *shore*

wearp m. *warp, vertical threads on a loom*

weax n. *wax*

±weaxan (ō, ēo) 6, 7 *grow, mature, increase, multiply;* act. part. **wæxende** 5.49

±wēdan I *rave, rage, talk* or *act wildly*

wedbryċe m. *breach of pledge*

wed(d) nja. *pledge*

wēdum = **wǣdum**

±wefan 5 *weave*

wefl f. *weft, woof, horizontal threads on a loom*

weġ m. *way, path, road;* adv. **ealne weġ** *the entire way, all along* 7.73, 86, 92, etc.; adv. **hys weġes** *his own way* 7.123; adv. **on weġ** *away;* ap. **wægas** 14.51.6

wēġ- see **wǣġ-**

±wegan 5 *carry, bring, move, sustain; feel;* pres. 3 sg. **weġeð** 14.12.8, 14.21.5, **wiġeð** 14.50.3; pret. pl. **wǣgun** 14.27.3

weġnest n. *sustenance for a journey, viaticum*

wĕl adv. *well;* **well** 15.129, 143

wela m. *wealth, riches*

weled- see **wylian**

weler m. *lip*

°**welhold** adj. *very faithful* (*to,* w. dat.)

welhwā, welhwæt pron. *everyone, everything*

±welhwǣr adv. *everywhere*

±welhwilċ, -hwylċ adj., pron. *each, any, every;* dsm. **ġewelhwylcan** 8.44, 89

weliġ adj. *prosperous, wealthy;* dsf.wk. **welegan** 10.109

well, well-, welm = **wĕl, wiell-, wielm**

welwillend adj. *benevolent*

welwillendnes(s) fjō. *benevolence*

±wēman I *persuade, entice*

±wemman, pret. **wemde** I (§114) *defile, revile* [cf. **wamm**]

wēn fi. *hope, expectation, belief*

±wēnan I (w. gen. or acc.) *expect, suppose, imagine;* pres. pl. **wēne** 7.222 (§79), pret. 3 sg. **wǣnde** 5.26

±wendan I (often reflex.) *turn, change, translate; exchange* (w. dat.)

±wennan I *accustom*

wēofod, wēofed n. *altar;* dp. **wībedum** 1.52

wēohsteal(l), -stal(l) m. *place of the altar, sanctuary*

wēold(-) see **wealdan**

±weorc n. *labor, exercise, work;* (+) *fortification;* **ġewerc** 3.120

±weornian II *wither, fade*

we(o)rod, we(o)rud n. *host, troop;* is. **werede** 15.124

°**weorodlīest, werodlēst** fi. *lack of troops*

weorold, weoruld, woruld, worold f. *world*

weoroldafel n. *worldly power*

weoroldbisgung f. *worldly preoccupation, mundane trouble*

weoroldcempa m. *secular fighter, soldier*

weoroldcund adj. *secular*

weoroldfrēond mc. *earthly friend;* np. **-frȳnd** 10.172

weoroldġewin(n) n. *worldly struggle*

weoroldhād m(u). *secular condition*

weoroldliċ adj. *worldly, temporal*

weoroldman(n) mc. *person of the world, mortal*

weoroldrīċe nja. *kingdom of earth*
weoroldsǣlþa fp. *worldly blessings*
weoroldsċamu f. *public disgrace*
weoroldsorg f. *earthly care*
weoroldstrenġu f. (usu. indecl. in sg.) *physical strength*
weoroldstrūdere mja. *pillager, reaver*
weoroldþēaw mwa. *worldly affair*
weoroldþinġ, pl. **-þing** n. *worldly concern, mundane matter;* ap. **woruldðingc** 4.41
±**weorpan** 3 *cast, throw*
weorð, wierð(e), wyrð(e) adj. *worthy, capable, valuable; invested (with), in possession (of,* w. gen.)
weorð n. *price*
weorðan 3 *become, be, occur, arise;* pres. 3 sg. **wyrð** 8.6, 40; pret. 3 sg. **warð** 5.30, pl. **wurdan** 9.29
weorðful(l) adj. *worthy, estimable*
±**weorðian** II *distinguish, honor, worship;* pret. pl. **wurðedon** 9.13, **wurðodon** 9.41, 49; pp. **ġewurðod** 9.43, **ġeweorðad** 1.75, 11.177
weorðliċ, wurðliċ adj. *dignified, honorable, splendid*; adv. **-līċe**
weorðmynd, wurðmynt mn. *dignity, (place of) honor, glory;* ds. **wyrðmente** 9.68, gp. **weorðmynða** 10.123
weorðsċipe mi. *dignity, honor*
weorðung f. *worship*
weorud, weoruld(-) = **weorod, weorold(-)**
±**wēpan (ēo)** 7 (§127) *weep (for), bewail*
wer m. *man, adult male; husband;* ns. **wær** 14.46.1
wergas = **weargas**
werġe adj. *accursed, damned*
±**werian** I *defend, protect, ward off;* inf. **werġan** 12.39
wērig adj. *weary, exhausted (by,* w. dat.)
werod(-), werold(-) = **weorod(-), weorold(-)**
°**werþēod** f. *nation*
wesan see **bēon**
west adv. *westward, to the west, in the west;* **wæst** 3.65
westan adv. *from the west;* **be westan** *to the west of* (w. dat.)
wēste adj. *waste, deserted, ruined*
wēsten(n) nja. *wasteland, wilderness, desert;* ds. **wēstene** 4.34, dp. **wēstenum** 1.55, 59
westlang adj. *extending to the west*
westsǣ mfi. *west sea*
westweard adv. *westward*
wībed = **wēofod**
wīċ n. *inhabited place, lodging, house*
wiċċa m. *wizard* or **wiċċe** f. *witch;* np. **wiċċan** 8.137
°**wiċġ** nja. *horse, steed;* **wyċġ** 14.14.5
wīċġerēfa m. *bailiff or reeve of a* wīċ *or vill*
±**wīcian** II *encamp, bivouac, lodge (on,* w. dat.); *disembark*
wīċing m. *Viking, pirate*
wicu, wucu f.(wk.) *week*
wīdcūð adj. *widely known*
wīde adv. *widely, far and wide;* comp. **widdor** 14.9.10
wīdġiel(l), wīdġyl(l) adj. *broad, extensive*
±**wīdlian** II *defile, profane;* pret. pl. **wīdledan** 12.60
wīdmǣre adj. *widely renowned, known far and wide*
wīdsǣ mfi. *open sea*

widwe f. *widow;* np. **wydewan** 8.33

±wielde, ±wilde adj. *powerful, victorious*

+wielde, +wilde nja. *power, control;* **him tō ġewildum** *under their control* 7.229

wielen, wyln f. *female slave*

wielle f. *well, fountain, spring;* ap. **wellan** 14.38.3

wiel(l)spring, wyl- m. *spring, water source;* gs. **wylsprinċġes** 6.24

wielm, wylm mi. *surge, fervor, ardor, current;* ds. **welme** 1.152

wierġan, wyrġan I *curse, condemn;* sj. sg. **wyriġe** 6.78

wierrest, wyrrest adj. *worst* (superl. of **yfel**)

wiers, wyrs adv. (compar. of **yfele**) *worse*

wiersa, wyrsa adj. (compar. of **yfel**) *worse*

wiersian, wyrsian II *grow worse, deteriorate;* pret. pl. **wyrsedan** 8.30

wīf n. *woman, wife*

wīfian II *take a wife, marry, form a union* (*with,* **ōn** w. acc. or dat.)

wīfman(n), -mon(n) mc. *woman, female*

wīġ n. *battle, warfare;* ds. **wiġġe** 11.48, 150, dp. **wīga** 16.67

wiga m. *fighter;* gp. **wighena** 1.20, **wigena** 11.150, 153

wīġcræft m. *strength in war, military prowess*

°**wīġend** mc. *fighter, soldier;* ap. **wīġend** 11.106

wiġeð see **wegan**

wiġlung f. *sorcery, witchcraft*

°**wīġsmiþ** m. *war-maker*

°**wīġspēd** fi. *military success*

wīġsteal(l) n. *rampart, battlement*

wiht, wyht, wuht fni. *aught, anything (of account); creature, being;* ds. as adv. **wihte** *at all*

±wihte nja. *weight, measure*

wilcuma m. *welcome guest*

wild- see also **wield-**

wilddēor n. (orig. **wildor** nc.) *wild beast;* dp. **wildrum** 7.36

wilde adj. *wild*

°**wilġehlēþa** m. *intimate companion, comrade*

°**wilġ(i)est** mi. *welcome guest*

±will n. *will, wish, desire;* **his willes** *by his preference, of his own accord*

willa m. *will, purpose, desire;* **willum** *intentionally;* **hiere willum** *of their own accord, voluntarily* 7.217; **ofer willan** *against one's will, involuntarily* 14.29.10

willan, wyllan anom. *wish, be willing, will* (§134); pres. 1 sg. **nelle** 6.150, **wylle** 15.1, 2 sg. **wylt** 6.83, 102, 3 sg. **wyle** 6.135, 156, **wile** 14.35.11, pl. **wyllað** 7.112, **nellað** 7.216; pret. 3 sg. **wuolde** 10.110, **walde** 14.29.5, pl. **woldan** 1.44, 10.66, 69; sj. pres. pl. **willan** 8.132, pret. pl. **wolde** 10.172 (§79)

±wilnian (w. gen.) II *long for, desire, sue for;* pret. pl. **wilnedon** 10.107

±wilnung f. *desire*

wilsum adj. *desirable, devoted*

wilsumnes(s) fjō. *willingness, devotion*

wimman(n) mc. *female, woman* [= **wīfmann**]

wīn n. *wine*

°**wīnburg** fc. *'wine-fortress', warriors' hall*

wincel m. *corner;* ds. **wincle** 14.45.1

wind m. *wind, air*
±windan 3 *wind, plait, twist, craft*
°**winedryhten** m. *lord and friend, patron*
winelēas adj. *friendless*
°**winemǣġ** m. *dear relation;* gp. **-mǣga** 16.7
±win(n) n. *labor, strife, conflict*
±winna m. *enemy, adversary*
±winnan 3 *labor, win, gain, overcome, obtain, fight, struggle* (**on** *against*)
°**wīnsæl** n. *wine-hall;* np. **-salo** 16.78
winter m(u). *winter, year*
°**winterċeariġ** adj. *frosty of mood, with darkened spirits*
wīold-, wiot- = **wēold-, wit-**
wīr m. *wire, metal ornament*
°**wīrboga** m. *ring of wire*
wīs adj. *wise, intelligent, reasonable;* adv. **wīse**
wīsċ- = **wȳsċ-**
wīsdōm m. *wisdom, learning*
wīse, wȳse f. *business, affair, matter, manner, fashion, way, wise, means*
wīsfæst adj. *sagacious, learned*
±wīsian II *direct, guide*
wīsliċ adj. *prudent;* compar. nsn. **wīslecre** 7.239
+wis(s) adj. *sure, certain, trustworthy, unshakeable*
±wis(s)līċe adv. *certainly, truly, plainly, clearly;* compar. **-licor**
wist fi. *food, plenty, feast(ing)*
wist- see also **witan**
wit, unc, uncer pron. dual (§38) *we (two)*
wita m. *sage, wise individual, advisor, councillor, elder, senator, patrician; witness;* np. **wiotan** 2.2, gp. **wiotona** 2.37
±witan, pret. **±wisse, ±wiste** pret.-pres. (§123; may be reflex.) *know, understand; learn; bear witness;* pres. 3 sg. **nāt** 10.58, pl. **witan** 8.16, 73, 106, etc.; pret. 3 sg. **nysse** 7.12, 15, **nyste** 5.6, 7.27, pl. **nyston** 5.52; sj. pres. sg. (as imp.) **wite** 12.46, 77; infl. inf. **tō wiotonne** 2.50
±wītan 1 *reproach, blame*
+wītan 1 (often w. reflex. dat.) *go, depart;* pret. pl. **ġewitan** 10.34, 14.13.11
wīte nja. *punishment, tribulation, torture, torment;* gs. **wiites** 1.144, np. **wīta** 6.52, ap. **wīta** 6.22, 148
wīt(e)ga m. *sage, prophet*
+witennes(s) fjō. *departure;* gs. **ġewitenesse** 1.154
±witnes(s) fjō. *witness;* ds. **ġewitnessæ** 5.51
±wītnian II *punish, torture;* pp. np. **wītnade** 7.325
wið prep. w. acc., gen., dat. *opposite, opposing, against, toward, beside, near, in exchange for*
wið-ċēosan 2 *reject, cast out;* pp. ap. **wiþcorenan** 1.7
wiþerlēan n. *repayment, reward, requital*
wiðersaca m. *renouncer, betrayer, apostate*
wīðerwinna m. *adversary, enemy*
wið-sacan 6 *renounce, deny*
wið-sċūfan 2 *repel, ward off*
wið-standan, -stondan 6 (w. dat.) *oppose, withstand*
wiððe f. *withy, rope, band*
wlanc, wlonc adj. *stately, proud*
wlenċu f. (usu. indecl. in sg.) *glory, pomp, splendor*

wlite mi. *beauty*
±wlitegian II *beautify, make lovely;* pp. **ġewlitegad** 14.31.2
°**wliteścīene, -sċȳne** adj. *beautiful*
wlitiġ adj. *lovely, attractive, radiant, beautiful;* asn. **wlitī** 11.89
wlonc = **wlanc**
wōh adj. (§133) *bent (over), twisted, wrought;* dp. **wōum** 14.14.3
wōhdōm m. *unjust sentence*
wōhġestrēon n. *ill-gotten gains*
wō(h)līċe adv. *perversely*
wōl f. *plague*
wolcn n. *cloud, sky, heaven*
wōma m. *tumult, alarm; revelation*
womb-, womm- = **wamb-, wamm-,**
won, won-, wong- see **hwā, wan-, wang-**
wōp m. *weeping*
word n. *word, speech, statement;* **wordes and dǣde** *by word and by deed*
worden see **weorðan**
°**wordhord** n. *'word-hoard', store of words*
worht(-) see **wyrċan**
worn m. *multitude, myriad, plethora*
worold(-), woruld(-) = **weorold(-)**
°**wōþ** f. *sound, voice*
°**wōðbora** m. *'voice-bearer', singer, speaker*
°**wōðġiefu** f. *talented voice*
wracu f. *revenge, retribution;* ds. **wræce** 11.17
wræc n. *misery, persecution, exile;* ns. **wræcc** 1.47
°**wræclāst** m. *track of exile*
°**wrǣsnan** I *alter, change, modulate*
wrǣtliċ adj. *curious, wondrous;* adv. **-līċe**
wrǣt(t) f. *ornament*
wrāh see **wrēon**
wrāð adj. *furious, hostile, cruel;* dp. as sb. **wrāþum** *by enemies* 14.14.17
wrāðe adv. *cruelly, harshly*
°**wraðu** f. *help, support;* as. **wraðe** 11.84
±wrecan 5 *avenge, take vengeance for; punish; press forward, advance, drive; utter, deliver*
wreċċa, wræċċa m. *outcast, wretch*
wreċċan, pret. **wre(a)hte** I (§116) *rouse, waken*
wrenċ mi. *wile, stratagem, trick; vocal modulation*
wrenċan I *spin plots, lay stratagems*
±wrēon 1 (§132) *cover, clothe;* pret. 3 sg. **wrāh** 14.9.5, 14.26.11
wrigian II *go, turn, press forward*
±writ n. *document, letter, message, Scripture, writing*
±wrītan 1 *carve, write;* pret. pl. **wreoton** 1.137
±wrīðan 1 *twist, bind, check; weave*
wrixendlīċe adv. *in turn*
±wrixlan I (w. dat.) *exchange, vary;* **wordum wrixlan** *converse*
wrōht f. *strife, contention*
wuc- = **wic-**
wudu mu. *forest, wood, timber, piece of wood*
wudufæsten(n) nja. *fortification in the woods* or *woods providing natural fortification*
wuht(-) = **wiht(-)**
wuldor n. *glory*
°**wuldorcyning** m. *king of glory*
°**wuldorfæder** mc. *glorious father*
°**wuldorġesteald** np. *glorious residences*

wulf m. *wolf*
wull f. *wool*
+wuna m. *custom, habit*
wund adj. *wounded, injured*
wund f. *wound, injury, offense*
wundene see **windan**
°**wundenloc(c)** adj. *with braided locks*
±wundian II *wound, injure*
wundor n. *wonder, miracle, marvel;* dp. as adv. **wundrum** *amazingly*
wundorlĭċ adj. *amazing*
±wundrian II *feel surprise, be amazed (at,* w. gen., dat., acc.); 1 sg. pret. **wundrade** 2.36
±wuni(ġ)an II *dwell, inhabit, occupy, be accustomed, remain, endure;* inf. **ġewuniġen** 10.109; pret. 3 sg. **ġewunade** 1.75, pl. **wunedon** 15.3, 155
wunung f. *lodging*
wurdon see **weorðan**
wurð(-) = **weorð(-)**
wuton, uton pl. sj. or imp. of **wītan** *go,* used to mean *let's;* **utan** 8.145, 155, 160, etc., **wutan** 8.159
wyċġ, wyd-, wyht = **wiċġ, wid-, wiht**
wylian II *roll, join, huddle;* pp. ap. **ġewelede** 8.99
wyl(l)- see also **wil(l)-**
wylm, wyln, wylspring = **wielm, wielen, wiel(l)spriṅġ**
wylt see **willan**
°**wynland, -lond** n. *delightful country*
wynliċ adj. *delightful, pleasant*
wyn(n) fjō. *delight;* dp. as adv. **wynnum** *delightfully* 15.15
wynsum adj. *pleasant, delightful*
±wyrċan, pret. **±worhte** I (§116) *make, construct, build, form, compose, create, perform;* pret. pl. **worhtun** 3.67, **worhtan** 8.52, 107
wyrd fi. *event, course of events, fate, happening*
wyr(i)ġan = **wierġan**
+wyrht ni. *work, deed, desert, transgression*
wyrhta m. *worker, builder, wright, creator*
wyrm mi. *vermin, serpent, reptile, insect, worm*
±wyrman I *warm, make warm*
wyrmcynn nja. *species of vermin (reptiles, insects, rodents)*
°**wyrmlīca** m. *likeness of a serpent*
wyrrest, wyrs(-), wyrst = **wierrest, wiers(-), wierrest**
wyrt fi. *herb, plant, green; root*
wyrð(-) = **weorð(-), wierð(-)** (the latter may be to **weorðan**)
wȳ̆s- see also **wī̆s-**
±wȳsċan, ±wīsċan I (w. dat. of pers. and gen. of thing) *wish*

ȳċ- = **īeċ-**
ȳdel(-) = **īdel(-)**
yfel adj. *bad, wicked, evil;* superl. **wierrest, wyrst**; adv. **yfele**; nsn. **yfell** 1.6, dsm. **yfelan** 8.122, 128; as sb. asf.wk. **yfelan** *miscreant, evil female* 9.65
yfel n. *evil, wickedness, misery*
±yfelian II *worsen*
ylca = **ilca**
yld- see also **ield-**
ymb-clyppan I (§114) *embrace;* pret. 3 sg. **ymbclypte** 15.42
ymb(e), emb(e) prep. w. acc., dat. *about, by, around, concerning, at, after*
ymb-hweorfan 3 *turn;* pres. 2 sg. **-hweorfest** 10.74

ymbset n. *siege*
ymb-sittan 5 *besiege, surround*
ymbsittend adj. *neighboring, adjacent;* as sb. *neighbor, company*
ymb-ūtan adv. *around*
yrġ-, yrh- = ierġ-
yrm-, yrn-, yrr- = ierm-, irn-, ierr-
yrsian, yrðling = iersian, ierðling
ysl fjō. *spark, ember*
ȳt(e)mest, ȳtmæst adj superl. *ultimate, final*
yteren(n) adj. *made of otter skin*
ȳð fjō. *wave*
ȳðan, ȳw- = īeðan, īew-

NAMES OF PERSONS, PEOPLES, AND PLACES

Most native Old English personal names found in the Anthology are omitted here.

Ābraham m. *Abraham*

Ābūlīa *Apulia* 7.285

Ādom *Adam* 15.100

Ægyptas = Ēgyptas

Æþelwold m. *Æthelwold*, bishop of Winchester, held office 963–84

Affrice *Africa* 7.314

Affrodosīa *Aphrodosia* 6.10, 14, 25

Agathēs *Agatha* 6.1, 7, 15, 18, 30, 40, 44, 49, 56, 63, 69, 82, 93, etc.

Agathoclēs 7.296

Āgustus *Augustus* 1.11

Alerīċ, Eallerīċa *Alaric* 10.2, 79, 91

Alexander *Alexander the Great* 7.205

Abrōsius Aureliānus 1.66

Amon m. *Ammon*, (grand)son of Lot

Amonitisca m. *Ammonite*

Amuling *Amaling*, member of the Gothic royal dynasty 10.5, 141

Andrēas *Andrew*

Andred *the Weald* 3.5

Angel *Angeln*, the peninsula in present-day Germany between Flensburg and the Schlei from which the Angles migrated to Britain 1.26, 29; 7.79

Angelcyn(n) *the English race* 1.72; 2.4, 5, 13, 37, 59; 3.129, 175

Angelþēod *Angles* 1.11, 83

Antecrīst *Antichrist* 8.5

Anthiopa *Antiope* 7.192

Antiochia f.wk. *Antioch*, capital of Hellenistic Syria

Antiochus m. *Antiochus I*, king of the Seleucid empire 280–ca. 261 BCE

Apollines m. *Apollo*, Greek god of music

Apollonīus m. *Apollonius*, prince of Tyre; acc. **-īum**, gen. **-īus, -īes**, dat. **-īo, -ī(ġ)e**, vocative **-ī** (partly Latin endings)

Apuldor *Appledore, Kent* 3.12, 48

Argus *Argos,* on the Peloponnese 7.311

Arosīnis *Arusinus* (unidentified) 7.303

Arriān *Arius* 10.112

Asīam (indecl.) *Asia* 7.136, 148, 176, 185, 197; **sēo læsse Asīam** *Asia Minor* 7.155, 178

Bēamflēot *Benfleet, Essex* 3.46, 49, 57, 59

Benedict *Benedict of Nursia* 4.40

Beormas *Biarmians* (ON *Bjarmar*) 7.23, 25, 28

Blēcinga ēġ *Blekinge län*, in Sweden 7.91

Bōetīus *Boethius* 10.11, 36, 44, 124, 147

Breoton *Britain* 1.13

Brytt, Brett *Briton* 1.19, 21, 43, 68; 8.147, 149, 157

Bunne *Boulogne* 3.2

Burgenda land *'land of the Burgundians', Bornholm*, in present-day Denmark 7.89, 90

Buttingtūn *Buttington,* near Welshpool, on the Severn 3.74

Cantwara burg f. *Canterbury*

Cantware *people of Kent* 1.26

Capadotīa *Cappadocia* 7.155
Cartāginenses *Carthaginians* 7.314, 316
Cent *Kent* 3.5, 133
Chaldēas *Chaldeans, astrologers* 1.47
Ċisseċeaster *Chichester, Sussex* 3.103
Cofan trēo *Coventry* 5.77
Colne *the River Colne, Herts* 3.30
Compānīa *Campania* 7.257
Constantīnus *Constantine* 11.8, 79, 103, 145
Constentīnopolis *Constantinople* 10.18
Crē(a)cas, Grē(a)cas *Greeks, Greece, Byzantines* 2.44; 7.187, 178, 205, 281; 10.19, 93, 98, 120, 128, 133, 138
Crēta *Crete* 9.31, 36
Crīst *Christ* 5.21; 6.22, 45, 46, 48, 101, 103, 104, 139, 143, 161, 163, 164, 166, 205, 208; 7.220; 8.2; 10.104; 11.103; 14.6.2; 15.56, 116
Curīus 7.302
Cwātbryċġ *Bridgnorth, Shropshire* 3.119, 124
Cwēnas *Saami people* (once commonly called Lapps) 7.61, 63
Danubīa *the River Danube* 11.37, 136
Def(e)ne *(people of) Devon* 3.77, 147
Defnasċīr *Devonshire* 3.41
Dena mearc, Denemearc(a) *Denmark* 7.80, 84, 88
Dene *Dane* 3.175; 7.79
Dorceċeaster *Dorchester* 3.135
Dunstān m. *Dunstan*, archbishop of Canterbury, held office 961–88
Ēadgār m. *Edgar*, king of England, reigned 959–75
Ealleriċa = Alerīċ
Ealdseaxan *Continental Saxons, Saxony* 1.28
Ēastengle *East Anglians* 1.29; 3.39, 68, 85, 87, 99, 123, 127, 138, 166
Ēastseaxan, -seaxe *East Saxons, people of Essex* 1.28; 3.30, 66, 84, 100, 134
Effesus *Ephesus* 7.177
Ēgypte *Egyptians, Egypt* 1.141; 7.136
Enġel = Angel
Engle *Angles; the English* 7.83; 8.90, 98, 149, 157
Ēowland *Öland*, in Sweden 7.91
Ēpīre *Epireans, residents of Epirus* 7.244
Ercol *Hercules* 7.186
Este *Ests*, a people of the eastern Baltic 7.94, 105, 129, 131
Estland *land of the Ests*, at the mouth of the Vistula 7.98, 101
Estmere *the Vistula Lagoon* (Polish *Zalew Wiślany*, Germ. *Frisches Haff*, Lithuanian *Aistmarės*) 7.95, 96, 97
Ēthna *Mt. Ætna* 6.216, 220
Eufrātē *Euphrates* 7.148
Eurōpe 7.176, 185, 198
Exanċeaster *Exeter* 3.42, 43, 63, 102
Falster *Falster*, in Denmark 7.88
Fariseus m. *Pharisee*
Fearnham(m) *Farnham, Surrey* 3.31
Finnas *Saami people* (once commonly called Lapps) 7.22, 27, 38, 43, 53
Francan *Franks* 11.21
Frīesa *Frisian* 3.159, 160
Ġēatas *Goths of south-central Sweden (or Jutes)* 1.26, 31
Genūtīus 7.322
Germānīa *Germanic peoples on the Continent* 1.25, 7.204
Gildas 8.147
Gota *Goth* 7.204, 208; 10.1, 73, 77, 81, 95, 110, 117
Gotland *Jutland*, in Denmark 7.75, 82

Gotland *Gotland*, in Sweden 7.91
Grē(a)cas = Crēacas
Hæþum dat. *Hedeby* 7.78, 81, 85
Hālgoland *Hålogaland*, in Norway 7.66
Hāmtūnsċīr *Hampshire* 3.134
Hierusalēm *Jerusalem* 1.47
Hrēðas = Hrēðgotan
Hrēðgotan *'Glory-Goths', Ostrogoths* 11.20
Hrōfes ċeaster *Rochester*, in Kent 3.54, 132
Hūgas *Hugas (a name applied to the Franks)* 11.21
Humbre *the River Humber* 2.14, 16
Hūnas *Huns* 11.20, 32, 41, 49, 58, 128, 143
Ilfing *the River Elbing (Elbląg)* 7.96, 97, 98
Iofes, Iouis *Jove, Jupiter* 6.65; 7.277; 9.35, 37, 60, 62, 63
Iōhannes *John* 10.9, 114
Īra land *Ireland* 7.71
Israhēl *Israelite* 1.141
Ītalīa *Italy* 7.252, 310; 10.3, 84
Iūlīus *Julius Caesar* 7.205
Iūnō *Juno* 9.38
Læcedēmonīe *Laconians, Lacedaemonians, Spartans* 7.248
Lǣdenware mp. *Romans, speakers of Latin* 2.45
Lǣland *Lolland*, in Denmark 7.88
Lampida 7.174
Langa land *Langeland*, in Denmark 7.87
Lēġa ċeaster *Chester* 3.88
Limene *the River Lympne*, in Kent 3.4, 48, 125
Līsum *the River Liris* 7.258
Loð m. *Lot*, nephew of Abraham
Lūcānīa *Lucania* (region south of Apulia) 7.303
Lunden(n) *London* 3.172
Lundenburg *London* 3.45, 53, 54, 109, 121, 122
Lȳġe *the River Lea* 3.106, 108
Mæcedonīe *Macedonians* 7.250
Mambre indecl. *Mamre*, an Amorite, confederate of Abraham
Māria *Mary*, mother of Christ 15.92
Mars 9.47
Marsepīa *Marpesia* 7.174, 180
Martiānus 1.10
Mēore *Möre*, on Kalmar sund in Sweden 7.91
Mercurīus *Mercury* 9.53, 60
Meresīġ *Mersea Island, Essex* 3.101, 105
Middelengle *Middle Angles, inhabitants of the central Midlands* 1.29
Middeltūn *Milton Regis, Kent* 3.11, 47
Minerua *Minerva* 9.40
Minūtīus 7.262
Mōab m. *Moab*, (grand)son of Lot (lit. 'from my father')
Mōabitisca m. *Moabite*
Moyses *Moses* 1.140
Muntġịop *the Alps* 10.80, 90 [*mons Iovis*]
Myrċe *Mercians, West Midlanders* 1.29
Nembroð *Nimrod* 9.5
Nōe *Noah* 9.4, 5
Norðhymbre, -hembre *Northumbrians*, Germanic people north of the Humber 1.30; 3.14, 39, 68, 85, 99, 127, 138
Norðman(n) *Norwegian* 7.1, 61, 62, 64
Norþsǣ *Bristol Channel* 3.41

GRAMMATICAL INDEX

Numbers refer to pages.

RESOURCES FOR ANGLO-SAXONISTS

A bibliographical guide to resources for the study of Old English language and literature is available on the World Wide Web at the following address:

mypage.iu.edu/~fulk/Resources.html